el Sendero de la Verdad

cnp

Casa Nazarena de Publicaciones

Publicado por
Casa Nazarena de Publicaciones
17001 Praire Star Parkway
Lenexa, KS 66220 EUA.

informacion@editorialcnp.com • www.editorialcnp.com

Patricia Picavea, Editora
Publicaciones Ministeriales

Diseño de portada: Samuel Marroquín
Diagramación: Samuel Marroquín

ISBN: 978-1-56344-786-0 (Alumno); 978-1-56344-787-7 (Maestro)
Categoría: Educación cristiana

Contenido

Presentación

El acceso a la enseñanza de adultos es un aspecto fundamental en la vida cristiana.

Todo lo que se enseña a una persona a lo largo de toda la vida cobra mayor importancia cada día que pasa. Las crecientes presiones para enfrentar nuevas creencias, problemas sociales y retos, tales como la pobreza, la migración, la degradación del medio ambiente, el cambio climático y la llegada de nuevas tecnologías (que hoy permean todas las áreas de la vida), hacen que cada día necesitemos conocer más de nuestro Señor y lo que espera de nosotros.

Con el Sendero tratamos de cubrir esos temas en los diferentes libros, haciéndolos cada vez más atractivo y fácil de aplicar a la vida diaria. La Biblia es un libro antiguo y nuevo a la vez. En ella encontramos que las situaciones antiguas se repiten hoy y hablan a nuestra vida.

Deseamos que usted pueda ser tocado a través de las páginas de este libro y esto lo pueda transmitir a sus estudiantes, para que juntos crezcan en el conocimiento de la Palabra de Dios.

En este año veremos en el primer trimestre "Deuteronomio: Despedida y muerte de un líder" el tiempo final de la vida de un gran líder nos deja mucha enseñanza para nosotros hoy. Seguiremos estudiando "Diferentes conceptos a la luz de la Biblia" donde abordaremos conceptos como unción, apóstoles, y otros que se mencionan mucho en nuestro tiempo pero necesitamos revisar. Continuaremos con "Hechos: Nace la iglesia" donde veremos los orígenes de la iglesia y sus aportes para nosotros hoy. Por último concluiremos el año con "Tiempo de regresar y poner la casa en orden" con un estudio de Esdras, Nehemías y Ester, libros que nos refieren al regreso del pueblo de Dios del cautiverio; en ellos reflexionaremos sobre las prioridades al momento de poner las cosas en orden.

Cuando lleguen las celebraciones cristianas les sugerimos las siguientes lecciones: Para el domingo de resurrección la lección 24 "Y ahora, ¿qué?", para navidad la lección 25 "Acontecimiento trascendental" y para año nuevo la lección 26 "Un llamado cristiano".

Le animo a renovar fuerzas y comenzar con esta digna labor de enseñar y dejar en la vida de los estudiantes principios que dirijan su andar diario.

Patricia Picavea
Editora de publicaciones ministeriales

Recomendaciones

En la iglesia encontramos que cada persona es importante y todos tienen características personales que los diferencian. También vemos que ciertas personas tienen algunas características en común con otras y esto puede estar determinado, por las edades o etapas de desarrollo, por su grado de conocimiento en la Palabra de Dios, por su liderazgo, por su estado civil, por su género, o por cualquier otra característica que le una a un determinado grupo.

En la educación cristiana para poder llegar a cada uno de los alumnos de acuerdo a sus características personales y generales requiere que cada lección sea adaptada, clasificada para diferentes grupos y según las necesidades básicas del grupo en general, y de cada miembro en particular.

Trabajar con jóvenes adultos o adultos, es estar siempre alerta viendo las diferentes circunstancias y situaciones que vive el joven adulto o adulto, algunas como resultado de malas decisiones en su juventud, o producto de falta de orientación o por desconocimiento. Los jóvenes adultos o adultos, en su día a día, son confrontados por diferentes circunstancias y toma de decisiones para las cuales deben estar preparados. Por esta razón es importante que todo estudio de la Biblia lleve a la reflexión y contextualización de los principios y enseñanzas bíblicas.

Tome este desafío, encomiéndese al Señor y prepárese de la mejor manera para enseñar y compartir lo que Dios tiene preparado para cada uno de sus estudiantes. Déjese sorprender por lo que Dios desea hacer en la vida de ellos por medio de su ministerio y la Palabra de Dios.

Preparación y presentación de la lección

1. Comience orando al Señor para pedir sabiduría, y discernimiento para entender los pasajes bíblicos de estudio y poder aplicarlos primeramente a su vida. También, ore por sus alumnos para que sean receptivos a la enseñanza de la Palabra de Dios.
2. Al preparar la lección busque un lugar sin distracciones para estudiar la lección. Es importante contar con algunos útiles como: hojas, lapiceros, lápices, borrador, etc.
3. En la medida de sus posibilidades, además del libro El Sendero de la Verdad, tenga a mano un diccionario de idioma español, un diccionario bíblico y algunos buenos comentarios bíblicos.
4. Lea la lección de El Sendero de la Verdad las veces que sean necesarias al principio de la semana. Esto le ayudará a preparar los materiales que puede necesitar para la clase, a estar atento a noticias y otros datos que podría incluir en la lección que está preparando.
5. Busque en la Biblia y lea cada pasaje indicado.
6. Lea el objetivo de la lección para saber a donde dirigir a sus alumnos y alumnas.
7. Escriba en una hoja el nombre de la lección, cuáles son los puntos que se desarrollarán, luego escriba el título del primer punto y vaya desarrollando su propio resumen conforme estudia la lección. Escriba y resalte las citas bíblicas que se leerán durante la clase.
8. Anote el significado de palabras que desconozca, de tal manera que pueda entender mejor la lección y explicar a las personas que eventualmente le pregunten.
9. Lea la sección de "Recursos" allí encontrará varias ayudas para que las considere usar. Entre ellas están: "Información complementaria". Esta información no necesariamente debe compartirla con la clase pero puede servir para su conocimiento y entendimiento de la lección. En la "Definición de términos" encontrará la definición de algunas palabras importantes o de dudoso significado. En la "Actividad suplementaria" hallará dinámicas, cuestionarios breves, casos de estudio o alguna idea que puede utilizar para la presentación del tema.
10. Si investiga en la Internet tenga el cuidado de sacar información de páginas confiables que respalden la información. Recuerde que la Internet es un espacio abierto donde todas las personas pueden subir la información que quieran. Lamentablemente no toda la información que allí se encuentra es veraz y confiable.

11. Prepare la lección lo más dinámica y participativa posible. Este es un tiempo muy especial donde el compartir experiencias ayudarán y enriquecerán el proceso aprendizaje. Al hacerlo así, las personas: Se interesarán más en la clase y recordarán más de aquello en lo cual participaron o hicieron juntos y apreciarán el ser escuchados y participar.

12. Complete la "Hoja de actividad". Esto le permitirá ayudar a sus alumnos a trabajar en clase y seleccionar en que tiempo irán contestando las preguntas. Procure que todos llenen las Hojas de actividad, será de ayuda cuando tengan que repasar para el final del trimestre.

13. Al momento de la clase llegue temprano. Es importante que cuando llegue la primera persona usted ya esté allí.

14. Cambie la posición de las sillas (semicírculo, círculo, grupos, etc.). Esto hará que el grupo se sienta más cómodo para participar.

15. Antes de iniciar la lección ,dé la bienvenida a sus alumnos. Esto le permitirá crear un ambiente agradable de estudio. Interésese por las personas y puede orar por aquellos que tienen necesidades.

16. Comience la clase con una oración, pidiéndole al Señor que Él les permita entender su Palabra y les dé la disposición de obedecerla.

17. Escriba en la pizarra: El título de la lección y el texto para memorizar. Lea con sus alumnos el texto para memorizar varias veces.

18. Lleve un orden en el desarrollo del tema. Escriba el título del punto I y empiece a explicarlo. Utilice la pizarra como recurso didáctico para anotar palabras claves, respuestas a preguntas de la Hoja de actividad, etc. Cuando termine el punto I, escriba el título del punto II y así sucesivamente.

19. Conforme explica cada punto, puede guiar a sus alumnos a responder la Hoja de actividades. Permita que ellos aporten respuestas y planteen dudas.

20. Puede formar grupos de trabajo para responder una sección de la "Hoja de actividad". Esto permitirá que todos participen. No obligue a nadie a participar, pero asegúrese de que todos sepan que desea y aprecia el aporte de cada uno. Por otro lado no permita que una persona domine la sesión. En forma amable, dirija la clase para escuchar la opinión de las demás personas.

21. Dedique unos minutos a comentar cómo aplicarán las verdades bíblicas a sus vidas.

22. Lea la conclusión y motive a sus alumnos a estudiar en casa durante la semana siguiente los textos bíblicos de la lección. Invítelos a asistir a la próxima reunión. Motívelos a invitar a otras personas. Termine la clase con una oración.

Otras sugerencias prácticas al momento de dar la lección

1. Sepa cuándo tener un sustituto. Un maestro con una actitud ganadora sabe los síntomas del agotamiento. Y la mayoría de los maestros triunfadores se dan cuenta del agotamiento ya que disminuyen la dedicación, el cuidado extra y el compromiso. Tómese tiempo de descanso cuando se vuelva muy negativo o crítico acerca de sus alumnos.

   Jesús estableció un buen ejemplo para nosotros cuando Él se retiró para estar a solas con Dios. Cuando Él oró y meditó en el monte, Él dejó de lado las preocupaciones diarias y pidió a Dios nuevo poder para vivir. Este tiempo de descanso renovó su espíritu y lo capacitó para vivir su ministerio. Para el maestro de Escuela Dominical que ve su entusiasmo decaído un maestro sustituto puede cubrirlo por unos domingos para que usted reciba clases, descanse y se reponga. Esto puede ser la solución para el problema.

2. Considere sus métodos normales de enseñanza. ¿Normalmente está usted en un papel activo y sus alumnos en un papel pasivo? Si es así, utilice un método que enfatice la interacción y el diálogo.

3. ¿Presiona usted más para obtener una respuesta correcta que para obtener un pensamiento correcto? No se preocupe por terminar una lección si su clase está sacando su propia conclusión. Siempre es mejor permitir que los alumnos encuentren el fondo por ellos mismos (aún cuando el proceso sea lento) en lugar de que los maestros avancen muy rápido hacia la "respuesta correcta".

4. Enfatice una relación apropiada con sus alumnos, sea humilde y muéstreles su propio deseo de aprender. Esto los motivará y reafirmará el hecho de que aprendemos mejor cuando aprendemos juntos.

5. Note que muchas de las preguntas de discusión tienen respuestas sugeridas para ayudarle a facilitar la discusión. Aquellas preguntas que no tienen respuestas sugeridas le permiten a usted junto con su grupo pensar sus propias respuestas.

6. Recuerde que estas sesiones están diseñadas para ser interactivas; evite la tentación de simplemente leer la mayoría del material impreso en su libro a sus alumnos.

Deuteronomio: Despedida y muerte de un líder

¡Recuerden!

Juan Vázquez Pla (EUA)

Versículo para memorizar: "¡Jehová Dios de vuestros padres os haga mil veces más de lo que ahora sois, y os bendiga, como os ha prometido!" Deuteronomio 1:11.

Propósito de la lección: Que el alumno capte el valor que tiene para las nuevas generaciones el recordar el fiel trato de Dios con las generaciones anteriores.

Introducción

En esta lección estudiaremos Deuteronomio 1:1-46; 2:26-37; 3:1-11,23-29. Al comenzar el estudio del libro (que significa "nueva ley" o "segunda ley") hay que notar que nuestro Señor Jesucristo debió haber meditado considerablemente en Deuteronomio, puesto que lo citó varias veces durante su ministerio (Mateo 4:4,7 y 10 mencionó Deuteronomio 8:3; 6:16; 6:13; Mateo 22:37 mencionó Deuteronomio 6:5).

Por nuestra parte, en esta primera lección nos concentraremos en uno de los cuatro solemnes discursos de despedida de Moisés dirigido especialmente a la nueva generación de israelitas nacida durante la peregrinación en la desértica península del Sinaí. El gran líder sabía que sus días estaban contados (Deuteronomio 3:23-29). Como sabemos, Moisés había sido el principal instrumento de Dios para liberar a Israel de la esclavitud de Egipto y para dirigir a Israel durante 40 años de peregrinación rumbo a Canaán, la tierra prometida. Pero la generación que Moisés representaba no heredaría esa tierra. Dios había dispuesto que un nuevo líder y una nueva generación estuvieran a cargo de la conquista y la posesión de la tierra prometida.

Moisés lo aceptó sin embargo, no quiso despedirse del pueblo de Israel sin antes recordarle los hechos más importantes en el trato de Dios con su pueblo en el pasado. La lección de hoy se ocupa de los recordatorios principales contenidos en el primer discurso. Los agruparemos en sólo dos puntos a fin de facilitarles tanto al maestro como al alumno el manejo de lo que de otra manera sería un pasaje bíblico demasiado extenso para cubrirlo en una sola lección (Deuteronomio 1—3).

I. ¡Recuerden las grandes victorias del pasado!

¿Corría la nueva generación de israelitas el riesgo de olvidar y aun desconocer las grandes victorias espirituales que Dios le había otorgado a su pueblo en el pasado? Moisés debió haber pensado que sí; de ahí que les recordara especialmente dos de esas grandes victorias, Deuteronomio 1:1-8; 2:26—3:11.

A. La victoria sobre el rey Sehón

Moisés comenzó hablándoles "a los hijos de Israel conforme a todas las cosas que Jehová le había mandado acerca de ellos" (Deuteronomio 1:3). Todas las cosas mandadas por Dios y dadas a través de Moisés, los israelitas las conocerían como la Torá o el Tora, un vocablo hebreo que equivalía a la ley, o la ley de Moisés (v.5). Esa ley, como sabemos, fue revelada inicialmente en el monte Sinaí, también denominado monte Horeb (v.2).

Para Moisés era importante que la nueva generación de israelitas entendiera y recordara que la revelación de la ley había sido antecedida por dos importantes victorias: La victoria sobre los amorreos y su rey Sehón y la victoria sobre Basán y su rey Og (v.4).

En cuanto a la primera victoria, la obtenida sobre el rey Sehón y los amorreos, el anciano líder le recordó a la nueva generación de israelitas, entre otras cosas, las siguientes:

Primero, que fue una victoria obtenida en una batalla peleada sobre bases justas. El rey Sehón no aceptó los términos que le hubieran permitido al pueblo de Israel pasar pacíficamente por su territorio camino a la tierra prometida. En su lugar salió "al encuentro, él y todo su pueblo, para pelear en Jahaza" (Deuteronomio 2:32).

Segundo, que la derrota del rey Sehón y sus ejércitos fue por mano de Dios quien "lo entregó delante de nosotros; y lo derrotamos a él y a sus hijos, y a todo su pueblo" (Deuteronomio 2:33,36).

B. La victoria sobre el rey Og de Basán

Moisés le recordó también a la nueva generación de israelitas lo siguiente:

Primero, que la derrota del rey Og y de su pueblo también fue por la mano de Dios (Deuteronomio 3:2-3).

Segundo, que fue una victoria sobre un enemigo protegido por "...ciudades fortificadas con muros altos, con puertas y barras..." (Deuteronomio 3:5), y que únicamente su rey "... había quedado del resto de los gigantes..." (Deuteronomio 3:11).

Es como si Moisés hubiera dicho lo siguiente: "Hagámonos aquí esta pregunta: ¿No fue por causa de tan temible enemigo que los espías que yo envié de antemano a Canaán les recomendaran a la generación anterior a la de ustedes que no era prudente conquistar la tierra? ¿Y no fue por temor a tan temible enemigo que sus padres desconfiaron de Dios? ¡Pero recuerden, ustedes, los de la nueva generación, que Dios sí doblegó a tan temible enemigo! ¡No hay ciudades fortificadas ni gigantes que se interpongan ante Dios!" (Deuteronomio 1:19-30).

Como prueba de la fiel protección de Dios, Moisés se anticipó recordando las victorias sobre el rey Sehón y el rey Og y que, durante la peregrinación por el desierto, Dios fue delante de la generación anterior "...con fuego de noche para mostraros el camino por donde anduvieseis, y con nube de día" (Deuteronomio 1:31-33).

II. ¡Recuerden cómo dirigió fielmente al pueblo en el pasado!

Existía el peligro de que esta nueva generación olvidara, o tal vez desconociera las maneras en que Dios había dirigido fielmente a su pueblo en el pasado dándole líderes que lo guiaran (Deuteronomio 1:9-18, 34-46).

A Moisés bien pudo parecerle que ese riesgo era real, así que le recordó a esta nueva generación la manera de Dios de auxiliar a su pueblo en la elección y asignación de líderes en generaciones anteriores.

A. Dios guió la elección y asignación de "jefes" o "jueces"

Sobre la elección y función de estos jefes o jueces, Moisés hizo los siguientes recordatorios:

Primero, que la elección de esta clase de líderes se debía a dos razones principales: (a) Las complicaciones sociales nacidas por el marcado crecimiento de la población de Israel, y (b) Su creciente relación con extranjeros que se encontraban en medio de Israel (Deuteronomio 1:9-11,16).

Moisés le dio a la nueva generación una idea de la naturaleza de las complicaciones sociales y legales que traía ese rápido crecimiento demográfico al recordarles la pregunta que él mismo se había hecho en ese entonces como el máximo líder del peregrino pueblo:

"¿Cómo llevaré yo solo vuestras molestias, vuestras cargas y vuestros pleitos?" (Deuteronomio 1:12).

Segundo, que estos fueron jefes o jueces cumplieron con los altos requisitos de carácter personal, de sabiduría y experiencia (v.15), y que los mismos practicaron sus cargos siguiendo estrictamente la justicia (vv.16-17).

Esta manera de Dios de guiar a Moisés y a la generación anterior en la elección y asignación de líderes, sin duda debió haber sido perpetuada por la nueva generación y las generaciones posteriores en las múltiples ocasiones en que tuvieron que elegir a sus propios líderes una vez que entraron a la tierra prometida y la poseyeron.

El que fuera una práctica de elección de liderazgo así perpetuada explica la recomendación hecha por los apóstoles a la iglesia primitiva muchos siglos después (Hechos 6:1-7). Según Hechos 6:3, los siete diáconos que fueron elegidos por nominación de la congregación de Jerusalén eran varones "de buen testimonio, llenos del Espíritu Santo y de sabiduría". El ejercicio del cargo de parte de los siete surtió el efecto deseado: "Y crecía la palabra del Señor…" (Hechos 6:7).

B. La fidelidad a Dios de Caleb y Josué

Moisés destacó específicamente la fidelidad de Caleb y Josué a Dios. Ellos fueron reconocidos como líderes de rango mayor al de los jefes y jueces.

Volvamos a fijar nuestra atención en la alusión que Moisés hizo a la "misión de los doce espías" en este primer discurso de despedida que dirigió a la nueva generación de israelitas antes de que entraran a la tierra prometida (Deuteronomio 1:19-40). Para Moisés era importante destacar que Dios había utilizado una experiencia inicialmente negativa (v.28) como medio para que Israel reconociera a dos nuevos líderes: Caleb, quien había seguido fielmente a Jehová (v.36); y a Josué, quien sucedería a Moisés como máximo líder de Israel y dirigente de la conquista de Canaán (v.38).

Dios dispuso de más de una manera de proveerle líderes a su pueblo; pero en los líderes más prominentes, la fidelidad a Él había sido el criterio básico. Moisés fue extremadamente cuidadoso en poner de relieve este importante recordatorio.

C. La derrota en Horma

Consideremos brevemente este último recordatorio de Moisés a la nueva generación de israelitas que se aprestaba a cruzar el río Jordán para entrar a Canaán, la derrota en Horma (Deuteronomio 1:41-46).

El pueblo, por su desconfianza en Dios, había tratado de tomar en sus manos las riendas del liderazgo que Dios había puesto en otras manos, un atentado anárquico que trajo sobre Israel la gran derrota en Horma, y Moisés se lo recordó así a la nueva generación (vv.34-46). No honrar a los líderes que Dios nombró trajo graves consecuencias sobre el pueblo de Israel en el pasado. Entonces, si la nueva generación, una vez que poseyera la tierra prometida, incurría en el mismo error, sufriría las mismas consecuencias. ¡Solemne advertencia esta!

Siguiendo el modelo de Moisés estudiado hoy, ¿podemos comprometernos con lo siguiente?:

1. ¿Les recordaremos continuamente a las nuevas generaciones de nuestra iglesia local la manera en que Dios fielmente nos ha bendecido trayéndonos grandes y definitivas victorias espirituales en el pasado, las cuales es seguro que traerá también en el futuro?

2. ¿Les recordaremos a las nuevas generaciones que Dios ha ungido con su aprobación y buenos frutos a líderes eficaces de la iglesia local en el pasado, tanto pastores como laicos y que hay que asegurarse de continuar eligiendo esa clase de líderes en el futuro?

Conclusión

Al terminar la lección, pida hacer una conclusión entre todos.

Recursos

Información complementaria

"En síntesis, el libro de Deuteronomio se refiere a:

a. Yahveh, como Señor del pacto, soberano Señor de Israel, Rey, Juez, y Guerrero que realizó actos portentosos para salvar a Israel, y exigía su obediencia.

b. Yahveh, como el Dios de la historia, capaz de llevar a cabo actos salvíficos…, capaz de cumplir sus propósitos para con su pueblo frente a todos sus enemigos.

c. Israel, como pueblo del pacto, comprometido a amar, obedecer, adorar, y servir a Yahveh en forma exclusiva…

d. El culto al Dios del pacto, basado en el amor y la gratitud… (Nuevo Diccionario Bíblico Certeza. Certeza, Barcelona-Buenos Aires-La Paz: 2003, pp.348,350).

Definición de términos

Deuteronomio: "El título de este libro, como en casos anteriores, ha sido tomado de la Vulgata latina, Deuteronomium, como ésta lo había tomado de la versión griega de la Septuaginta, Deuteronomion, término compuesto que significa literalmente la "segunda ley", debido a que parece contener una repetición de las leyes anteriores, circunstancia que hizo que los rabíes lo llamaran "mishneh", o sea… "duplicación". Ambos nombres al parecer fueron tomados del cap. 17:18, donde se le ordena al rey escribir para sí una copia de esta ley; el original ….Una "repetición" o "duplicado de la Ley", y que nosotros con toda propiedad traducimos una "copia de la ley" (Comentario de la Santa Biblia Adam Clarke. CNP, EUA: 1974, p.249).

Actividad suplementaria

Para discusión en clase:

1. A la luz de lo estudiado en este primer punto de la lección, realice las siguientes preguntas o preguntas similares: ¿De qué maneras la nueva generación de nuestra iglesia local corre el riesgo de olvidar y aun desconocer las victorias que Dios nos dio en el pasado? ¿Cómo evitar tal riesgo? (Tenga en mente uno o dos ejemplos de victorias espirituales en la historia de la congregación a las cuales pueda aludir durante la discusión).
Aun cuando el desarrollo del punto I de la clase de hoy no haya considerado el controversial tema del exterminio de guerra, incluso de mujeres y niños, a los que alude Moisés en Deuteronomio 2:33-35 y 3:6-8; si el tema se suscitara en clase o el maestro quisiera traerlo a colación ver Deuteronomio 20:16-18, entre otros pasajes, los cuales deben ayudar a explicarlo.

2. Resultaría muy conveniente traer a clase un mapa de la Palestina del tiempo de Moisés.

Para discusión en clase

Las siguientes preguntas o preguntas similares pueden introducirse para ayudar a la clase a que aplique a la vida de la iglesia local las enseñanzas del punto II de la presente lección: ¿De qué manera elige nuestra iglesia a sus líderes? ¿Hay evidencias de que Dios ha aprobado la elección de nuestros líderes en el pasado? ¿Cuáles son esas evidencias? ¿Ha sufrido la congregación en el pasado por causa de líderes ineptos y sin autoridad espiritual? ¿Cómo evitar el riesgo de elegir líderes inadecuados en el futuro? ¿Ha sufrido la congregación en el pasado por no honrar a líderes fieles y aprobados? ¿Cómo evitar tal situación en el futuro?

¡Recuerden!

Hoja de actividad

Versículo para memorizar: "¡Jehová Dios de vuestros padres os haga mil veces más de lo que ahora sois, y os bendiga, como os ha prometido!" Deuteronomio 1:11.

I. ¡Recuerden las grandes victorias del pasado!

¿Qué aprendemos nosotros hoy del recordatorio que le hizo Moisés a la nueva generación de israelitas en cuanto a la victoria sobre el rey Sehón? (Deuteronomio 2:26-37).

_____
_____
_____

¿Y en cuanto a la victoria sobre el rey Og? (Deuteronomio 3:1-11). _____
_____
_____
_____

II. ¡Recuerden cómo dirigió fielmente al pueblo en el pasado!

¿Qué cualidades destacó Moisés en los "jefes" y "jueces" elegidos para ayudarlo a dirigir el pueblo? ¿Cómo fueron elegidos? ¿Cuáles eran sus principales deberes? (Deuteronomio 1: 15-17). _____
_____
_____
_____

Según Moisés, ¿quién sería el líder que lo sustituiría para dirigir la nueva generación en la conquista y posesión de la tierra prometida? ¿Por qué fue elegido ese líder? (Deuteronomio 1:37-38). _____
_____
_____
_____

Conclusión

_____
_____

Fidelidad a la Palabra de Dios

Marta de Fernández (EUA)

Lección 2

Versículo para memorizar: "En mi corazón he guardado tus dichos, para no pecar contra ti" Salmo 119:11.

Propósito de la lección: Que el alumno fundamente la necesidad de la guía escrita e invariable de la Palabra de Dios y reafirme su determinación de obedecerla.

Introducción

En esta lección estudiaremos Deuteronomio 4:1-40, 44-49, 5:1-6:25.

En toda sociedad y en todo país, existen leyes que regulan la vida de sus habitantes. Conceda dos o tres minutos para que mencionen qué leyes conocen; si alguna vez transgredieron alguna y qué fue lo que pasó.

Dios dio a Israel su ley cuando los sacó de Egipto para que se guiaran de acuerdo a sus mandatos; hoy los cristianos tenemos, su Santa Palabra.

El libro de Deuteronomio consiste en una serie de discursos que dio Moisés al pueblo de Israel justo antes de entrar en Canaán, a fin de que grabaran en sus corazones un profundo sentido de obligación hacia Dios. Estos discursos estaban escritos en el lenguaje común del pueblo, y su propósito era recordar el pasado, informando a la nueva generación lo relacionado al pacto con Dios y las leyes bajo las cuales estaban. Asimismo, les mostró la necesidad absoluta de temer, amar y obedecer a Dios, y les demandó la separación y la no adoración a todos los otros dioses, ya que Jehová es un Dios celoso.

En el libro de Deuteronomio, también encontramos una insistencia sin claudicación a la justicia (Deuteronomio 1:16-17, 5:7-10, 7:5, 22:1-4, 25:13-16).

Este libro de Deuteronomio fue de gran valor e importancia para el desarrollo de la religión y la vida social de Israel.

I. Recapitulación de las leyes

A. Oír, obedecer y la verdadera sabiduría

Escuchar y obedecer fueron aspectos frecuentes en este libro (Deuteronomio 4:1-2). No era sólo oír la Palabra, sino obedecerla. Algunos "cristianos" se sienten muy orgullosos de su "fidelidad", porque cada domingo escuchan la Palabra dada por el pastor en su sermón. Luego, de lunes a sábado sus vidas dejan mucho que desear en el trato para con sus familias; sus conductas en los trabajos; las palabras que usan; su honestidad o la falta de ella en el hogar y en los negocios, etc. Santiago escribió en su epístola al respecto (Santiago 1:22-27). Tenemos que entender que debemos obedecer la Palabra que oímos si queremos tener la bendición del Señor sobre nosotros, (Deuteronomio 4:1). Recordemos lo que también dijo nuestro Señor Jesús en Juan 15:7.

A veces oímos lo que nosotros queremos de la Palabra de Dios; le agregamos lo que nos conviene (nuestra propia interpretación); o le quitamos lo que no nos conviene (Deuteronomio 4:2). Debemos dejar lugar al Espíritu Santo para que nos hable, ya sea para corregirnos, redargüirnos, amonestarnos, o aprobarnos (Deuteronomio 4:6-8). Deuteronomio 4:3-4 y Números 25:1-18 son recordatorios de como actuó la ira de Dios sobre los desobedientes y la vida para los que fueron obedientes.

Los que no conocen al Señor saben reconocer al cristiano verdadero. Ellos saben que su conducta es "sabia" y "prudente".

B. Enseñarle a nuestros hijos

Moisés motivó a los israelitas a que fueran vigilantes (Deuteronomio 4:9). Sólo la vida de Dios en nosotros puede preservarla para vida eterna, y esta gracia debe ser retenida todos los días de nuestra vida (Mateo 26:41).

También les mandó a que enseñaran a sus hijos y a su descendencia a guardar su alma y a contarles todo lo que Dios había hecho, (Deuteronomio 4:9).

C. Peligros de la idolatría

Lea Deuteronomio 4:15-31. El pueblo no debía corromperse ni hacerse ninguna clase de imagen a la cual inclinarse y adorar, porque el "celo" de Jehová los castigaría entregándolos a sus enemigos y aun destruyéndolos.

Este "celo" de Dios es el expresión misma de su amor, ya que si se volvían con verdadero arrepentimiento, con todo su corazón y su alma, Él estaría dispuesto no sólo a perdonarlos, sino volver a bendecirlos y prosperarlos. Esto nos hace reflexionar que no debemos tener otros dioses (cosas o personas) que ocupen el primer lugar o sean el centro de nuestras vidas y devoción, y a las que dediquemos todo nuestro ser, nuestras fuerzas, nuestra mente y nuestros bienes. No corramos el riesgo de que Dios se enoje con nosotros.

Lea Deuteronomio 4:32-35,39-40. Este pasaje enseña que a mayor luz, mayor responsabilidad; es decir, que si el Espíritu claramente nos ha mostrado algo y persistimos en desconocerlo y/o desobedecerlo, Dios no nos dará por inocentes (Nahúm 1:3), y su Santo Espíritu se alejará de nosotros (Efesios 4:30). Recordemos el caso de Saúl (1 Samuel 15:23).

D. Repetición de los Diez Mandamientos

Estas palabras eran muy importantes, porque presentaban las estipulaciones básicas del pacto. "...Oye... aprendedlos, guardadlos... ponedlos por obra" (Deuteronomio 5:1). Entonces debían aprender lo que habían oído para ser cabalmente instruidos en la voluntad de Dios; guardarlos en la mente y atesorarlos en su corazón para obedecer todos los mandamientos, tomando su Palabra como la regla invariable de su conducta. Para nosotros hoy sería lo siguiente: obedecer con la ayuda de su Santo Espíritu todo lo que en su Palabra nos demanda.

Lea Deuteronomio 5:7-21. La forma de este decálogo tiene afinidades con la disposición de los tratados entre las naciones de aquellos tiempos, especialmente entre un poder superior y los estados vasallos. Estos mandamientos fueron la base de la relación de Israel con Dios demostrando que hay dos grandes obligaciones: Para con Dios y para con el prójimo.

Esta enunciación de los Diez Mandamientos podría compararse con la de Éxodo 20:1-17. Entre ambos hay ligeras diferencias, pero sustancialmente son lo mismo.

Los dos primeros mandamientos son con referencia a la relación con Dios: "No tendrás dioses ajenos..." "No ... harás imagen..." (Deuteronomio 5:7-10). Exigían, por tanto, la aceptación reverente y la adoración al Dios único. Todo otro dios era falso, y no debería introducirse entre Jehová y su pueblo redimido. No debían tener imagen ni representación alguna del Señor como objetos de adoración.

El tercer mandamiento tiene como objetivo inculcar la reverencia: "No tomarás el nombre de Jehová tu Dios en vano..." (Deuteronomio 5:11).

El cuarto mandamiento contiene dos ideas fundamentales: reposo ("shabbath", "descansar", "cesar") y santidad. El Señor establece seis días de labor y uno de descanso (Génesis 2:2-3). Esta no es sólo una ley espiritual, sino también de salud.

El quinto mandamiento es una transición entre los cuatro primeros y los cinco siguientes. "Porque los padres están en lugar de Dios en lo que concierne a los hijos" (Comentario Bíblico Beacon. Tomo I. CNP, EUA: 1984, p.538).

Los cinco últimos están vinculados con la justicia social. El Señor, Dios justo, demanda tratos justos en todas las relaciones humanas. Podríamos recordar aquí la conocida Regla de Oro escrita en Mateo 7:12, y a lo cual "... no añadió más" (Deuteronomio 5:22). En tal sentido, los Diez Mandamientos constituyen una categoría única.

II. La reacción del pueblo

A. La ley vino de Dios... El pueblo reaccionó

"Estas palabras habló Jehová... fuego... nube... oscuridad" (Deuteronomio 5:22). La ley vino de Dios, tuvo origen divino. No fueron palabras del líder.

Lea Deuteronomio 5:23-27. Los israelitas reconocieron que el Dios todopoderoso y de aterradora majestad hablaba con ellos (su pueblo escogido), y sintieron temor. Se dieron cuenta de su pobreza y falencias espirituales. Sintieron un temor reverente y le pidieron a Moisés que él fuera el intermediario, prometiendo ellos oír y obedecer. Recuerden que estamos haciendo hincapié en ser hacedores de la Palabra que conocemos.

B. Dios quiere hacer bien a su pueblo

En Deuteronomio 5:28-29, leemos que Dios esperaba y anhelaba la obediencia de sus escogidos, porque Él deseaba hacerles bien para siempre. La reverencia del corazón resulta siempre en guardar los mandamientos del Señor, y esta es la clave para tener la bendición de Dios sobre nosotros y nuestra descendencia.

Moisés terminó recordándole al pueblo que debía de cumplir con la promesa hecha en ocasión de la histórica entrega de la ley divina. Las siguientes palabras: "Mirad... hagáis... no os apartéis... para que viváis" (Deuteronomio 5:32-33), nos están invitando a la reflexión.

III. Exhortaciones a la obediencia

A. Consagración interior y exterior

Ya mencionamos que los mandamientos del Señor son para obedecerlos... "Para que temas" (Deuteronomio 6:2). Esta palabra "temas" se hizo una expresión típica de la fidelidad al pacto. En adelante, temor implicaría a la vez amor, que responde al amor de Dios y también una obediencia absoluta a todo lo que Él manda.

"...Jehová uno es..." (Deuteronomio 6:4) afirmaba el

monoteísmo, que es la base del credo del judaísmo, sin contradecir la doctrina de la Trinidad, sino enfatizando la unicidad e indivisibilidad del Dios Trino.

"...Amarás al Señor tu Dios" (Deuteronomio 6:5) era el primer y gran mandamiento (según lo que Jesús mismo expresó en Mateo 22:37 y Marcos 12:30). Se les pidió amar a Dios con todo: Corazón, alma, y fuerzas, es decir, su vida interior y exterior: Emociones, deseos, mente, voluntad y energías físicas, con una devoción total. El amor a Dios no era algo que podía quedar a elección, era un mandamiento. Los profetas que vinieron más tarde hicieron hincapié en esta verdad, sobre todo Jeremías y Oseas. La obediencia debía venir del corazón y no convertirse en una legalidad servil y vacía. "Grábate en el corazón... estas palabras" (Deuteronomio 6:6-7 NVI), lo que significa fijarlas profundamente (como algo indeleble) que no se puede borrar o quitar.

B. Peligros de la prosperidad

Las grandes y abundantes bendiciones podrían provocar que se "olvidaran" y aun que se "apartaran" de Dios. Por eso, se repitió la amonestación y se les recordó que sólo..." A Jehová tu Dios..." (Deuteronomio 6:13) habrían de adorar y servir, porque Jehová no toleraría rivales. Jesús habló de no tener un corazón dividido: Ninguno puede servir a dos señores...a Dios y a las riquezas" (Mateo 6:24). Bien sabemos que las cosas materiales pueden ser uno de los "dioses" a quienes adoremos en nuestros días. Para nosotros es esta misma amonestación.

El episodio en que Israel tentó a Dios en Masah se relata en Éxodo 17:1-7, y es acerca del altercado que tuvo Moisés con el pueblo en Refidim cuando pedía agua para beber; por ello, el lugar fue llamado Masah

(altercado). Tener dudas sobre la providencia y misericordia de Dios es sumamente insultante para el Dios todopoderoso.

La liberación y las provisiones eran para aquellos que guardaran puntualmente los mandatos de Dios. Por tanto, no tenían excusa, pues vez tras vez fueron amonestados (Deuteronomio 6:17-19).

¿Tendremos nosotros hoy excusa por no vivir conforme a toda la Palabra de Dios que claramente nos indica cómo debe ser nuestra conducta cristiana?

La posteridad de Israel debía conocer el significado de los testimonios, estatutos, y decretos ordenados por Dios. Los padres debían transmitir la historia de su servidumbre, su liberación, las grandes señales, los terribles milagros y la posesión de la tierra prometida a sus antepasados. Es decir, todo lo que Jehová Dios había efectuado con su pueblo. Debían los padres enseñar a la nueva generación (con la palabra y el ejemplo) del mandato de cumplir las leyes y temer a Jehová constantemente para que les "vaya bien todos los días", y para que vivieran "como hasta hoy".

La obediencia a l ley de Dios sería "la evidencia" de que estaban bajo la influencia del temor y el amor de Dios.

La obediencia de la ley no forma la base de la vida eterna, esto es siempre por gracia. Sin embargo, la obediencia es la base de la bendición en el pacto. La gracia siempre se manifiesta en la justicia, como la santificación siempre sigue a la justificación.

Conclusión

Dios nos exige conformarnos a su voluntad en todas las cosas, siendo santos en lo íntimo del corazón y justos en todas nuestras relaciones.

Recursos

Información complementaria

Deuteronomio:

En el pueblo de Israel, "era necesaria esta repetición, porque había una nueva generación de israelitas. Tendrían nuevas condiciones de vida (de nómadas a sedentarios) y habría mucha influencia idólatra. Sucede en las llanuras de Moab, cerca del año 1405 a.C.

El libro está lleno de tierna solicitud, sabias enseñanzas y fieles amonestaciones de Moisés, el "patriarca y profeta", quien los había conducido por cuarenta años y que ahora ya estaba casi en "la puerta del cielo". (Diccionario de la Santa Biblia. W. W. Rand. Caribe, Costa Rica: 1899, p.174).

Definición de términos

Estatutos (chuqqim): La ley escrita referente a ritos y ceremonias (de la religión). Según la tradición judía, estatutos y preceptos son sinónimos.
Decretos (mishpatim): Lo concerniente a cuestiones de índole civil. Normas de la ley que aplicaban los jueces.

Actividad suplementaria

Termine la lección unos minutos antes y divida la clase en grupos para que respondan las preguntas de la hoja de actividad. Puede asignar una pregunta a cada grupo.

Fidelidad
a la Palabra de Dios

Lección 2

Hoja de actividad

Versículo para memorizar: "En mi corazón he guardado tus dichos, para no pecar contra ti" Salmo 119:11.

I. Recapitulación de las leyes

¿Cómo debe ser nuestra obediencia hoy a la Palabra de Dios, y por qué? (Deuteronomio 4:1-8).

_____

_____

_____

II. La reacción del pueblo

¿Cuál fue (es aún) la intención de Dios para con su pueblo? (Deuteronomio 5:28-29). _____

_____

_____

_____

III. Exhortaciones a la obediencia

Escriba lo que significa "de todo corazón", "de toda tu alma", "con todas tus fuerzas", y "con toda tu mente" para usted hoy (Marcos 12:29-30). _____

_____

_____

_____

Busque varias citas del Nuevo Testamento que contengan normas para la vida del discípulo de Cristo. Discútalas con sus compañeros de clase. _____

_____

_____

Conclusión

Dios nos exige conformarnos a su voluntad en todas las cosas, siendo santos en lo íntimo del corazón y justos en todas nuestras relaciones.

Un pueblo especial

Mabel de Rodríguez (Uruguay)

Versículo para memorizar: "Porque tú eres pueblo santo para Jehová tu Dios; Jehová tu Dios te ha escogido para serle un pueblo especial, más que todos los pueblos que están sobre la tierra" Deuteronomio 7:6.

Propósito de la lección: Que el alumno descubra, en la relación de Dios con Israel, principios para relacionarse con los no creyentes.

Introducción

Deuteronomio 7:1-26 es parte del segundo discurso de Moisés registrado en este quinto libro del Pentateuco (todo el segundo discurso va desde el 4:44 al 26:19). Él se estaba dirigiendo a un pueblo asustado. Por un lado, como nación ya había estado antes en esta situación a punto de tomar posesión de Canaán. Las mismas naciones que menciona el versículo 1 de este capítulo 7 fueron las que, por la sola descripción de los espías (Números 13 y 14), habían hecho que sus padres desearan volver a Egipto a morir allí como esclavos antes que enfrentarse a sus habitantes. Y, por otro lado, los israelitas sabían que Moisés estaba a punto de dejarlos: "Así que yo voy a morir en esta tierra, y no pasaré el Jordán; mas vosotros pasaréis, y poseeréis aquella buena tierra" (Deuteronomio 4:22). Así que Moisés les estaba dando ánimo, sus palabras tenían el evidente propósito de levantarles la moral. Y vez tras vez les dio indicaciones de lo que debían y no debían hacer cuando estuvieran habitando la tierra prometida (Deuteronomio 6:10, 7:1), lo cual estaba dado por hecho: "Cuando Jehová tu Dios te haya introducido…" (Deuteronomio 7:1). Por tanto, iban a entrar a poseer la tierra prometida, eso ya no se discutía.

También nosotros hoy debemos aprender a descansar sobre las cosas que Dios nos promete en su Palabra, y actuar en consecuencia: Si Dios lo dijo, así será. Pregunte: ¿En qué sentido las promesas del Señor son condicionales? Son condicionales en el sentido de que así como para los israelitas, el secreto para recibirlas radica en ser obedientes.

A este grupo de gente, que no tenía experiencia de vivir en casas y ciudades, Dios les aseguró una vez más que les daría en posesión uno de los centros más desarrollados de la época. Por ello, y sin duda, necesitaban instrucción.

Pero también hoy nosotros podemos extraer de estos reglamentos algunas enseñanzas. Por tanto, es menester preguntarnos lo siguiente: ¿Cuáles son estos principios permanentes del pasaje que nos enseñan a convivir con aquellos que no son cristianos?

I. Mantén tus convicciones

Israel estaba llamado a ser un pueblo separado y santo (Deuteronomio 7:2-5,26). Por ello, si las personas desobedecían y se unían a la idolatría de los cananeos, sólo podían esperar lo peor (v.4). Los cananeos (término aplicado específicamente a los que vivían en la llanura de Esdraelón, y en general a todos los habitantes del país) adoraban a sus dioses cometiendo excesos inmorales, y luego ofrecían sus hijos en sacrificios. "Parece que en gran parte, la tierra de Canaán había llegado a ser una especie de Sodoma y Gomorra en escala nacional" (Compendio Manual de la Biblia. Henry H. Halley. Moody, s/f, p.157). Según este pasaje, todos los miembros de esas naciones debían ser destruidos. Seguramente, como dice el escritor del Comentario Bíblico Beacon: "El aplicar estos mandamientos a la guerra de nuestros días sería una aplicación errónea de las Escrituras" (Comentario Bíblico Beacon. Tomo I. CNP, EUA, 1979 p.544). Esto es porque a la luz de las enseñanzas de Jesús y los apóstoles en el Nuevo Testamento la lucha es espiritual "Porque no tenemos lucha contra sangre y carne, sino contra principados, contra potestades, contra los gobernadores de las tinieblas de este siglo, contra huestes espirituales de maldad en las regiones celestes" (Efesios 6:12). Es un mensaje de reconciliación (2 Corintios 5:20), somos llamados a reconciliar al mundo con Dios, es también un mensaje de humildad y amor hacia los enemigos (Mateo 5:38-48).

Para nuestra cotidianeidad, encontramos aquí un principio inamovible: Debemos saber y entender lo que creemos y vivir de acuerdo con nuestras convicciones basadas en la Palabra de Dios. Para nosotros, como para los israelitas del pasaje, es fácil dejarnos llevar lentamente por ideas y prácticas que nada tienen de cristianas, el pecado es asunto grave y si somos tolerantes con el pecado en nuestras vidas, este irá ganando terreno en nosotros y se nos hará familiar. Por eso, la primera enseñanza eterna de este capítulo es la siguiente: ¡Mantén tus convicciones! ¡Apártate de toda especie de mal!

En los próximos seis versículos del capítulo siete encontramos la segunda verdad permanente.

II. Sé humilde, reconoce a Dios

Me parece escuchar al anciano Moisés hablándoles a los israelitas (Deuteronomio 7:6-11) a quienes conocía muy bien. Seguramente, de algunos pudo haber dicho literalmente que los había visto nacer. Ahora, después de algunas décadas, el patriarca podía imaginarlos establecidos en la tierra "que fluye leche y miel". El conocía los lujos de Egipto; ellos no, ya que eran la generación que había nacido en el desierto. Él sabía lo fácil que podía ser acostumbrarse a las comodidades de la vida urbana, y convencerse de que se goza de todas las comodidades, porque "nos lo merecemos", "nos lo hemos ganado" o "supimos hacer las cosas. Parafraseando las palabras de Moisés del versículo 7, diríamos: "Dios no los escogió a ustedes por ser muchos ni por sus habilidades espectaculares, sino por amarlos y mantener la palabra que le dio a Abraham, Él es quien los entrará victoriosos a la tierra". Pregunte: ¿Qué significó este adjetivo "especial" para los que escucharon el mensaje por primera vez?

Generaciones después, vemos que los judíos se confundieron. Aquí en Uruguay diríamos "se marearon" con esta verdad, pues creyeron que eran favoritos de Dios. Se llenaron de soberbia y dejaron de reconocer que lo que eran y tenían, era sólo por el poder y la misericordia de Dios.

Ahora, escuchemos a Moisés dirigiéndose a nosotros hoy: "No por ser vosotros más que todos los pueblos os ha querido Jehová y os ha escogido…" (Deuteronomio 7:7). Pregunte: ¿Se ha sentido, usted, "más" que los que le rodean que no conocen o no siguen su fe cristiana? ¿Cuándo fue que se metió en nuestra actitud eclesiástica la soberbia de sentirnos superiores a los demás? No hay manera más segura de mantenernos humildes que siguiendo el mandato del versículo 9: "Conoce, pues, que Jehová tu Dios es Dios…". Cuanto más conocemos a Dios y su grandeza, más maravillados nos sentimos de que Él se ocupe de nosotros y nos considere su tesoro especial. Recordemos que, sólo somos pecadores maravillosamente perdonados.

Pasemos a los versículos 21 al 23 para descubrir el tercer y último principio de vida del que queremos conversar en la clase de hoy.

III. Usa el sentido común que Dios te dio

"echará a estas naciones… poco a poco" (Deuteronomio 7:21-23). Si los israelitas se dejaban arrastrar por el entusiasmo de las batallas ganadas, terminarían exterminando o expulsando a todos los habitantes de Canaán inmediatamente. Pregunte: ¿Qué les dijo Dios? ¿Y por qué? Comparta con la clase sobre lo que el Señor les dijo y las razones para ello. "Los israelitas no eran aún suficientemente numerosos como para llenar toda la tierra ocupada por las siete naciones mencionadas en el versículo 1: "heteo, gergeseo, amorreo, cananeo, ferezeo, heveo y jebuseo". Y como los animales salvajes y feroces se multiplican donde no hay habitantes o el lugar está muy poco poblado, Dios les dijo que, aunque al presente podrían expulsarlas por la fuerza de las armas, sería imprudente hacerlo…" (Comentario de la Biblia, Adam Clarke. Tomo I. CNP, EUA: 1976 p.259).

Debemos agregar también que los israelitas que habían vivido en Egipto ya habían muerto con excepción de Moisés (que no iba a entrar), de Josué y de Caleb. El mensaje se dirigía a individuos nómadas, que habían desarrollado toda su vida en el desierto. No tenían ideas claras de cómo hacer funcionar una ciudad o vivir en ella. Los habitantes de esas tierras (Canaán) ya eran incluso hábiles en el uso del hierro. Así pues, Jueces 1:19 dice: "Y Jehová estaba con Judá, quien arrojó a los de las montañas; mas no pudo arrojar a los que habitaban en los llanos, los cuales tenían carros herrados". Aunque nosotros que conocemos el resto de la historia sabemos que los judíos, casi desde el principio, se dedicaron a imitar la mala conducta de los cananeos. Por todo lo mencionado anteriormente, esta era una disposición sabia de Dios con sentido común: "…echará a estas naciones de delante de ti poco a poco…" (Deuteronomio 7:22).

Así como ellos, nosotros también tenemos constantemente que decidir entre el bien y el mal; y a veces, entre lo bueno y lo mejor. Hay ejemplos en las Escrituras en los que Dios guió a sus hijos en contra de lo que era lógico, pero lo habitual es que el Señor espera que tomemos decisiones usando el sentido común con el que Él mismo nos dotó, salvo que Él nos muestre lo contrario. Algunas veces organizamos o nos involucramos en programas evangelísticos para alcanzar a cientos o miles de personas, sin estar preparados como iglesia para atenderlos y discipularlos después. Muchas veces esperamos que los nuevos se comporten y luzcan enseguida como cristianos maduros, olvidándonos que la vida cristiana es un proceso largo, en el que nosotros mismos estamos. Con los demás, muchas veces, nos falta paciencia. Algunas personas que nunca llegarán a ser parte de nuestra iglesia (esos que muchas veces llamamos "los de afuera") tienen habilidades e influencias que pueden ser útiles para el desarrollo del reino de Dios. Pregunte: ¿Estará mal que les pidamos ayuda para los asuntos de la iglesia o asuntos personales? Creo que aquí es necesario que aclaremos esto: Los que todavía no reconocen a Cristo como Salvador también son personas, no medios para lograr fines y relacionarnos con ellos no significa adoptar sus formas pecaminosas. Pero con esto en mente, consideremos la sabiduría de aplicar el consejo del versículo 22 para nuestra vida hoy, en lo personal y para la iglesia. Debemos avanzar poco a poco compartiendo con los no cristianos siendo de influencia para ellos, y sin detenernos.

Seguramente, ustedes como yo sabemos que no podemos salir a matar personas que no son cristianas, pero hemos encontrado algunas verdades permanentes en el capítulo 7 de Deuteronomio. Siglos más tarde, Jesús oraría por sus seguidores con estas palabras: "(Padre) No ruego que los quites del mundo, sino que los guardes del mal" (Juan 17:15). Jesús se involucró con los pecadores, sin aprobar ni imitar sus pecados. Esta era la única manera de poder confrontarlos con los valores del Reino.

Conclusión

En estos tiempos, Dios también nos está llamando a mantener nuestras convicciones, ser humildes y usar el sentido común en nuestra convivencia con los que creen diferente que nosotros.

Recursos

Información complementaria

Religión de los cananeos. "Baal era su dios principal, y su esposa Astoret la principal diosa. Esta era la personificación del principio reproductivo en la naturaleza. Ishtar era su nombre babilónico; Astarte su nombre griego y romano. Baalim, plural de Baal, eran imágenes de este, y Astarot el plural de Astoret. El símbolo de la diosa era una vara sagrada, tronco de árbol o cono de piedra que la representaban. Los templos de Baal y de Astoret generalmente se hallaban juntos. Las sacerdotisas eran prostitutas sagradas; y los sodomitas, prostitutos de los templos. La adoración de Baal, Astoret, y otros dioses cananeos consistía en las orgías más extravagantes; sus templos eran centros de vicios" (Compendio Manual de la Biblia. Henry H. Halley. Moody, s/f, p.156).

"Los textos religiosos de Ugarit descubiertos en 1929-37 en Ras Shamra (la antigua Ugarit) en la costa Norte de Siria ofrecen pruebas cabales de la depravación moral de los cultos cananeos alrededor de 1400 a.C." (El Mensaje de la Biblia. Merrill F. Unger. Moody, p.145).

Definición de términos

Heteos: Hijos de Het, constituían una nación poderosa, civilizada que imperaba en Siria y Asia Menor desde el 1800a.C.

Jebuseos: Pueblo cananeo que habitaba en los montes cercanos a Jebus (Jerusalén).
Gergeseo: (Siempre en singular): Son poco conocidos. Parece que ocuparon una parte de Canaán, al occidente del Jordán (Josué 24:11).
Heveos: Ubicados en el norte en Líbano y Hermón (Jueces 3:3; Josué 11:3).
Los pueblos mencionados son descendientes de Canaán, nieto de Noé (Génesis 10:15-18).
(Comentario Bíblico Beacon. Tomo I. CNP, EUA: 1990, pp.543-544).

Actividad suplementaria

Al terminar el punto I, anime a sus alumnos a leer el pasaje en voz alta y encontrar el punto II de la lección.

Asimismo, invítelos a dialogar sobre siguiente la frase del versículo 6: "...Dios te ha escogido para serle un pueblo especial...". Señale diferentes usos del término "especial" y pregunte ¿Qué beneficios trae esto para nosotros hoy?

Si tiene acceso a Internet en la iglesia, busque en youtube.com/watch?v=MUGHOGzOPBI, o en sitio web, alguna película sobre Moisés. Muestre algún pedazo de la historia de los israelitas en el desierto. De esta manera podrá hacer más vívido todo el relato de Deuteronomio para sus alumnos. Pero recuerde que dicho material no debe ocupar más de cinco minutos de la clase.

Un pueblo especial

Hoja de actividad

Versículo para memorizar: "Porque tú eres pueblo santo para Jehová tu Dios; Jehová tu Dios te ha escogido para serle un pueblo especial, más que todos los pueblos que están sobre la tierra" Deuteronomio 7:6.

I. Mantén tus convicciones

Trabajando en pequeños grupos, hagan una lista de por lo menos cinco ejemplos bíblicos (Antiguo y Nuevo Testamentos) de personas que mantuvieron o no sus convicciones de fe en Dios. Después, elaboren sus propias listas en esta hoja para poder recordar lo estudiado en la clase de hoy. _____

_____

_____

Israel debía guardar sus convicciones (Deuteronomio 7:2-5,26). Ahora, preguntémonos lo siguiente: ¿Qué tanto guardamos nuestras convicciones ante las personas que piensan diferente? Mencione algún ejemplo en que una persona haya guardado sus convicciones ante alguna circunstancias difícil. _____

_____

_____

II. Sé humilde, reconoce a Dios

¿Qué enseñanza importante quería dejar Moisés en Deuteronomio 7:6-11 al pueblo de Israel? _____

_____

¿Qué enseñanza importante deja a nuestra vida hoy el pasaje antes mencionado?_____

_____

III. Usa el sentido común que Dios te dio

¿Qué principio importante encontramos en Deuteronomio 7:21-23? _____

_____

_____

Ahora, escriba en el siguiente espacio algo que descubrió o confirmó para su vida en el pasaje estudiado. __

_____

_____

Conclusión

En estos tiempos, Dios también nos está llamando a mantener nuestras convicciones, ser humildes y usar el sentido común en nuestra convivencia con los que creen diferente que nosotros.

Rememorando los milagros del desierto

Lección 4

Pedro Fernández (Canadá)

Versículo para memorizar: "Cuídate de no olvidarte de Jehová tu Dios, para cumplir sus mandamientos, sus decretos y sus estatutos que yo te ordeno hoy" Deuteronomio 8:11.

Propósito de la lección: Que el alumno aprenda la importancia de obedecer a Dios. Que recuerde lo que Dios ha hecho, que lo celebre y que lo comparta con otros.

Introducción

En esta lección, estudiaremos el pasaje de Deuteronomio 8:1-20.

Muchas veces los que reciben los beneficios de Dios tienden a olvidarlos. El mismo pueblo de Dios olvidaba fácilmente acontecimientos milagrosos que Dios había hecho a su favor. En el libro de Deuteronomio, leemos que Moisés le recordó al pueblo de Israel la apertura del mar Rojo, el agua de la roca, el maná celestial, la columna de nube de día, la columna de fuego de noche, la victoria sobre Amalec y la promulgación de las leyes (más avanzadas de ese tiempo) en el monte Sinaí.

Sin embargo, el pueblo de Dios sufría de amnesia intencional al olvidar rápidamente lo que Dios había hecho y, por ende, lo que podía hacer de nuevo. Dios se aseguró que de forma verbal y de forma escrita su pueblo supiera cuál era su voluntad, para que caminaran en armonía con Él. Así como Israel falló, podemos nosotros fallar si no seguimos lo que vemos y oímos de parte de Dios (Hebreos 4:1-2).

I. Las obras pasadas de Dios con Israel

El pueblo debía poner atención y mucho cuidado a los mandamientos de Dios (Deuteronomio 8:1-6). Practicar su Palabra traería cuatro bendiciones para el pueblo de Israel: Entrar a la tierra prometida, poseer la tierra como suya, vivir bien y multiplicarse. Para esto, los israelitas debían obedecer al Señor, quien los probó en la salida de Egipto y en el desierto.

La prueba fue un entrenamiento para hacerlos dependientes de Dios. Realmente, ellos fallaron y la primera generación fue castigada con la prohibición de entrar en la tierra prometida. Dios recordó ese pasado para motivar a la siguiente generación a no cometer los mismos errores.

A. Algunos puntos importantes que no debían olvidar

Dios llevó a sus escogidos al desierto para afligirlos, probarlos y hacerles ver de qué eran capaces cuando no podían depender de ellos mismos ni de ningún otro recurso (Deuteronomio 8:2). Los probó con el gigante del hambre y les proveyó maná por el poder de su palabra (v.3). Realizó un milagro extraordinario haciendo que en cuarenta años caminando en el desierto, los pies de las personas no se hincharan y que su ropa no se envejeciera (v.4). Dios los hizo físicamente dependientes de Él. Los Salmos 103 y 104 mandaban a alabar a Dios por lo que había hecho, y los Salmos 105 y 106 narran lo que Dios hizo por su pueblo. La famosa oración: "...No sólo de pan vivirá el hombre, sino de toda palabra que sale de la boca de Dios" (Mateo 4:4b) mencionada por Jesús en el momento de la tentación (Mateo 4:4), ocurrió cuando iban por el desierto donde no había nada que comer y Dios les suplió con la comida llamada maná (Deuteronomio 8:3).

B. Dios castiga

Los israelitas tenían que tener en cuenta que Dios castiga a sus hijos desobedientes y beneficia a los obedientes. Con el conocimiento de todo lo que Moisés les recordó en Deuteronomio 8, debían obedecerle con temor. El pueblo escogido no debía manipular a Dios creyendo que Él sólo es amor para satisfacer caprichos o deseos personales. Dios también castiga a aquellos que recibe por hijos, los disciplina para corregirlos, para hacerlos gente perfecta y preparada para toda buena obra: "Porque el Señor al que ama, disciplina, y azota a todo el que recibe por hijo" (Hebreos 12:6). Además,... "Toda la Escritura es inspirada por Dios, y útil para enseñar, para redargüir, para corregir, para instruir en justicia, a fin de que el hombre de Dios sea perfecto, enteramente preparado para toda buena obra" (2 Timoteo 3:16-17).

II. La tierra prometida como recompensa

Como anticipo de su bendición, Dios les dijo a sus escogidos cómo era la tierra que Él les daría: "Miren que Dios les está dando una tierra excelente, llena de arroyos, fuentes y manantiales que brotan de los valles y las montañas. Esa tierra produce trigo, cebada, higos, uvas, granados y aceitunas, y hay también mucho aceite y mucha miel. Allí nunca les faltará de comer ni nada que puedan necesitar. De sus montañas sacarán cobre, y de sus piedras sacarán hierro. Pero una vez que hayan comido y queden satisfechos, no se olviden de dar gracias a Dios por tan excelente tierra" (Deuteronomio 8:7-10 TLA). La tierra sería buena para todo tipo de empresa: Agrícola, ganadera y minera; ya que tenía arroyos y ríos que fluían en montes y valles y que allí se daba todo lo necesario para cosechar y producir en abundancia. El entrenamiento de Dios para su pueblo en cada una de las jornadas del desierto fue para prepararlos en el manejo de la abundancia, no para que dependieran de ella, sino de Dios, a quien hay que bendecir siempre por sus beneficios: "¡Con todas las fuerzas de mi ser alabaré a mi Dios! ¡Con todas las fuerzas de mi ser lo alabaré y recordaré todas sus bondades! Mi Dios me perdonó todo el mal que he hecho; me devolvió la salud, me libró de la muerte, ¡me llenó de amor y de ternura! Mi Dios me da siempre todo lo mejor; ¡me hace fuerte como las águilas!" (Salmo 103:1-5 TLA). La idea de Dios, con su pueblo en el Antiguo Testamento y con el creyente de hoy, es que no olvíden de dónde los sacó y hacia dónde los lleva. La descripción de estos versículos revela la vida dentro de la voluntad de Dios en una tierra que fluiría "leche y miel".

III. Exhortación a la obediencia y la lealtad

La tendencia al olvido, cuando se tienen todas las cosas resueltas, es muy peligrosa; pues nos puede hacer regresar a la esclavitud del pecado (Deuteronomio 8:11-20). Por segunda ocasión, Dios le dijo al pueblo que pusiera empeño en no olvidarse de Él como la fuente segura que lo había guiado por el camino y que lo introduciría en la tierra de bendición: "Cuídate de no olvidarte de Jehová tu Dios, para cumplir sus mandamientos, sus decretos y sus estatutos que yo te ordeno hoy" (v.11).

La prosperidad del pueblo de Dios viene de Él y no sólo del esfuerzo propio (Proverbios 10:22). Cuando el pueblo cree que es por su propia destreza, y se alaba a sí mismo... se enorgullece su corazón y se olvida de Dios. "Es fácil olvidarse de Dios cuando todo marcha bien, cuando uno está lleno y tiene de comer, cuando tiene una buena casa y mucho ganado, oro y plata. Cuando la gente tiene más y más, se vuelve orgullosa y se olvida de Dios. Por eso, ¡tengan cuidado! No se olviden de que Dios los sacó de Egipto, donde eran esclavos" (Deuteronomio 8:12-14 TLA). Y como ya el pueblo de Israel había pasado por esa experiencia de olvidar a Dios y ser ingratos, era necesaria la exhortación a la obediencia y la lealtad a Dios.

¿Qué olvidó el pueblo de Dios y por qué fracasaron en Cades-barnea?

1. La Pascua con la señal de protección para todo primogénito de hombres y animales (Éxodo 12:29).
2. El cruce milagroso del mar Rojo (Éxodo 14:29).
3. El cambio de aguas amargas en agua potable (Éxodo 15:25).
4. El envío del maná (Éxodo 16).
5. El agua fresca de una roca en Refidim (Éxodo 17:1-7).
6. Josué y el ejército derrotaron a su primer enemigo literal, Amalec (Éxodo 17:8-16).
7. A los tres meses llegaron al Sinaí donde recibieron las mejores leyes del momento (Éxodo 19:1-25).
8. Una nube de día y una columna de fuego de noche los guiaba (Nehemías 9:12).

Por desobedecer a Dios, su Palabra y ordenanzas, los israelitas tuvieron como castigo el andar por el desierto y la muerte de más de seiscientos mil hombres mayores de veinte años en un lapso de cuarenta años (Números 14). Una vez finalizado los cuarenta años de castigo, Dios hizo que se repitiera la ley (eso significa la palabra "Deuteronomio") para que su pueblo no fracasara de nuevo.

Dios nos bendice ahora en el presente y nos promete una vida mejor después que esta (Salmo 23:6). Pero esto está condicionado a una vida de obediencia, respeto y de recordar de donde nos sáco. Deuteronomio 8 es un mandato urgente para recordar a Dios siempre. Dios entrenó a su pueblo para la victoria, pero este lo tentó hasta el cansancio y, por ello, fracasó. Pero ¿por qué lo hizo? ¡Por olvidarse o no tener en cuenta a Dios! Todo está condicionado a obedecer poniendo en práctica los mandamientos de Dios y no olvidarse de Él, de lo contrario, la fe es vana (1 Corintios 15:1-2).

Conclusión

Todo el capítulo 8 de Deuteronomio fue un llamado al pueblo de Israel a que tuviera memoria de su pasado, que viera la mano de Dios en su historia, para que creyeran en las promesas de un mejor bienestar para ellos.

Recursos

Información complementaria

Deuteronomio: Segunda ley, repetición de la ley o copia de la ley. Este libro se escribió mayormente para la generación nueva que nació en el desierto y que al estar en Moab, ya estaba lista para entrar a la tierra prometida. Sus integrantes no se habían circuncidado, no habían celebrado la Pascua y Dios les recordó su liberación de Egipto y cómo los había guardado por el desierto. El tiempo de castigo por no haber creído en Dios en Cades-barnea había llegado a su fin. La generación mayor de cuarenta años había muerto (excepto Josué y Caleb), y se había levantado una generación nueva que necesitaba saber qué había ocurrido.

Definición de términos

Cuarenta años: Son los años de castigo para los israelitas por la desobediencia de no creerle a Dios. Dudaron por su incredulidad que Dios podía llevarlos a la tierra prometida y darles la victoria sobre los cananeos y demás pueblos que habitaban la tierra (Números 14:32-35).

Desierto: Todo el desierto del Sinaí que separa a Egipto (después de cruzar el mar Rojo) hasta la frontera de la tierra prometida en Cades-barnea (Deuteronomio 1:19). También se mencionan los desiertos de Parán y de Zin (Números 34).

Obediencia: Guardar todos los mandamientos de Dios con temor y respeto.

Tierra prometida: La tierra de Israel. Dios la había dado como promesa a Abraham y ahora, más de cuatrocientos años después, hacía entrega de dichas tierras al pueblo hebreo. La bendición de Dios es simbolizada por el fluir de leche y miel.

Milagros: Acciones divinas para hacer algo que de otra manera sería imposible para el ser humano: Evitar que los pies se hincharan al caminar por el desierto; evitar que la ropa y zapatos se dañaran en cuarenta años; enviar comida del cielo para una multitud de más de dos millones de personas. Todos estos son ejemplos del accionar de Jehová.

Actividades suplementarias

1. Pida a sus alumnos que hagan una lista de cada una de las cosas de las cuales Dios libró al pueblo de Israel cuando caminaba por el desierto y los beneficios que obtuvieron los israelitas mientras transitaban por allí, según Deuteronomio 8.
   También puede pedir a su clase que enumere las promesas de bendición para el pueblo que obedece a Dios.

2. El punto II es una buena oportunidad para discutir con su clase el hecho de que no siempre el ser fieles a Dios trae riquezas materiales, pero sí que en una vida ordenada y dirigida por el Señor a la larga se ven cambios positivos.

3. Lleve a sus alumnos a Números 14:20-25 y pídales que encuentren allí la cantidad de veces que Israel tentó a Jehová (fueron diez). Discutan el significado de "tentar" en este caso.

Rememorando los milagros del desierto

Lección 4

Hoja de actividad

Versículo para memorizar: "Cuídate de no olvidarte de Jehová tu Dios, para cumplir sus mandamientos, sus decretos y sus estatutos que yo te ordeno hoy" Deuteronomio 8:11.

I. Las obras pasadas de Dios con Israel

¿De dónde los sacó Dios a los israelitas? ¿Qué hizo por ellos? (Deuteronomio 8:1-6) _____
_____

Recordar el pasado del pueblo de Israel es una tarea que engrandece a Dios. Haga una lista de las cosas que Dios hizo en su propia vida, sin olvidar ninguno de los beneficios. _____
_____

II. La tierra prometida como recompensa

¿Qué dejaron los hebreos? ¿Qué les prometió Dios? (Deuteronomio 8:7-10). _____
_____

Dejamos algo, pero esperamos algo. ¿Qué abandonó y que le dio Dios en su nueva vida? _____
_____

III. Exhortación a la obediencia y la lealtad

¿Cuáles son los beneficios inmediatos de obedecer a Dios y cuáles las consecuencias de la desobediencia, según Deuteronomio 8:11-20? _____
_____

Mencione los peligros de prosperar y olvidarse de Dios.

1 _____
2 _____
3 _____
4 _____

Conclusión

Todo el capítulo 8 de Deuteronomio fue un llamado al pueblo de Israel a que tuviera memoria de su pasado, que viera la mano de Dios en su historia, para que creyeran en las promesas de un mejor bienestar para ellos.

El Sendero de la Verdad

El pacto renovado

Laura López (México)

Versículo para memorizar: "El es el objeto de tu alabanza, y él es tu Dios, que ha hecho contigo estas cosas grandes y terribles que tus ojos han visto" Deuteronomio 10:21.
Propósito de la lección: Que el alumno tome aliento con la verdad de la guía y protección de Dios para sus hijos.

Introducción

¿Qué propósitos se ha fijado últimamente para mejorar su estilo de vida? El mantener disciplina para lograr las metas no es una tarea sencilla; sin embargo, es más fácil cumplir cuando contamos con personas que nos animan a seguir adelante con nuestros proyectos.

Los propósitos pueden ser de diversa índole y suponen una mejora en nuestra vida. Por ejemplo: Iniciar una carrera o un negocio, cambios en el trabajo o mejoras en las relaciones familiares. Como cristianos nuestro mayor compromiso es con Dios y debemos mantener una relación estrecha con Él y con su Palabra para no amedrentarnos ante las demandas de la vida. Pero también debemos encontrar hermanos en la fe que nos ayuden a no desfallecer.

I. Aliento en las promesas de Dios

El temor es una emoción común a todos los seres humanos, y el cual nos ayuda a tomar precauciones ante un peligro inminente. Pero cuando permitimos que el miedo tome el control, disminuye nuestra confianza en Dios y nos frena para tomar decisiones y acciones que significarían una mejora en nuestras condiciones de vida.

Los israelitas se encontraban a punto de pasar el Jordán para poseer la tierra prometida, pero antes de la consumación de la promesa fueron invitados a la reflexión a través del discurso de Moisés (Deuteronomio 9:1-6). El ánimo del pueblo se fortaleció por sus palabras y recordaron que su desobediencia, obstinación y miedo detuvieron el plan. A los israelitas les costó trabajo confiar plenamente en que Dios les daría el triunfo. A través de las palabras de Moisés reconocieron a sus debilidades como el obstáculo que impidió la consumación del plan. Por ello, reafirmaron su confianza en la fidelidad de Dios y recordaron que Él siempre mantuvo sus promesas.

A. Recibiendo ánimo para asumir el reto

Moisés les recordó a los israelitas los mandatos de Dios y los llamó a escuchar para luego hacer (Deuteronomio 9:1-3). Fue necesario no sólo que siguieran instrucciones al pie de la letra, sino que modificaran su carácter para colaborar con Dios y recibir el cumplimiento del pacto.

Cuando el pueblo estuvo listo para atender las recomendaciones de Jehová a través de Moisés, pasó de ser observador (desde el otro lado del Jordán) a ejecutor de los planes de Dios. También aprendió a tener confianza para enfrentar naciones aparentemente más fuertes y poderosas que él. Esto ocurrió después de un largo camino en el que los israelitas maduraron y adquirieron el carácter para asumir el trabajo que Dios les había asignado.

Los habitantes de Canaán, como lo anaceos (v.2), intimidaron a los israelitas no sólo por su poder militar, sino también por sus características físicas (eran muy altos). Antes de enfrentarlos fueron animados a creer que Dios libraría la parte más difícil de la batalla y que con su respaldo serían capaces de expulsarlos, garantizando así la victoria.

B. Reafirmando el reto

Dios apeló a la comprensión del pueblo, porque haber pasado tanto tiempo en el desierto lo llevó a creer que las victorias fueron el resultado de su propio esfuerzo, olvidando que cuando las personas no siguieron las instrucciones de Dios perdieron el rumbo y sufrieron consecuencias terribles por su obstinación (vv.4-5).

Jehová les recordó a sus hijos, a través del discurso de Moisés, que esas naciones fueron expulsadas de la tierra por su estilo de vida impío. Los hizo reflexionar sobre su propia condición y el riesgo de adoptar la actitud de los pueblos que habitaban Canaán. Dios les reclamó su injusticia y la mala actitud de su corazón y les recordó que Él había cumplido su parte de las promesas que hizo a los patriarcas (v.5).

Igual que los israelitas, necesitamos hacer altos en el camino para corregir el rumbo si es necesario, y tomar aliento en la Palabra de Dios, asumiendo la vida cristiana con entusiasmo por la seguridad que da el saber que vamos en la dirección correcta.

C. Comprendiendo el reto

Jehová respaldó las batallas en las que el pueblo de Israel se involucró por su mandato. Él quiso guiar a sus hijos a la "buena tierra" que no alcanzaron antes por ser "duros de cerviz" (v.6). Esta última expresión significa que mantenían el cuello levantado, lo que es una señal de orgullo. Así pues, Moisés describió al pueblo como engreído y terco; que tuvo la tendencia a confiar en sus fuerzas y que se ensoberbecía en sus victorias y además le costaba trabajo darle la gloria a Jehová por el triunfo.

La bendición de acercarse el momento de tomar la tierra prometida fue porque a Dios le plació otorgársela, y no por los méritos del pueblo. En tal sentido, los israelitas debieron reconocer la intervención y cuidado del Señor.

II. Aliento en el recuerdo

Alguien dijo: "Un pueblo que olvida su historia está condenado a repetirla". Israel fue confrontado con su conducta provocadora del pasado que despertó la ira de Dios (vv.7-29).

Moisés les recordó a sus compatriotas sus actitudes rebeldes que los alejaron de Jehová y sus promesas. No debían olvidarse de la debilidad que mostraron en varias ocasiones en el desierto cuando desconfiaron de las promesas y el poder de Dios. Asimismo, Moisés los guió también a reflexionar sobre su infidelidad con el becerro de oro (Éxodo 32-33).

Les costaba trabajo comprender que la intervención de Dios en el pasado era garantía de su interés y cuidado en su futuro.

A. Impaciencia y desconfianza

La rebelión y la idolatría van de la mano. Cuando Israel fue infiel durante el peregrinaje, buscó crear dioses que avalaran su conducta.

Por el amor que les tenía, Dios les dio oportunidad a los israelitas para que retomaran el camino de la fidelidad y guardaran su ley.

Moisés los confrontó con el recuerdo de lo sucedido en Horeb cuando construyeron el becerro de oro para adorarlo. Desconfiando así de Dios, de Moisés y de ellos mismos. Mostrando su rebeldía e infidelidad (Éxodo 32), no tomaron en serio el pacto y rechazaron a Dios, quien molesto y decepcionado le ofreció a Moisés destruir al pueblo e iniciar con él un pueblo nuevo (Deuteronomio 9:12-14).

El recordarles que su impaciencia y desconfianza los habían llevado a actuar con imprudencia fue necesario para que entendieran el riesgo en el que ellos mismos se habían puesto con su mala actitud.

Moisés respondió al pecado de idolatría de su pueblo dando prueba de responsabilidad como líder: Se postró, ayunó e intercedió pidiendo misericordia de Dios para el pueblo y para Aarón su hermano, que no supo contener el pecado (vv. 18-20). Tomando el becerro, lo quemó y lo redujo a polvo (vv.21), para que no quedara nada del símbolo del desliz e infidelidad de Israel.

La demanda de Jehová para los israelitas fue la siguiente: Conducta ejemplar y diferente de las naciones alrededor de ellos para demostrar obediencia, fidelidad y respeto por la grandeza y poder de Jehová.

B. La bendición llega cuando el pueblo obedece

Los tratos de Dios con Israel fueron con el propósito de dirigirlo hacia las bendiciones. Y lo que recibieron los israelitas, cuando cumplieron su parte y se alejaron del pecado, fue superior a lo que entregaron. Sin embargo, el problema fue que no apreciaron la magnitud de la misericordia de Dios (vv.22-29).

Moisés les recalcó que la rebeldía fue un obstáculo para alcanzar la tierra prometida, y enfatizó que tuvo que perseverar postrado delante de Dios para evitar la destrucción de la nación de israel(v.25).

Dios respondió a la oración de Moisés. Él tomó el lugar del pueblo, reconoció su dureza, impiedad, y pecado (v.27); pero también la relación de pertenencia con Jehová que lo había sacado de Egipto y que lo llevaría a las puertas de la buena tierra. Dios y Moisés hicieron su parte, el recordatorio en el discurso llevó al pueblo a meditar sobre su condición y retomar el propósito de llegar a la tierra y consumar el cumplimiento de lo pactado.

III. Aliento para las promesas del futuro

La tarea encomendada al pueblo fue ardua, pero contaba con el respaldo de Dios. En su humanidad, los israelitas dudaron en muchas ocasiones, pero la perseverancia de Jehová y de Moisés trajo el resultado esperado.

Ellos necesitaban palabras de ánimo para iniciar la empresa y las escucharon a través de Moisés, El futuro que les esperaba, si obedecían, era glorioso. También les dio las instrucciones necesarias para mantenerse en bendición permanente.

A. Compromisos renovados

Moisés les recordó a los israelitas la intervención de

Dios a través de las dos tablas de piedra y el arca de madera. Con este simbolismo, renovaron el pacto. Jehová no quería que olvidaran que lo bueno del pasado sucedió cuando atendieron sus indicaciones al pie de la letra, y que lo malo ocurrió como resultado de sus decisiones equivocadas. Entonces, fueron llamados a cumplir con su parte aunque sólo tenían una leve idea de la magnitud de su decisión para la historia de la humanidad.

B. Requisitos para conservar la bendición

Lo que Dios requirió del pueblo era mínimo, comparado con las bendiciones por recibir (Deuteronomio 10:12-22). Para obtener la bendición, los israelitas debían reconocer a Dios como dueño de todo. Ellos debían abandonar sus malas actitudes para poder recibir los beneficios que Jehová tenía para su bienestar. Les especificó lo que requería de Israel: Temor a Jehová, amor a sus caminos, y servicio con todo su corazón y toda su alma (vv.12-13).

Dios esperó que su pueblo adquiriera las cualidades no sólo para llegar a Canaán, sino también para disfrutar su relación con Él. Israel puso en juego su sobrevivencia, porque no quiso depender de Jehová. Sin embargo, las promesas de Dios siguieron allí para ser otorgadas, pero no fue sino hasta que Israel hizo un cambio que recibió lo que Dios tenía para darle.

C. Un futuro glorioso esperando

Los israelitas debieron entender que se pusieron entre el total desastre y la vida fructífera a la que tenían acceso por cumplir su parte del compromiso con Dios (Deuteronomio 11:1-32).

En el versículo 29 se dio la comparación entre el monte Gerizim (que significaba la bendición) y el monte Ebal (que significaba la maldición). El pueblo fue exhortado a aprender del pasado para ver el futuro esperanzador que se extendía frente a él. Los escogidos de Dios tenían que mantenerse motivados a amar a Dios sin reservas para que no les costara tanto trabajo ser fieles y que pudieran transmitirles a las generaciones futuras los aprendizajes de sus experiencias.

Las demandas para que nuestra generación viva en bendición son similares a las que tuvieron que cumplir los israelitas en un contexto pagano. Hoy, al igual que antes, vemos como las conductas pecaminosas no sólo son aceptadas, sino defendidas.

Pero debemos recordar que la tolerancia termina donde se inicia el pecado. Nosotros como cristianos somos llamados a mostrar el amor de Dios, pero también a condenar el pecado.

Moisés desafió a Israel a mostrar el amor de Dios a través de una conducta santa. Ese imperativo persiste también hoy para nosotros como hijos de Dios. Lamentablemente, la gente vive sin dirección buscando placeres efímeros como placebos para seguir en una carrera sin fin que ocasiona una profunda insatisfacción y lleva a las personas a la destrucción. Pero el llamado de Dios a una vida diferente, santa y de obediencia sigue vigente hoy. ¿Qué haremos para marcar la diferencia?

Conclusión

Los cristianos somos animados a hacer la diferencia, llevando una vida justa, obediente, temerosa de Dios y de sus preceptos. La palabra del Señor sigue vigente para proporcionarnos el aliento que necesitamos para presentar el mensaje.

Recursos

Información complementaria

Moisés: "Moisés fue un gran líder y legislador del antiguo Israel. Fue Israelita de nacimiento, pero al mismo tiempo egipcio. Residió en la corte del faraón desde sus primeros días hasta alcanzar la edad adulta (Ex.2:1-10, He.11:23.24). Por otro lado, también experimentó la vida austera y frugal del desierto, como miembro de la familia de Jetro en la tierra de Madián (Ex.3:1). De este modo, el origen de Moisés estuvo profundamente enraizado en la cultura de la antigüedad. Fue verdaderamente un hombre de su tiempo". (Comentario Bíblico Beacon. Tomo I. CNP, EUA: 1990, p.441).

Definición de términos

Anaceos: "Cuello largo. Pueblo de alta estatura que habitaba Canaán. Los expedicionarios enviados por los israelitas a explorar la tierra que habían de ocupar, vinieron alarmados al ver estos gigantes, que en hebreo se llaman nefilim (Josué 11:21,22). Vencidos por los israelitas en la conquista de la tierra prometida (Jos. 14:6-14; 15:13-19; 21:11), quedó un resto de ellos en tierra de los filisteos. El gigante Goliat era probablemente uno de ellos (Nm.13:23,34; Jos.10:36; 11:22). (Nuevo diccionario Bíblico ilustrado. Clie, p.55).

Actividad suplementaria

Pida a sus alumnos que en una hoja de papel hagan una lista de los pasos a llevar a cabo para lograr una de sus metas y que describan y compartan con el resto de la clase cómo creen que se sentirán al cumplir el reto elegido.

El pacto renovado

Hoja de actividad

Versículo para memorizar: "El es el objeto de tu alabanza, y él es tu Dios, que ha hecho contigo estas cosas grandes y terribles que tus ojos han visto" (Deuteronomio 10:21).

I. Aliento en las promesas de Dios

¿Qué desafío les hizo Dios en Deuteronomio 9:1-3? _____

_____

¿Qué actitud debemos asumir ante los retos que Dios comparte con nosotros? (Deuteronomio 9:4-6). ___

_____

II. Aliento en el recuerdo de las bendiciones del pasado,

¿Por qué Dios les recordó la conducta provocada en el pasado? (Deuteronomio 9:7-29). _____

_____

¿Recuerda un momento específico en su pasado en el que se haya alejado de Dios? ¿Cómo intervino Él para

bendecirle?_____

_____

III. Aliento para las promesas del futuro

¿Qué enseñanza deja el pasaje de Deuteronomio 10:1-11? _____

_____

¿Qué requirió Dios del pueblo de Israel? (Deuteronomio 10:12-22)._____

_____

¿En qué áreas de su vida cristiana es usted susceptible de desanimarse? _____

_____

¿De qué manera busca mejorar su ánimo cuando se siente desalentado?_____

_____

Conclusión

Los cristianos somos animados a hacer la diferencia, llevando una vida justa, obediente, temerosa de Dios y de sus preceptos. La palabra del Señor sigue vigente para proporcionarnos el aliento que necesitamos para presentar el mensaje de salvación sin desmayar, dando testimonio de nuestra fe para ser abundantemente bendecidos.

Diferentes normas de vida

Lección 6

Eduardo Velázquez (Argentina)

Versículo para memorizar: "Porque eres pueblo santo a Jehová tu Dios, y Jehová te ha escogido para que le seas un pueblo único de entre todos los pueblos que están sobre la tierra" Deuteronomio 14:2.

Propósito de la lección: Que el estudiante identifique, en el pasaje bíblico, el interés de Dios por nuestra salud y vida en sociedad.

Introducción

Como todo padre amoroso Dios sabe que tiene que establecer algunas pautas y límites que son protectores. De esta manera, encontramos en la Biblia mandamientos y leyes que han sido establecidos por el Señor para nuestra salud espiritual y física. Su propósito principal era tener un pueblo santo y dedicado a Él exclusivamente (Deuteronomio 12 al 15).

I. Normas de adoración a Jehová

A. Normas de pureza

Los mandamientos registrados en el capítulo 12 de Deuteronomio tratan de la adoración apropiada al Señor, y surgen como consecuencia del requisito básico de que Israel debía adorarlo sólo a Él (Deuteronomio 5:7). El mandamiento anterior de destruir todo rastro de la adoración cananea (Deuteronomio 7:5,25) se repite en Deuteronomio 12:2-4. El asunto de destruir sus lugares de adoración (v.2) fue porque ahí era donde sus nombres eran recordados (v.3). El antiguo punto de vista semita era que en el nombre residía el ser y el poder de cualquier persona.

En el versículo 3, hay una lista de las trampas de la religión idólatra de Canaán. En contraste con esta falsa adoración, el Señor había escogido un lugar en donde su nombre sería recordado. El lugar no se identificó ya que este no era importante, sino sólo el hecho de que era del Señor. El mandamiento de ir al lugar (v.5) tiene en mente la adoración regular de Israel. La lista de sacrificios y ofrendas no era todo, sino una especie de resumen de la adoración israelita (v.6). La nota dominante en esta adoración debía ser el gozo (vv.7,12).

En Deuteronomio 12:13-28 se encuentran las ordenanzas para cuando finalmente los israelitas vivieran en su tierra. Muchos de ellos vivirían bastante retirados del lugar para los sacrificios. Aunque se les iba a requerir que hicieran el peregrinaje en ciertas ocasiones (Éxodo 23:17), probablemente no lo harían tan frecuentemente. Por lo mismo, los reglamentos en esta sección les permiten comer carne aunque no hubieran matado las reses como para sacrificios (el requisito de Levítico 17:1-7).

B. Normas de fidelidad

En el capítulo 13, se consideran tres maneras en las cuales los israelitas podían ser desviados hacia la adoración de los dioses falsos:

La primera tentación posible vendría de los falsos profetas. A veces no sería fácil para los israelitas reconocer a un falso profeta, ya que ellos podrían usar el lenguaje característico, y reclamar haber tenido revelaciones que no serían fáciles de comprobar.

La prueba de un verdadero profeta residía en su fidelidad al Señor. Ningún tipo de experiencia o excelente discurso podía compensar ese aspecto tan básico. Todo el llamamiento de Israel podía ser puesto en peligro por una persona así; he aquí por qué se recuerda la redención de Egipto como parte de la motivación para rechazar al idólatra (v.5), y la renovada apelación de amar al Señor (v.3). El pueblo debía tratar severamente al falso profeta.

La segunda tentación de adoptar una falsa religión podía venir de cualquier miembro de la comunidad (vv.6-11). En ese caso, caía una penosa responsabilidad sobre el familiar y los amigos más cercanos de denunciarlo y tomar la iniciativa para eliminarlo.

Por último, el mismo rigor se debía aplicar a ciudades enteras donde se hubiera arraigado la adoración idólatra (vv.12-18).

Muy bien podía existir un motivo político en la apostasía de toda una ciudad, ya que la religión estaba muy unida con la política. Esta es la razón por la que si un pueblo se iba en pos de Baal sería como una especie de protesta en contra de pertenecer a "Israel", según lo que esto significaba en el pacto mosaico.

Nosotros también debemos ser cuidadosos en cuanto a buscar y desechar cualquier centro de falsa adoración que tengamos en nuestras vidas. Estos pueden ser actividades, actitudes, posesiones, relaciones, lugares, hábitos, o cualquier cosa que nos tiente a apartar nuestro corazón de Dios y hacer lo malo. Nunca creamos que somos tan fuertes como para no ser tentados.

II. Normas sanitarias y del diezmo

A. Animales para el sacrificio

La mayor parte del capítulo 14 de Deuteronomio distingue entre los animales que se podían comer, de los que no se podían comer. Los términos que se usan para cada uno de estos grupos, respectivamente, son "limpios" e "inmundos". No hay certeza en cuanto a qué significan exactamente estas palabras en este contexto. Las principales posibilidades son que algunos animales no eran considerados aptos para ser comidos por razones de salud, o que eran rechazados por razones religiosas.

Los intentos para explicar los significados de "limpios" e "inmundos" presentan dificultades por el hecho de que varios de los animales mencionados no pueden identificarse con certeza. Pudiera ser que a veces la razón para rechazar a un animal estuviera sugerida por el animal mismo.

¿Por qué se le prohibió a Israel comer ciertos alimentos? Existen varias razones: (1) Los animales depredadores comen la sangre de otros animales, y los que se alimentan de carroña comen animales muertos. Dado que el pueblo no podía comer sangre o animales que encontraran muertos, tampoco podía comer animales que hicieran estas cosas. También se debe tener en cuenta que los animales muertos podían descomponerse y producir enfermedades (2) En la cultura israelita, a algunos animales se les asociaba con algo negativo, como sucede igualmente hoy con los murciélagos, las víboras y las arañas. Algunos pueden haber sido usados en prácticas religiosas paganas (Isaías 66:17). Para los israelitas, los animales impuros representaban el pecado o hábitos insalubres. (3) También existían animales con pezuña, como el camello, que servían para transporte y no debían extinguirlos. O el cerdo que es un animal muy complicado para la alimentación, y pudiera hacer que la gente contrajera enfermedades.

Los creyentes, a pesar de que ya no tenemos que seguir esas leyes acerca de la comida, podemos seguir aprendiendo de ellas respecto a que la santidad debe vivirse en todas las áreas de la vida. No podemos circunscribir la santidad sólo a la parte espiritual, sino que debemos además ser santos en la parte práctica de la vida diaria. Las prácticas de salud, las finanzas, el aprovechamiento del tiempo libre, todo nos proporciona la oportunidad de llevar una vida santa en el día a día.

B. Leyes sobre el diezmo

El diezmo israelita estaba constituido por la dedicación del producto de la tierra. En una sociedad agraria, las cosechas eran la prueba más inmediata de la bondad de Dios y, por lo mismo, eran una parte esencial en la adoración. La Biblia aclara perfectamente el propósito del diezmo: Poner a Dios en primer lugar en nuestras vidas. Así pues, lo primero que hacemos con nuestro dinero revela lo que más valoramos. Darle inmediatamente a Dios la primera parte de nuestra paga centra nuestra atención en Él.

Dios dijo a su pueblo que usara su diezmo cada tercer año para los desvalidos, hambrientos o pobres (Deuteronomio 14:28-29). También les dijo a sus escogidos que debían velar por las necesidades de los levitas que tenían dedicación exclusiva al templo (vv.27,29). Estas normas tenían el propósito de prevenir que la ciudad se hundiera en una pobreza y opresión abrumadora. Dios espera que los creyentes ayuden a los necesitados y debemos usar lo que Él mismo nos dio para asistir a aquellos que son menos afortunados.

III. Normas sociales

1. Perdón de las deudas

La vida de Israel en la tierra prometida se regularía en otros aspectos: En relación con las deudas y la esclavitud (Deuteronomio 15) ambos puntos se comprendían como maneras en las cuales el más fuerte podía ayudar al más débil en la comunidad. En ningún otro lugar, se expresa tan fuertemente la idea de hermandad en Israel como aquí (vv.2-3).

Una vez más, el trato con los mismos israelitas tenía una base diferente al trato con los extranjeros (Deuteronomio 14:21). Por lo tanto, las leyes continuaban formándose sobre la idea de que Israel era un pueblo apartado, mostrando en sí mismo las normas de Dios. Por lo mismo, la actitud para con los extranjeros no era discriminatoria en el sentido moderno, tampoco justificaba la discriminación. Simplemente era el resultado de la posición especial de Israel en este punto de la historia de salvación. No era un principio permanente.

Las deudas debían cancelarse en el séptimo año, dentro de un ciclo de siete años. Dado que los préstamos debían hacerse sin interés (Deuteronomio 23:19-20; Éxodo 22:25), estos constituían un medio para ayudar a quienes estaban pasando por alguna época difícil (quizá por una mala cosecha), en vez de ser un medio para que el prestamista se enriqueciera. El motivo para prestar descansaba en la naturaleza de Israel. El pueblo en pacto con Dios debía practicar su hermandad y su conocimiento de que tenía una tierra, no por razón de su fuerza (Deuteronomio 8:17), sino como un regalo. El resultado de esto sería que no debía haber algún necesitado en medio de ellos (Deuteronomio 15:4), lo que realmente constituía un mandamiento. Los israelitas necesitaban responsabilizarse de la justicia en esta manera para poder mantener el sentimiento de que la tierra realmente era un regalo, y experimentar las bendiciones continuas de Dios (vv.4-6).

Las leyes tomaban en cuenta el interés personal y la posibilidad de que pudiera negarse un préstamo debido a que el séptimo año estaba cerca (vv.7-11) y el que prestaba se vería obligado a dar por perdido el préstamo. El Nuevo Testamento tampoco pone límites a la generosidad que se requiere de los dadores (Romanos 12:8; 2 Corintios 9:7).

2. La esclavitud

La esclavitud en Israel tendría que ser muy diferente de lo que comúnmente se entendía por el término. La persona que estaba experimentando tiempos difíciles podía ponerse al servicio de otra, como una manera de sobrevivir a la emergencia. Sin embargo, esto no tenía el propósito de ser un arreglo permanente, aunque el esclavo podía escoger esto (vv.16-17). Realmente, el esclavo o siervo, no era propiedad del amo. La frase "se vendiere" (v.12) sólo implicaba la venta de la mano de obra de un esclavo por un tiempo. Al

fin de ese período (de nuevo en el séptimo año), y en pago a su labor, el amo debía proveerle al esclavo los medios para vivir independientemente otra vez. Una vez más, dicha generosidad es el medio para continuar gozando de las bendiciones del pacto que el Señor deseaba dar (v.18b).

3. Consagración de los primogénitos

Todo primogénito, tanto de los seres humanos como de los animales, estaba especialmente dedicado al Señor (Deuteronomio 15:19-23). En cuanto a los animales, esto significaba ser sacrificados; y con referencia a los seres humanos, eran redimidos con el sacrificio de un animal (Éxodo 13:2,13,15). Aquí, los primogénitos, al igual que el diezmo, eran parte de una fiesta anual en el lugar de adoración. Los animales con defectos, los cuales por definición no eran aptos para el sacrificio, podían comerse sin el sentido de sacrificio (Deuteronomio 15:21-23). Los reglamentos aquí expresados son bastante parecidos a los que generalmente se aplicaban a la matanza de animales que no eran para sacrificio (Deuteronomio 12:13-28), siendo la principal preocupación la manera apropiada de deshacerse de la sangre (v.16).

Conclusión

Igualmente, es bueno recordar que los propósitos de Dios para la iglesia de Cristo siguen siendo los mismos. Él nos llama a una vida de pureza de corazón y amor a los demás. Esto es expresión de adoración y servicio exclusivos a Dios quien nos rescató de la esclavitud del pecado. Él nos hizo beneficiarios de la gracia dada en Cristo para una vida abundante aquí y en la eternidad.

Recursos

Información complementaria

La señal de los falsos profetas (Deuteronomio 13:1): "Los profetas solían añadir a sus palabras algunas señales portentosas para confirmar la verdad de su mensaje (Éxodo 4:29-31; 1 Reyes 18:36-39,..). Pero también los falsos profetas realizaban a veces hechos extraordinarios que podían engañar a los más desprevenidos (Éxodo 7:11; Mateo 24:24; Hechos 8:11...), lo que hace necesario tener un criterio seguro para distinguir al verdadero profeta del falso. Aquí la incitación a la idolatría es un criterio inequívoco para identificar al falso profeta. (Deuteronomio 18:15-22). (La Santa Biblia. Reina-Valera, Revisión 1995 de Estudio, p.245).

Definición de términos

Remisión: "El sustantivo traducido remisión (Deute-

ronomio 15:1-2) y el verbo perdonar (Deuteronomio 15:2-3) son de la misma raíz hebrea, la cual literalmente significa "dejar caer". Probablemente, aquí se refiere a una condonación de deuda, aunque algunos aducen que se refiere al aplazamiento del pago de la deuda hasta después del séptimo año". (Nuevo Diccionario Bíblico Ilustrado. Samuel Vila y Santiago Scuain. Mundo Hispano, 2003).

Actividades suplementarias

Proyecto social. "La compasión en acción": Que la clase ponga en práctica la compasión cristiana a través de un trabajo en conjunto. Divida a la clase en grupos según la cantidad. La actividad consiste en identificar a una familia con necesidad en la congregación o en el barrio y buscar la manera de ayudarles. Como maestro ayude a definir el plan de acción.

Diferentes
normas de vida

Hoja de actividad

Versículo para memorizar: "Porque eres pueblo santo a Jehová tu Dios, y Jehová te ha escogido para que le seas un pueblo único de entre todos los pueblos que están sobre la tierra" Deuteronomio 14:2.

I. Normas de adoración a Jehová

Según Deuteronomio 12:1-7, ¿cuáles eran algunas normas que debían tener en cuenta los israelitas con referencia a la adoración?_____

_____

¿Qué advertencia dio Dios en Deuteronomio 12:29-32? _____

_____

Mencione una forma en que el creyente en Cristo puede tener un corazón idólatra. _____

_____

II. Normas sanitarias y del diezmo

¿Cómo se clasificaban los animales? (Deuteronomio 14:3-21)._____

_____

¿Qué enseña Deuteronomio 14:23-29 sobre el diezmo? _____

_____

¿Cuáles son los motivos por los que el Señor nos pide fidelidad con nuestros diezmos y ofrendas? _____

_____

¿Qué nos enseña a nosotros hoy? _____

_____

III. Normas sociales

¿En qué consistía la remisión? (Deuteronomio 15:1-6)._____

¿Cómo se haría el préstamo a los pobres según Deuteronomio 15:7-11? _____

¿Cuáles eran las leyes sobre la esclavitud? (Deuteronomio 15:12-18). _____

¿Qué nos enseñan estos pasajes para nosotros hoy? _____

_____

Conclusión

Igualmente, es bueno recordar que los propósitos de Dios para la iglesia de Cristo siguen siendo los mismos. Él nos llama a una vida de pureza de corazón y amor a los demás. Esto es expresión de adoración y servicio exclusivos a Dios quien nos rescató de la esclavitud del pecado. Él nos hizo beneficiarios de la gracia dada en Cristo para una vida abundante aquí y en la eternidad.

La administración de la justicia

Eduardo Velázquez (Argentina)

Versículo para memorizar: "La justicia, la justicia seguirás, para que vivas y heredes la tierra que Jehová tu Dios te da" Deuteronomio 16:20.

Propósito de la lección: Que el estudiante entienda los principios bíblicos de justicia, y decida aplicarlos en su vida.

Introducción

La justicia es uno de los aspectos vitales en las diferentes organizaciones humanas y países del mundo, sin ella no se garantiza la supervivencia de los mismos, estudiaremos este aspecto en Deuteronomio 16:18-17:20. La justicia se basa en un consenso amplio de los individuos de una sociedad sobre lo bueno y lo malo, y otros aspectos prácticos de cómo deben organizarse las relaciones entre personas. Se supone que en toda sociedad humana, la mayoría de sus miembros tienen una concepción de lo justo y se considera una virtud social el actuar de acuerdo con esa concepción.

Desde un aspecto formal la justicia es el código formal aplicado por jueces y personas especialmente designadas. Ellos tratan de ser imparciales con respecto a los miembros e instituciones de la sociedad y los conflictos que aparezcan en sus relaciones.

Dios es definido por las Escrituras como un Dios justo, por lo tanto debemos entender a Dios y a su Palabra desde este atributo esencial e inherente de su persona.

En el Antiguo Testamento Dios estableció leyes y ordenanzas específicas para la administración de la justicia. Debían tratar justamente a la gente y no debían ser negligentes en esto para provecho propio. Las instrucciones que veremos están a la cabeza de un buen número de reglamentos que tienen que ver con los servidores del pueblo: Los Jueces, el rey, sacerdotes y profetas. Todos estos tenían algo que hacer para asegurar que se aplicaran las leyes con justicia.

I. Los jueces y su establecimiento

A. Nombramiento de los jueces y oficiales

Durante los primeros años del período de la peregrinación de Israel en el desierto, en los años que siguieron al éxodo, Moisés actuó como el juez máximo de Israel. Finalmente, cuando se tornó imposible para él juzgar todos los casos del pueblo, Moisés aceptó el consejo de su suegro Jetro, e instituyó el oficio de juez en Israel (Éxodo 18:13-27). En el libro de Deuteronomio leemos que Dios demandaba que cada ciudad en Israel tuviera jueces y magistrados para juzgar al pueblo con justo juicio (Deuteronomio 16:18-20).

Según la ley, cada israelita tenía derecho delante de Dios y en la sociedad. La violación del derecho humano era una ofensa contra Jehová. Por lo tanto, la responsabilidad de cada juez era corregir la violación de la ley y aplicar el juicio que era correcto. El juez tenía que aplicar el castigo propio para el culpable y vindicar a la persona inocente.

B. La administración de la justicia

Los jueces debían considerar a cada ciudadano israelita como igual delante de la ley, porque cada persona es responsable ante Dios, sin distinción de clase social o posición económica. El juez que pervertía el derecho de la persona pobre estaba bajo la maldición de Dios (Deuteronomio 27:19).

La expresión "la justicia" en el idioma hebreo indica que ésta, sólo debía hacerse en el tribunal y está relacionada con Deuteronomio 16:18, donde afirma que los jueces deben juzgar al pueblo con justo juicio.

El libro de Deuteronomio declara que Jehová es un Dios justo y recto. Todos sus caminos son justos y no hay iniquidad en Él (Deuteronomio 32:4). Por esta razón Jehová demandaba justicia de su pueblo. La manera de recibir la bendición de Dios en la tierra que Él había dado a Israel era por medio de la obediencia a sus leyes. La vida y prosperidad de Israel dependían de la imparcialidad de los jueces y su adherencia a la ley de Jehová (Deuteronomio 16:19-20). La rectitud del pueblo de Dios se manifestaba en la aplicación de las justas leyes del Señor a la vida social, económica, política y religiosa del pueblo.

Qué responsabilidad seria es la de escoger cuidadosamente funcionarios que sean sabios y justos en su esfera de influencia (casa, iglesia, escuela, trabajo). Si fracasamos en escoger líderes que sustenten la justicia, la nación u otras organizaciones pueden verse en serias dificultades. Tenemos gran responsabilidad frente al compromiso de elegir, en diferentes ámbitos, líderes y autoridades que de una u otra forma administren leyes, reglamentos u ordenanzas que guíen los diferentes grupos de personas, en especial la iglesia de Cristo. ¡Qué sabio es orar pidiendo dirección divina y evaluar la designación sobre personas que sean íntegras, respetables, justas y en el caso de la iglesia, llenas del Espíritu Santo y de sabiduría!

II. Los jueces y sus responsabilidades

A. Descripción general de las responsabilidades

Los jueces y otros funcionarios tendrían la tarea de asegurar que los mandamientos de Dios se pusieran en práctica (Deuteronomio 1:9-18). Ellos se desempeñarían en las ciudades por todo Israel, aunque los casos difíciles serían llevados al lugar central de adoración (Deuteronomio 17:8).

Justicia (vv. 19-20) significa tratar justamente a la gente, lo cual es un derecho bajo la ley. Las instrucciones aquí están a la cabeza de un buen número de reglamentos que tienen que ver con los servidores del pueblo: Los Jueces (17:8-13), el rey (17:14-20), los sacerdotes (18:1-8) y los profetas (18:15-22). Todos éstos tenían algo que hacer para asegurar que se practicaran las leyes. Esto hace entender por qué en la ley de Moisés el proceso de relacionar la ley judicial con las leyes religiosas era muy importante. En Israel había una relación íntima entre el proceso judicial y las leyes que regulaban la adoración, por esto las leyes religiosas y las leyes civiles son prácticamente idénticas.

B. Descripciones de las responsabilidades

El juez en Israel tenía tres obligaciones morales. Primera, no podía torcer el derecho (16:19). Esta ley exhortaba al juez a aplicar un sentido de equidad en su tratamiento con cada israelita (Deuteronomio 24:17). Esta obligación estaba basada en la ordenanza de Éxodo 23:2-3, que especificaba que no debían seguir a la mayoría, para pervertir la causa, ni tampoco hacer favoritismo en el pleito.

Segunda, no podía hacer distinción de personas al declarar su decisión (v. 19). Esta expresión en hebreo significa hacer distinción entre una persona rica o pobre, entre una persona humilde y una persona distinguida en la sociedad.

Tercera, el juez no podía aceptar soborno. Ningún juez podía recibir soborno, porque el soborno pervierte

la administración de justicia y "ciega a los que ven con claridad y pervierte las palabras del justo" (Éxodo 23:8). Los profetas de Israel condenaron el soborno recibido por los jueces (Isaías 1:23, 5:23; Ezequiel 22:12). La denuncia frecuente de los profetas contra el soborno indica que el abuso en la administración de la justicia en Israel era un problema muy serio.

Los creyentes estamos relacionados a circunstancias y personas que requieren una evaluación y examen en cuanto a su impacto en nuestras vidas y en la iglesia. Pregunte: ¿Cómo juzgamos a esas personas? Cabe aclarar que juzgar en este sentido no es una sentencia condenatoria sobre personas, sino adoptar una opinión imparcial y objetiva sobre conductas y circunstancias. Jesús nos exhorta a no juzgar por las apariencias sino con justo juicio (Juan 7:24). Por su parte Santiago nos desafía a desarrollar una vida cristiana sin hacer acepción de personas (Santiago 2:1) destacando que no debemos distinguir diferencias sociales, económicas o religiosas al tratar con nuestros semejantes.

Los jueces en casos de juicios complicados

Deuteronomio 17:8-13 trata de cuando se presentaban casos difíciles en la corte local y el juez era incapaz de decidir sobre el mismo y apelaba a la corte suprema. La apelación judicial se presentaba al sacerdote levita y al juez para una decisión final. El sacerdote ejercía su magisterio en el templo y legislaba los asuntos religiosos. El juez era responsable de juzgar los casos civiles.

El juicio pronunciado por los jueces era la decisión legal de la corte. La instrucción de los jueces expresaba la voluntad de Dios para su pueblo, por esta razón la decisión de la corte de apelación era final. Tanto los jueces de las cortes locales como las personas envueltas en el pleito tenían que obedecer la decisión de los jueces de la corte suprema. La decisión era final porque había sido hecha en la presencia de Jehová (v. 12) y por lo tanto, tenía la autoridad divina. Por esta razón los litigantes tenían que obedecer fielmente la decisión de la corte. La persona que se negaba a aceptar la decisión del juez o del sacerdote de la corte suprema se revelaba contra Dios, y contra las autoridades civiles y religiosas establecidas por Dios para el bien de la comunidad. La pena contra esta rebelión era la muerte.

La severidad del castigo para la persona que se rebelaba contra la autoridad de la corte suprema era para evitar la anarquía política y civil en Israel.

Otro tema que tiene que ver con los creyentes en Jesucristo es el tema de la sujeción a las autoridades. El Nuevo Testamento declara que ellas han sido establecidas por Dios para nuestro cuidado. Por lo que les debemos el debido respeto y sujeción esperando que ellas ejerzan sus funciones con honestidad y transparencia. Honremos a Dios respaldando y obedeciendo a los líderes y pastores que Dios puso para velar por nosotros.

III. Los jueces en casos de idolatría

Después que Israel entró en Canaán, el pueblo se inclinó a la idolatría. Cuando Israel empezó a gozar de prosperidad económica, ignoró la prohibición de adorar imágenes y estableció templos dedicados a los dioses de la fertilidad para asegurar abundantes cosechas. La ley en Deuteronomio incluía, como una de las responsabilidades de los jueces, la obligación de asegurar que una persona acusada de adorar a otro dios fuera juzgada por un adecuado proceso judicial.

La imputación de apostasía era una acusación muy seria. Cuando una persona era acusada de haber violado el pacto y abandonado a Jehová para seguir a otros dioses, los jueces tenían que seguir el proceso judicial adecuado (Deuteronomio 17:2-7) porque la consecuencia de la apostasía era la pena de muerte. Para declarar que una persona era culpable de apostasía, los jueces tenían que procurar indagar con diligencia los méritos del caso y tomar la decisión después de oír el testimonio de dos o tres testigos. Para evitar la conspiración de dos personas contra otra, los testigos tenían que echar las primeras piedras y así implementar la sentencia de muerte.

Cuán frecuentemente los creyentes debemos examinar nuestros corazones para confirmar nuestra completa adoración y fidelidad a Dios. Siempre corremos el peligro de entronizar personas o cosas que ocupen el lugar de Dios.

En la lección apreciamos lo beneficiosas que son las leyes y ordenanzas administradas por líderes íntegros y sabios. Esto asegura la vida saludable de cualquier organización, ya que ofrece el medio para una correcta conducción de las acciones de quienes la componen.

Conclusión

La iglesia tiene la Palabra de Dios, las leyes más altas que el ser humano pueda tener ya que son las leyes divinas contempladas para que vivamos una vida plena y en paz en este mundo y en el venidero. Como pueblo de Dios tenemos la responsabilidad de vivir bajo estas leyes de vida, llevando una vida que agrada a Dios y mostrando a un mundo en caos social que Cristo ha sido constituido como la verdadera justicia.

Recursos

Información complementaria

Todas las ciudades (Deuteronomio 16:18): Lit. "Todas las puertas, es decir, las puertas de la ciudad donde los jueces y ancianos del pueblo se reunían para administrar justicia" (La Santa Biblia. Reina-Valera, Revisión 1995 de Estudio. Sociedades Bíblicas Unidas, p.249).

Orden de matar a los idólatras (Deuteronomio 17:2-7). "El gran propósito previsto en la elección de Israel fue el de conservar el conocimiento y el culto del único verdadero Dios, y por lo tanto la idolatría de cualquier clase, fuera la adoración de cuerpos celestiales, o la de alguna forma más grosera, se llama "transgresión de su pacto". Ninguna dignidad ni sexo podía atenuar este crimen..." (Comentario Exegético y Explicativo de La Biblia. Tomo I: El Antiguo Testamento. Roberto Jamieson y A. R. Fausset. CBP, USA: 2003, pp.188-189).

Definición de término

Asera: "Diosa femenina cananea de la fertilidad, esposa de Baal (en Ugarit de Él, «el padre de los dioses»). Su imagen fue venerada: en Jerusalén (1 Reyes 15:13), en Israel (1 Reyes 16:33), en el templo de Baal en Samaria (2 Reyes 21:3,7). Su símbolo, llamado también Asera, era el árbol santo o tronco sagrado junto al altar. En Deuteronomio exige repetidamente que los aseras sean cortados (Deuteronomio 7:5), quemados (Deuteronomio 12:3) o bien que ni siquiera sean plantados (Deuteronomio 16:21)" (Nuevo Diccionario Bíblico Ilustrado. Samuel Vila y Santiago Scuain. Mundo Hispano, 2003, p.80).

Actividad suplementaria
Reflexión

Dé un tiempo para que los integrantes de la clase escriban una palabra acerca de la forma que para ellos, Jesús enseñaba sobre la justicia en el trato con los semejantes, y expliquen cómo la entienden y aplican a su vida. (Ejemplo: amor, en la oveja perdida; perdón, en el hijo pródigo; misericordia, en la mujer adúltera; etc.).

La administración de la justicia

Hoja de actividad

Versículo para memorizar: "La justicia, la justicia seguirás, para que vivas y heredes la tierra que Jehová tu Dios te da" Deuteronomio 16:20.

I. Los jueces y su establecimiento

¿Qué importancia reviste el ejercicio de una correcta justicia? _____
_____

¿Qué hizo Moisés para administrar la justicia en Israel? (Deuteronomio 16:18). _____
_____

¿Qué condición tenían que tener los jueces que lideraban según Deuteronomio 16:19-20? _____
_____

II. Los jueces y sus responsabilidades

¿Qué se hacía con los casos difíciles de resolver? (Deuteronomio 17:8). _____
_____

¿Cuáles eran las tres responsabilidades morales de los jueces según Deuteronomio 16:19?

1. _____

2. _____

3. _____

Dé su opinión acerca de la expresión "no hacer acepción de personas". _____
_____

III. Los jueces en casos de idolatría

Mencione tres cosas que implicaría que un creyente en Jesucristo está en idolatría.

1. _____

2. _____

3_____

Escriba cuáles serían los pasos que usted seguiría para decidir resolver situaciones difíciles en su vida: _____
_____

Conclusión

La iglesia tiene la Palabra de Dios, las leyes más altas que el ser humano pueda tener ya que son las leyes divinas contempladas para que vivamos una vida plena y en paz en este mundo y en el venidero. Como pueblo de Dios tenemos la responsabilidad de vivir bajo estas leyes de vida, llevando una vida que agrada a Dios y mostrando a un mundo en caos social que Cristo ha sido constituido como la verdadera justicia.

Lección 8

El valor de las leyes sociales

Washington Silvano (Uruguay)

Versículo para memorizar: "Sin profecía el pueblo se desenfrena, mas el que guarda la ley es bienaventurado" Proverbios 29:18.
Propósito de la lección: Que el alumno comprenda la importancia de las leyes sociales y sus beneficios de cuidado y protección.

Introducción

La ley (Torá) dada por Dios a Moisés en el Antiguo Tetamento como camino o regla civil era para el cumplimiento de su voluntad. Por medio de ellas el líder podía guiar la conducta del pueblo en las interrelaciones de comportamiento ético, social y moral. Estas tenían que ser guardadas por todos para cuidado y protección sin ninguna distinción. La ley divina de los diez mandamientos no debía ser una letra muerta, sino que tendría que tener presente el espíritu de la misma. La ley se basaba en la relación de Dios para con su pueblo. Apuntaba a la obediencia y la protección para que se diera el establecimiento de un pueblo fiel y ordenado. En la sección de Deuteronomio que tenemos para estudiar en la clase de hoy, Moisés aseguraba que Dios quiere que su justicia rija la vida en sociedad de sus hijos. Estamos dentro de lo que se ha llamado el "discurso principal", de los cuatro discursos pronunciados por Moisés en este libro. El pasaje que nos ocupa es el de Deuteronomio 22 al 25. Como es muy extenso para que lo leamos todo en clase, iremos señalando algunos versículos claves a lo largo de la lección.

I. El orden de Dios en la naturaleza

Lean Deuteronomio 22:1-12; 25:4. Esta serie de preceptos contiene mucho que solamente tenía aplicación para las situaciones específicas que vivían en esa época. Sin embargo, en ellos podemos encontrar principios que son vigentes para los hijos de Dios de todas las edades. Aquí nos está enseñando que para vivir en sociedad, y que esto no sea un caos, debemos desarrollar una actitud de buena voluntad de unos para con otros.

Pregunte: ¿Con qué términos se refiere el pasaje a los demás, al otro? En Deuteronomio 22:1-4 leemos: "Si alguien ve que andan perdidos el toro o la oveja de su vecino, debe ayudarlo y devolvérselos. Si el vecino vive lejos, o si nadie sabe de quién son los animales, deberá llevarlos a su casa y cuidarlos hasta que el vecino llegue a buscarlos. Esto mismo debe hacerlo si encuentra un burro, o una capa, o cualquier otra cosa perdida. "Si alguien ve en el camino que un vecino suyo trata de levantar del suelo a un toro o un burro echado, debe ayudarlo a levantar el animal. ¡Nunca nieguen su ayuda a nadie!" (TLA). Las palabras "hermano", "vecino", "hermano que no conoces". Señale la diferencia entre esto y lo común de las relaciones con nuestro prójimo en el día de hoy. Dios quiso y quiere que tengamos sensibilidad a las necesidades de otros y respeto hacia la propiedad ajena. "Ajeno", o sea que no nos pertenece.

Por otro lado si una persona se encontraba un nido de ave, debía dejar ir a la madre ya que si se acababa con el ave que había puesto los huevos o tenía pichones (Deuteronomio 22:6-7), seguramente que allí se terminaba toda posibilidad de que esta ave tuviera más pichones en el futuro. Entonces lo más inteligente era 'dejar ir a la madre y tomar los huevos o los pollos'. También menciona el asunto de no mezclar semillas ni poner animales desiguales a trabajar juntos (vv.9-10). O, por mezquindad, poner un bozal al animal que trilla para impedir que éste se alimente (25:4). El Creador está asegurando que el mundo que hizo tiene reglas y que debemos seguirlas si queremos que el equilibrio se preserve.

II. El orden de Dios en el matrimonio

Lean 22:13-30; también puede hacer que lean 24:1-5. Aquí Moisés estaba señalando algunas transgresiones comunes a las leyes divinamente establecidas sobre el matrimonio. La primera se refiere a un hombre que busca excusas para obtener el divorcio de su esposa y escoge difamarla. "Las señales de su virginidad" (v.15) eran, según el comentario bíblico Beacon, "las sábanas manchadas de sangre de la noche de bodas" (Comentario Bíblico Beacon. Tomo I. CNP, EUA: 1990, p.582). El siguiente es un caso de adulterio (v.22). Luego menciona tres casos de ultrajes a mujeres jóvenes. Termina el capítulo 22 con la prohibición de relacionarse sentimentalmente con la madrastra. "Parece que estas vinculaciones fueron estimadas como prueba del derecho a la herencia de la propiedad paterna" (Comentario Bíblico Beacon. Tomo I. CNP, EUA: 1990, p.582).

En el capítulo 24, se mencionan nuevamente las exigencias legales sobre el "dar carta de divorcio". Aquí no se trata de promover la disolución del vínculo matrimonial, sino de proteger a la mujer en una sociedad machista. Para la discusión en clase, pida que alguien lea lo que Jesús enseñó sobre el divorcio en Mateo 19:7-9. Termine este punto de la lección leyendo Deuteronomio 24:5. Este versículo nos muestra lo importante y serio que era el casamiento. Los contrayentes debían ser eximidos de obligaciones militares y servicios públicos por un año. Pregunte: ¿Qué podemos aprender nosotros hoy sobre este tema? Que Dios desde el principio nos planeó para vivir en pareja y para disfrutar ambos de esta relación, esto es un asunto serio. Tomar a la ligera este proyecto divino del matrimonio, es muy grave. Las personas o sociedades que no establecen reglas firmes sobre la santidad del matrimonio se arriesgan a sufrir consecuencias de desorden y destrucción.

III. El orden de Dios para la vida urbana

Lean como base de este punto 22:8; 23:24-25; 24:10-14. Estos versículos que seleccionamos, demandan sensibilidad y sabiduría. Hoy llamaríamos a las actitudes indicadas aquí, buena vecindad, o urbanidad. Algunos ejemplos aquí son: La azotea con una baranda de protección (22:8); la generosidad por un lado y el respeto hacia la propiedad de los demás por el otro, que podían satisfacer el hambre pero no abusar (23:24-25); eso refleja el cuidado que debían tener de los necesitados.

El caso de las mercaderías en prenda (24:6,10,17), nada que fuera imprescindible para la vida del deudor podía ser tomado, las vestimentas de un pobre no podían retenerse después de la caída del sol; el pago de un jornal justo para los trabajadores (v.15), y el sobrante que debía quedar en los campos cuando realizaban las cosechas para que lo recogieran los extranjeros, huérfanos y viudas. Estas entre muchas otras

indicaciones específicas para el pueblo a quien Moisés se dirigía, nos están marcando una "actitud fundamental de buena voluntad hacia el prójimo. Esto sólo asegurará la observancia de la ley. Esto enuncia la presuposición de todo el libro que la religión y la ley son una y que la verdadera comunidad está subordinada a la adoración correcta" (Comentario Bíblico Beacon. Tomo I. CNP, EUA: 1990, p.580). Siglos más tarde nuestro Señor resumiría estas enseñanzas en el gran mandamiento: "Amarás al Señor tu Dios con todo tu corazón, con toda tu alma y con toda tu mente… Amarás a tu prójimo como a ti mismo. De estos dos mandamientos dependen toda la ley y los profetas" (Mateo 22:37-40).

Contaba la Madre Teresa de Calcuta: "Una noche vino un hombre a nuestra casa y me dijo: Hay una familia con ocho niños. Hace días que no comen". Tomé algunos alimentos y fui. Cuando finalmente llegué a aquel hogar, vi que los rostros de esos pequeños estaban desfigurados por el hambre. No había pesar o tristeza en sus rostros, solamente un profundo dolor de hambre. Le di el arroz a la madre. Ella separó el arroz en dos partes y salió llevando una mitad. Cuando regresó, le pregunté: ¿Adónde fue? Ella me dio esta simple respuesta: "a ver a mis vecinos, ¡ellos también tienen hambre!".

"Yo no estaba sorprendida por su generosidad, porque los pobres son verdaderamente generosos. Pero estaba sorprendida que ella supiese que estaban hambrientos.

En regla general, cuando sufrimos estamos tan enfocados en nosotros mismos que no tenemos tiempo para los demás.

Que todos los seres de todos los mundos seamos, eternamente felices". (Tomado de la página web de recursos cristianos: http://www.webselah.com).

En una época como esta en la que la convivencia se ha vuelto tan difícil por la ausencia progresiva de valores, meditemos en estos principios que la Palabra de Dios nos subraya. Principios que pueden contribuir para una vida en sociedad más agradable y justa.

Conclusión

En este proceso nuestro de aprender un nuevo estilo de vida hasta llegar a ser como Cristo, mostremos nuestra riqueza espiritual en la forma en que nos relacionamos con la naturaleza, nuestra familia y nuestros vecinos. No nos aislemos, mostremos nuestra adoración a Dios por nuestra manera de vivir.

Recursos

Información complementaria

Divorcio

"¿Puede un hombre divorciarse de su esposa por cualquier razón?

[4] Jesús les respondió:

—¿No recuerdan lo que dice la Biblia? En ella está escrito que, desde el principio, Dios hizo al hombre y a la mujer para que vivieran juntos. [5] Por eso Dios dijo: "El hombre tiene que dejar a su padre y a su madre, para casarse y vivir con su esposa. Los dos vivirán como si fueran una sola persona." [6] De esta manera, los que se casan ya no viven como dos personas separadas, sino como si fueran una sola. Por tanto, si Dios ha unido a un hombre y a una mujer, nadie debe separarlos.

[7] Los fariseos le preguntaron:

—Entonces, ¿por qué Moisés nos dejó una ley, que dice que el hombre puede separarse de su esposa dándole un certificado de divorcio?

[8] Jesús les respondió:

—Moisés les permitió divorciarse porque ustedes son muy tercos y no quieren obedecer a Dios. Pero Dios, desde un principio, nunca ha querido que el hombre se separe de su esposa. [9] Y yo les digo que, si su esposa no ha cometido ningún pecado sexual, ustedes no deben divorciarse de ella ni casarse con otra mujer. Porque si lo hacen, serán castigados por ser infieles en el matrimonio." (Mateo 19:3-8, TLA).

"Aquí estaba tratando Jesús de una cuestión que era un problema de ardiente actualidad en Su tiempo, como lo es en el nuestro... Ninguna nación ha tenido nunca un concepto más alto del matrimonio que los judíos. El matrimonio era un deber sagrado... En el matrimonio no se entraba a la ligera ni descuidadamente..." (Comentario al Nuevo Testamento. William Barclay. Clie, España: 1995, pp.229-230).

Deuteronomio 22:5-12

Este capítulo habla con una sobriedad grave a una edad anárquica como la nuestra. (a) A una generación que está consumiendo los recursos naturales con aterradora rapidez, haciendo caso omiso del orden establecido por Dios, le recuerda el orden divino en la naturaleza... Esta ley no va contra el ordenamiento científico de la naturaleza, pero advierte acerca de la aplicación inmoderada de la ciencia en pro del bienestar material del hombre. (b) A una edad que tolera hipócritamente la explotacón de los seres humanos como peones en el juego del sexo, les habla del orden divino entre los hombres (13-30), requiriéndoles el reconocimiento de la santidad del matrimonio." (Comentario Bíblico Beacon. Tomo I. CNP, EUA: 1990, p.583).

Definición de términos

Legislador: El que da, hace o establece leyes. Moisés llegó a ser el gran legislador del pueblo de Israel. Para darles los mandamientos y principios de la voluntad de Dios. Lo hizo a partir de su experiencia en el monte Sinaí y su cultura y crianza egipcias.

Ley: Tora en hebreo-reglas. Camino, dirección, base para Moisés y sus discursos y que como modelo tomaron luego para sus leyes los reyes y profetas.

Pacto: En el lenguaje bíblico y teológico, es un acuerdo entre Dios y los hombres. Fue la base de las leyes mosaicas junto a la ley divina del monte Sinaí.

Cultura: De un mundo pagano al advenimiento de una nueva nación, una nueva cultura. El imperativo de las nuevas leyes con sus castigos, apuntaban por medio de sacrificios imperfectos a la expiación por Jesucristo para toda la humanidad.

(Enciclopedia Ilustrada de la Lengua Castellana", en tres tomos, de Editorial Sopena Argentina).

Actividades suplementarias

Lleve recortes de revistas o periódicos que ilustren leyes sociales de hoy sobre ecología, familia y urbanidad. Antes de iniciar la clase entréguelos y pida que lo lean y pregunte:

¿Qué opinan de lo que tienen en sus manos?

¿Es correcto?

¿Dice algo la Biblia algo al respecto?

El valor de las leyes sociales

Hoja de actividad

Versículo para memorizar: "Sin profecía el pueblo se desenfrena, mas el que guarda la ley es bienaventurado" Proverbios 29:18.

I. El orden de Dios en la naturaleza

¿Qué temas trata Deuteronomio 22:1-12; 25:4? _____
_____
_____

Trabajando solo o en un pequeño grupo, anote por lo menos 3 ejemplos concretos de cómo los cristianos de hoy podemos mostrar los principios del orden de Dios para la naturaleza en la vida diaria. _____
_____
_____

II. El orden de Dios en el matrimonio

¿Qué estaba señalando Moisés en Deuteronomio 22:13-30; 24:1-5? _____
_____
_____

¿Qué nos enseña la Biblia sobre la importancia del matrimonio en el plan de Dios y cómo se explica la reglamentación del divorcio a la luz de lo que dijo Jesús en Mateo 19:7-9? _____
_____
_____

III. El orden de Dios para la vida urbana

¿Cómo llamaría a las siguientes actitudes Deuteronomio 22:8; 23:24-25; 24:10-14? _____
_____

Escriban una lista de cosas que cambiarían en nuestra comunidad si aplicáramos los principios de convivencia urbana que vimos hoy en clase. _____
_____

Conclusión

En este proceso nuestro de aprender un nuevo estilo de vida hasta llegar a ser como Cristo, mostremos nuestra riqueza espiritual en la forma en que nos relacionamos con la naturaleza, nuestra familia y nuestros vecinos. No nos aislemos, mostremos nuestra adoración a Dios por nuestra manera de vivir.

Listos para las consecuencias

Marta de Fernández (EUA)

Versículo para memorizar: "He aquí yo pongo hoy delante de vosotros la bendición y la maldición: la bendición, si oyereis los mandamientos de Jehová… y la maldición, si no oyereis los mandamientos de Jehová…" Deuteronomio 11:26–28.
Propósito de la lección: Que el alumno sepa que todas sus acciones tendrán consecuencias buenas o malas.

Introducción

Todos hemos experimentado consecuencias (ya fueran buenas o malas) de nuestras acciones (por ejemplo: De niños, en la escuela, si no llevábamos hecha la tarea asignada y nos llevábamos a casa una nota de amonestación recibíamos un castigo; o si nos portábamos bien como nos indicó mamá al salir de casa recibíamos un premio o un elogio). Creo que todos podrían compartir alguna experiencia: Haber dejado de tomar medicamento sin el consentimiento médico; pagar siempre en término las cuentas de nuestras tarjetas de crédito, etc. Pregunte: ¿Qué consecuencias hubo de esas acciones?

Dé cinco minutos para que algunos alumnos compartan dos o tres experiencias positivas y dos o tres negativas.

Hoy vamos a considerar, los beneficios de los recordatorios y las consecuencias tanto de la obediencia como de la desobediencia a la Palabra de Dios, en Deuteronomio 27:1-10; 28:1-14; 15-25; 37; 45-48.

Los capítulos 27 y 28 de Deuteronomio formaron parte del tercer discurso de Moisés, proyectándose hacia el futuro de Israel al entrar a la tierra prometida, Canaán. El pueblo debía renovar y ratificar el pacto. Reunidos en el valle entre los montes Ebal y Gerizim debían levantar un monumento de piedras en el monte Ebal y grabar en ellos la ley. Asimismo, debían erigir un altar en honor a Jehová y ofrecer holocausto y ofrendas.

También las doce tribus se debían dividir en dos grupos, seis estarían sobre el monte Gerizim y las otras seis sobre el monte Ebal. Desde esos montes se recitarían las bendiciones, en caso de fiel observancia de la ley de Jehová y las maldiciones, en caso de falta de cumplimiento de las mismas. Podemos leer el cumplimiento de esta orden en Josué 8:30-33.

I. Beneficios de los "recordatorios"

A. Dos órdenes específicas

"Obedecerás al Señor tu Dios, y cumplirás sus mandamientos y estatutos…" (Deuteronomio 27:10 LBLA). El término traducido por obediencia en el Antiguo Testamento (shama) denota la acción de escuchar o prestar atención. "El significado central deriva de la relación con Dios. Él da a conocer su voluntad mediante su voz o su palabra escrita, y frente a ella no hay neutralidad posible: prestar atención humilde es obedecer, mientras desestimar la Palabra de Dios es rebelarse o desobedecer". (Nuevo Diccionario Ilustrado de la Biblia. Wilton M. Nelson. Caribe, EE.UU: 1998, p.806).

B. Monumento recordatorio

Cuando hubieran entrado en Canaán deberían levantar un monumento con grandes piedras en las que escribirían muy claramente todas las palabras de esta ley (Deuteronomio 27:1-10). Pregunte: ¿Por qué un monumento? Éste les serviría de recordatorio para las generaciones siguientes. Dios conoce la naturaleza humana, lo propenso que es el hombre a olvidar, y la importancia de tener algo que ayude a la memoria: Símbolos, señales, algo visible y/o audible que recuerde lo que representan o indican. En este caso fue el monumento de piedras, el cual sería el testimonio permanente de esa ceremonia y del contenido de la legislación.

Pregunte: ¿Recuerda otros recordatorios que Dios haya puesto para el pueblo de Israel? Hay otros recordatorios entre el pueblo israelita: El arca del pacto, conteniendo las dos tablas de la ley, la vara de Aarón y una porción de maná, simbolizaban la presencia divina; las filacterias usadas en el brazo y frente recordándoles que debían siempre pensar en la ley y la mezuzah puesta en los postes y puertas de sus casas, simbolizando la importancia de observarla en el hogar. En el Nuevo Testamento tenemos un recordatorio ordenado por Cristo mismo: La comunión, como memoria de su muerte expiatoria e indicando su segunda venida.

Éstos son símbolos, señales "recordatorios" que podemos usar en nuestros días, tanto en el templo como en nuestros hogares. Nuestra responsabilidad es pasar a las siguientes generaciones nuestra herencia de fe. (Vea la dinámica para usar aquí en Sección de Recursos).

II. Resultados de la obediencia

A. Las sanciones del pacto

El último versículo del capítulo 27 enfatiza lo serio de la obediencia, que debe ser completa y cabal (no de vez en cuando ni a medias). Las bendiciones y maldiciones en el capítulo 28 constituyen el pacto ratificado. Un rasgo principal en esta ceremonia era la recitación de las bendiciones y las maldiciones, que serían las consecuencias en caso de obediencia o desobediencia respectivamente. El primer versículo del capítulo 28 vuelve a recalcar esto mismo.

Lea Deuteronomio 28:1-10; 12 y 13b-14. Comparado con otros convenios antiguos semejantes, este capítulo tiene una diferencia notable, las bendiciones se dan primero y luego las maldiciones, quizá acentuando que Dios primero vino para bendecir. Los resultados de la obediencia serían estas bendiciones:

- Prosperidad tanto en los empleos civiles como en los agrícolas (v.3).
- Multiplicarían tanto las personas, como sus cultivos y sus ganados (v.4) y tendrían lluvias a tiempo (v.12).
- Bendición tanto en la recolección de sus cosechas como en la preparación de los alimentos (v.5).
- Seguridad, "al entrar" y "al salir" puede referirse a que al ir a sus labores y al regresar serían cuidados y sus familias protegidas (v.6).
- Bendición militar, para derrotar a sus enemigos invasores (v.7).
- Bendición en "todo aquello en que pusieren su mano", es decir abundarían en bendiciones materiales y espirituales, ya que todo bien lo recibirían de la mano de Dios (v.8).

Pregunte: ¿Queremos ser bendecidos nosotros, nuestras familias, nuestra casa, nuestros proyectos y nuestros trabajos? Claro que sí. Esto no quiere decir que nos identifiquemos con el falso "evangelio de la prosperidad" y esperemos aumento continuo de riquezas materiales o cosas por el estilo, pero si tendremos lo básico y necesario. Mientras vivamos en este mundo y el ser humano siga viviendo de acuerdo a su egoísmo, sin pensar en su prójimo como lo mandó Dios desde un principio, en ocasiones puede que nos toque vivir experiencias no muy agradables (Deuteronomio 15:2). Esto lo podemos ver al leer Hebreos 11:32-40, donde relata que muchos de los héroes de la fe no tuvieron finales felices en este mundo a pesar de su fidelidad, sino que por el contrario les tocó enfrentar duras situaciones a causa de su fe pero

hoy se encuentran gozando de la bendición eterna que nadie pudo quitarles.

Otro punto importante es que serían confirmados "por pueblo santo" de Jehová y reconocimiento de los otros pueblos (vv.9-10). Esta es la suma de todas las bendiciones: Ser hecho santo y preservado en santidad.

B. Obediencia acarrea bendición

Lea Deuteronomio 28:13-14. Si Israel obedecía y no se iba tras otros dioses, parte de la bendición y prosperidad sería que estarían por "cabeza" de otras naciones.

Hoy, la Palabra de Dios nos manda a seguir la paz y la santidad, (Hebreos 12:14), nos pide que vivamos en amor los unos para con los otros (Romanos 12:10). Si le hemos pedido al Señor que nos santifique por completo, podremos vivir en santidad, por su Espíritu. Esto hará que los demás nos reconozcan como pueblo santo y discípulos de Cristo y sus promesas se cumplirán en nuestras vidas.

El Señor nos da en su Palabra numerosísimas promesas de bendición: "cumplirá el deseo de los que le temen" (Salmo 145:19), "no tendrán falta de ningún bien" (Salmo 34:10), "todas estas cosas os serán añadidas" (Mateo 6:33), "no se turbe vuestro corazón" (Juan 14:1,27), "si algo pidiereis en mi nombre, yo lo haré" (Juan 14:14), y muchísimas más que sería imposible enumerarlas. De una cosa podemos estar seguros y es que Dios no es hombre para mentir y a la fiel obediencia sigue siempre: "La bendición del Señor es un tesoro; nunca viene acompañada de tristeza" (Proverbios 10:22 RVC).

III. Consecuencias de la desobediencia

A. ¿Maldición, mejor estímulo que bendición?

Podemos notar que el espacio que ocupan las maldiciones (Deuteronomio 28:15-68) es cuatro veces el de las bendiciones. Quizá porque el hombre como lo mencionamos antes, es dado a olvidar fácilmente. El juicio puede hacerlo reflexionar, sobre la enseñanza de que vivir en obediencia trae bendición y vivir en desobediencia trae juicio y muerte.

B. La maldición sigue a la desobediencia

Las maldiciones en Deuteronomio 28:15-25,37 son exactamente opuestas a las bendiciones. La nación podría ser bendecida materialmente, multiplicarse, tener seguridad física y prosperidad, pero, sería maldita en las mismas cosas si eran desobedientes. Podrían ser bendecidos, pero si persistían en la desobediencia Jehová enviaría su maldición hasta ser destruidos como nación. Las personas y la naturaleza serían afligidas en gran manera con enfermedades, quebrantos, plagas, sequías, derrotas militares que los conducirían a su desbaratamiento como nación; "servirían de refrán y burla a todos los pueblos", en lugar de estar como "cabeza" de naciones, como fue la promesa de bendición.

La apostasía del pueblo acarrearía maldiciones (Deuteronomio 28:45-48). El desoír la voz de Jehová y dejar de servirle sólo a Él, les traería como consecuencia el rechazo de Jehová hacia Israel, culminando con el más terrible de los anatemas: Serían entregados en manos de sus enemigos y deportados. ¡Qué terrible consecuencia!

Las bendiciones, de toda índole, fueron prometidas y cumplidas mientras el pueblo de Israel se mantuvo obediente a los mandamientos y preceptos divinos.

Las maldiciones les sobrevinieron como resultado de su terquedad y persistencia en desoír los mandamientos que el Señor les había ordenado. Muchos años después Israel (reino del norte) y Judá (reino del sur) sufrieron el asedio de sus enemigos y fueron llevados en cautiverio como consecuencia de su desobediencia.

Conclusión

Dios permita que hoy, reflexionemos y seamos conscientes de que todas nuestras decisiones tendrán consecuencias: Bendición y vida o desastre y muerte. Examinemos cómo está nuestra vida al respecto cada día.

Recursos

Información complementaria

Todo el libro de Deuteronomio debe haberse escrito por el 1400 a.C. "Deuteronomio se leía cada siete años (31.10,11)... en la fiesta de los tabernáculos (16.13-15) para celebrar la renovación del pacto..."

"Como un libro "litúrgico", que promueve la renovación del pacto... y representa un esfuerzo por salvar la brecha entre las generaciones (4.9)... Como un libro "de protesta"..., subraya la suprema autoridad de la Palabra de Dios, una revelación clara... y sencilla... que los padres de familia pueden enseñar a sus niños..." (Nuevo Diccionario Ilustrado de la Biblia. Wilton M. Nelson. Caribe, USA: 1998, pp.276-277).

Definiciones de términos

Filacterias: "Cajitas cuadradas, hechas de piel de animales puros dentro de las que se guardaban cuatro pasajes de la Ley (Ex 13.1-16; Dt 6:4-9; 11.13-21) escritos en pergaminos. Los judíos religiosos se las ataban al brazo y a la cabeza con tiras de cuero." (Nuevo Diccionario Ilustrado de la Biblia. Wilton M. Nelson. Caribe, USA: 1998, pp.410).

Mezuza: pequeño estuche que contiene un pergamino en el cual se halla escrito Deuteronomio 6:4-9 y 11:13-21. Aún hoy, el pergamino que se coloca en cada mezuza es escrito por expertos escribas, quienes usan los mismos procedimientos estrictos que se usaron al escribir La Ley. Luego se enrolla apretadamente y se coloca en el estuche de tal modo que la palabra shaddai (omnipotente) aparezca a través de un orificio cercano a la parte superior del estuche" (La Vida Diaria en los Tiempos Bíblicos". Vida, Florida: 1985, p. 40).

Actividad suplementaria

Al finalizar el punto I, divida la clase (según el número de alumnos) en dos o tres grupos. Pida que piensen en "cosas" visibles/audibles que usamos o podemos usar en el templo como "recordatorios". Dé cinco minutos para pensar y escribir en un papel y cinco minutos para compartir con el resto de la clase. Ejemplos: el Altar, los altares familiares en los hogares, cuadros con pasajes claves, el cuadro de "Los Dos Caminos", concursos de memorización por clases, por familias"... (cruz, pesebre, textos claves de salvación, etc.).

Reflexión

Divida la clase en grupo y reparta los textos mencionados abajo con la siguiente pregunta ¿Qué lecciones podemos aprender de estos pasajes a la luz de la lección que estudiamos hoy?

- La obediencia fiel, que complace al Señor, trae como resultado su bendición "la que enriquece sin añadir tristeza".
- "...Dios no puede ser burlado" (Gálatas 6:7b), la desobediencia trae desastre.
- "...pues todo lo que el hombre sembrare, eso también segará". (Gálatas 6:7c). "El que siembra para el Espíritu, del Espíritu segará vida eterna" (Gálatas 6:8), contrariamente, el que siembra para la carne (desobediencias a la Palabra de Dios) segará muerte. Podemos escoger cómo vivir, pero no podemos elegir los resultados, las consecuencias.
- Lo que a veces llamamos "castigos de Dios" no son sino la consecuencia de nuestras malas decisiones y acciones.

¿Tendrá Dios que usar juicio para hacernos reflexionar? Los israelitas, después de su destierro como nación, no volvieron a caer en idolatría. Aprendieron la lección a través de una muy dura experiencia.

Listos para las consecuencias

Hoja de actividad

Versículo para memorizar: "He aquí yo pongo hoy delante de vosotros la bendición y la maldición: la bendición, si oyereis los mandamientos de Jehová... y la maldición, si no oyereis los mandamientos de Jehová..." Deuteronomio 11:26–28.

I. Beneficios de los "recordatorios"

¿Por qué creen que Dios mandó a su pueblo levantar ese monumento visible? (Deuteronomio 27:1-10;28:1-14;15-25;37;45-48). _____

_____

¿Qué medios tenemos hoy para recordar lo que Dios espera de nosotros? _____

_____

Cuando alguien nos recuerda algo de la Biblia que quizás no estamos cumpliendo, ¿qué tan en serio lo tomamos? Conversen al respecto._____

_____

II. Resultados de la obediencia

Lea Deuteronomio 28:3-10; 12-13 y escriba ¿cuáles serían algunos de los beneficios de la obediencia a los mandamientos de Dios? _____

_____

¿Qué piensan acerca del "evangelio de la prosperidad"? "Dios te dará todo lo que quieras, como quieras" ¿Creen que si viven en santidad todo les saldrá bien, nada malo les ocurrirá y serán siempre prosperados? ¿Qué puede aportar Hebreos 11:32-40 con relación a esto? _____

_____

III. Consecuencias de la desobediencia

Lea 28:15-68 y escriba ¿cuáles serían algunos de los resultados de la desobediencia a los mandamientos de Dios? _____

_____

¿Es la "maldición" mejor estímulo que la "bendición"? ¿Por qué sí, o por qué no? _____

_____

¿Cuáles son algunas de las lecciones que nosotros podemos extraer de estos capítulos de Deuteronomio?___

_____

Conclusión

Dios permita que hoy, reflexionemos y seamos conscientes de que todas nuestras decisiones tendrán consecuencias, bendición y vida o desastre y muerte. Examinemos cada día cómo está nuestra vida al respecto.

Un pacto para todos

Mary de Prado (Venezuela)

Versículo para memorizar: "Guardaréis, pues, las palabras de este pacto, y las pondréis por obra, para que prosperéis en todo lo que hiciereis" Deuteronomio 29:9.

Propósito de la lección: Que el alumno entienda que debe cumplir con todo lo establecido por Dios si desea agradarle.

Introducción

En Deuteronomio 29 y 30 tenemos una "renovación" del pacto de Dios con Israel, dirigida especialmente a las nuevas generaciones que no tenían una experiencia personal con el Dios de sus padres.

Moisés presentó dos alternativas a Israel: Servir a Dios o a sus enemigos. Las condiciones del pacto constituyen el estilo de vida que Dios demanda después de haber experimentado la salvación y tienen aplicación hoy tanto como en el tiempo de Israel. Es un pacto condicional, puesto que lo prometido en él depende de la obediencia a sus estipulaciones.

El propósito de Dios en el pacto era el mismo antes y ahora: Que éste estuviese basado en una relación íntima, cercana y segura entre Dios y su pueblo, lo cual resultaría en seguridad, protección y bendiciones en todos los aspectos de la vida.

I. Las condiciones del pacto de Dios con Israel

En esta primera parte de la lección basada en Deuteronomio 29:1-29 vemos que es Dios quien toma la iniciativa cuando establece el pacto con Israel. Él es quien formula y cumple el pacto (v.1). Sin embargo, era necesario que Israel cumpliera las condiciones que Dios proponía (v.9).

Los israelitas "se unen a Dios" (v.12). En el pacto se debía dar una relación de amor y lealtad entre el Señor y su pueblo escogido. Era necesario que Israel respondiera voluntariamente y de corazón, y con una actitud de agradecimiento y lealtad (vv.2-8).

Las condiciones fueron dadas en el contexto de las experiencias vividas y las bendiciones recibidas de Dios, durante su peregrinar en el desierto (vv.2-3). Era un pacto incluyente, trascendente y universal (vv.11-15).

Los preceptos dados por Dios en el pacto son internos: "Guardaréis"; debían ser escritos en el corazón y la mente. Y externos: "pondréis por obra"; debían ser practicados en la vida diaria y ser de testimonio al mundo. Como todo pacto, estaba sujeto a ciertas condiciones:

A. Obediencia a la palabra del pacto

El Señor requiere de su pueblo, no la simple aceptación racional, sino además resultados visibles y reales (v.9). La obediencia, es mostrar interés y prestar atención a aquello que oímos para ponerlo por obra.

El Señor espera una obediencia que derive de nuestra convicción y deseo de hacer su voluntad. Donde no hay convicción no hay obediencia genuina; la incredulidad produce desobediencia (Hebreos 3:16-19). "La obediencia pertenece a la conducta y puede ser observada" (Diccionario Expositivo de Palabras del Antiguo y del Nuevo Testamento. W. E. Vine. Caribe, Colombia: 1999, p.594). La única evidencia de que creemos en nuestro corazón la Palabra de Dios, es la obediencia (Santiago 1:22; Romanos 2:13)

B. El pacto de Dios incluye a todos

En la sección de los versículos 10 al 15, vemos lo incluyente del pacto. "Vosotros todos estáis hoy en presencia de Jehová vuestro Dios…" (v.10a).

En esta ocasión, Jehová no sólo hizo su pacto con Israel, sino también con todos aquellos que se relacionaban y formaban parte de su vida diaria; ya no era un pacto nacional, sino que incluía también a los extranjeros que convivían con ellos, "…con los que están aquí presentes…" (v.15).

En este pacto, el Señor no hizo acepción alguna (racial, cultural y social) y abarcó el presente y el futuro (v.15). Era el pacto universal de gracia divina para todos los que se acercaban a Él y le servían de corazón. "Con este pacto Israel fue llamado a testificar al mundo del Dios que ama y libera al esclavo" (Diccionario

Teológico Beacon, CNP, EUA, s/f., p.374). El pacto era para todos aquellos que le adoraban sólo a Él y aceptaron su voluntad expresada en la Palabra.

El Señor pactó con aquellos que no estaban dispuestos a postrarse y adorar a los dioses cananeos (vv.16-18); así como con los que hoy día no están dispuestos a dar su adoración a los dioses de este tiempo (dinero, fama, posición social, etc.)

C. Violar el pacto de Dios trae funestas consecuencias

En la sección que va del versículo 16 al 29 vemos que las causas principales de las maldiciones anunciadas por Dios a Israel, vendrían a causa de la idolatría y la ingratitud (vv.16-24). Dios les advirtió sobre las funestas consecuencias que traería la violación de su pacto al irse tras los dioses de las naciones paganas (v.18). Ilustra lo maligno de la idolatría, sus consecuencias y la reacción del Señor contra quienes la practican. La idolatría es como el veneno amargo y dañino de una planta venenosa que mata. El adorar a otros dioses provoca las maldiciones de Dios, así como la muerte y la ruina material y espiritual.

La ingratitud, era también una de las causas que traía la maldición de Dios a quienes así se comportaban (vv.26-27). "…y fueron y sirvieron a dioses ajenos, y se inclinaron a ellos, dioses que no conocían, y que ninguna cosa les habían dado" (v.26). Esta es la misma actitud ingrata de muchos hoy día.

La idolatría deshonra a Dios y le quita su lugar en nuestra vida ya que pone en duda su inmenso poder y misericordia. Al poner nuestra confianza, adoración y corazón en los bienes de este mundo (como dinero, fama, o títulos) ellos pasan a ocupar el lugar de Dios en nuestra vida. La idolatría es una actitud ingrata hacia el Señor quien nos ha dado y quiere darnos todo.

Otra enseñanza importante que se deriva de esta sección del pasaje es que, no sólo las bendiciones serán para las generaciones futuras, sino también las consecuencias de la desobediencia las alcanzarán (v.22). Así mismo, hoy día, si no obedecemos a la Palabra de Dios, nuestros hijos sufrirán la falta de un legado de bendición, lo cual resultará en rebeldía a Dios y consecuente ausencia de sus bendiciones.

II. Dios les dará corazones dispuestos para cumplir el pacto

En esta parte, abordaremos el estudio de Deuteronomio capítulo 30. En él, observamos que, si bien es cierto, Jehová prometió liberar a Israel en el sentido literal de la palabra (vv.3-5), también debía ser librado de su cautividad espiritual. Aunque Israel dejó de adorar a los falsos dioses, aún debía librarse de su idolatría

espiritual, la del corazón, la cual consistía en su incredulidad hacia Dios.

A. Arrepentimiento como punto de partida

Aunque dentro de los planes de Dios siempre estuvo restaurar a Israel, era necesario que el pueblo se dispusiera al arrepentimiento y le buscara de "todo corazón", con certidumbre y fe plena. Era necesario que cambiara su actitud y vida idolátrica y mostrara una "transformación interna" motivada por la obediencia y basada en el amor a Dios y a su Palabra (v.2).

Así mismo, hoy día es necesario que reconozcamos nuestros pecados, y le entreguemos "todo nuestro corazón", para poder recibir las bendiciones prometidas en su pacto universal de gracia. El reconocer nuestros pecados y arrepentirnos de ellos, es lo que motiva la gracia misericordiosa de Dios para nuestra restauración.

B. La gracia de la pureza de corazón

"Y circuncidará Jehová tu Dios tu corazón, y el corazón de tu descendencia, para que ames a Jehová con todo tu corazón, y con toda tu alma, a fin de que vivas" (v.6). La gracia de Dios abre la puerta para el arrepentimiento y el perdón. "Dios circuncidará el corazón de su pueblo a fin de que le amen y le obedezcan. La circuncisión de corazón se refiere a una transformación de la voluntad de modo que le sirvieran sinceramente" (El Pentateuco. Pablo Hoff. Vida, E. U. A.: 1978, p.258).

Dios nos ha llamado para que nos apartemos del pecado y limpiemos nuestros corazones a través del Espíritu Santo (2 Tesalonicenses 2:13). El Señor pide una entrega "total" de nuestro ser de forma sincera y voluntaria.

Esta consagración es posible (v.14) y es fácil de conocer. "…El rasgo más conspicuo de la ley divina es que está disponible" (Comentario Bíblico Beacon. Tomo I. CNP, E. U. A.: 1990, p.612).

Hoy día, la palabra del Señor es accesible a todos a través de diferentes medios (radio, televisión, impresos, predicación en el templo, etc.). Sólo es necesario oírla y disponerse a ponerla por obra para que actúe la gracia preventiva, y el Señor empiece a transformar nuestra vida (Romanos 10:8-21).

III. El pacto establecido tiene opciones claras

El Señor no es abstracto en las opciones presentadas a su pueblo (30:15-20), Él es claro y exigente, aunque las bendiciones dependen de la decisión del pueblo, hay un tono imperativo: "…Mira…" (v.15); "…yo te mando hoy…" (v.16). Las opciones son las mismas de los pactos anteriores, motivadas y vividas en obediencia. Siempre está vigente el bien, o el mal, libertad o esclavitud, bendición o maldición (vv.16-19).

Dios le mostró al pueblo la opción más conveniente, la cual implicaba tres acciones a realizar:
1- Amar a Dios: Fidelidad, devoción.
2- Obediencia: Sumisión, aceptación.
3- Vivir según su Palabra.

A. La opción de Dios: La vida

El Señor respeta el libre albedrío del hombre, su decisión de servirle debe ser voluntaria y surgir de una plena convicción de lo que cree y acepta (vv.19-20). Escoger la vida implica obediencia espiritual y material y bendiciones presentes y futuras, las cuales alcanzarán a las generaciones futuras (vv.16,19).

B. La opción del pecado: La muerte y el mal

El pecado es toda violación de una ley conocida de Dios. El elegir servir al pecado es una actitud de rebeldía hacia lo establecido por Dios en su Palabra; es hacer caso omiso a lo que Dios ha dicho que se haga, "…y no oyeres, y te dejares extraviar, y te inclinares a dioses ajenos, y les sirvieres" (v.17). Esta actitud abierta de desobediencia trae como resultado la muerte espiritual y física, muerte antes de lo normal, miseria y enfermedad.

Conclusión

Si bien es cierto que el pacto establecido por Dios con su pueblo incluye a todos los seres humanos, y que en Él hay oportunidad para quienes lo acepten; también es necesario que sean cumplidas voluntariamente las condiciones estipuladas por Dios, pero por sobre todo con convicción y plena obediencia.

Recursos

Información complementaria

Gracia preveniente: "Es la gracia que se recibe y actúa en nosotros antes de la salvación. Según Wesley es "el primer deseo de agradar a Dios, el primer rayo de luz respecto a su voluntad; y la primera conciencia profunda de haber pecado contra él… El principio de la libertad de un corazón ciego e incompasivo, insensible a Dios y a las cosas de Dios" (Explorando nuestra fe cristiana. W. T. Purkiser y varios. CNP, E. U. A.: 1988, p.301)

Arrepentimiento: Es un cambio sincero de la mente respecto al pecado. "El arrepentimiento, en el Antiguo Testamento, se expresa con las palabras de "volverse" o "regresar", y connotaba la idea de los súbditos rebeldes que regresan a su soberano, o de la esposa infiel que regresa a su esposo. Es evidente que el arrepentimiento significaba más que un simple cambio de mente, o de actitud, o que una simple inversión del juicio… Del mismo modo, en el Nuevo Testamento, el arrepentimiento involucra un cambio radical… Arrepentirse es volverse del pecado, con verdadero dolor, y acercarse a Dios en confesión de pecados…" (Explorando nuestra fe cristiana. W. T. Purkiser, y varios. CNP, E. U. A.: 1988, pp.310 a 312).

Definición de términos

Pacto: "En el lenguaje bíblico y teológico, es un acuerdo entre Dios y el hombre, que viene a ser la base para recibir bendiciones divinas y salvación eterna. Este acuerdo o contrato es iniciado por Dios, y los términos también son especificados por Él. El hombre llega a ser partícipe en el acuerdo por voluntad propia. En el pacto, Dios promete cumplir con ciertos aspectos y promete ciertas bendiciones bajo condiciones morales específicas. Dios no violará sus promesas aunque pueden ser anuladas por falta de cumplimiento de los términos por parte del hombre" (Diccionario Teológico Beacon. CNP, E. U. A., s/f., p.467).

Obediencia: "La obediencia es el acatamiento de leyes o requisitos externos… Así la idea de obediencia está íntimamente relacionada con la palabra hebrea shama, ·oir·… En la religión hebrea el genuino "oír" es sinónimo de obedecer, si una persona no obedece, indica que realmente no ha oído. (Diccionario Teológico Beacon. CNP, E. U. A., s/f., p.470).

Actividad suplementaria

Distribuya entre los alumnos lápices y hojas de papel y pídales lo siguiente: Escriba tres acciones de su vida diaria por medio de las cuales puede cumplir con el pacto de Dios.

Al finalizar, recoja las hojas y lea a la clase varias de las respuestas, permitiendo que los alumnos expresen sus opiniones.

Un pacto para todos

Hoja de actividad

Versículo para memorizar: "Guardaréis, pues, las palabras de este pacto, y las pondréis por obra, para que prosperéis en todo lo que hiciereis" Deuteronomio 29:9.

I. Las condiciones del pacto de Dios con Israel

¿Cuál era la principal condición requerida por Dios en el pacto? (Deuteronomio 29:1-12). _____
_____

¿A quiénes incluyó el pacto de Dios? (Deuteronomio 29:11-15)._____
_____

¿Qué consecuencias traería la violación del pacto de Dios? (Deuteronomio 29:16-24). _____
_____

¿Qué acciones en nuestra conducta hablan de nuestra obediencia o desobediencia a la Palabra de Dios?____
_____
_____

II. Dios les dará corazones dispuestos para cumplir el pacto

¿Cuál era el punto de partida en el cumplimiento del pacto? (Deuteronomio 30:1-3). _____
_____

¿Qué significa la gracia de la pureza en el pacto? (Deuteronomio 30:6)._____
_____

III. El pacto establecido tiene opciones claras

¿Qué implica escoger la opción de Dios? (Deuteronomio 30:19-20)._____
_____
_____

¿Qué consecuencias traerá escoger la opción del pecado? (Deuteronomio 30:17-18). _____
_____
_____

Conclusión

Si bien es cierto que, el pacto establecido por Dios con su pueblo incluye a todos los seres humanos, y que en Él hay oportunidad para quienes lo acepten; también es necesario que sean cumplidas voluntariamente las condiciones estipuladas por Dios, pero por sobre todo con convicción y plena obediencia.

Lección 11

Cambio de mediador

Denis Espinoza (Nicaragua)

Versículo para memorizar: "y Jehová va delante de ti; él estará contigo, no te dejará, ni te desamparará; no temas ni te intimides" Deuteronomio 31:8.

Propósito de la lección: Que el alumno entienda la importancia de delegar responsabilidades y formar a otros en los ministerios de la iglesia.

Introducción

En las postrimerías del ministerio de Moisés, Dios tenía su plan para dar seguimiento a la noble tarea iniciada por su siervo, así como la sustitución del mismo. La misión encomendada al legislador, de guiar al pueblo por el desierto e introducirlo en la tierra prometida, no terminaría, ni se estancaría con su muerte; la mencionada misión habría de continuar y consumarse bajo el liderazgo de Josué y gracias a la presencia y el poder de Dios. En esta lección veremos Deuteronomio 31:1-29.

I. Moisés explica su salida

Con resignación Moisés dio a conocer que su salida del liderazgo era inminente (Deuteronomio 31:1-5).

A. Los 120 años

En la vida de Moisés se distinguen tres períodos claramente definidos:

Cuarenta años en Egipto: En Egipto nació, creció y estuvo en la corte de faraón en donde adquirió los conocimientos y la sabiduría de los egipcios. La Biblia dice: "En aquel mismo tiempo nació Moisés", "y fue enseñado en toda la sabiduría de los egipcios; y era poderoso en sus palabras y obras", "Cuando hubo cumplido la edad de cuarenta años, le vino al corazón el visitar a sus hermanos, los hijos de Israel" (Hechos 7:20; 22-23).

Cuarenta años en Madián: En esa tierra se casó y formó su hogar. Sirvió a Jetro, su suegro, en calidad de pastor, cuidando las ovejas para ganar el sustento para su familia. Allí actuó la providencia divina en él, pues lo preparó para la importante futura misión que lo llevaría de regreso a Egipto, para emprender el proceso de liberación de su pueblo de la esclavitud y opresión. Fue en el desierto de Madián en donde Dios se le reveló, lo llamó y comisionó para su portentoso ministerio. La Palabra de Dios dice: "Al oír esta palabra, Moisés huyó, y vivió como extranjero en tierra de Madián, donde engendró dos hijos". "Pasados cuarenta años, un ángel se le apareció en el desierto del monte Sinaí, en la llama de fuego de una zarza" (Hechos 7:29-30).

Cuarenta años con el pueblo de Israel: Moisés se dedicó a guiar, conducir y gobernar a los israelitas bajo la autoridad y dirección de Dios (Deuteronomio 1:3; 29:5, 34:10-12). A sus ciento veinte años, se percató de que ya no le era posible continuar con el liderazgo de la nación. La razón principal era que Dios le puso límite. Le prohibió el cruce del Jordán por causa de su falta anterior (Números 20:12; Deuteronomio 4:21-22,).Físicamente no estaba inhabilitado para continuar, pero Dios tenía otro plan. La Palabra del Señor dice lo siguiente acerca de él: "Era Moisés de ciento veinte años cuando murió; sus ojos nunca se oscurecieron, ni perdió su vigor", (Deuteronomio 34:7).

B. Jehová y Josué

Al igual que antes, Dios sería el verdadero capitán de Israel, de modo que ellos podían esperar muchas y nuevas victorias en el futuro sobre sus enemigos, iguales a las obtenidas en el pasado (Deuteronomio 31:4-5; 2:31-32; 3:1-3).

El pueblo contaría con un nuevo y buen líder humano quien los conduciría de manera comprometida y fiel. Ese líder era Josué. La fortaleza y legitimidad de su liderazgo estaba basada en el hecho de que Dios lo nombró directamente en sustitución de Moisés, "Jehová tu Dios, él pasa delante de ti; él destruirá a estas naciones delante de ti, y las heredarás; Josué será el que pasará delante de ti, como Jehová ha dicho", dijo Moisés a su pueblo (Deuteronomio 31:3).

II. Moisés presenta a su sucesor

El legislador mostró su madurez espiritual y su fortaleza moral cuando, sin egoísmo de ningún tipo, presentó delante del pueblo al hombre quien le iba a sustituir en el cargo en la noble y difícil misión que él inició (Deuteronomio 31:6-8). Como amante conductor de la nación tenía palabras de aliento para ellos así como para su nuevo líder.

Tanto Josué como el pueblo debían actuar de manera vigorosa hasta convertirse en héroes de la fe. "Esforzaos y cobrad ánimo", les dijo (v.6a). El apóstol Pablo, en términos parecidos, escribió a los cristianos de Corinto "Estad firmes…; portaos varonilmente" (1 Corintios 16:13).

En la nueva coyuntura que les tocaría vivir no debían temer a nada ni a nadie ni lo grande de la misión, ni lo fuerte de las naciones por conquistar debían atemorizarlos. La palabra temor debía estar fuera de su diccionario, de su actitud y mente: "No temáis, ni tengáis miedo de ellos", recalcó Moisés (v.6a).

Al presentar a Josué ante el pueblo, lo exhortó, al igual que como lo hizo con el resto del pueblo, a "esforzarse y a tener ánimo". La tarea en sus manos, no se podía hacer ni cobarde, ni mediocremente. Las dificultades y limitaciones por venir no serían causa para fracasar, porque con el esfuerzo propio y el poder del Señor era posible cumplirla a cabalidad.

No era poca cosa la misión encomendada, "tú entrarás con este pueblo a la tierra que juró Jehová a sus padres que les daría, y tú se la harás heredar" (Deuteronomio 31:7).

Para el éxito de la misión, le garantizó la presencia constante de Dios. Él estaría muy de cerca para prepararle el camino y darle dirección en todas las decisiones que habría de tomar, "Jehová va delante de ti", le dijo Moisés a Josué (v.8).

Moisés le había creído a Dios durante toda su vida y ministerio y por ello estaba preparado para afirmar la fidelidad del Señor en el cumplimiento de todas sus promesas:

Estará contigo: La presencia de Dios estaba garantizada en todo lo que emprendiera, en todo su caminar con Dios y con el pueblo.

No te dejará: Nunca estaría solo. Abrumado quizás, pero solo jamás. En medio de los momentos más difíciles, podría ser que algunos lo abandonaran o traicionaran, pero Josué podía confiar que Dios no lo dejaría jamás.

No te desamparará: Dios sería amparo y fortaleza de su siervo. Tendría en quien refugiarse, en cualquier situación adversa de su vida y ministerio: "No temas ni te intimides" (v.8) enfatizó Moisés.

III. Moisés recomienda al pueblo guardar la ley

La ley de Dios habría de ser la guía escrita que facilitaría una vida victoriosa para la nación, por ello era imperativo que la guardaran fielmente (Deuteronomio 31:9-13)

Moisés entregó la ley al liderazgo espiritual y civil de la nación (v.9). Los sacerdotes hijos de Leví, que llevaban el arca del pacto de Jehová, y todos los ancianos de Israel, recibieron la ley del Señor de manos de Moisés.

Cada siete años había un año de remisión, es decir, perdón para los deudores, (v.10; Deuteronomio 15:1-4) y fiesta de los tabernáculos. Era un tiempo propicio para escuchar la Palabra de Dios y obtener el mejor provecho de ella, ya que había un buen ambiente para ello.

Se dio el mandato para la lectura pública de la ley del Señor, que pocas veces fue obedecido. Hay algunas menciones de las ocasiones en que sí se hizo como en la época de Josué, en el monte Ebal (Josué 8:30-35); en el reinado del rey Josafat (2 Crónicas 17:6-9), en tiempos del rey Josías (2 Crónicas 34:29-31), en el retorno de la cautividad (Nehemías 8).

La lectura de la ley se haría delante de todo el pueblo: hombres, mujeres, niños y extranjeros (vv.11-12). El propósito sería que oyeran, aprendieran, temieran a Jehová y cumplieran su Palabra todos los días.

Así que, todas las personas bendecidas por el pacto de Dios con su pueblo debían participar también de los compromisos que dicho pacto demandaba. La lectura pública de la ley del Señor era un recuerdo memorable de las promesas de Dios y de las responsabilidades del pueblo frente al pacto de Dios.

IV. Moisés y Josué se encontraron con Jehová

Los dos grandes líderes, se hallaban en la presencia del dueño de la obra, del jefe, de quien recibieron el llamado y la comisión de la tarea. Estaban en la presencia de Dios (Deuteronomio 31:14-29).

A. En el tabernáculo

Este era el lugar del encuentro personal con Dios. Allí se dio la majestuosa aparición del Señor a sus dos siervos para revelarles su voluntad (vv.14-16). En ese lugar, Dios le ratificó a Moisés su inminente muerte, y por lo mismo, la cesación de su ministerio, pero es allí también, en donde Dios confirmó a Josué en el cargo para continuar la obra iniciada por Moisés.

Dios reveló a sus siervos el comportamiento que tendría el pueblo con relación al pacto. Ellos dejarían a Dios e invalidarían el pacto, caerían en fornicación espiritual al irse tras dioses extraños, es decir, se harían idólatras. Como es natural, su rebelión traería graves consecuencias. La ira de Dios se encendería contra ellos, quedarían sin protección, Dios los abandonaría y quedarían expuestos a ser consumidos, les vendrían muchos males y angustias por apartarse de Dios. El

Señor retiraría su aprobación y protección al invalidar ellos el pacto, al no cumplir con la parte que les correspondía.

B. Testigos del pacto

Dios le dio un cántico de testimonio (vv.19-23) cuya función era servir de testigo del pacto. Cuando el pueblo cayera en falsedad, la existencia y contenido de este cántico testificaría que ellos, a sabiendas, estaban quebrantando su Palabra. En el capítulo 32 de Deuteronomio está íntegramente registrado dicho cántico que le enrostraría al pueblo su falta de cumplimiento del pacto.

Colocado al lado del arca (vv.24-27), no en su interior, iría un ejemplar de la ley. Sería otro testigo del pacto o convenio entre Dios y su pueblo.

Por último Moisés puso como testigo contra el pueblo, cuando éste le fallara a Dios, a la totalidad del universo (v.28). El universo mismo testificaría que el pacto había concluido.

Una nueva etapa se abrió en la historia de Israel cuando su líder, Moisés, murió. Pero Dios tenía y tiene el control de todos los acontecimientos. Nada le tomó ni toma por sorpresa. Dentro del pueblo había un hombre que sería el digno sucesor del caudillo, ese hombre era Josué. Tanto Dios como Moisés lo habían preparado para la gran tarea. Él, desde muy temprano, sirvió a Dios y a Moisés, y aprendió todo lo necesario para asumir la nueva responsabilidad.

Conclusión

Hoy la misión específica de "hacer discípulos semejantes a Cristo", no debe parar, ni estancarse por causa de la cesación de un o una líder, no importa quien sea, ni por ninguna otra causa. La misión continuará porque Dios es el dueño de la obra y porque hay hombres y mujeres listos y listas para asumir responsabilidades. Debemos, por tanto, preparar nuevos líderes y aprender a delegarles funciones y responsabilidades.

Recursos

Información complementaria

Josué

"Líder de los israelitas en la conquista de Canaán. Nació en Egipto durante la época de la esclavitud, y fue el general de Moisés que lideró las tropas mientras Aarón y Hur levantaban los brazos de Moisés (Éxodo 17:8-13). Como siervo de Moisés (Éxodo 24:13), estaba en el monte cuando Moisés recibió la ley (Éxodo 32:17); y fue uno de los espías que Moisés envió a investigar Canaán (Números 13:8). Él y Caleb regresaron con un informe positivo pero minoritario (Números 14:28-30,38). El Señor lo eligió para ser el sucesor de Moisés mucho antes que éste muriera. Josué distribuyó la tierra entre las tribus (Josué13:21) y presidió la renovación del pacto en Siquem (Josué 8:30-35)" (Diccionario Bíblico Conciso Holman. Broadman y Holman EUA: 2001, p.378).

Definiciones de términos

Mediador: "Persona que media entre dos partes, que establece un acuerdo o una relación entre dos partes y puede actuar como garante de esa relación". (Diccionario Bíblico Conciso. Holman, Broadman y Holman. Publisher, 2001, p.438).

Legislador: "Persona o institución que legisla. Debe entenderse que lo hace con arreglo a facultades o atribuciones legítimas". (Diccionario de Ciencias Jurídicas, Políticas y Sociales, Ossorio Manuel. Heliasta S.R.L, Bs. As: 1997, p.564).

Año de remisión: "Llamado también año sabático, en él se ordenaba, al cabo de seis años de trabajo, se diera libertad a los esclavos. Además, cada siete años había que dejar la tierra en barbecho y abandonar los frutos en el olivar o el viñedo (Éxodo 23:10-11). El Deuteronomio señala que ese año debía ser de liberación financiera." (Diccionario Bíblico Ilustrado. Wilton M. Nelson. Caribe, EUA: 1989, p.35).

Pentateuco. Nombre dado a los primeros cinco libros del Antiguo Testamento (Génesis, Éxodo, Levítico, Números y Deuteronomio) que constituyen la primera parte del canon. En hebreo se les llama Tora, que quiere decir "enseñanza" o "instrucción". (Diccionario Bíblico Ilustrado. Wilton M. Nelson. Caribe, EUA: 1989, p.497).

Actividad suplementaria

Organice a sus alumnos en tres grupos, oriénteles a que nombren un moderador y un secretario, pídales que lean el capítulo 31 de Deuteronomio, asigne a cada grupo uno de los tres principales protagonistas del capítulo (Dios, Moisés y Josué), y pídales que elaboren un resumen del papel que les tocó o tocaría realizar con el pueblo de Israel. Después reúnalos en un plenario y que compartan con el resto de alumnos el trabajo realizado.

Lección 11

Cambio de mediador

Hoja de actividad

Versículo para memorizar: "Y Jehová va delante de ti; él estará contigo, no te dejará, ni te desamparará; no temas ni te intimides" Deuteronomio 31:8.

I. Moisés explica su salida

Mencione los tres períodos de 40 años que se distinguen en la vida de Moisés.

Hechos 7:20; 22-23: _____

Hechos 7:29-30: _____

Deuteronomio 1:3; 29:5, 34:10-12: _____

Después de la muerte de Moisés ¿Quiénes estarían a cargo de la conducción del pueblo de Israel? (Deuteronomio 31:7-9)._____

En sentido estricto ¿Quién nombró a Josué como sustituto de Moisés? (Deuteronomio 31:3).

_____

II. Moisés presenta a su sucesor

Moisés afirmó la fidelidad de Dios en el cumplimiento de todas sus promesas según Deuteronomio 31:8, ¿cuáles son?

a.__ _____

b. _____

c. _____

III. Moisés recomienda al pueblo guardar la ley

¿Cada cuántos años se debía hacer una lectura pública de la ley? (Deuteronomio 31:10)._____

_____

A su parecer ¿cuáles eran los propósitos de la lectura pública de la ley?_____

_____

IV. Moisés y Josué se encontraron con Jehová

¿Qué sucedió en el tabernáculo? (Deuteronomio 31:14-16). _____

¿Cuál fue la predicción en cuanto a la actitud de Israel con relación al pacto (v.16)? _____

_____

¿Cuáles serían los testigos del pacto (vv.21-22,26,28)? _____

Conclusión

Hoy la misión específica de "hacer discípulos semejantes a Cristo", no debe parar, ni estancarse por causa de la cesación de un o una líder, no importa quien sea, ni por ninguna otra causa. La misión continuará porque Dios es el dueño de la obra y porque hay hombres y mujeres listos y listas para asumir responsabilidades. Debemos, por tanto, preparar nuevos líderes y aprender a delegarles funciones y responsabilidades.

cnp **El Sendero de la Verdad**

Un gran legado

Juan Vázquez Pla (EUA)

Para memorizar: "Y les dijo: Aplicad vuestro corazón a todas las palabras que yo os testifico hoy, para que las mandéis a vuestros hijos, a fin de que cuiden de cumplir todas las palabras de esta ley" Deuteronomio 32:46.

Propósito de la lección: Que el alumno valore y tome ejemplo del esfuerzo de Moisés al persuadir al pueblo de Dios a serle obediente.

Introducción

En esta lección estudiaremos Deuteronomio 32 al 34. Nos enfocaremos en los días finales del gran líder Moisés y en el legado que buscó dejarle al pueblo de Israel.

Una manera de entender el libro de Deuteronomio como un todo, incluyendo su final, es considerándolo como la reafirmación de Israel al pacto de obediencia a Dios y a su ley revelada en el Sinaí. Como sabemos, el corazón de esa ley era el Decálogo (los Diez Mandamientos), y reafirmarse en obedecerlo era parte de la preparación que el pueblo de Israel debía hacer antes de entrar a la tierra prometida (Deuteronomio 31:9-13).

Ahora bien, ¿qué circunstancias relacionadas con este pacto de obediencia quiso destacar Moisés en el momento en que los israelitas debían reafirmarlo? Y, ¿qué importancia tienen esas circunstancias para la iglesia de hoy?

I. El gran líder dio la advertencia

La primera circunstancia relacionada con el pacto consistió en una advertencia contra la desobediencia, Deuteronomio 31:30—32:1-47. La advertencia la hizo Moisés por medio de un "cántico" (31:30). El "cántico" en realidad era una especie de poesía dramatizada que Moisés, antes que cantarla, la "recitó" (32:44-45).

A. Dios es exaltado

El cántico lo enmarcó primero que nada exaltando a Dios. Moisés "proclamó" y "engrandeció" el nombre de Dios (32:3), agregando luego que Dios es "la Roca" (32:4a). Esta designación de Dios como la Roca se repite en los versículos 15, 18, 30 y 31 del cántico. La comparación de Dios con una roca hacía clara la intención de Moisés de subrayar que el Dios de Israel era un Dios firme y protector (compárese con Salmo 18:2).

Moisés además subrayó en el inicio de su cántico que el Dios de Israel era un Dios "perfecto", cuyos caminos eran "rectos"; que era un "Dios de verdad"; que en Él no había "maldad"; y que era un Dios "justo y recto" (32:4b y c). En lo restante del cántico Moisés contrastó dramáticamente esa santidad y justicia de Dios con la tristemente anticipada rebeldía y desobediencia de los hijos de Israel en algún momento durante la vida de ellos en la tierra que iban a poseer.

B. La desobediencia es advertida

Si Dios, pues, castigaría en el futuro a los hijos de Israel por su desobediencia (31:26-29), ninguno sería capaz de reclamar la ignorancia como excusa. Por razón de limitación de tiempo y espacio no podemos analizar aquí todos los detalles de la advertencia contra la desobediencia contenida en el cántico de Moisés (32:5-43), pero es importante que destaquemos por lo menos dos maneras de Moisés para explicar la desobediencia profetizada:

Primero, que iba a ser una desobediencia que resultaría de la ingratitud del pueblo de Israel para con Dios. "¿Así pagáis a Jehová, / Pueblo loco e ignorante? / ¿No es él tu padre que te creó? / Él te hizo y te estableció" (32:6).

Segundo, que sería por causa de la desobediencia que el pueblo de Dios se entregaría trágicamente a la idolatría y a la hechicería, yendo tras dioses cananeos. "Sacrificaron a los demonios, y no a Dios; / A dioses que no habían conocido, / A nuevos dioses venidos de cerca, / Que no habían temido vuestros padres" (32:17).

Los hijos de Israel quedaban avisados contra la desobediencia.

C. La sentencia fue anunciada

El cántico luego desarrolló un tono judicial, como de tribunal de justicia (32:19-25). Moisés presentó a Dios como un gran juez que no sólo admitiría la culpabilidad del pueblo, sino que dictaría sentencia contra Israel. La sentencia se presentó en dos partes:

En primer lugar, había un asunto de principio: La justicia estricta de Dios exigía una sentencia. "Y lo vio Jehová, y se encendió en ira / Por el menosprecio de sus hijos y de sus hijas" (32:19). "Y dijo: Esconderé de ellos mi rostro, / Veré cuál será su fin; / Porque son una generación perversa, / Hijos infieles" (32:20).

En segundo lugar, estaban las particularidades de la sentencia. La ira de Dios encendería un "fuego" de alcance cósmico y eterno. Ardería "hasta las profundidades del Seol [la región de los muertos]", devoraría "la tierra y sus frutos" y abrasaría "los fundamentos de los montes" (32:19). El pueblo de Israel sería consumido "de hambre", y devorado de "fiebre ardiente / y de peste amarga" (32:22-24).

Puede que nos parezcan extremadamente duras las palabras del cántico de Moisés en cuanto a la pena que se le impondría a un Israel potencialmente desleal y desobediente en tierra de Canaán. Sin embargo, no hay que olvidar que aquí el Antiguo Testamento, desde sus primeras páginas, estableció una verdad fundamental para los antiguos y para los que hoy consideran a la Biblia como su norma de fe y conducta. Esa verdad fundamental es la siguiente: Nuestras acciones pecaminosas en un universo moral siempre traerán consigo un inevitable proceso de causa y efecto. El apóstol Pablo, en el Nuevo Testamento, lo expresó así: "No os engañéis; Dios no puede ser burlado: pues todo lo que el hombre sembrare, eso también segará" (Gálatas 6:7).

D. La misericordia es prometida

Hacia el final, Moisés, en su cántico, pasó del tono de sentencia a uno de promesa de misericordia. La profundidad de la crítica situación de juicio y castigo que vendría a Israel por causa de su desobediencia lo obligaría a reconocer la misericordia y el amor de Dios. "Porque Jehová juzgará a su pueblo, / Y por amor de sus siervos se arrepentirá, / Cuando viere que la fuerza pereció, / Y que no queda ni siervo ni libre" (32:36).

Era cierto que el señorío de Dios sobre Israel y sobre su historia incluiría juicio y castigo por la rebelión de su pueblo. Pero también era cierto que ese señorío divino ofrecería siempre perdón y bendiciones cuando Israel se arrepintiera y renovara su lealtad y obediencia a Dios.

Esta maravillosa promesa de misericordia nos lleva a la siguiente parte de la lección. Aquí estudiaremos la otra circunstancia del pacto de obediencia que Moisés estaba pidiendo a los hijos de Israel que tomaran en cuenta al reafirmarlo.

II. El gran líder anticipa las bendiciones

Al pasar del "cántico de Moisés" en el capítulo 32 a "la bendición" de Moisés en el capítulo 33, y al relato de su muerte y sepultura en el capítulo 34, el libro de Deuteronomio completa, por así decirlo, la biografía de Moisés. La "bendición" pronunciada por Moisés, al igual que su "cántico", se nos presenta en lenguaje poético (33:1-29). De nuevo, limitándonos a sólo las ideas principales de la bendición de Moisés, destacaremos a continuación dos de esas ideas.

A. Las bendiciones vienen de Dios

Moisés realzó y alabó la grandeza y la bondad de Dios antes de pronunciar sobre el pueblo su bendición. Esa bondad y esa grandeza de Dios se habían manifestado particularmente en la dadiva de "la ley de fuego", una dramática referencia a la ley que había sido dada en el monte Sinaí (33:2).

La ley del Sinaí era la base del pacto entre Dios y su pueblo. Al haberla dado Dios a través de Moisés (33:4), y haber sido ella ratificada por la congregación del pueblo, equivalía a reconocer a Dios como "rey en Jesurún" (33:5).

B. Las bendiciones son para todo el pueblo de Dios

La bendición de Moisés (33:6-25) fue, por así decirlo, individualizada, siguiendo los nombres de los hijos de Israel (Jacob) y de sus tribus, lo cual indicaba que contenía bendiciones para el pueblo como un todo. Moisés destacó una serie de cualidades que Dios esperaba de su pueblo. Entre esas cualidades estaba la adoración fiel a Dios (33:10) y la confianza plena en Él (33:12). La bendición múltiple con la que Moisés bendijo al pueblo terminó exaltando de nuevo a Dios (33:26-29). Las palabras con las que Moisés concluyó su bendición ponen de relieve el favor inmerecido con el que el Dios único e incomparable había escogido a Israel como su pueblo único: "Bienaventurado tú, oh Israel. / ¿Quién como tú, / Pueblo salvo por Jehová…?" (33:29).

C. La muerte del gran líder

El recuento de la muerte y sepultura de Moisés que encontramos en Deuteronomio es breve pero significativo (34:1-12; compárese con 32:48-52). Aunque se sabía que, por disposición de Dios, Moisés no pasaría a la tierra prometida, la narración bíblica toma aquí un inesperado giro al indicarnos que Dios le permitió a Moisés ver "con sus ojos", desde el monte Nebo, la tierra prometida.

En el pensamiento hebreo antiguo, "ver" una extensión de tierra era equivalente a adquirirla. Al verla, la persona se convertía en propietario legal de toda la extensión territorial que alcanzara su vista (Génesis 13:14-15). Y vale recordar que, en el caso de Moisés, aunque tenía 120 años de edad, esa vista era perfecta, pues que "sus ojos nunca se oscurecieron" (34:7). El que Moisés viera con sus ojos toda la tierra prometida nos lleva, pues, a concluir lo siguiente:

Primero, que Moisés reconocía la justicia de Dios cuando Dios determinó que el precio que él pagaría por su pecado en Meriba (32:51) era no poder entrar personalmente con el pueblo a la tierra prometida.

Segundo, que Moisés aceptó, sin reparos, la bondad y la misericordia de Dios al permitirle el privilegio de, en principio, hacerse dueño de la tierra prometida a nombre de todo el pueblo de Israel.

En última instancia, el designio final de Dios para la vida del gran líder se había cumplido. ¡Oh, la fidelidad de Dios con Moisés!

Desafortunadamente, el antiguo pueblo de Israel no siempre fue fiel al llamado de obediencia a Dios que su gran líder Moisés le hizo antes de que entraran a la tierra prometida.

Siempre que desobedecieron, pagaron las consecuencias. No sólo se privaron temporalmente de las bendiciones prometidas, sino que sufrieron gran castigo.

Conclusión

La iglesia tampoco ha sido siempre fiel al llamado del evangelio a servir a su Señor con gratitud y obediencia. Que la lección de hoy nos lleve a renovar nuestro compromiso de obediencia a Cristo, sabiendo que disfrutaremos de las bendiciones que trae la obediencia. Que también este pasaje nos inspire, a los que somos líderes del pueblo de Dios, a ser fieles en cumplir nuestra parte para la edificación de nuestros hermanos.

Recursos

Información complementaria

Uno mayor que Moisés

Hemos reconocido en nuestra lección de hoy la grandeza de Moisés como líder. También hemos apreciado el legado de gratitud, lealtad y obediencia que Moisés se esforzó en dejarle al antiguo pueblo de Israel antes de morir.

Pero nuestra lección no estaría completa sino reflexionáramos por unos momentos en nosotros, la iglesia, el nuevo "Israel de Dios" (Gálatas 6:16), y en el evangelio como la base de nuestro pacto de obediencia a Dios como cristianos. Y nada mejor para esta clase de reflexión que reconocer a Cristo Jesús, nuestro Salvador y Señor, como uno mayor que Moisés, y a su evangelio como un mejor pacto que el antiguo pacto. Hebreos 3:1-3 lo expresa así:

"Por tanto, hermanos santos, participantes del llamamiento celestial, considerad al apóstol y sumo sacerdote de nuestra profesión, Cristo Jesús; el cual es fiel al que le constituyó, como también lo fue Moisés en toda la casa de Dios. Porque de tanto mayor gloria que Moisés es estimado digno éste, cuanto tiene mayor honra que la casa el que la hizo."

Nuestro Señor, uno "de tanto mayor gloria que Moisés", es completamente fiel a su evangelio y a su iglesia. ¿Lo es también su iglesia?

Definición de término

Jesurún: "Variante poética del nombre de Israel (Dt.32.15;33.5,26). Fue utilizado para el Siervo elegido (Is.44.2), y el mismo término gr. De la LXX se aplica a Jesús (Ef.1.6) y la iglesia (Col.3.12; 1 Ts.1.4…). Posiblemente pueda interpretarse como pueblo de la ley" (Nuevo Diccionario bíblico Certeza. Certeza, Barcelona: 2003, p.706).

Actividad suplementaria

Como mucho de este tema se ha estado viendo en lecciones anteriores, para dar esta clase puede dividir a los alumnos en tres grupos para que cada uno conteste un punto de la hoja de actividad y luego la comparta con el resto de la clase. En ese tiempo usted podrá agregar algunos aportes que crea conveniente.

Un gran legado

Hoja de actividad

Para memorizar: "Y les dijo: Aplicad vuestro corazón a todas las palabras que yo os testifico hoy, para que las mandéis a vuestros hijos, a fin de que cuiden de cumplir todas las palabras de esta ley" Deuteronomio 32:46.

I. El gran líder dio la advertencia

¿Cómo enmarcó Moisés en su cántico esta advertencia contra la desobediencia? (Deuteronomio 32:44-45).

_____

_____

De las numerosas advertencias contra la desobediencia profetizada y contenidas en el "cántico de Moisés", ¿cuáles dos ponen de relieve nuestra lección de hoy? (Deuteronomio 32:6,17). _____

_____

¿Qué importancia tiene Gálatas 6:7 para explicar en términos del Nuevo Testamento los terribles juicios de Dios del Antiguo Testamento ejemplificados en el "cántico de Moisés"? _____

_____

_____

II. El gran líder anticipa las bendiciones

¿Cómo concluyó la bendición múltiple que hizo Moisés por el pueblo en Deuteronomio 33:26-29?_____

_____

_____

¿Qué podemos ver en los pasajes de Deuteronomio 32:48-52 comparado con 34:1-12? _____

_____

_____

Conclusión

La iglesia tampoco ha sido siempre fiel al llamado del evangelio a servir a su Señor con gratitud y obediencia. Que la lección de hoy nos lleve a renovar nuestro compromiso de obediencia a Cristo, sabiendo que disfrutaremos de las bendiciones que trae la obediencia. Que también este pasaje nos inspire, a los que somos líderes del pueblo de Dios, a ser fieles en cumplir nuestra parte para la edificación de nuestros hermanos.

Un testamento espiritual

Mabel de Rodríguez (Uruguay)

Versículo para memorizar: "Cuídate de no olvidarte de Jehová, que te sacó de la tierra de Egipto, de casa de servidumbre" Deuteronomio 6:12.

Propósito de la lección: Que el alumno tenga oportunidad de repasar y reforzar los principios de vida aprendidos en las lecciones del trimestre.

Introducción

Hace algunos meses me despedí de la congregación que vi nacer y de la que fui parte activa por diecisiete años. Al leer nuevamente el libro de Deuteronomio para el estudio de este trimestre, revivo mis propias emociones y pensamientos al dejarlos. Moisés los amaba y los conocía, su corazón estaba lleno de expectativas sobre las enormes posibilidades que les esperaban. También, por conocerlos, sentía temor de que se apartaran, o que se conformaran con lo exterior, sin poner sus corazones en ello. Moisés sabía que una experiencia religiosa genuina está siempre respaldada por una conducta recta. El gran líder sabía que lo que Dios buscaba era el amor de su pueblo, Él desea que le sirvan por amor y con gozo". En el estudio de este trimestre hemos visto que todos los israelitas adultos que salieron de Egipto (con excepción de Moisés, Josué y Caleb), habían muerto en la peregrinación de cuarenta años en el desierto. Moisés tenía frente a sí una generación nueva (los que nacieron en el desierto o que salieron muy pequeños de Egipto). Él sabía que iba a morir sin entrar en la tierra prometida y decidió recordar el pasado e informar a la nueva generación lo relacionado al pacto con Dios y las leyes que Él les había mandado (Deuteronomio 4:1-2). En vísperas del ingreso a Canaán, se repasaron las leyes y se explicaron a la luz de las nuevas condiciones en las que vivirían.

Del corazón de Dios brotan por lo menos tres asuntos para sus hijos amados, su profundo deseo de relacionarse con ellos, su iniciativa en comunicar las normas para una vida satisfactoria, y su fidelidad expectante de recibir una respuesta positiva. Israel fracasó. Confundió elección con favoritismo. ¿Cómo responderemos nosotros?

Resumiremos en una sola clase el mensaje de este importante quinto libro del Pentateuco, sobre el cual nuestro Señor meditó profundamente (Deuteronomio 8:3; Mateo 4:4; Deuteronomio 6:4,5; 13-16; Mateo 22:37). Lo haremos con tres verbos imperativos: Conozcan, obedezcan, enseñen.

I. Conozcan

A. La historia y su significación

Es popular la declaración de que un pueblo que desconoce su historia corta sus posibilidades de futuro. Pareciera que Moisés estaba pensando algo similar cuando hizo repetidas referencias (capítulos 1 al 3 y 8, por mencionar algunas), de los maravillosos actos de Jehová a favor de ellos, desde la vida en Egipto hasta ese momento "De este lado del Jordán, en tierra de Moab" (1:5), justo antes de pasar para conquistar la tierra prometida. También era muy importante que recordaran o tal vez para algunos, oyeran por primera vez, cómo fue que sus antepasados perdieron el derecho de entrar y poseer Canaán cuarenta años antes.

De acuerdo al capítulo 1, "Un viaje de once días emprendido con fe, se transformó en cuarenta años de peregrinación por la incredulidad" (El Mensaje de la Biblia. Merrill F. Unger. Moody, EUA: s/f, p. 143). Recapitular el pasado era vital para la nueva generación a fin de que aprendieran del juicio moral de Dios sobre la incredulidad y no repitieran el fracaso de sus padres.

Moisés también relató que Dios los había defendido y guiado a victorias contra pueblos enemigos en el pasado (Deuteronomio 2 y 3) y les aseguró que Dios les daría la victoria por medio de Josué al entrar en Canaán. Hizo un recuento del nacimiento y la niñez de la nación, con la esperanza de que esta actividad fuera la ceremonia de pasaje a la madurez.

B. La ley y su significación

El discurso principal de Moisés es la parte central y más extensa de Deuteronomio, (4:44-26:19). Allí repite los Mandamientos y agrega explicaciones específicas a la vida organizada que estaban a punto de emprender. Desde siempre los seres humanos hemos intentado dividir y encasillar nuestra vida en áreas independientes, en la iglesia somos cristianos, en nuestro trabajo somos profesionales. En una conferencia de profesionales cristianos de la salud mental, hace años un pastor y psicólogo dijo que en la iglesia él era pastor y en el consultorio era psicólogo, a lo que el que presidía, un psiquiatra de mucho renombre, le respondió que lo ideal era ser un pastor-psicólogo en todos lados. Pregunte: ¿Qué opinan al respecto?

En Deuteronomio, Dios a través de Moisés les dijo a los primeros oyentes y a todos nosotros a través de los tiempos que la fe en Dios debe ser integradora de la personalidad. La ley tuvo desde el principio el propósito de afectar la vida toda de quienes la aceptaban. Hoy nosotros no seguimos la ley en el sentido estricto de los judíos, pero Dios dice que Él quiere escribirla en nuestras mentes y nuestros corazones (Jeremías 31:33; Hebreos 10:16). El Señor quiere que sus mandamientos rijan nuestras vidas diarias de interrelación con Él, nosotros mismos, nuestro prójimo y la creación toda. "Y ¿qué nación grande hay que tenga estatutos y juicios justos como es toda esta ley que yo pongo hoy delante de vosotros?" (4:8). Sí, es importante conocer, para poder obedecer. Muchos años después el apóstol Pablo afirmó "Y todo lo que hagáis, hacedlo de corazón, como para el Señor y no para los hombres…" (Colosenses 3:23) y él mismo dijo a la iglesia de Tesalónica "Y el mismo Dios de paz os santifique por completo; y todo vuestro ser, espíritu, alma y cuerpo, sea guardado irreprensible para la venida de nuestro Señor Jesucristo…" I Tesalonicenses 5:23. Toda nuestra vida es un todo y debemos vivir de acuerdo a lo que somos cristianos.

En Jesús un nuevo pacto es ratificado. Según las palabras de nuestro mismo Señor (Juan 3:16-17) ahora todos estamos invitados a participar. Es individual y a la vez colectivo (a la iglesia). Pregunte: ¿Cuál será nuestra respuesta y nuestro compromiso?

II. Obedezcan

A. En su lealtad a Dios

"En vista de lo sucedido a la precedente generación, Moisés advierte a su pueblo el evitar que se cometan los mismos errores. Las condiciones para obtener los favores de Dios son: Obediencia a la ley y una total devoción realizada con toda el alma y el corazón hacia el único Dios. Si desobedecen y se conforman a las costumbres idolátricas de los cananeos, los israelitas sólo pueden esperar la cautividad" (Habla el Antiguo Testamento. Samuel J. Schultz. Portavoz Evangélico,

E.U.A., p. 85). La idolatría debía ser totalmente suprimida (Deuteronomio 7:1-7) y no debían tener ninguna clase de relación con los que la practicaban (vv.3-4).

"Se trata, definitivamente, del libro de la obediencia. 'Observar para hacer' era la admonición constante de Moisés al pueblo. Todo dependía de esto -la vida misma, la posesión de la tierra prometida, la victoria sobre los enemigos, la prosperidad y la felicidad" (El Mensaje de la Biblia. Merrill F. Unger Moody, E.U.A., p.142).

Toda la porción bíblica que estudiamos en la lección 9 (27:1-28:68), se enfoca en las consecuencias de la obediencia y la desobediencia. Las piedras que debían levantar (27:2-4) serían un recordatorio de su compromiso con Dios, al verlas, fortalecerían sus voluntades para obedecer. De igual manera nosotros hoy cuando participamos del sacramento de la Santa Cena recordamos la muerte de Jesús por nuestros pecados y que Él vendrá otra vez por su iglesia. Los símbolos son instrumentos poderosos de comunicación, por eso el Señor hace énfasis en ellos.

B. En relación con su prójimo

Deuteronomio es un libro de "relaciones con el prójimo". Debía impedirse que escapara el asno del vecino, y si estaba en dificultades había que prestarle ayuda (22:1-4). Hay leyes para la familia en la porción de los capítulos 10 a 21. Leyes de ordenamiento social; leyes de misericordia y cuidado para los pobres y los extranjeros (14:29; 15:1-11 con la cancelación de deudas); y sobre la propiedad ajena (19:14), por citar algunos de los puntos tratados en las lecciones pasadas. Estas leyes debían ser respetadas y practicadas por el pueblo de Dios.

En este tiempo la verdadera estatura espiritual de un cristiano no se muestra por lo emocionado que se ponga durante la alabanza en el culto; o por la elocuencia de sus oraciones, o el énfasis que ponga al decir el nombre de Jesús. La llenura del Espíritu Santo se ve con mayor claridad en la forma que este creyente se relaciona con su familia, en su trabajo, en su lugar de estudio, en la calle cuando está conduciendo y en su manera de enfrentar las dificultades y conflictos. En resumen podríamos decir en como vive los mandatos dados por nuestro Señor en el Sermón del Monte (Mateo 5-7).

La obediencia a Dios no es un sentimiento extático, sino una decisión consciente. Seguramente Moisés resume magníficamente lo que hemos tratado de señalar:"¿Qué pide Jehová tu Dios de ti, sino que temas a Jehová tu Dios, que andes en todos sus caminos, y que lo ames, y sirvas a Jehová tu Dios con todo tu corazón y con toda tu alma; que guardes los mandamientos de Jehová y sus estatutos, que yo te prescribo hoy, para que tengas prosperidad?" (10:12-13). "Esto resultaría en bien para ellos mismos y para otros. Los mandamientos de Dios conducen al bienestar personal y de la sociedad, lo mismo para nosotros que para Israel" (Comentario Bíblico Beacon. Tomo I. CNP, E.U.A.: 1979, p.551).

III. Enseñen

A. Intencionalmente

"Y estas palabras que yo te mando hoy, estarán sobre tu corazón; y la repetirás a tus hijos, y hablarás de ellas estando en tu casa, y andando por el camino, y al acostarte y cuando te levantes. Y las atarás como una señal en tu mano, y estarán como frontales entre tus ojos; y las escribirás en los postes de tu casa, y en tus puertas" (6:6-9). Hace algunos años fui impresionada con esta verdad: Era fundamental que contara la historia, mi historia con Dios. Fue entonces que comencé mi canasto de piedras. Simplemente escribí una palabra o una pequeña frase sobre una piedra lisa y la fecha. Cada piedra me recuerda un momento importante de nuestra vida familiar en que vimos la mano de Dios obrando a nuestro favor. Estas piedras me han dado la oportunidad de conversar con mis hijos y testificarle a otras personas del amor y cuidado de Dios para nosotros en situaciones específicas. Muchas veces esperamos que nuestra familia y los nuevos creyentes de la congregación maduren y desarrollen su fe únicamente por lo que escuchan en la iglesia, pero como cristianos somos responsables de enseñar los principios de vida que Dios establece en su Palabra, y debemos buscar formas creativas de hacerlo. Moisés dio instrucciones (27:1-30:20), de que se leyeran las bendiciones y maldiciones antes de que el pueblo entrara en Canaán. También cada siete años (cuando no había cosecha porque era el año sabático) debía leerse en público la ley.

B. Responsablemente

Para que podamos enseñar con autoridad debemos cumplir con los dos primeros mandatos: Conocer y obedecer. Basándome sólo en mis experiencias, podría enseñar herejías, porque mis experiencias y percepciones de las mismas son subjetivas; por eso es necesario conocer la Palabra de Dios, nuestra única regla de fe, y tener una comprensión acertada de su mensaje. También es imprescindible que mi conducta acompañe mis palabras para que el mensaje no pierda credibilidad. Toda la vida de Moisés respaldaba sus palabras. Fue un hombre singular: "Cuarenta años en el palacio de Faraón, 40 en el desierto, y 40 como caudillo de Israel. Libró de la esclavitud a una nación de 3.000.000; la condujo de un país a otro; y organizó para ella un sistema de jurisprudencia que ha sido fuente de gran parte de la civilización del mundo" (Compendio Manual de la Biblia. Henry H Haley. Moody, s/f, p.147). Para tener autoridad al trasmitir la ley de Dios no es necesario que seamos perfectos, también en nuestra manera de resolver los fracasos estaremos enseñando, Moisés es un buen ejemplo de ello, como leemos en Deuteronomio 3:23-29.

Conclusión

Del corazón de Dios brotan por lo menos tres asuntos para sus hijos amados, su profundo deseo de relacionarse con ellos, su iniciativa en comunicar las normas para una vida satisfactoria, y su fidelidad expectante de recibir una respuesta positiva. Israel fracasó y confundió elección con favoritismo. ¿Cómo responderemos nosotros?

Recursos

Actividades suplementarias

1. Maestro, sería muy importante escribir los doce temas de las lecciones pasadas en un pizarrón o cartulina y pedir a la clase que los lean en voz alta con usted y de esa manera repasar o recordar lo que estudiaron antes de comenzar la lección.
2. Invite a sus alumnos a compartir brevemente algunos puntos sobresalientes en las lecciones de este trimestre. Controle el tiempo para que también puedan hacer la hoja de actividades del alumno.
3. Escoja 3 o 4 de los versículos para memorizar del trimestre. Escríbalos por frases en tiras de papel o imprímalos desde su computadora y córtelos por frases. Incluya las citas bíblicas. Mezcle las frases y entrégueselas a sus alumnos para que intercambiando entre ellos los papeles formen los versículos. No olvide que a los adultos también nos gusta movernos de nuestros asientos y jugar.

Un testamento espiritual

Hoja de actividad

Versículo para memorizar: "Cuídate de no olvidarte de Jehová, que te sacó de la tierra de Egipto, de casa de servidumbre" Deuteronomio 6:12.

I. Conozcan

En el libro de Deuteronomio (capítulos 1 al 3 y 8, por mencionar algunos) se recuerdan los maravillosos actos de Dios al pueblo. ¿Por qué considera que esto era importante? _____

_____

Hoy en la iglesia ¿qué hechos debemos recordar que son importantes? ¿Cómo lo hacemos?_____

_____

II. Obedezcan

Según Deuteronomio 27:2-4 ¿qué significarían las piedras? ¿Cuáles serían las piedras hoy? _____

_____

Algunas de las bendiciones de la obediencia que señala el capítulo 28 son: _____

_____

¿Qué mandaba la ley en cuanto al prójimo? (Deuteronomio 14:29 ; 15:1-11; 19:14; 22:1-4). _____

_____

III. Enseñen

¿Qué se enseña en cuanto a la palabra de Dios o la ley en Deuteronomio 6:6-9? _____

_____

¿Cuáles son dos principios importantes que debemos cumplir para dar una buena enseñanza, según los puntos anteriores? _____

_____

¿Qué tanto estoy comprometido/a con la enseñanza? _____

_____

Conclusión

Del corazón de Dios brotan por lo menos tres asuntos para sus hijos amados, su profundo deseo de relacionarse con ellos, su iniciativa en comunicar las normas para una vida satisfactoria, y su fidelidad expectante de recibir una respuesta positiva. Israel fracasó. Confundió elección con favoritismo.¿Cómo responderemos nosotros?

Diferentes conceptos a la luz de la Biblia

Presencia de Dios

¿Qué ofrendarás?

El regalo de Dios

Palabras que afirman

Dios de pactos

Dios te bendiga

Títulos eclesiales

Tenemos la unción

 Respuesta de amor

Conocimiento protector

Y ahora, ¿qué?

Acontecimento trascedental

Renovando el entendimiento

Presencia de Dios

Loysbel Pérez (Cuba)

Para memorizar: "Me mostrarás la senda de la vida; En tu presencia hay plenitud de gozo; Delicias a tu diestra para siempre" Salmo 16:11.

Propósito de la lección: Que el alumno comprenda el significado de la presencia de Dios a la luz de la Biblia.

Lleve a la clase herramientas que se usen en algún oficio, por ejemplo, carpintero: martillo, escuadra, etc. Con anticipación póngalas en una caja o bolsa para que no se vean.

Divida la clase en dos grupos. Saque a un alumno fuera del aula y entréguele la bolsa o caja con herramientas. Luego pídale que entre y pida a los grupos, que descubran el oficio de su compañero. Cada grupo tendrá derecho a que se le muestre una herramienta por turno, el primer grupo que acierte la profesión gana.

Dirija la clase en la aplicación de esta ilustración. Así como las herramientas revelan el oficio de la persona, el fruto del Espíritu revela la presencia de Dios en la vida del creyente.

Hay mucha gente que declara que tiene a Dios y algunas veces hasta reclaman privilegios por ello. En la clase de hoy estaremos estudiando lo que nos dice la Biblia, única autoridad doctrinal de nuestra iglesia, sobre el tema.

I. La presencia de Dios en el Antiguo Testamento

La presencia de Dios ha sido evidente para el ser humano desde su creación hasta nuestros días. Aunque Dios no ha cambiado, su manifestación hacia el ser humano ha sido diferente.

A. La presencia de Dios en Génesis

Génesis 1 y 2 destaca una presencia de Dios de manera visible y audible para el ser humano. Más adelante en la época patriarcal hasta José, hombres como Abraham, Jacob e Isaac recibieron comunicación directa con Dios (Génesis 3 al 50) la presencia de Dios era audible, frases como "apareció Jehová a…" son comunes (Génesis 12:7; 17:1; 26:2). Dios se manifestaba para dar órdenes y promesas, para comisionar y hacer conocer su voluntad.

B. La presencia de Dios en Éxodo

En la etapa del Éxodo, Dios manifestó su presencia hablando a través de objetos inanimados como una zarza (Éxodo 3:2-7) y enviando plagas ante el Faraón (Éxodo 7:14-11:10). Ésta fue una etapa donde abundaron milagros de todo tipo y el pueblo conoció el gran poder del Dios con el cual estaban tratando.

En la travesía por el desierto su presencia se hizo visible con una columna de nube en el día y de fuego en la noche (Éxodo 13:21-22); fue sumamente importante la manifestación de Dios en el tabernáculo y su comunicación al pueblo por medio de los sacerdotes en el lugar santísimo. Allí estaba el Arca del Pacto donde Dios les hablaba (Éxodo 25:22). En Éxodo 33:11 leemos que Moisés y Dios hablaban "cara a cara", aunque sabemos que Dios es espíritu y seguramente no tiene cara de acuerdo a nuestros conceptos humanos. Dios se estaba comunicando con las personas de la época en maneras que pudieran entender. Hasta hoy mirarnos cara a cara equivale a comunicación.

C. La presencia de Dios en los jueces y los profetas

En la etapa de los jueces y los profetas, Dios manifestó su presencia a través de siervos escogidos como: Otoniel, Débora, Gedeón, Samuel, Elías, Eliseo. Fueron comunes en esta etapa las apariciones por teofanías o el ángel del Señor (Jueces 13:3). La experiencia de Elías registrada en 1 Reyes 19:1-18 es vital para ilustrar el significado pragmático de la presencia de Dios.

En la época monárquica y hasta los profetas preexílicos la presencia de Dios se vió reflejada en el templo y limitada a la nación de Israel. El templo jugaba un papel importante en la comunidad judía, se le daba un lugar central en la adoración a Dios y a su manifestación. Aunque existía el sacerdocio, fueron los profetas los considerados como la boca de Dios. La presencia de Dios estaba contenida en su palabra, la ley y los profetas, la cual estaba encaminada a producir cambio en las personas, era palabra de juicio, no hacía sentir bien a la persona sino que trataba de persuadirla al arrepentimiento, al cambio de conducta. Todo el tiempo profético fue de igual manera.

D. La presencia de Dios en exilio

En el exilio, período difícil para Israel, no tenían templo, vivían en una nación extranjera. Fue un tiempo que sirvió para renovar los conceptos acerca de la presencia de Dios. Comprendieron que Dios no estaba limitado a Israel, pudieron experimentar la presencia de Dios en una nación extranjera. Comenzó una nueva forma de judaísmo, donde el templo fue remplazado por las sinagogas. En esta etapa del exilio Dios se manifestó a través de visiones que tenían los profetas, muchas de ellas con mucho contenido apocalíptico apuntando a la restauración futura del pueblo de Israel (Lamentaciones, Daniel, etc.).

E. La presencia de Dios en el posexilio

En la etapa posexílica, el templo fue reconstruido y se convirtió nuevamente en el lugar donde Dios derramaba su presencia, y el pueblo oía su voz.

En todo el Antiguo Testamento el Espíritu Santo iba y venía, no estaba presente continuamente con el pueblo, sino que cumplía determinadas funciones.

II. La presencia de Dios en el Nuevo Testamento

A. La presencia de Dios en tiempos de Jesús

En el período novotestamentario la presencia de Dios se hizo tangible por medio de la venida de Jesús al mundo (Mateo 1:23; Juan 1:14). Los evangelios dan testimonio de su vida. Dios se encarnó en la persona de Jesús y habitó entre los hombres, fue una presencia real y directa. "...Dios Hijo se hizo hombre por medio de la virgen María y vivió como 33 años en Palestina. Fue el tiempo cuando Dios (precisamente por medio del Hijo) "habitó entre nosotros" (Juan 1:14) (Diccionario Teológico Beacon. CNP, EUA: 1995, p.246).

B. La presencia de Dios después de la ascensión

Después de la ascensión de Jesús, (Marcos 16:19-20, Lucas 24:50-53) la presencia de Dios se manifestó a través del Espíritu Santo al igual que en nuestros días (Juan 16:7-14). En Hechos se agrupa una gran cantidad de historias que indican cómo Dios se reveló a través de la tercera persona de la Trinidad. Los judíos pudieron experimentar junto con los gentiles la presencia

de Dios de manera diferente, como sucedió en el Pentecostés (Hechos 2). Fue un tiempo donde los milagros abundaron, las personas se quedaban perplejas al ver las maravillas de Dios, ya que la sola presencia de Dios producía arrepentimiento y cambio genuino en las vidas. En el primer sermón de Pedro, más de tres mil personas se convirtieron al Señor (Hechos 2:41).

La presencia de Dios más que poner a la gente contenta producía cambios, más que dejarlas tranquilas las inquietaba y comisionaba a predicar el evangelio. En la etapa que recoge el libro de los Hechos, la presencia de Dios no estaba limitada al pueblo de Israel ni a lugares especiales. Esto lo vemos claramente en la historia de Pedro con Cornelio (un centurión italiano) quien expresó: "Así que luego envié por ti; y tú has hecho bien en venir. Ahora, pues, todos nosotros estamos aquí en la presencia de Dios, para oír todo lo que Dios te ha mandado" (Hechos 10:33).

C. La presencia de Dios en las cartas de Pablo

En las cartas de Pablo se ve un pensamiento muy revolucionario, él hizo referencia al cuerpo del hombre como templo del Espíritu Santo, ya Dios no habita en templos muy bien estructurados sino en la persona. El apóstol luchó con conceptos judíos acerca de la manifestación de Dios en el templo "El cuerpo de ustedes es como un templo, y en ese templo vive el Espíritu Santo que Dios les ha dado. Ustedes no son sus propios dueños. Cuando Dios los salvó, en realidad los compró, y el precio que pagó por ustedes fue muy alto. Por eso deben dedicar su cuerpo a honrar y agradar a Dios" (1 Corintios 6:19-20 TLA).

En el Nuevo Testamento la presencia de Dios es a través del Espíritu Santo en el corazón de las personas.

III. La presencia de Dios para nosotros hoy

La presencia de Dios en la iglesia hoy es entendida de diversas maneras.

Pero cuando nos referimos a la presencia de Dios no estamos hablando de la manifestación de Dios en un lugar, en un momento, con una o varias personas determinadas, sino que nos referimos a la experiencia real que se refleja en la vida de cada cristiano.

Algunas iglesias han caído en el emocionalismo, rebajando la presencia de Dios a lo que sienten estando en un culto de alabanza y adoración y no en vidas consagradas y apartadas del pecado.

Muchos creyentes dicen ser "tocados por Dios" dentro del templo, pero su forma de comportarse en el hogar, en el trabajo, en su vida relacional con el prójimo, no refleja esa presencia de Dios.

Son muchas las corrientes eclesiásticas que tratan

de tocar las emociones de las personas para simular la presencia de Dios, su propósito es hacer sentir bien al creyente dentro del templo, pero eso no produce cambios espirituales, porque sólo quedó en eso: Una mera emoción.

Como seres humanos no queremos confrontación, le tenemos miedo a los cambios, pero cuando Dios se hace presente confronta nuestra vida pecaminosa y cambia todo aquello que obstaculiza la relación con Él, que se llama pecado. Es por eso que la presencia de Dios más que emocionarnos, revoluciona nuestra vida diaria. Su impacto va más allá de un simple momento, todo creyente que vive en su presencia refleja en su vida el fruto del Espíritu. "En cambio, el Espíritu de Dios nos hace amar a los demás, estar siempre alegres y vivir en paz con todos. Nos hace ser pacientes y amables, y tratar bien a los demás, tener confianza en Dios, ser humildes, y saber controlar nuestros malos deseos. No hay ley que esté en contra de todo esto" (Gálatas 5:22-23 TLA).

El tener la presencia de Dios no da orgullo ni prepotencia, todo lo contrario nos hace humildes porque cuando miramos a Dios, nos sentimos infinitamente pequeños, y cuando miramos a nuestros hermanos los estimamos como superiores a nosotros mismos "Nada hagáis por contienda o por vanagloria; antes bien con humildad, estimando cada uno a los demás como superiores a él mismo" (Filipenses 2:3).

Es hora de que dejemos de hablar de las experiencias que tuvieron otros y comencemos a hablar de las nuestras, las cuales son el resultado de una intensa relación con Dios. Recordemos lo dicho por el salmista "en su presencia hay plenitud de gozo…" (Salmo 16:11).

Conclusión

Aunque es bueno hablar de la manera en la que Dios se ha hecho presente para el hombre a través de la historia, lo más importante es preguntarnos: ¿Veo realmente la presencia de Dios en mi vida? ¿Conozco a Dios porque me lo han enseñado, porque es algo bonito o porque realmente su presencia está en mí? Las respuestas a estas preguntas definirán muchas cosas para nosotros.

Recursos

Información complementaria

"La revelación progresiva sugiere que la revelación de Dios en los dos testamentos constituye una unidad orgánica completa. Sin embargo en esa totalidad hay desarrollo progresivo de comprensión, porque la revelación anterior pone el fundamento para la revelación posterior. La ley prepara el camino para los profetas;... finalmente el Jesús de la historia de los evangelios hace posible el Cristo de fe en las espístolas, hasta que la totalidad de la autorrevelación de Dios es completamente vista y entendida" (Diccionario Teológico Beacon. CNP, EUA: 1995, p.604).

"Que habite Cristo por la fe en vuestros corazones" (Efesios 3:17). "Además de denotar una acción decisiva y de crisis, la plabra significa una residencia permanente, en contraste a una estancia temporal. En vuestros corazones significa en el centro de toda la personalidad" (Comentario Bíblico Beacon. Tomo 9. CNP, EUA: 1992, p.209).

Definición de términos

Encarnación: "(del latín in carne). Acto de humillación por el cual Jesucristo siendo Dios se hizo hombre de carne y hueso (Juan 1:14)" (Diccionario Ilustrado de la Biblia. Caribe, EUA: 1982, p.197).
Teofanía: Es un modo de revelación, cuando Dios se manifiesta al ser humano en forma visible y audible" (Diccionario Teológico Beacon. CNP, EUA: 1995, p.672).

Actividad suplementaria

Llene todo el local con carteles que digan: La presencia de Dios me hace..... (cantar, testificar, orar, etc.). Ponga todas las manifestaciones actuales que denotan la presencia de Dios, no se olvide de colocar un cartel que diga la presencia de Dios me hace cambiar. Mientras más carteles tengan, mejor.

Permita que cada alumno se decida sólo por uno, y que explique por qué eligió esa opción.

Llévelos a reflexionar que aunque en todas las opciones Dios puede manifestarse, porque Él es soberano, lo primero que hace Dios y que continúa haciendo en la vida de todo creyente es transformar, cambiar.

Presencia de Dios

Hoja de actividad

Versículo para memorizar: "Me mostrarás la senda de la vida; En tu presencia hay plenitud de gozo; Delicias a tu diestra para siempre" Salmo 16:11.

I. La presencia de Dios en el Antiguo Testamento

Escriban una lista de las formas cómo Dios manifestaba su presencia en el Antiguo Testamento.

Génesis 12:7, 17:1, 26:2: _____

Éxodo 3:2-7, 13:21-22, 25:22 _____

Jueces 13:3_____

II. La presencia de Dios en el Nuevo Testamento

¿De qué formas Dios manifestó su presencia en el Nuevo Testamento?

Mateo 1:23; Juan 1:14 _____

Hechos 2:1-4_____

1 Corintios 6:19-20 _____

III. La presencia de Dios para nosotros hoy

¿Por qué decimos que la presencia de Dios no es sólo emocionalismo?_____
_____
_____

Explique cómo se manifiesta la presencia de Dios en la vida del creyente, (Gálatas 5:22-23). _____
_____
_____

¿Es su anhelo, disfrutar la presencia de Dios en su vida? _____ ¿Por qué?_____
_____
_____

Conclusión

Aunque es bueno hablar de la manera en la que Dios se ha hecho presente para el hombre a través de la historia, lo más importante es preguntarnos: ¿Veo realmente la presencia de Dios en mi vida? ¿Conozco a Dios porque me lo han enseñado, porque es algo bonito o porque realmente su presencia está en mí? Las respuestas a estas preguntas definirán muchas cosas para nosotros.

¿Qué ofrendarás?

Flavia de Ventura (Argentina)

Versículo para memorizar: "Cada uno dé como propuso en su corazón: no con tristeza, ni por necesidad, porque Dios ama al dador alegre" 2 Corintios 9:7.

Propósito de la lección: Que el alumno comprenda el significado de la ofrenda y la siembra a la luz de la Biblia.

Introducción

"Dios ama al dador alegre. La ofrenda es un gesto exterior pero en estrecha relación con una ofrenda interior. Porque hemos reconocido todo lo que hemos recibido del Señor, no solamente las cosas materiales sino también nuestra salvación en Jesucristo, don grandioso e incomprensible del Padre. En este sentido la ofrenda no puede ser nunca por obligación o como pago por un servicio, sino que debe nacer de un corazón agradecido por lo que YA ha recibido" (http://www.webselah.com/).

Pregunte: Cómo se podría dividir la palabra CO-MODIDAD para que nos ofreciera una regla para ofrendar. Respuesta: (Como-di-dad) Así como Yo, dí, Dios dad vosotros. Dar ofrenda es una práctica de la liturgia cristiana. Es una "cosa que se ha de ofrecer. Dádiva o servicio en muestra de gratitud o amor... Contribuir para un fin" (Diccionario Karten ilustrado. Sopena, Argentina: 1974).

I. La ofrenda en el Antiguo Testamento

A. La primera mención bíblica

La primera mención bíblica de "ofrenda" está en Génesis 4:3-4, donde los hijos de Adán y Eva, ofrecieron a Dios voluntariamente el fruto de su trabajo.

De este relato podemos extraer que el detalle de la ofrenda dada por Caín no da indicios de ser algo especial, sólo una formalidad de "cumplir" con Dios. Sin embargo el versículo 4 detalla que la ofrenda de Abel era "de lo mejor" el primogénito y el más gordo de sus animales, lo cual Dios miró con agrado. A Dios no le sorprendió la ofrenda de Abel, sino su corazón generoso y su fe al dar. Por esta razón en el libro de Hebreos 11:4 se lo menciona entre los héroes de la fe: "Abel confió en Dios, y por eso le ofreció un sacrificio mejor que el de Caín. Por eso Dios consideró que Abel era justo, y aceptó sus ofrendas. Y aunque Abel ya está muerto, todavía podemos aprender mucho de la confianza que él tuvo en Dios" (TLA).

B. La ofrenda como agradecimiento

A Dios no le hace falta nuestra ofrenda, lo que Él busca es que al dar tengamos una actitud de agradecimiento y reconocimiento de que todo es suyo. Como dice 1 Crónicas 29:14 en la parafrasis "La Biblia al día": "...pues, ¿quién soy yo y quién es mi pueblo para que se nos permita darte cosas? ¡Todo lo que tenemos ha venido de ti, y sólo te damos lo que ya es tuyo!" (La Biblia al día. Unilit, EUA: 1979).

Existen términos ligados a la ofrenda en el Antiguo Testamento como ofrenda encendida, Levítico 1:9; ofrenda para holocausto, Levítico 1:10; ofrenda cocida, Levítico 2:4; ofrenda de primicias, Levítico 2:12; etc. Éstas en sí no eran una práctica independiente, sino parte de una ceremonia instituida por Dios para todo el pueblo.

En el Antiguo Testamento se ofrendaba por medio de los sacrificios, que eran prácticas realizadas en todos los pueblos desde épocas muy remotas. Muchos sacrificaban animales, aunque algunos otros pueblos realizaban sacrificios humanos.

C. La ofrenda por los pecados

El plan de salvación de Dios fue instituido desde el mismo momento en que el hombre pecó. El libro de Levítico 1 al 5 da una descripción bien detallada de las formas de sacrificio ofrecido a Dios para la purificación y perdón de pecados. Era el sacerdote el encargado de recibir las ofrendas del pueblo, de acuerdo a las formas instituidas por Dios, fueran animales o frutos del campo, estas debían ser de acuerdo a las características indicadas (Levítico 1:1-3).

Dios indicó al pueblo que era necesario buscar su perdón mediante un acto sacrificial. Más tarde sería su propio hijo Jesucristo quien se daría a sí mismo una vez y para siempre, por nosotros, otorgando perdón de los pecados (Juan 3:16). Otro término que se utiliza para la ofrenda es oblación, éste, a diferencia de sacrificio, se refiere a la idea de un don hecho a Jehová, dado como ofrenda. Las oblaciones instituidas en la ley de Moisés son: Ofrenda de flor de harina (Levítico 2:1-4); libación de vino (Levítico 23:13); primicias de las cosechas (Levítico 23:10).

"Es un hecho que el Señor derrama sus bendiciones en respuesta a la consagración (Malaquías 3:7-10). Las ofrendas y sacrificios que Israel debía ofrecer, señalaban el hecho de que pertenecían a Dios. El creyente hoy debe recordar este hecho y reconocer que todo lo que es y todo lo que tiene le ha sido dado por Dios. Así, tendrán un poderoso motivo para honrar a Dios con todos sus bienes" ("Oblación" Nuevo Diccionario Bíblico Ilustrado Vila– Escuain, Clie, 1985, p.831). Una afirmación acertada es que más importante que el método de dar es el motivo por el cual damos.

II. La ofrenda en el Nuevo Testamento

A. Ofrenda a Dios

En Marcos 12:41-44 podemos ver el acto de ofrenda formal en el templo. En el templo había diferentes sectores, la situación relatada en este pasaje sucede en el llamado "Patio de las mujeres" donde se encontraban trece (13) cajas en forma de trompetas llamadas "las trompetas", éstas estaban destinadas a recepcionar las ofrendas y se requería que los contribuyentes declararan el monto de su donación y propósito, Jesús se ubicó justo en esta escena donde podía ver y escuchar las ofrendas de todos.

Mientras muchos entregaban grandes ofrendas, una viuda dio la mínima cantidad de dinero existente (un cuadrante). En esta ocasión Jesús minimizó las grandes ofrendas de los ricos, reconociendo que no es la cantidad que damos lo que impacta a Dios, sino la actitud del corazón. La ofrenda genuina para Dios implica sacrificio, no lo que sobra, sino lo que cuesta. Se ha dicho que Dios juzga lo que ofrendamos por la cantidad con que nos quedamos. Esta forma de ofrendar genera una mayor dependencia de Dios.

La ofrenda debe ser un acto voluntario que el hombre ofrece en forma de agradecimiento, reconocimiento y adoración a Dios. A Dios no lo conmovemos con actos piadosos, Él busca verdaderos adoradores en espíritu y en verdad (Juan 4:24). Los verdaderos adoradores dan lo mejor de sí, porque lo hacen de corazón y para Dios, no para ser vistos.

B. Ofrenda a los santos

En 1 Corintios 16:1-3 el apóstol Pablo distingue este tipo de ofrenda de las otras antes enseñadas, aquí se refiere a una colecta especial, aparte del resto de las ofrendas. No se menciona cantidad, ni porcentaje, sólo se indicó que sería de acuerdo a cómo Dios prosperó a cada uno.

No nos centraremos en la administración o forma detallada por el apóstol, estas indicaciones del versículo 2, se debían a una estrategia que facilitaba el fin, de acuerdo a los ingresos de cada uno. Lo importante aquí es una vez más la actitud del corazón del dador, esta vez pensando en los hermanos en la fe que serían receptores de esta dádiva, quienes estaban pasando por una situación difícil.

Tan importante como el dar, era la buena administración de las ofrendas recaudadas. El versículo 3 indica la responsabilidad que se debía tener para que las ofrendas llegaran y se cumpliera el propósito inicial.

III. La ofrenda hoy

Dios se presenta a sí mismo como alguien que no necesita nuestro dinero, ni bienes materiales, sino alguien que espera ver nuestra actitud de agradecimiento y dependencia.

Dios quiere vernos entregados a Él, reconociendo que es el dador de todas las cosas. Dios anhela que ofrezcamos toda nuestra vida, todo lo que somos, y tenemos en sus manos.

A. Siembra y cosecha

Actualmente escuchamos la mención de la siembra y la cosecha. Esto refiere la siembra a las ofrendas y la cosecha a lo que recibimos del Señor. Esto en general no está mal si damos sin estar pendiente de lo que recibimos. El problema actual es que se motiva a dar con el propósito de recibir, se da por lo que se espera recibir, como si cuando damos Dios se convierte en un deudor nuestro que está obligado a darnos.

El ofrendar no es una inversión o un negocio que hacemos con Dios. No debemos pensar en la ofrenda como un trueque, donde damos a Dios para recibir sus beneficios a cambio. Esto no es así, Dios nos da en su gran misericordia todo lo necesario para nuestro sustento, sabiendo cuál es la medida justa, "Manténme alejado de la mentira, y no me hagas pobre ni rico; ¡aléjame de toda falsedad y dame sólo el pan de cada día! Porque si llego a ser rico tal vez me olvide de ti y hasta me atreva a decir que no te conozco. Y si vivo en la pobreza, puedo llegar a robar y así ponerte en vergüenza" (Proverbios 30:8-9 TLA). Debemos ofrendar sin esperar nada a cambio ya que Dios nos dio la salvación y dio a su Hijo por nosotros, ¿qué más podemos pedir? Demos con gratitud por lo que hizo y no por lo que va a hacer.

Debemos ser generosos al ofrendar a nuestro Dios pues "el generoso pensará generosidades y por generosidades será exaltado" Isaías 32:8. El dar es una virtud que como hijos de Dios debemos tener: "Mándales que hagan el bien, que se hagan ricos en buenas acciones. Recuérdales que deben dar y compartir lo que tienen. Así tendrán un tesoro que, en el futuro, seguramente les permitirá disfrutar de la vida eterna" 1 Timoteo 6:18-19 (TLA).

B. Dios no es deudor

Pero lo maravilloso es que Dios no es deudor de nadie, cuanto más damos, más vemos la misericordia de Dios, como el relato vivencial de la viuda con el profeta Elías (1 Reyes 17:8-16) cuando ella dio, entonces no volvió a faltar nunca más el alimento en su casa.

¿Qué tiene en sus manos para darle a Dios? Cuando damos (sembramos) para el reino de Dios, el resultado (cosecha) será personas salvas como consecuencia de lo que nosotros hemos ofrendado (Mateo 6:19-21).

Conclusión

¿Qué cree que puede cambiar, luego de lo estudiado, o qué recobra sentido de lo que practica hasta hoy cuando ofrenda?

Propóngase esta semana, apartar un porcentaje voluntario del dinero que administra para sus ofrendas. Cuando entregue sus ofrendas en los cultos recuerde todo lo que Dios hizo para salvarle y délo con gozo como un acto de adoración a quien dio todo por usted.

Recursos

Información complementaria

2 Corintios 8, 9 "En estos dos capítulos tenemos las instrucciones más completas acerca del dar en las iglesias, que contiene el N.T. Aun cuando esta es una ofrenda de beneficencia, presumimos que los principios que aquí se enuncian deben servir de guía a las iglesias en todas sus ofrendas, tanto para el sostenimiento propio como para fines misioneros y de beneficencia. Se debe dar de modo voluntario, proporcional y sistemático. Deben administrarse los fondos en forma irreprochable (8:19-21)" (Compendio Manual de la Biblia. Moody, p.541).

La ofrenda para los santos- "La iglesia de Jerusalén parece haber tenido problemas financieros casi desde el comienzo, posiblemente a causa de la ruptura con el judaísmo que hizo que los convertidos se apartaran de sus familias y a veces perdieran también su trabajo... Pablo con prontitud animó a las iglesias gentiles de Galacia, Macedonia y Corinto a que ayudaran a sus hermanos cristianos de Judea. Al hacerlo, ellos aprenderían el deber y la bendición de la ofrenda cristiana sistemática y al mismo tiempo mostrarían su agradecimiento

por lo que debían a la iglesia madre de Judea" (Manual Bíblico Ilustrado. Caribe, EUA: 1976, p.599).

Definición de términos

Liturgia: "En los escritos de los padres de la iglesia, liturgia expresa el servicio total a Dios y se usa particularmente para las actividades del oficio pastoral" (Diccionario Teológico Beacon. CNP, EUA: 1995, p.404).

Actividad suplementaria

Materiales: Hojas de papel y lápices.

Instrucciones: Entregue a cada alumno una hoja de papel y pídales que escriban tres columnas, una que en el encabezado diga entradas, otra columna que diga salidas y la última que diga saldos.

Anime al grupo a volcar en la hoja (a modo privado) la administración personal del dinero. Una vez que cada uno haya escrito las entradas de dinero que tienen, los gastos fijos y el saldo llévelos a reflexionar sobre las necesidades que surgen como básicas en cada uno. Luego pregunte cuántos en su lista de "salidas" o "gastos" pusieron a Dios (ofrendas y diezmos).

¿Qué ofrendarás?

Hoja de actividad

Versículo para memorizar: "Cada uno dé como propuso en su corazón: no con tristeza, ni por necesidad, porque Dios ama al dador alegre" 2 Corintios 9:7.

I. La ofrendas en el Antiguo Testamento

Defina con sus palabras los siguientes términos de acuerdo a lo estudiado y aplíquelo a su práctica actual de dar:

Ofrenda: _____

Sacrificio: _____

Oblación: _____

Diezmo: _____

II. La ofrenda en el Nuevo Testamento

¿Qué nos enseña el relato de Marcos 12:41-44? _____

_____

III. La ofrenda hoy

¿Qué significan "siembra" y "cosecha" cuando nos referimos a ofrendar? _____

_____

_____

¿Por qué dijimos que no debemos pensar en la ofrenda como un trueque? _____

_____

Conclusión

¿Qué cree que puede cambiar, luego de lo estudiado, o qué cobra sentido de lo que practica hasta hoy cuando ofrenda? _____

_____

Propóngase esta semana, apartar un porcentaje voluntario del dinero que administra para sus ofrendas. Cuando entregue sus ofrendas en los cultos recuerde todo lo que Dios hizo para salvarle y délo con gozo como un acto de adoración a quien dio todo por usted.

El regalo de Dios

Yeri Nieto (México)

Versículo para memorizar: "Pero en ti hay perdón, para que seas reverenciado" Salmo 130:4.
Propósito de la lección: Que el alumno comprenda el significado de la gracia a la luz de la Biblia.

Introducción

Pregunte: ¿Cuántas historias leemos en la Biblia acerca de personas que lograron algo imposible? Permita que mencionen algunos ejemplos como Noé al construir el arca y sobrevivir en ella (Génesis 6-9); Moisés al sacar al pueblo de Israel de Egipto (Éxodo 7:14 al 11); el pueblo de Israel en el cruce del Mar Rojo (Éxodo 14); el rey David (2 Samuel 11-12), quien siendo el escogido por Dios para gobernar, cometió pecado de adulterio; y sin embargo, cuando pidió perdón, Dios se lo otorgó (Salmo 51);

Rahab que era prostituta y salvó su vida y la de su familia porque pidió ayuda al pueblo de Israel (Josué 2); Jonás en el vientre del pez (Jonás 1-4); los amigos de Daniel al salir ilesos del horno de fuego (Daniel 3); Daniel al sobrevivir en el foso de los leones (Daniel 6); etc.

En ocasiones las cosas parecen difíciles, pero con la ayuda de Dios se pueden lograr. En las historias que mencionamos estas personas lograron lo imposible, por la gracia de Dios, directa o a través de sus instrumentos.

I. La gracia divina

Dios es amor. Eso significa que siempre está dispuesto a escuchar nuestras súplicas y cada vez que le invocamos, Él responde: "Encomienda a Jehová tu camino, y confía en él; y él hará" (Salmo 37:5).

En la Biblia la gracia es básicamente un atributo de Dios (1 Pedro 5:10), es la actitud a través de la cual Dios se relaciona con el ser humano. Por eso encontramos en la mayoría de los casos la mención de "la gracia de Dios" (Hechos 14:26, 20:24; 2 Corintios 8:1; Colosenses 1:6; 2 Tesalonicenses 1:12; Tito 2:11).

A. El regalo de Dios

La Biblia manifiesta que Dios nos perdona cada vez que nosotros le pedimos perdón de todo corazón. Y a esa acción, a ese maravilloso acto de justicia divina de "darnos aquello que no merecemos" (el perdón entre otras cosas), le llamamos gracia y ésta es un regalo: "Ustedes han sido salvados porque aceptaron el amor de Dios. Ninguno de ustedes se ganó la salvación, sino que Dios se la regaló. La salvación de ustedes no es el resultado de sus propios esfuerzos. Por eso nadie puede sentirse orgulloso" (Efesios 2:8-9 TLA). "La escencia de la doctrina de (la) gracia es que, aunque el hombre merece que Dios esté en su contra, Él está a su favor. En una manera muy específica y concreta, Dios está a nuestro favor" (Diccionario Teológico Beacon. CNP, EUA: 1995, p.314).

Nosotros creemos en la gracia de Dios, creemos que Dios nunca negará su perdón si le clamamos con honestidad.

B. La gracia de Dios esta presente

Cuando llegamos a saber de Dios e iniciamos una relación con Él, su gracia continúa manifestándose en nuestra vida, y en todos los asuntos de ella, los sencillos y los complejos, los cotidianos y los extraordinarios, los permanentes y los circunstanciales.

La gracia de Dios está manifestándose en la actividad diaria (en la labor del hogar, en el camino al trabajo, cuando uno come o duerme) y en esos asuntos inusitados que no sabemos por qué están sucediendo. "La gracia de Dios es dinámica. Es el amor de Dios en acción que capacita a los que Dios mira con favor. Aun así, está claro que la gracia excluye cualquier pretensión de mérito de parte del recipiente..." (Diccionario Teológico Beacon. CNP, EUA: 1995, p.314).

C. La gracia preveniente

Es importante reconocer que la gracia viene a nosotros aun antes de que nosotros la busquemos. Pregunte: ¿Alguna vez, antes de ser cristiano, notó que Dios le guardó de algo malo? Esto se llama "la gracia preveniente".

Esta gracia "Se refiere a las muchas maneras en que Dios nos extiende favores antes de nuestra conversión. Significa que Dios toma la iniciativa para nuestra conversión, inclinándonos a volver a Él..." (Diccionario Bíblico Beacon. CNP, EUA: 1995, p.315).

Como seres humanos somos incapaces de librarnos del pecado y las Escrituras enseñan que todos pecamos, "todos han pecado y están lejos de la presencia gloriosa de Dios" (Romanos 3:23 DHH) por lo tanto somos esclavos del pecado. Sólo la gracia de Dios nos hace libres "Ustedes saben muy bien que si se entregan como esclavos a un amo para obedecerlo, entonces son esclavos de ese amo a quien obedecen. Y esto es así, tanto si obedecen al pecado, lo cual lleva a la muerte, como si obedecen a Dios para vivir en la justicia. Pero gracias a Dios que ustedes, que antes eran esclavos del pecado, ya han obedecido de corazón a la forma de enseñanza que han recibido" (Romanos 6:16-17 DHH).

Esta es la gracia de Dios que nos guía al arrepentimiento y a la libertad del pecado y opera antes de que seamos salvos es lo que se considera gracia preveniente. Vemos esta gracia cuando aún sin ser creyentes vemos cosas maravillosas que nos suceden o se cruzan en nuestras vidas personas que nos comparten del amor de Dios e intentan acercarnos a Él. Es la gracia de Dios trayéndonos a Él, Juan dice: "Ninguno puede venir a mí, si el Padre que me envió no le trajere (Juan 6:44). En la historia de Cornelio dice que a éste y a su casa les "ha dado Dios arrepentimiento para vida" (Hechos 11:18).

"El rebelde tiene que responder a la oferta de salvación de parte de Dios; pero aun así, su arrepentimiento es un don que se le otorga, porque no puede arrepentirse a menos que sea ayudado por la gracia preveniente" (Diccioinario Teológico Beacon. CNP, EUA: s/f, p.316).

II. Historias de la gracia divina

(Los nombres de las personas están cambiados, pero las historias son reales).

"Manuel había sido un joven rebelde. Desde niño supo que Jesús le amaba. Una madrugada, después de haber terminado una fiesta donde bebió mucho alcohol, se accidentó con su automóvil. El auto quedó inservible y él estuvo al borde de la muerte. En el hospital, recordó que dijo en silencio una oración muy sencilla: "Señor Jesús, perdona mis pecados y líbrame de la muerte". Eso fue todo.

A los pocos días Manuel sanó. Al salir del hospital, sus familiares le comentaron que los médicos estaban asombrados por el milagro increíble que había sucedido; pero él, con calma y siendo sincero, por primera vez en su vida abrió su corazón, y les dijo: "Esto no fue un milagro increíble; solamente es la respuesta de Dios a la petición de mi corazón".

"Cuando Pamela vio los resultados de los estudios médicos que se había realizado tres meses antes, no pudo resistir más: Agachó la cabeza, quebró en llanto y lo único que se le ocurrió fue decirle a Dios: "Si me sanas de esta enfermedad, me dedicaré a servirte". Había asistido a tres clínicas, y las tres le dieron el mismo resultado: VIH positivo (Sida). No vale la pena ahondar en la causa de su enfermedad, basta con decir que era una persona promiscua. Pero la oración honesta de su corazón fue suficiente para Dios. Y hoy, apenas unos años después de todo lo que sucedió, ella predica el evangelio de Jesucristo en su comunidad y aun fuera de ella, llevando una sonrisa en su rostro y los tres certificados de las mismas clínicas médicas, sólo que ahora con la leyenda: VIH negativo".

La gracia de Dios es la respuesta de su amor a nosotros, a nuestra imperfección, a nuestros pecados. Dios nos ama y aunque no tengamos ninguna credencial que nos haga justos delante de Él, reconocemos que nos ama. No contamos con un historial perfecto ni con grandes cualidades, pero nos ama y nos perdona como dice el salmista: "Pero tú nos perdonas. ¡Por eso mereces nuestra adoración! (Salmo 130:3-4 TLA).

Algunas veces la gracia de Dios hacia nosotros no se manifiesta sanándonos o accediendo a nuestro pedido, sino dándonos paz y respaldo en una situación de dificultad, como en el caso de Pablo "Claro que hablar bien de mí no sería una locura, porque estaría diciendo la verdad. Pero no lo voy a hacer, porque no quiero que, sólo por las cosas que hago o digo, o por las cosas maravillosas que Dios me ha mostrado, alguien piense que soy más importante de lo que en realidad soy. Por eso, para que no me llene de orgullo, padezco de algo muy grave. Es como si Satanás me clavara una espina en el cuerpo para hacerme sufrir. Tres veces le he pedido a Dios que me quite este sufrimiento, pero Dios me ha contestado: «Mi amor es todo lo que necesitas. Mi poder se muestra en la debilidad.» Por eso, prefiero sentirme orgulloso de mi debilidad, para que el poder de Cristo se muestre en mí" (2 Corintios 12:7-9 TLA).

III. Somos instrumentos de la gracia divina

A. Jesús manifestó la gracia de Dios Padre en toda su vida

La gracia que Jesús manifestó está con nosotros y Dios nos llama para que nosotros seamos instrumentos por medio de ella. Pregunte: ¿Manifestamos la gracia de Dios en nuestra vida? ¿Perdonamos a las personas aun cuando no se merecen el perdón? ¿Vemos en un ladrón que merece ser muerto a una persona que necesita de Dios? ¿Restauramos a la persona pecadora o la condenamos?

"Muchas de las personas que deberían estar predicando el evangelio de la gracia se han convertido en implacables jueces que acusan a todo aquel que no se ajusta a su manera de pensar" (El Despertar de la Gracia. Charles R. Swindoll. Caribe, EUA: 1995, tapa posterior).

La Palabra de Dios siempre está desafiando nuestra comodidad, tanto en la vida diaria como en nuestros ministerios en la iglesia. Pregunte: ¿Somos personas que imitamos a Cristo, compartiendo la gracia de Dios en el perdón y la restauración?

B. Manifestación de la gracia

Una manera de saber si estamos manifestando la gracia de Dios desde nuestra congregación, es revisando nuestros quehaceres eclesiales. Pregunte: ¿Contamos con ministerios hacia las personas más necesitadas de la sociedad? Ellos también necesitan de la "maravillosa gracia" de Dios. Tal vez trabajemos de manera preferencial para los miembros de la iglesia (quienes ya conocen y viven esa gracia). Pregunte: ¿Contamos con un sistema para ganar a otros para Cristo? ¿O hacemos cultos y reuniones exclusivas para nosotros? Una de nuestras responsabilidades como cristianos es "dar lo que hemos recibido por parte del Señor" (Mateo 10:8b), ¿por qué privar a las personas de esa "sublime gracia" que continúa buscando salvar a los pecadores?

¡Animémonos a ser instrumentos de la gracia de Dios! ¡Disfrutemos de esa gracia y esforcémonos en vivirla, compartiéndola con todas las personas que están a nuestro derredor!

Conclusión

Seamos agradecidos con Dios, quien por su gracia nos buscó y nos salvó. Pero también ayudemos a que otros puedan ser bendecidos con la salvación por medio de la gracia de Dios.

Recursos

Información complementaria

El concepto de gracia en el Antiguo Testamento

"Cuando leemos a los profetas, encontramos el cenit del monoteísmo de Israel, subrayando la gran verdad que Dios es el único que, por su gracia, capacita a su pueblo para responderle, y a su vez bendice a los fieles. Tal vez los pasajes más profundos y extensos que edifican sobre el verdadero concepto de la gracia en el A.T. son Ezequiel 36 e Isaías 49-51; 54" (Diccionario Teológico Beacon. CNP, EUA: 1995, p.314).

El concepto de gracia en el Nuevo Testamento

"No sabemos por cierto si fue el apóstol (Pablo) quien desarrolló primero el significado... él con sus epístolas, creó un lugar especial para la "gracia" en el vocabulario teológico de la Iglesia Primitiva... En los escritos paulinos se haya el término 101 veces..." (Diccionario Teológico Beacon. CNP, EUA: 1995, p.314).

Definición de términos

Gracia: "Término empleado por los escritores bíblicos con una amplia gama de significados: encanto, dulzura, hermosura (Salmo 45:2), la actitud de Dios para con los hombres (Tito 2:11); el método de la salvación (Efesios 2:8,9); lo opuesto al legalismo (Gálatas 5:4); el impartimiento del poder y de los dones espirituales (2 Timoteo 2:1); la libertad que Dios brinda a los hombres (Judas 4)" (Biblia de Estudio Ampliada. Vida, EUA: 1983, p.1429).

Actividades suplementarias

Recuerden la gracia

Pida que comenten brevemente el momento que consideren más importante en sus vidas, donde la gracia de Dios se haya manifestado.

Luego dígales que hagan dos dibujos: Uno que proyecte lo que eran antes, y otro que proyecte lo que son ahora por la gracia de Dios y compartan sus dibujos con la clase y lo expliquen.

Termine con una oración de agradecimiento por la gracia de Dios en sus vidas, e invítelos a hacer un compromiso para vivir y compartir esa gracia con todas las personas que la necesitan.

El regalo de Dios

Hoja de actividad

Versículo para memorizar: "Pero en ti hay perdón, para que seas reverenciado" Salmo 130:4.

I. La gracia divina

¿Cómo definiríamos la gracia según (1 Pedro 5:10; Hechos 14:26, 20:24; 2 Corintios 8:1; Colosenses 1:6; 2 Tesalonicenses 1:12; Tito 2:11)? _____

_____

¿Cómo se manifiesta la gracia en nosotros según Efesios 2:8-9? _____

_____

II. Historias actuales de la gracia divina

¿Qué le impresionó de las historias de Manuel y Pamela? _____

_____

¿Cómo compara estas historias con la respuesta que Dios le dio al apóstol Pablo? (2 Corintios 12:7-9). ____

_____

¿Cómo definiría la gracia preveniente? ¿Cómo obró en Cornelio?(Juan 6:44 Hechos 11:18). _____

_____

III. Somos instrumentos de la gracia divina

¿Cómo podemos manifestar la gracia de Dios a otros?_____

_____

Conclusión

Seamos agradecidos con Dios, quien por su gracia nos buscó y nos salvó. Pero también ayudemos a que otros puedan ser bendecidos con la salvación por medio de la gracia de Dios.

Palabras que afirman

Flavia de Ventura (Argentina)

Versículo para memorizar: "Y los veinticuatro ancianos y los cuatro seres vivientes se postraron en tierra y adoraron a Dios, que estaba sentado en el trono, y decían: ¡Amén! ¡Aleluya!" Apocalipsis 19:4.

Propósito de la lección: Que el alumno comprenda el significado de los términos "Aleluya y Amén" a la luz de la Biblia.

Introducción

Aunque utilizamos la exclamación ¡Aleluya! en canciones y solemos afirmar verdades con un fuerte¡Amén!, necesitamos conocer a fondo el significado y aplicación de estas palabras a la luz de la Palabra de Dios, y así recobrarán un sentido profundo y aun nuestra alabanza y oración tendrán mayor entendimiento: "¿Qué, pues? Oraré con el espíritu, pero oraré también con el entendimiento; cantaré con el espíritu, pero cantaré también con el entendimiento" (1 Corintios 14:15).

Las palabras que veremos en esta lección están dentro del marco cristiano y de nuestra relación y comunicación con Dios. Las usamos en nuestra adoración personal y congregacional.

I. Significado y uso de la palabra Aleluya

La palabra ALELUYA es una exclamación de la liturgia hebrea, que aparece en los salmos y equivale a "Alabado sea el Señor".

A. Un pueblo agradecido que alaba, ¡ALELUYA!

Parte importante de nuestra alabanza es el agradecimiento. En el transcurso de nuestras vidas hemos experimentado situaciones diversas, buenas y no tan buenas y si usamos como parámetro el Salmo 105, veremos cómo Dios puede guiar las experiencias de vida en nuestro favor, ¿Cómo?

Analicemos los versículos 7 al 24, aquí se resumen momentos tormentosos e inciertos para el pueblo de Dios y sus patriarcas, pero los mismos sirvieron de fortaleza y resultaron instrumentos para ver las maravillas de Dios. Vemos que a través de todas las experiencias difíciles que le tocó vivir a José, (quien podría haber estado resentido por todo lo sucedido, pero no lo estuvo) Dios salvó a su pueblo del hambre: "Vinieron también sus hermanos y se postraron delante de él, y dijeron:

Henos aquí por siervos tuyos. Y les respondió José: No temáis; ¿acaso estoy yo en lugar de Dios? Vosotros pensasteis mal contra mí, mas Dios lo encaminó a bien, para hacer lo que vemos hoy, para mantener en vida a mucho pueblo. Ahora, pues, no tengáis miedo; yo os sustentaré a vosotros y a vuestros hijos. Así los consoló, y les habló al corazón" (Génesis 50:18-21).

Siendo agradecidos, podemos tener ojos espirituales, que nos permitan ver la intervención Divina aun en los momentos más difíciles. Pregunte: ¿Han vivido alguna experiencia semejante donde las cosas difíciles resultaron finalmente para bien?

El Salmo 105:45, concluye explicando que para los hijos de Dios, todo tiene un propósito, en este caso, Dios quería que la experiencia pasada los llevase más cerca de Él y su Palabra, "guardar sus estatutos" es precisamente conocer y obedecer sus mandatos. Termina el Salmo exclamando ¡ALELUYA!, de esa manera el salmista alaba el nombre de Dios por todo lo sucedido.

Si somos obedientes, toda nuestra vida será una alabanza viva, no sólo cuando cantamos u oramos. Alabamos a Dios mediante la obediencia radical, reconociendo que Él es el dueño y Señor de nuestras vidas.

B. Un pueblo redimido alaba, ¡Aleluya!

En Apocalipsis 19:1-6 se lee de un clamor en el cielo, en jubilosa alabanza por la introducción del reino de Dios. En este caso representa un himno donde la multitud celestial alaba a Dios por su juicio justo, y por su reinado eterno; está lleno de celebración y ruido de muchedumbre, "Después de esto oí una gran voz de gran multitud en el cielo, que decía: ¡Aleluya! Salvación y honra y gloria y poder son del Señor Dios nuestro…" (v.1).

En medio de esta celebración narrada en Apocalipsis 19:1-8 aparece cuatro veces la palabra Aleluya, exaltando a Dios.

Este reencuentro glorioso de la iglesia con Cristo, es anunciado como "...las bodas del Cordero...". En esa celebración la iglesia purificada por la sangre del Cordero, vestida de lino fino (santidad) se habrá preparado para esta unión eterna con Cristo, "Gocémonos y alegrémonos y démosle gloria; porque han llegado las bodas del Cordero, y su esposa se ha preparado.

Y a ella se le ha concedido que se vista de lino fino, limpio y resplandeciente; porque el lino fino es las acciones justas de los santos"(v.7-8).

En los versículos 6 al 8, ilustra lo que será estar en la presencia de Dios y la alabanza celestial: Ruidos, truenos, música, gozo, alegría, multitud… ¿Estás preparado?

II. Significado y uso de ¡AMÉN!

La palabra "Amén" viene del hebreo "amén", indica una intensa afirmación o acuerdo.

A. La Palabra de Dios confirmada, ¡Amén!

Dios quiere establecer con sus hijos una relación significativa, la cual conlleva pacto (unión de común acuerdo y aceptación de sus leyes).

En el pasaje de Deuteronomio 27:14-26, el pueblo de Dios estaba por entrar a la tierra prometida, Dios los detuvo para volver a recordarles las leyes que habían sido instituidas por Él y los exhortó a la más completa obediencia.

Dios acordó las leyes con su pueblo a través de su siervo Moisés, indicando al pueblo que debía sellar la aceptación de sus leyes diciendo "Amén" (vv.15-26).

Cuando Dios habla nada puede seguir de la misma forma, o aceptamos su Palabra o la rechazamos, pero siempre habrá una actitud de nuestra parte, y a raíz de nuestra respuesta somos parte de un pacto, el cual marcará nuestro presente y futuro. Ya sea promesa de bendición hacia la obediencia o de maldición hacia la desobediencia. Siempre tenemos la oportunidad de decidir y Dios nos advierte sobre los resultados porque nos ama y quiere librarnos del mal.

Cada vez que decimos "Amén", estamos ratificando un pacto de unión donde nos comprometemos a cumplir nuestra parte (esto es obediencia), y la obediencia trae fruto de bendición otorgado por Dios, quien es fiel a su Palabra. La pregunta es: ¿Qué tan fiel es usted al decir "Amén" a la palabra que Dios le ha dado?

Al responder "Amén" a Dios nos hacemos responsables absolutos de nuestro compromiso. En el libro de Jeremías 11:3-5, Dios habló al profeta recordando que su pacto no tenía fecha de vencimiento, es decir, de generación en generación, su Palabra no cambia y ante este recordatorio el profeta lo confirmó con un Amén, "para que confirme el juramento que hice a vuestros padres, que les daría la tierra que fluye leche y miel, como en este día. Y respondí y dije: Amén, oh Jehová" (v.5).

B. La gloria sea para Dios, ¡Amén!

"Amén" aparece aseverando la grandeza y gloria divina. Romanos 1:25 nos confronta al resultado de haber roto el pacto de obediencia a Dios, donde se cambió la gloria e imagen de Dios por la imagen humana y termina aseverando con un Amén "...ya que cambiaron la verdad de Dios por la mentira, honrando y dando culto a las criaturas antes que al Creador, el cual es bendito por los siglos. Amén".

Dios no cambia, es el ser humano quien rompe el pacto siendo infiel a Dios.

¡Amén! Afirma la grandeza de Dios, y su bendición sobre nosotros. En Dios no hay mentiras, ni cambio, y el ser adoradores nos lleva a afirmar poderosamente quién es Dios, sus atributos y cómo opera en nuestras vidas.

En 1 Pedro 5:10-11 leemos "...el Dios de toda gracia que nos llamó...", nos guardará en la aflicción, pues a Él le pertenece "...la gloria y el imperio...". Esto será por toda la eternidad lo que es confirmado al final del versículo con un "Amén", "Así sea; que sea de ese modo; así será" (Comentario de la Santa Biblia por Adam Clarke. CNP, EUA: 1976, p.657)

III. ¡ALELUYA! ¡AMÉN! Su uso en la iglesia de hoy

A. Las canciones

Una de las prácticas más antiguas del pueblo de Dios era expresar musicalmente la adoración y la alabanza. Actualmente en nuestras iglesias, se desarrollan cultos de adoración a Dios, los cuales tienen un contenido musical importante. En ocasiones nos concentramos tanto en el nivel musical que olvidamos el contenido de lo que cantamos. De hecho, utilizamos palabras que carecen de significado y expresiones que no transmiten lo que Dios está esperando.

¡Aleluya! afirma nuestra intención de exaltación a Dios, realza su grandeza y anima a otros a alabar. Alabar a Dios implica nuestro agradecimiento por sus beneficios "Bendice, alma mía, a Jehová, Y bendiga todo mi ser su santo nombre. Bendice, alma mía, a Jehová, Y no olvides ninguno de sus beneficios" (Salmo 103:1-2).

La palabra Amén, cuando cantamos tiene un sentido amplio, ya que podemos asentir de esta manera que lo que estamos cantando, es verdad en nuestras vidas.

Jesús le enseñó a la mujer samaritana que los adoradores que Dios busca deben serlo en espíritu: "Mas la hora viene, y ahora es cuando los verdaderos adoradores adorarán al Padre en espíritu y en verdad; porque también el Padre tales adoradores busca que le adoren. Dios es Espíritu; y los que le adoran, en espíritu y en verdad es necesario que adoren" (Juan 4:23-24). La adoración que Dios quiere es la que está en sintonía con el Espíritu de Dios, la cual nace del corazón. Y en verdad cuando afirmamos con nuestras vidas lo que cantamos, esto sería un ¡Amén!

B. Las oraciones

Es sabido que se nos enseña un modo formal de oración, el cual va cambiando a medida que nuestra relación con Dios crece, y aplicamos nuestra personalidad y sentimientos al hablar con Dios. Lo que generalmente no cambia, es el cerrar la oración diciendo ¡Amén! Es evidente que nunca nos negaríamos a nosotros mismos, expresando incredulidad a nuestras palabras, no decir amén, sería igual que decir, "Señor, yo sé que no puedes hacer lo que te pido" o tal vez "Señor, no creas lo que te dije anteriormente". Claro que nunca cerraríamos así una oración.

Es bueno considerar que en nuestra oración, un ingrediente esencial es "Aleluya" (alabando a Dios) y por supuesto "Amén" (reafirmando lo que hemos dicho). Oremos poderosamente afirmando lo creemos.

Existen varias referencias bíblicas, que expresan los términos estudiados en esta lección. No desechemos estas palabras tan importantes en nuestra comunicación con Dios, tampoco perdamos la reverencia que ellas merecen, sino que sean un ingrediente y contenido diario en nuestro hablar.

Conclusión

Es interesante reflexionar sobre la necesidad de no tener un "vocabulario espiritual" y un "vocabulario secular". Alabemos a Dios en todo momento ¡ALELUYA! Y afirmemos su palabra con nuestro testimonio ¡AMÉN!

Recursos

Información complementaria

Aleluya. "Esta es una palabra muy frecuente en el vocabulario religioso. Es interesante, por lo tanto, señalar que las únicas cuatro veces que aparece en las Escrituras están en este capítulo 19 de Apocalipsis. La palabra Aleluya significa literalmente, "alabad a Dios". Deriva de dos palabras hebreas, jalal, que significa "alabar", y "Yah", que es el nombre de Dios. Aunque aparece aquí solamente en su forma original, la tenemos en otros lugares de la Biblia en diversas traducciones. La serie de los salmos que va entre el 113 y el 118 se llamaba Jalel, que significa "la alabanza", y eran parte de la educación escolar primaria de todo niño hebreo" (El Nuevo Testamento. Apocalipsis. Volumen 16. William Barclay. La Aurora, Argentina: 1975, p.418).

Amén. "En el A.T. se emplea como fórmula responsoria, afirmando la validez de un juramento o maldición cuyas consecuencias se aceptan (Números 5:22); como aceptación de un anuncio o profecía favorable (1 Reyes 1:36); y al término de una doxología o bendición (Salmo 41:13)... En el N.T. los evangelistas atribuyen a Jesús la expresión "amén, amén os digo" (Juan 1:51, que ahora se traduce como "de cierto, de cierto..." y se le llama "Amén" (a Jesús)" (Diccionario Ilustrado de la Biblia. Caribe, EUA: 1974, p.26).

Definición de términos

Amén: "Palabra hebrea que pasó sin modificación al griego y al latín, y que significa "así sea" o "efectivamente"

Actividad suplementaria
Analizando un canto

Al comienzo, invite al grupo a cantar juntos algún canto seleccionado de antemano que contenga las palabras "aleluya" y "amén". Luego genere preguntas que ayuden al análisis del mismo. Por ejemplo:

1. ¿A quién esta dirigido este canto que cantamos?
2. ¿Cuál es el mensaje central?
3. ¿Qué palabras se repiten?
4. ¿Pensarías cambiarlas por alguna otra expresión, más clara? ¿Por qué?
10. ¿En qué otros contextos utilizas estos términos?

Rompecabezas

Materiales: Dos sobres con letras recortadas. En un sobre coloque las letras que formen la palabra A – M – É – N y en el otro sobre las letras que formen la palabra A – L – E – L – U – Y – A. Dos hojas lisas, dos pegamentos de papel y dos lápices.

Objetivo: Que comiencen a hablar de estas palabras que estudiarán en esta clase y hacer un poco más divertida la introducción.

Tiempo: 7 minutos.

Desarrollo: Separe el grupo en dos y entregue a cada grupo un sobre con las letras recortadas, a su vez entregue a cada grupo una hoja lisa y el lápiz. Pida a cada grupo que descubra la palabra que se forma con las letras que están en el sobre y las peguen en la hoja y escriban una definición de la misma. Al terminar, cada grupo dará una breve explicación de la definición dada.

Palabras que afirman

Hoja de actividad

Versículo para memorizar: "Y los veinticuatro ancianos y los cuatro seres vivientes se postraron en tierra y adoraron a Dios, que estaba sentado en el trono, y decían: ¡Amén! ¡Aleluya!" Apocalipsis 19:4.

I. Significado y uso de la palabra Aleluya

¿Cómo le sirvieron las experiencias difíciles al pueblo judío según el Salmo 105:7-24? _____

_____

¿Cuál es la situación que describe Apocalipsis 19:1-6 en la que el término "aleluya" se encuentra cuatro veces? _____

_____

II. Significado y uso de ¡AMÉN!

¿Por qué debía el pueblo responder "amén" al recordatorio de las leyes en Deuteronomio 27:15-26? _____

_____

¿Qué otro uso de la palabra encontramos en 1 Pedro 5:11? _____

_____

III. ¡ALELUYA! ¡AMÉN! Su uso en la iglesia de hoy

¿Qué deberíamos tomar en cuenta al alabar a Dios hoy con los cantos, según el Salmo 103:1-2? _____

_____

¿Qué queremos decir cuando terminamos nuestras oraciones con la palabra "Amén"? _____

_____

Conclusión

Es interesante reflexionar sobre la necesidad de no tener un "vocabulario espiritual" y un "vocabulario secular". Alabemos a Dios en todo momento ¡ALELUYA! Y afirmemos su palabra con nuestro testimonio ¡AMÉN!

Dios de pactos

Tabita González y David González (Argentina)

> **Versículo para memorizar:** "Pero este es el pacto que haré con la casa de Israel después de aquellos días, dice Jehová: Daré mi ley en su mente, y la escribiré en su corazón; y yo seré a ellos por Dios, y ellos me serán por pueblo" Jeremías 31:33.
> **Propósito de la lección:** Que el alumno comprenda el significado del término pacto y la importancia de éste en su relación con Dios.

Introducción

La palabra pacto es un término que nos suena un tanto fuerte y formal y normalmente no la usamos de manera cotidiana. Generalmente la escuchamos cuando se usa en referencia a los acuerdos que firma una nación con otra nación o gobernantes con otros líderes de similar importancia. En otros casos la hemos escuchado de una manera negativa y oscura, por ejemplo cuando se habla de gente que hizo un pacto con el propio diablo. Sea cual sea el contexto usado, no pensamos en pacto como algo que forma parte de nuestra vida diaria.

Pero si analizamos el significado de esta palabra, también conocida como alianza o acuerdo, percibiremos que en realidad en nuestro día a día, nosotros mismos establecemos o vivimos de acuerdo a pactos a los cuales estamos vinculados.

Pacto es un convenio entre dos o más personas que requiere una reciprocidad de beneficios y obligaciones y que normalmente su rompimiento genera consecuencias. Más frecuentemente de lo que pensamos o estamos conscientes, establecemos pactos con la gente que nos rodea.

De entre todos los pactos que conocemos, quizá algunos de los ejemplos más claros son los pactos que hacemos al entrar a un trabajo, los pactos de ciudadanía a través del los cuales tenemos la obligación de obedecer las leyes del país, también establecemos pactos entre nuestros amigos, con centros educativos, etc. Pregunte a los alumnos, sobre los tipos de pactos que ellos reconocen tener en sus vidas (como alumnos, con la compañía donde trabajan, como miembros de una iglesia, entre amigos, etc.).

I. Dios estableció pactos con el ser humano

A través de la historia vemos que Dios estableció pactos que siempre buscaron el bien de la humanidad y que implicaron una relación personal con Él. Una relación de obediencia y bendición.

Lea Jeremías 31:31-33. Después, hable con los alumnos acerca de las frases o ideas que les llamen la atención sobre el texto leído. Escriba en el pizarrón lo que los alumnos digan para usarlo como referencia durante la lección. El texto leído para esta clase habla de un pacto nuevo que Dios habría de establecer con el ser humano. Para entender este nuevo pacto tenemos que mirar un poco hacia atrás.

A Inicio del pacto

Desde el Génesis, en el inicio de la historia de la humanidad, Dios estableció pactos con el ser humano. Teniendo a Adán como representante de toda la humanidad, Dios comenzó estableciendo un pacto de obediencia y recompensa de vida "…mas del árbol de la ciencia del bien y del mal no comerás; porque el día que de él comieres, ciertamente morirás" (Génesis 2:17), pero ese pacto fue roto y la muerte llegó al corazón y a la vida del ser humano.

Como podemos ver, no fue Dios quien rompió el pacto, sino el ser humano. Sin embargo, y a pesar de la decisión tomada por Adán y Eva "La mujer vio que el fruto del árbol era hermoso, y le dieron ganas de comerlo y de llegar a tener entendimiento. Así que cortó uno de los frutos y se lo comió. Luego le dio a su esposo, y él también comió" (Génesis 3:6 DHH), Dios continuó firme en su compromiso de bendecir a la humanidad, por tal razón proveyó maneras para restablecer la relación rota "Entonces Dios el Señor dijo a la serpiente: —Por esto que has hecho, maldita serás entre todos los demás animales. De hoy en adelante caminarás arrastrándote y comerás tierra. Haré que tú y la mujer sean enemigas, lo mismo que tu descendencia y su descendencia. Su descendencia te aplastará la cabeza, y tú le morderás el talón" (Génesis 3:15 DHH).

B. Pacto con Noé

Un poco más adelante en el libro de Génesis, vemos que Dios estableció un pacto con Noé: "Mas estableceré mi pacto contigo, y entrarás en el arca tú, tus hijos, tu mujer, y las mujeres de tus hijos contigo" (Génesis 6:18). Por medio de este pacto Noé y su familia se salvarían y de esta manera preservarían el género humano.

Al igual que en el primer pacto, la fe y la obediencia eran claves, y Noé tendría que mantener su fe en Dios para que las promesas se cumplieran. Al concluir el tiempo de lluvia, Noé, su familia y los animales pudieron salir. Allí Dios hizo otro pacto con Noé y lo selló con una señal visible llamada arco iris. Dios prometió no volver a destruir a los seres vivos a través de un diluvio "Estableceré mi pacto con vosotros, y no exterminaré ya más toda carne con aguas de diluvio, ni habrá más diluvio para destruir la tierra" (Génesis 9:11).

C. Pacto con Abraham

Más adelante en la historia, Dios estableció un pacto con Abraham. En este pacto, donde la fe y la obediencia eran también claves, Dios prometió a Abraham una descendencia, la posesión de una tierra y la reconciliación del ser humano con Dios. La señal de este pacto fue la circuncisión "Este es mi pacto, que guardaréis entre mí y vosotros y tu descendencia después de ti: Será circuncidado todo varón de entre vosotros" (Génesis 17:10).

Muchos años después, Dios confirmó este pacto con la nación de Israel, liberándola de Egipto a través de Moisés (Éxodo 12) y entregó al pueblo las tablas de ley (Éxodo 20). Por primera vez el ser humano tendría un pacto escrito por el mismo Dios.

El mismo pacto siguió en progresión, y fue renovado con David, quien recibió la promesa que de su descendencia nacería el Salvador prometido a Israel y de la humanidad entera.

II. Pasando a un nuevo pacto

Es interesante, y a veces frustrante, ver que este pacto original, y la progresión de pactos que le siguieron, se vieron interrumpidos una y otra vez. Esto nos hace comprender que Dios no nos obliga, sino que desea el común acuerdo de las personas involucradas.

Lamentablemente, una vez que el primer pacto fue quebrantado, la naturaleza pecaminosa del ser humano lo llevó a quebrantar pacto tras pacto. Pero la gracia de Dios y su amor por la humanidad hizo posible la realización de un nuevo y mejor pacto, un pacto de redención el cual nada podría romper y que estaría sellado en el corazón de las personas, Hebreos 8:8-13.

Sin embargo, era necesario preparar al ser humano, y es por eso que Dios escogió un pueblo, y estableció una progresión de pactos. Estos pactos tenían el propósito de reconciliar al ser humano con Dios.

En este nuevo pacto sería necesaria una acción interna para que el ser humano pudiera cambiar su conducta.

Una de las características del antiguo pacto era un sistema interminable de sacrificios y ofrendas para que el ser humano se reconciliara con Dios. Pero en el nuevo pacto no dependería de la repetición de sacrificios; el nuevo pacto ofrecería el perdón completo basado en el sacrificio único de Jesucristo. El mismo Hijo de Dios, el Mesías prometido, anunciado por los profetas, haría posible que tuviéramos comunión con el Padre, sin mediadores, ni la necesidad de sacrificios continuos de animales "Porque hay un solo Dios, y un solo mediador entre Dios y los hombres, Jesucristo hombre" (1 Timoteo 2:5).

III. El nuevo pacto

Al estudiar cada uno de los pactos que Dios ha hecho con el ser humano, encontramos un elemento común: el amor de Dios.

Dios nos ama y el propósito de sus pactos es permitir que nos relacionemos con Él, como sus hijos, "Mirad cuál amor nos ha dado el Padre, para que seamos llamados hijos de Dios; por esto el mundo no nos conoce, porque no le conoció a él" 1 Juan 3:1.

A. Pacto sin sacrificio de animales

En el nuevo pacto ya no es necesario derramar sangre de animales para perdón de pecados porque Cristo el cordero perfecto derramó su sangre de una vez y para siempre, "Porque si la sangre de los toros y de los machos cabríos, y las cenizas de la becerra rociadas a los inmundos, santifican para la purificación de la carne, ¿cuánto más la sangre de Cristo, el cual mediante el Espíritu eterno se ofreció a sí mismo sin mancha a Dios, limpiará vuestras conciencias de obras muertas para que sirváis al Dios vivo?" Hebreos 9:13-14.

Por medio del nuevo pacto Dios libró al ser humano de pecado. El nuevo pacto deja por fuera el viejo pacto, Hebreos 8:10-13.

Dios sella su promesa de salvación y vida eterna, dando el Espíritu Santo, para que more en nuestros corazones, nos guíe a toda verdad y trabaje en nuestras vidas para que lleguemos a ser a la imagen de Cristo Jesús.

B. Pacto con quienes lo acepten

Él desea hacer un pacto con cada persona que reconozca que es un pecador y se arrepienta de sus pecados. El nuevo pacto basado en el derramamiento de la sangre de Jesucristo nos ofrece:

- El perdón completo de pecados, Hechos 5:30-31.
- Reconciliación con el Padre, 2 Corintios 5:18-19.
- Una relación personal con Dios, Efesios 2:13-18.
- Herederos de la promesa de vida eterna, Juan 3:16.
- Ser hechos hijos de Dios, Juan 1:12.

Permitamos que Dios obre en nuestro corazón como Él quiera, amémoslo con todo nuestro ser y seamos obedientes a las normas que nos ayudan a mantener una relación fresca y dinámica con Él. ¿La recompensa? ¡Vida eterna con Dios! Pregunte: ¿Es parte del pacto? ¿Qué se lo impide?

Conclusión

A lo largo de la historia, Dios ha establecido pactos con el ser humano. Estos pactos siempre buscan el bien de la humanidad y ofrecen una relación personal con Él. Una relación de obediencia y bendición. Esto nos muestra que nuestro Dios de pactos es, ¡un Dios de amor!

Recursos

Información complementaria

"La exposición del pacto es la columna vertebral de los escritos de Pablo, aunque la palabra pacto no la usa a menudo. Su interés enfoca "dos pactos" (Gálatas 4:24), el mosaico y el cristiano; uno provee justificación por la ley, y el otro justificación por la fe. La exposición del contraste de estos dos sistemas mayores por parte de Pablo, se encuentran principalmente en Romanos y en Gálatas, aunque los temas fundamentales de su enseñanza del pacto fluyen por todas sus epístolas... El antiguo pacto, primeramente era corporal, luego, individual como un reflejo de su inclusividad corporal. O sea que un israelita nacía en el pacto e involuntariamente recibía su marca, la circuncisión. El no escogía participar en el pacto, aunque podía ser "cortado" del pueblo de Israel al afrentar deliberadamente a la comunidad. En el nuevo pacto, nadie nace siendo parte del pacto por causa física ni racial. El acceso se adquiere al nacer de nuevo, y la participación es primeramente personal y voluntaria" (Diccionario Teológico Beacon. CNP, EUA: 1995, p.468).

"Arqueólogos descubrieron tratados... fechados aproximadamente en el año 2500 a. d. J.C.... eran acuerdos de paridad entre estados de más o menos igual potencia, así como tratados impuestos por un gobernante victorioso sobre su enemigo derrotado."
(Law and Covenant in Israel and the Ancient Near East. G. E. Mendenhall. Pittsburgh, 1955, p.34).

Definición de términos

Pacto: "Convenio que expresa la relación especial de Jehová con su pueblo y resume la forma y estructura de la religión bíblica en ambos testamentos. La palabra hebrea (berit) ocurre 285 veces en el A.T. y la palabra griega (diatheke) 33 veces en el N.T., ambas se traducen pacto" (Diccionario Ilustrado de la Biblia. Caribe, EUA: 1982, p.478).

Nuevo pacto: (Jeremías 31:31-33) "La religión ya no será meramente externa; la interioridad será la nota dominante en el futuro... la relación del hombre con Dios será íntima personal" (Comentario Bíblico Beacon. CNP, EUA: 1991, p.434).

Actividad suplementaria

Antes de iniciar la clase divida la misma en pequeños grupos y entregue a cada grupo dos o tres citas para que lean los pasajes y encuentren quienes fueron los que hicieron pacto con Dios y en qué consistían los mismo. (Aquí tiene un cuadro con las respuestas correctas).

Cita Bíblica	Socio	Pacto
Génesis 2:15-17	Adán	Amistad con Dios.
		Disfrute de la creación.
		Obediencia al mandato de Dios.
Génesis 8:20-22	Noé	Dios no destruiría al ser humano con otro diluvio.
		Un arco iris por señal.
Génesis 12:1-3	Abraham	Una gran descendencia.
		Bendición a todas las familias de la tierra.
		Fe y obediencia a Dios.
Génesis 26:1-5	Isaac	Dios confirmó el pacto que hizo con Abraham.
Éxodo 19:3-6	Moisés	Serían propiedad exclusiva de Dios.
		Tendrían libertad.
		Una tierra para vivir.
		Obediencia.
1 Samuel 1:9-11	Ana	Un hijo.
		Samuel, el niño, sería consagrado a Dios.
Juan 3:16	Todo el que desee	Todo el que cree que Jesús es el Hijo de Dios.
		Recibe perdón de pecados.
		Puede tener una relación con Dios.
		Vida eterna.
		Obediencia.

Dios de pactos

Hoja de actividad

Versículo para memorizar: "Pero este es el pacto que haré con la casa de Israel después de aquellos días, dice Jehová: Daré mi ley en su mente, y la escribiré en su corazón; y yo seré a ellos por Dios, y ellos me serán por pueblo" Jeremías 31:33.

I. Dios estableció pactos con el ser humano

¿Qué buscaba Dios a través de los pactos? _____

_____

¿En qué sentido era diferente de lo anterior el pacto de Jeremías 31:31-33? _____

_____

_____

II. Pasando a un nuevo pacto

¿Qué nos hace comprender el hecho de que los pactos del pasado fueran quebrantados una y otra vez? ___

_____

¿Qué se quería lograr con el antiguo pacto de sacrificios y ofrendas? _____

_____

III. El nuevo pacto

¿Cuál es el elemento común en todos los pactos entre Dios y el ser humano? _____

_____

¿Qué nos dice Hebreos 9:13-14 en cuanto al pacto? _____

_____

¿Qué sucede en el nuevo pacto? (Hebreos 8:10-13). _____

_____

Conclusión

A lo largo de la historia, Dios ha establecido pactos con el ser humano. Estos pactos siempre buscan el bien de la humanidad y ofrecen una relación personal con Él. Una relación de obediencia y bendición. Esto nos muestra que nuestro Dios de pactos es, ¡un Dios de amor!

¡Dios te bendiga!

Flavia de Ventura (Argentina)

Versículo para memorizar: "Y haré de ti una nación grande, y te bendeciré, y engrandeceré tu nombre, y serás bendición" Génesis 12:2.

Propósito de la lección: Que el alumno comprenda el significado del término bendición a la luz de la Biblia.

La palabra bendición aparece en la Biblia desde el inicio en forma de acción de parte de Dios, con la cual sella su creación en forma especial. Si vemos Génesis 1:22,28 y 2:3, podemos encontrar que Dios bendijo a los seres vivientes y también bendijo el día que destinó para el descanso.

En todos los casos partimos de que es Dios quien otorga bendición (o gracia especial) a otros y de este modo la persona se ve afectada positivamente como resultado de esta acción divina. Cuando algo o alguien es bendecido por Dios, tiene la posibilidad de bendecir a otros, en definitiva somos "bendecidos para bendecir"

I. Bendición en el Antiguo Testamento

En todos los casos Dios se muestra como un Dios justo, que desea bienestar para su creación y que está dispuesto a retribuir con bendición a la humanidad. Proverbios dice que la bendición que viene de Dios "es riqueza que viene libre de preocupaciones", (Proverbios 10:22, TLA).

A. Un pueblo bendecido

Génesis 12, relata el inicio de un pueblo que Dios formó comenzando con un hombre llamado Abram, hijo de Taré, quien vivía en Ur de los Caldeos, un lugar dado a la idolatría. Él dijo a todo el pueblo: "—Esto dice el Señor y Dios de Israel: 'Antiguamente, Térah y sus hijos Abraham y Nahor, antepasados de ustedes, vivían a orillas del río Éufrates y adoraban a otros dioses. De las orillas del Éufrates tomé a Abraham, y lo hice andar por toda la región de Canaán. Lo hice crecer en número, dándole primero a su hijo Isaac,' (Josué 24:2-3 DHH). En ese contexto, Dios llamó a Abram con un propósito definido, formar a través de él una gran nación, un pueblo escogido por Dios. El denominado "pueblo de Dios".

- Génesis 12:1: "Pero Jehová había dicho a Abram: Vete de tu tierra y de tu parentela, y de la casa de tu padre, a la tierra que te mostraré", Dios envió a Abram a otras tierras para probar su obediencia y apartarlo de la idolatría.
- Génesis 12:3a: "Bendeciré a los que te bendijeren, y a los que te maldijeren maldeciré". Dios le dio promesa a Abram de darle bendición y una familia grande. Esta fue como una gracia especial, un favor próspero, una promesa de protección y asistencia permanente en respuesta de su fe.
- Génesis 12:2b: "...serás bendición." En esta bendición, Dios prometió que Abram sería de bendición a otros.
- Génesis 12:3: "Bendeciré a los que te bendijeren, y a los que te maldijeren maldeciré; y serán benditas en ti todas las familias de la tierra." La bendición de Dios prometía extenderse por generaciones.

B. Una bendición prometida

Con el paso de los años, la promesa de una gran familia para Abraham se cumplió y ésta llegó a ser el pueblo de Israel.

Después del paso de muchas generaciones, pasando por etapas diversas como la esclavitud, la peregrinación por el desierto y la llegada a la tierra prometida, el pueblo de Dios conoció la importancia de la obediencia. Dios fue claro con ellos y les dio leyes rigurosas (los Diez Mandamientos) para que se apartaran del mal y fueran bendecidos.

La bendición de Dios no había cambiado, Dios seguía siendo el mismo, pero el pueblo no seguía siendo como Abraham, obediente y con fe en Él.

Deuteronomio 28:1-14 presenta una lista que Dios le dio a su pueblo, renovando su promesa de bendición si eran obedientes. Para esto el pueblo debía (vv.1,9,13):

- Conocer la Palabra de Dios.
- Obedecer la Palabra de Dios.
- No tener dioses ajenos (idolatría)

Dios iba a bendecirlos (vv.1-14):

- Como nación y ciudad v.1,3.
- A su descendencia y economía general vv.4,5,8,11, 12.
- En sus actividades diarias, v.6.
- Librándolos de quienes quisieran hacerles mal, v.7.
- Haciendo que los demás pueblos los respetaran, v.10.
- Dándoles autoridad espiritual, v.13.

En estos versículos están representadas todas las áreas de nuestras vidas. Pregunte: ¿Puede ver en su propia vida que Dios lo bendice? ¿En qué áreas? ¿Siente que no está disfrutando de estas bendiciones? ¿Qué cree que puede hacer?

C. Bendición versus maldición

Si nos quedamos con la bendición divina nos sentimos tan a gusto que nos olvidamos que también hay consecuencias para la desobediencia. Maldición es una palabra que no nos gusta, pero siguiendo el relato de Deuteronomio 28:15 encontramos la justicia de Dios actuando también sobre el pecado "Pero acontecerá, si no oyeres la voz de Jehová tu Dios, para procurar cumplir todos sus mandamientos y sus estatutos que yo te intimo hoy, que vendrán sobre ti todas estas maldiciones, y te alcanzarán". El ser humano siempre reclama bendición, pero a veces olvida su parte en este acuerdo.

El Salmo 62:4 (TLA) demuestra cómo las pasiones humanas pueden llevarnos a perder la integridad de nuestro corazón: "Ustedes sólo piensan humillarme. Les encanta decir mentiras: de labios para afuera me expresan buenos deseos, pero en su pensamiento me desean las peores cosas".

Bendición puede ser una palabra más en nuestro vocabulario si no está acompañada de un corazón recto a los ojos de Dios. Una vez más Dios nos confronta con nosotros mismos. Bendición tiene un peso de gloria, siempre y cuando el Espíritu Santo more en nuestras vidas para ayudarnos a vivir de acuerdo a los mandatos de Dios.

II. Concepto de bendición en el Nuevo Testamento

El concepto de bendición es el mismo en todas las Escrituras, un Dios lleno de amor y misericordia que quiere favorecer a sus hijos, buscando afianzar la relación personal con éstos.

La desobediencia repetida del pueblo escogido, llevó

a que el mismo Dios tuviera que renovar el pacto con ellos. Pero ellos una y otra vez le fallaban quebrantando el pacto, pecando y alejándose de su camino.

Pregunte: ¿La bendición de Dios se terminó? ¡NO!, sino que llegó un tiempo nuevo de esperanza para todos, el cumplimiento de la promesa de salvación eterna.

A. La bendición se extiende

En Gálatas 3:13-14 (DHH) leemos que: Cristo nos rescató de la maldición de la ley haciéndose maldición por causa nuestra, porque la Escritura dice: "Maldito todo el que muere colgado de un madero. Esto sucedió para que la bendición que Dios prometió a Abraham alcance también, por medio de Cristo Jesús, a los no judíos; y para que por medio de la fe recibamos todos el Espíritu que Dios ha prometido". Este texto expresa que:

- Dios mediante su Hijo, quitó de nosotros la consecuencia del pecado "Porque la paga del pecado es muerte, mas la dádiva de Dios es vida eterna en Cristo Jesús Señor nuestro" Romanos 6:23.
- La prometida bendición de Dios sigue siendo eficaz y contextual. En Jesucristo la bendición dada a Abraham se extiende hasta nosotros "Ahora bien, a Abraham fueron hechas las promesas, y a su simiente. No dice: Y a las simientes, como si hablase de muchos, sino como de uno: Y a tu simiente, la cual es Cristo", Gálatas 3:16.
- La bendición de Dios se amplía y recrea en la persona del Espíritu Santo. Una promesa para quienes creen: "Porque la ley del Espíritu de vida en Cristo Jesús me ha librado de la ley del pecado y de la muerte" Romanos 8:2.

B. Una bendición espiritual

El apóstol Pablo enfatizó en Efesios 1:3 aspectos interesantes respecto a la bendición "Alabado sea el Dios y Padre de nuestro Señor Jesucristo, pues en Cristo nos ha bendecido en los cielos con toda clase de bendiciones espirituales" (DHH). En primer lugar bendice a Dios: "Bendito sea el Dios y Padre de nuestro Señor Jesucristo,..." "Bendito" traduce el término griego "eulogetos" que es una voz compuesta por "eu", que significa "bien", y "logetos", que significa "hablando". Literalmente la palabra griega lleva la idea de "hablar bien" o "elogiar"

Lo que el apóstol en efecto estaba diciendo es: "Elogiamos a Dios, decimos buenas palabras acerca de Él." Esencialmente sólo Dios es digno de ser bendecido porque Él es genuino y constante en carácter y en acción." (Comentario Bíblico BEACON. Tomo 9. CNP, EUA: 1992 p.154).

En segundo lugar nosotros recibimos bendición de Dios, "…que nos bendijo con toda bendición espiritual…" Dios siempre quiere bendecirnos, Él no quiere guardarse nada, él quiere darnos toda su bendición. Nosotros somos los que ponemos límite a las bendiciones espirituales de Dios para nuestras vidas, cuando no somos obedientes o nos mostramos faltos de fe auténtica para con Dios.

Él quiere bendecirnos con toda su bendición. No debemos limitarnos a cosas materiales, la bendición mayor dada por Dios es la salvación.

En tercer lugar, Pablo menciona que la bendición recibida de Dios emerge de los lugares celestiales. Sin duda nos eleva a otro nivel, un reino que se acerca a la humanidad mediante el mismo Jesucristo. Un lugar al que pertenecemos los que hemos sido salvos por la fe en Jesucristo.

III. Concepto de bendición hoy

"Dios te bendiga", ¿es una frase hecha que usamos al azar o una frase con peso de gloria? Es común hoy en día escuchar en diferentes ámbitos sociales la expresión "Dios te bendiga". Aunque antes se limitaba sólo a la comunidad de cristianos, pero hoy es de uso popular. Da la impresión de que quedamos bien con la persona al decirle así.

Pregunte: ¿Cree que es una frase para tomar a la ligera? Debemos recordar que no podemos dar algo que no tenemos. ¿Cuánta bendición espiritual hay en su vida? ¿El Señor le ha bendecido con toda su bendición espiritual?

Es tiempo de atrapar la bendición de Dios con fe y obediencia, es tiempo de bendecir a otros y compartir la gracia de Dios. Lo hacemos de palabra y lo hacemos de hecho. Somos bendecidos para bendecir como Abraham.

Debemos bendecir a Dios, es algo que Él espera. Elogiarlo, alabarlo, exaltar su nombre, llenarlo de honores. Un hijo que es obediente honra a sus padres quienes lo formaron. Bendecimos a Dios cuando damos testimonio de ser hijos suyos.

Bendecimos a Dios porque Él es digno. y le amamos Y por lo tanto, bendecimos a nuestros hermanos porque son su creación y Él nos manda amarlos y por ende a bendecirlos "Si alguno dice: Yo amo a Dios, y aborrece a su hermano, es mentiroso. Pues el que no ama a su hermano a quien ha visto, ¿cómo puede amar a Dios a quien no ha visto? Y nosotros tenemos este mandamiento de él: El que ama a Dios, ame también a su hermano", (1 Juan 4:20-21).

Conclusión

La bendición es algo que como cristianos podemos dar y recibir. En esta semana, tome el desafío de buscar formas prácticas y diarias de obtener la bendición de Dios y a su vez ser de bendición para otros.

Recursos

Información complementaria

"Una parte del Talmud consiste en bendiciones en forma de oraciones para ser usadas antes de las comidas o de la lectura de la ley. Esta práctica es un humilde reconocimiento de nuestra dependencia en la bondad de Dios para obtener fortaleza y alimento físico y espirituales (Diccionario Teológico Beacon. CNP, EUA: 1995, p.89).

Definición de términos

Bendición: "Invocación del apoyo activo de Dios para el bienestar y la prosperidad, o el recibimiento de estos bienes (Deuteronomio 28:8)" (Diccionario Ilustrado de la Biblia. Caribe, EUA: 1982, p.76).
Eucaristía: "El nombre de eucaristía que se le da a la Cena del Señor indica que el creyente acepta la más grande bendición que Dios ha dado a la humanidad, y la gratitud del creyente por esa bendición" (Diccionario Teológico Beacon. CNP, EUA: 1995, p.89).

Actividad suplementaria

Para comenzar la clase, incentive la conversación mediante las siguientes preguntas: ¿Es la palabra "bendición" un término familiar? ¿En qué momento la utilizamos? ¿Cómo podemos definir la acción de "bendecir"?

Luego de conversar sobre esto, separe al grupo en tres equipos (según la cantidad de alumnos que tenga puede hacer más o menos equipos). Pida que cada grupo elabore una definición de la palabra "bendición".

Al terminar copie o pegue las definiciones de cada equipo y aproveche esto como contenido inicial y plataforma para abordar el tema.

¡Dios te bendiga!

Hoja de actividad

Versículo para memorizar: "Y haré de ti una nación grande, y te bendeciré, y engrandeceré tu nombre, y serás bendición" Génesis 12:2.

I. Bendición en el Antiguo Testamento

¿Cómo se cumplió la promesa de Dios de bendecir a Abram? (Génesis 12:1-3)._____

_____

¿Cuál era la condición que el pueblo debía cumplir para recibir las bendiciones de Dios? (Deuteronomio 28:1-14). _____

_____

II. Concepto de bendición en el Nuevo Testamento

¿En qué sentido decimos que en el Nuevo Testamento la bendición de Dios se extiende?

Romanos 6:23 _____

_____

Gálatas 3:16 _____

_____

Romanos 8:2 _____

_____

¿Cuál es la bendición dada por Dios? (Efesios 1:3)._____

_____

III. Concepto de bendición hoy

¿Qué ha sucedido con la frase "Dios te bendiga" en el día de hoy?_____

_____

¿Qué debe entender alguien cuando le decimos "Dios te bendiga"?_____

_____

Conclusión

La bendición es algo que como cristianos podemos dar y recibir. En esta semana, tome el desafío de buscar formas prácticas y diarias de obtener la bendición de Dios y a su vez ser de bendición para otros.

Títulos eclesiales

Esdras Jiménez (Costa Rica)

Propósito de la lección: Que el alumno tenga en claro los títulos eclesiales a la luz de la Biblia.

Versículo para memorizar: "…y el que quiera ser el primero entre vosotros será vuestro siervo; como el Hijo del Hombre no vino para ser servido, sino para servir, y para dar su vida en rescate por muchos" Mateo 20:27-28.

Introducción

En tiras de papel escriba todos los sistemas anatómicos (sistema nervioso, sistema digestivo, sistema muscular, sistema circulatorio, etc.), ejemplo:

En el internet o en una enciclopedia puede encontrarlos resumidos.

Reparta a los alumnos una tira de papel o cartulina y dígales que lo peguen en la pizarra o pared por orden de prioridad en base a la afirmación "este sistema es el más importante…". Una vez colocados dirija una breve discusión preguntando si fueron pegados correctamente.

La respuesta correcta es que todos deben ser pegados en una línea de manera igualitaria o bien en un círculo. Ningún sistema es más importante que el otro, todos son igual de importantes, aunque todos tienen funciones diferentes y complementarias.

I. Títulos eclesiales en la Iglesia del Nazareno

La Iglesia del Nazareno al hablar del ministerio dice que "todos los creyentes deben considerarse ministros de Cristo" (Manual 2005-2009, párrafo 402), es decir todos los salvos por Cristo tenemos el ministerio de proclamar lo que Jesús hizo en nuestras vidas. Sin embargo la iglesia también reconoce que algunos son especialmente llamados por Dios para ejercer de manera oficial y pública el ministerio de la predicación. En base a la Escritura y a la experiencia vemos que Dios llama también a algunas personas al ministerio aunque no específicamente a predicar.

A. Dos órdenes ministeriales

Básicamente de estas dos afirmaciones derivan las dos órdenes ministeriales que la Iglesia del Nazareno maneja.

Presbítero: "Reconocemos sólo una orden del ministerio de predicación —la de presbítero. Ésta es una orden permanente en la iglesia. El presbítero debe gobernar bien la iglesia, predicar la Palabra, administrar los sacramentos del bautismo y de la Santa Cena, celebrar matrimonios, todo en el nombre de Jesucristo, la Cabeza de la iglesia, y sujeto a Él" (Manual 2005-2009, párrafo 429.1).

Diácono: "El diácono no da testimonio de un llamamiento específico a predicar. La iglesia reconoce, sobre la base de las Escrituras y la experiencia, que Dios llama a algunas personas a dedicar su vida al ministerio aun cuando no dan testimonio de haber recibido el llamamiento específico a predicar, y cree que personas llamadas a tales ministerios deben ser reconocidas y confirmadas por la iglesia, que deben llenar ciertos requisitos y que se les deben asignar responsabilidades establecidas por la iglesia. Esta es una orden permanente de ministerio" (Manual 2005-2009, párrafo 428.1).

B. Funciones ministeriales

Aparte de estas dos órdenes permanentes la iglesia reconoce el llamado de Dios a las siguientes funciones ministeriales: Ministro laico, cuerpo pastoral, administrador, capellán, diaconía, educador, evangelista, ministro de educación cristiana, ministro de música, misionero, pastor, evangelista de canto, servicios especiales. Como dice la Palabra: "De manera que, teniendo diferentes dones, según la gracia que nos es dada…" (Romanos 12:6) y "Cada uno según el don que ha recibido, minístrelo a los otros, como buenos administradores de la multiforme gracia de Dios" (1 Pedro 4:10).

II. Los títulos eclesiales actuales

En la actualidad existen títulos eclesiales como "apóstol", "profeta", "sacerdote" y "anciano". En algunos países inclusive se han destacado sólo a algunas personas con tales títulos que declaran tener autoridad sobre todos los demás. El problema radical de esto nace de transformar dichos títulos eclesiales en jerarquías mal entendidas. Básicamente es la idea que el mundo da del "éxito" o "la fama" del "líder", siendo este el ejercicio del poder para obtener lo más grande o mejor.

Como vemos, uno de los grandes problemas en el ser humano es el poder que viene de la jerarquía. Desde tiempos antiguos el hombre ha querido tener dominio o poder sobre todo (Génesis 11:1-4). Si regresamos a la Biblia esto viene de Dios quien nos dio la capacidad de ejercer poder desde el mismo momento de la creación "…y les dio su bendición: "Tengan muchos, muchos hijos; llenen el mundo y gobiérnenlo; dominen a los peces y a las aves, y a todos los animales que se arrastran" (Génesis 1:28 DHH).

En el texto referido una traducción más literal diría: "Hagamos al hombre (en singular)… y que dominen (plural)…" (Hombre y poder. Iglesia y ministerio. Abdón Santaner, Marie. Salamanca: 1984). Es decir realmente ejercemos poder cuando lo hacemos en comunidad, para un bien común. Muchas veces perdemos de vista esto y somos embriagados por el poder que podemos ejercer como individuos, sin embargo, el correcto significado del poder en el Reino es el que ejercemos como comunidad para un bien común.

En la iglesia no se debe ejercer el poder para un bien individual, sino para el bien de la comunidad, "No hagan nada por rivalidad o por orgullo, sino con humildad, y que cada uno considere a los demás como mejores que él mismo. Ninguno busque únicamente su propio bien, sino también el bien de los otros", (Filipenses 2:3-4 DHH) y debemos buscar siempre servir a los demás, "Pero entre ustedes no debe ser así. Al contrario, el que entre ustedes quiera ser grande, deberá servir a los demás; y el que entre ustedes quiera ser el primero, deberá ser su esclavo. Porque, del mismo modo, el Hijo del hombre no vino para que le sirvan, sino para servir y para dar su vida en rescate por una multitud", (Mateo 20:26-28 DHH).

III. Títulos eclesiales bíblicos

A. La organización inicial de la iglesia

En Efesios 4, Pablo da una serie de títulos eclesiásticos que aportan una idea de cómo estaba organizada la iglesia en los primeros años. La mayoría de los estudiosos concuerdan que aquí el apóstol no estaba tratando de dar una lista exhaustiva de los ministerios dentro de la iglesia, si no haciendo una referencia de la evolución que había tenido la organización hasta ese momento. Muchos de estos cargos no estaban confinados a un sitio particular sino que eran itinerantes. Algunos de estos títulos eran:

Apóstoles: Para ser considerado apóstol era necesario cumplir al menos dos requisitos 1) Ser enviado por Jesús, 2) haber sido testigo de la resurrección… de ahí el argumento de Pablo al defender su apostolado, (1 Corintios 15:7-9). El apóstol habló con Jesús después de resucitado y fue enviado por Él (Hechos 9:17; 26:12-18).

Profetas: "Es el que habla en lugar de otro", todos los creyentes son profetas. No es predecir el futuro, sino anunciar lo que sucederá si no se obedece a Dios.

Evangelistas: Estos son los predicadores itinerantes (Hechos 21:8; 2 Timoteo 4:5).

Pastores – Maestros: Es un oficio doble, explicar la fe cristiana a los conversos y apacentar el rebaño del Señor.

B. Dones espirituales

Ahora bien, para cerrar este punto debemos destacar que el objetivo de los títulos aquí mencionados no es enfatizar su importancia sino presentarlos como del Espíritu "para que siguiendo la verdad en amor, crezcamos en todo en aquel que es la cabeza, esto es, Cristo" (Efesios 4:15). En nuestros días se ve lo que podríamos llamar, "carismanía" u "obsesión carismática". Algunas personas que se dan cuenta del "potencial" que encierran los dones espirituales los usan para adquirir renombre y hasta para explotar material o emocionalmente a otros creyentes. Cuando esto sucede, los dones se convierten en un fin en sí mismos. Buscan glorificar al "recipiente" y no al dador. "En el reino de Dios, el servicio a otros no es el peldaño que conduce a la fama. Es en sí mismo la mayor nobleza porque el que sirve llega a parecerse al Maestro. Toyohiko Kagawa lo expresó muy bien al decir: Leí en un libro que un hombre llamado Cristo iba por todas partes haciendo el bien. Me estorba muchísimo pensar que estoy tan satisfecho con solo ir por todas partes" (Los Dones del Espíritu. W.T. Purkiser. CNP, EUA: 1999, p.28). A este punto nos preguntamos, ¿cómo se identifica o mide el nivel espiritual de un creyente? La marca o criterio de la espiritualidad no se basa en uno o en muchos de los dones espirituales, sino en el "fruto del Espíritu" (Gálatas 5:22, 23).

Conclusión

Lo invitamos a reflexionar sobre sus capacidades y los dones que Dios le ha dado y pensar cómo puede utilizarlos en su iglesia local. Un buen comienzo sería elegir hoy un compañero de oración, una persona con la que pueda pasar las siguientes tres o cuatro semanas orando. Tal vez descubra un nuevo don en su vida, o sea, un nuevo lugar de servicio.

Recursos

Información complementaria

Dones del Espíritu. "Pedro usa carisma para describir las capacidades que serán usadas en el servicio (1 Pedro 4:10)... Pablo menciona dos listas de carismata (Romanos 12:6-8; 1 Corintios 12:7-11)-solo la profecía se encuentra en ambas –tan diferentes en alcance y tono como sugiriendo indirectamente que no se propone incluir un catálogo completo... Pablo cita cuatro principios directrices que gobiernan la distribución de los dones: (1) Valor y beneficio para la iglesia como el Cuerpo de Cristo (1 Corintios 12:7; 14:6, 19); (2) la voluntad soberana del Espíritu (Romanos 12:6; 1 Corintios 12:11-18, 28-30); (3) la unidad de la iglesia con funciones diversas en un Cuerpo (vv. 14-27); (4) la subordinación de los dones a las gracias, especialmente el amor (12:31-13:13)"(Diccionario Teológico Beacon. CNP, EUA: 1979, pp. 230-232).

"Los propósitos de los dones son dos: la edificación espiritual de la iglesia (1 Corintios 12:7; 14:12; Efesios 4:7-12), y la conversión de los incrédulos (1 Corintios 14:21-25)" (Diccionario Ilustrado de la Biblia. Caribe, EUA: 1982, p.172).

Definición de términos

Dones del Espíritu. "Los carismata deben diferenciarse del don del Espíritu Santo (Hechos 2:38). El E.S. es el don de Dios para su pueblo creyente, y a su vez el Espíritu es el Dador de varios carismata.
Diversidad de dones (1 Corintios 12:4): "Subraya la unidad esencial de la iglesia... la característica de un cuerpo sano es que cada parte del mismo realiza su propia función..." (Comentario del N.T., volúmen 9, William Barclay, Editorial La Aurora, Argentina, 1973, p.119).

Actividad suplementaria

Escriba el versículo para memorizar por frases sobre tiras de papel. Colóquelas en las paredes del salón de clase y pida a los alumnos que las recojan y formen el versículo en el orden correcto. Cuando lo tenga todo sobre el pizarrón, quite algunas frases y pídales que lean el texto (incluyendo la frase que falta). Así hasta que unos cuantos sean capaces de repetirlo de memoria sin las palabras en frente de ellos. Esto puede hacerse al principio o al final de la clase.

Lección 20 — Títulos eclesiales

Hoja de actividad

Versículo para memorizar: "…y el que quiera ser el primero entre vosotros será vuestro siervo; como el Hijo del Hombre no vino para ser servido, sino para servir, y para dar su vida en rescate por muchos" Mateo 20:27-28.

I. Títulos eclesiales en la Iglesia del Nazareno

¿Quiénes son los ministros según la iglesia? _____

_____

¿Cuáles son las dos órdenes ministeriales reconocidas en nuestra iglesia, según el Manual? _____

_____

II. Los títulos eclesiales actuales

¿Cuál es el problema de las jerarquías mal entendidas en la iglesia cristiana hoy a la luz de Filipenses 2:3-4? ___

_____

¿En qué sentido el poder auténtico en el reino de Dios es el que ejercemos como comunidad para el bien común? (Mateo 20:26-28). _____

_____

III. Títulos eclesiales bíblicos

¿Según muchos eruditos, qué quiso hacer Pablo al dar la lista de ministerios que se encuentra en Efesios 4?

¿Qué opina usted al respecto? _____

_____

Afirmamos que los dones del Espíritu no pueden ser un fin en sí mismos, ¿qué queremos decir con esto? ___

_____

Conclusión

Lo invitamos a reflexionar sobre sus capacidades y los dones que Dios le ha dado y pensar cómo puede utilizarlos en su iglesia local. Un buen comienzo sería elegir hoy un compañero de oración, una persona con la que pueda pasar las siguientes tres o cuatro semanas orando. Tal vez descubra un nuevo don en su vida, o sea, un nuevo lugar de servicio.

Tenemos la unción

Loysbel Pérez (Cuba)

Propósito de la lección: Que el alumno comprenda el significado de la unción a la luz de la Biblia.
Versículo para memorizar: "Pero vosotros tenéis la unción del Santo, y conocéis todas las cosas" I Juan 2:20.

Introducción

Cuando escuchamos la palabra unción ¿qué es lo primero que viene a nuestra mente? (Permita que la clase dé algunas respuestas de sus propias experiencias). Luego pregunte: ¿Quién tiene la unción? (Deje que otros alumnos participen respondiendo). Luego inicie con la lección.

I. La unción en el Antiguo Testamento

La palabra unción, es muy usada por la iglesia actualmente, pero tiene sus orígenes en las costumbres del pueblo de Israel. La religión judía llena de simbolismos le dio su máximo esplendor.

A. Unción como consagración

Encontramos referencias de la unción desde Génesis 31:13 "Yo soy el Dios de Bet-el, donde tú ungiste la piedra, y donde me hiciste un voto. Levántate ahora y sal de esta tierra, y vuélvete a la tierra de tu nacimiento". Allí se proyecta una imagen en la cual, se refleja a grandes rasgos el concepto que va a abarcar casi todo el Antiguo Testamento referente a este término. En este texto vemos que se habla del ungimiento de objetos, particularmente una piedra. Era muy común en tiempos del Antiguo Testamento ungir objetos, que de una manera u otra estaban consagrados a Dios, y eran dedicados mediante el aceite de la unción. Pero este no es el texto que nos ocupa, sino el que encontramos en Éxodo, un libro que revela mejor el significado y la utilización de la unción.

En el Antiguo Testamento se menciona el ungimiento de objetos y personas, para consagrarlos a Dios (Éxodo 30:25-29; I Samuel 9:16; Isaías 21:5).

En Éxodo 29:1-9 revela el propósito de la unción y cómo se hacía. La unción reunía varias características:

I   El propósito fundamental era consagrar, dedicar a una persona para un oficio santo (vv.1,9).

2   La unción estaba muy ligada a la santidad que se debía tener delante de Jehová. En el Antiguo Testamento la santidad estaba relacionada a la unción (consagración interna y externa), a la limpieza, a la vestimenta y a los sacrificios (vv.1, 4-6-7, 10,15).

3   No todas las personas gozaban de autoridad divina para ungir. En este caso, lo realizaría Moisés. El aceite era el elemento principal para ungir (v.7).

4   El acto mismo de ungir daba a la persona una autoridad divina (v.1).

5   Cuando este acto se realizaba en una persona Dios le confería cierto poder sobre determinadas funciones. En este pasaje Aarón y sus hijos tendrían el sacerdocio perpetuo (v.9).

B. La unción denotaba guianza divina

Aunque intervenían elementos materiales; la creencia era que detrás de ellos estaba la mano de Yahvé, y que Él se hacía presente en el acto. Sólo la unción respaldaba para la realización de una gran comisión (Isaías 61:1; I Samuel 16:6-13).

El pasaje de I Samuel 16:6-13 nos ofrece las características antes analizadas, pero nos da luz acerca de otras que también son importantes, aunque específicas de esta historia:

• A pesar de que Samuel era el ungido de Jehová, que tenía la unción de Dios, no estaba exento de equivocación referente a la voluntad de Dios (miró la apariencia). Lo que sí, estaba presto era a oír la voz de Dios y dejarse guiar por ella (vv. 6-8).

• Dios unge al humilde, al que tal vez nadie tiene en cuenta (v.11).

• El ungimiento de parte de Dios garantiza su presencia de manera estable sobre la persona. El aceite se ve como símbolo del Espíritu de Jehová (v.13).

No se debe dejar de mencionar que la unción con aceite era también utilizada como un artículo de tocador,

(Rut 3:3, Amós 6:6). Por otro lado no ungirse era señal de duelo o de búsqueda espiritual (2 Samuel 12:19-20; Daniel 10:2-3).

II. La unción en el Nuevo Testamento

A. La unción en el nuevo pacto

En el Nuevo Testamento, como nuevo pacto que Dios estableció con su iglesia, se modificaron y cambiaron algunos conceptos del Antiguo Testamento. La unción es uno de ellos.

El Nuevo Testamento comienza con la vida de Jesús, quien recibió el título de Ungido, (Lucas 4:18; Hechos 10:38). El pasaje de Juan 1:29-34, hace clara referencia al acto mismo en el que Jesús fue ungido por Dios a través del Espíritu Santo.

El nombre de Cristo en el griego es "Xristos", que es la transliteración de "Mashiaj" que en hebreo significa ungido. El nombre de Cristo está haciendo alusión a la misión divina que iba a cumplir, y revelaba la santidad de Dios en la persona de Jesús, en quien reposaba la unción, no como portador de la presencia de Dios, sino siendo Él el mismo Dios encarnado, alcanzando de esta forma un concepto de unción no visto antes, ni después.

B. La unción es para todos

La unción en el Nuevo Testamento se ve como morada del Espíritu Santo en la vida del creyente, de modo que una persona llena del Espíritu Santo está ungida.

A diferencia del Antiguo Testamento en que la unción era para personas escogidas, en el Nuevo Testamento estaba dispuesta para todos los creyentes, no se necesitaba de una persona para oficializar el acto, sino que era el Espíritu Santo el que ungía.

El texto que más claro habla acerca del término en cuestión lo encontramos en 1 Juan 2:18-29, en él se manifiestan verdades centrales que revelan el sentido novotestamentario de la unción:

- Está centrada en la presencia del Espíritu Santo en la vida de los creyentes. Notemos que versiones de la Biblia como la Dios Habla Hoy y la Traducción en lenguaje actual sustituyen unción por Espíritu Santo (vv.20,27).
- El fruto que produce es un discernimiento del bien y el mal, un conocimiento de la verdad y la mentira (vv.20-21,27).
- Permanece en los creyentes (v.27).
- Nos enseña lo que debemos saber. Precisamente en el orden espiritual (vv.20,27).

El Espíritu Santo estaba presente en todos los que aceptaban a Jesús como su salvador y le buscaban con sinceridad. El tener la unción (Espíritu Santo) daba autoridad divina para predicar, testificar, echar fuera demonios, sanar enfermos, o sea para todo lo que en el libro de los Hechos se narra.

La unción representa la obra que el Espíritu Santo hace a través de los creyentes; somos instrumentos valiosos en sus manos.

En el Nuevo Testamento mientras Jesús estaba con los discípulos, también encontramos que los discípulos ungían a los enfermos, y éstos eran sanados "Y echaban fuera muchos demonios, y ungían con aceite a muchos enfermos, y los sanaban" (Marcos 6:13).

En tiempos de Jesús se ungía a las visitas, como muestra de que eran huéspedes de honor " No ungiste mi cabeza con aceite; mas ésta ha ungido con perfume mis pies" (Lucas 7:46); también se ungían los cuerpos para prepararlos para la sepultura "Ésta ha hecho lo que podía; porque se ha anticipado a ungir mi cuerpo para la sepultura" (Marcos 14:8); "Cuando pasó el día de reposo, María Magdalena, María la madre de Jacobo, y Salomé, compraron especias aromáticas para ir a ungirle" (Marcos 16:1).

C. La unción después del Pentecostés

En cuanto a ungir con aceite a los enfermos, después del Pentecostés fue desapareciendo. Aunque tenemos un caso en el libro de Santiago 5:14 ("Si alguno está enfermo, que llame a los ancianos de la iglesia, para que oren por él y en el nombre del Señor lo unjan con aceite" DHH) donde se menciona llamar a los ancianos de la iglesia y ungir con aceite al enfermo.

Recordemos que la comunidad Jacobina todavía respondía a algunas cuestiones judías, le era muy difícil separarse de los simbolismos que por tantos años habían guardado, aún cuando se habían convertido al cristianismo. Santiago estaba mezclando la doctrina judía con la fe cristiana.

Esto no quiere decir que el ungir con aceite esté desacertado, sino que la sanidad según el Nuevo Testamento redunda más que en estereotipos o simbolismos, en la fe (confianza plena que Dios tiene el poder para hacerlo) del enfermo, en la fe del que ora, y en la voluntad de Dios (que Él quiera hacerlo); la forma no es lo importante. Vemos que Jesús sanó de disímiles maneras. Ya la unción en el Nuevo Testamento no estaba muy relacionada con el aceite.

III. El término unción hoy

A pesar del tiempo que tiene el término, práctica o concepto, no ha perdido su vigencia, quizás hoy lo escuchamos más que antes, aunque en muchas ocasiones no es usado en forma correcta.

Actualmente se ha hecho de la unción un ideal

para los cristianos más que una experiencia vivida diariamente en el Espíritu Santo. Se ve a la unción sólo como un privilegio para determinadas personas.

Una expresión muy común hoy es: "Fulano sí tiene la unción". Es una frase que está distante del texto bíblico, porque 1 Juan 2:20 nos dice que todos los que permanecemos en Cristo tenemos la unción: "Pero vosotros tenéis la unción del Santo, y conocéis todas las cosas". La unción no está limitada sólo para los que crean un "espectáculo", sino que es una bendición para todos los creyentes que consagran su vida completamente a Dios, buscan ser llenos del Espíritu y viven reflejando una vida de santidad.

La unción se refleja en la humildad, el servicio, la pasión por las personas que se pierden y por el reconocimiento de Cristo. Si vemos uno de los tantos ejemplos en el Nuevo Testamento que tenía la unción, citamos a Juan el Bautista, quien teniendo aún más popularidad que Jesús, estando en la cumbre de su ministerio en Israel supo decir: "Yo no soy el Cristo", el ungido, (Juan 1:20), y después expresó "el que viene después de mí, el que es antes de mí, del cual yo no soy digno de desatar la correa del calzado", (Juan 1:27). La unción trae humildad, trae reconocimiento de Cristo (Mateo 11:11).

Juan el Bautista es alguien que supo guardar su lugar y menguar para que Cristo creciera; sólo personas que tienen la unción pueden hacer eso: poner la fama, las ambiciones, los bienes materiales a los pies del Maestro.

Existe un verdadero peligro cuando el hombre es usado poderosamente por Dios, porque al ser humano le gustan los aplausos, pero las personas no deben recibir la gloria sino quien realmente tiene el poder, el Espíritu Santo (1 Corintios 12:1-11).

Tenemos la unción cuando las personas pueden ver a Cristo reflejado en nuestra vida.

Todo lo milagroso que pueda ser obrado a través del creyente es porque al Espíritu Santo le plació hacerlo, pero eso no debe ser motivo de orgullo sino de humildad. La iglesia debe enfocarse más en ver la unción en el cristiano por su vida conductual que por lo que éste pueda hacer.

La unción no se alcanza por méritos humanos, a través de un evangelista renombrado, sino que es por voluntad divina para todo creyente.

Conclusión

Debemos dejar en claro que la unción o presencia del Espíritu Santo se refleja en una vida consagrada, humilde y que refleja a Cristo en todo su actuar.

Recursos

Información complementaria

Aceite: "Grasa líquida, comúnmente vegetal. El aceite más común en tiempos bíblicos era el de oliva. El más puro se obtenía del fruto aún verde… que se echaba en receptáculos y se machacaba ligeramente (Éx 27.20)… Las olivas se exprimían en cilindros de piedra, o se sometían a presión en un molino. Getsemaní (de las palabras hebreas gat-semen, que significan prensa de aceite) debe su nombre al hecho de que había algunas prensas de aceite en sus cercanías. (Diccionario Ilustrado de la Biblia. Caribe, U.S.A: 1998, pp.14-15).

Definición de términos

Unción: "Simboliza primeramente la consagración del ungido a Dios para una función particular dentro de los propósitos divinos" (Diccionario Ilustrado de la Biblia. Caribe, EUA, 1982, p.676)

Óleo, aceite y perfume: Estos compuestos se preparaban con diversas sustancias oleosas y aromáticas.

Actividad suplementaria

"Dígalo con mímica"- Divida la clase en dos equipos. Indíqueles que tomando turnos alternados, representen con mímicas uno de los usos bíblicos de la unción (por ejemplo, ungimiento de un rey, ungir para belleza, ungir a los enfermos, a los muertos, etc.) El equipo contrario debe descubrir qué tipo de unción están representando. Déles un tiempo corto para identificar. Si lo hacen, logran un punto y pasa al otro equipo.

Tenemos la unción

Hoja de actividad

Versículo para memorizar: "Pero vosotros tenéis la unción del Santo, y conocéis todas las cosas" 1 Juan 2:20.

I. La unción en el Antiguo Testamento

¿Cuál era el propósito fundamental de la unción en el Antiguo Testamento? (Éxodo 29:1-9).

(vv.1,9)_____

(vv.1, 4-6-7, 10,15) _____

(v.7) _____

(v.1) _____

(v.9) _____

¿Cómo afectaba a la persona el hecho de ser ungida?_____

_____

II. La unción en el Nuevo Testamento

¿Qué dicen Lucas 4:18 y Hechos 10:38 en cuanto al ungido? _____

_____

Escriba algunas cosas que menciona 1 Juan 2:18-29 acerca de nosotros los creyentes, que tenemos la unción del Espíritu.

(vv.20,27)_____

(vv.20-21,27) _____

(v.27) _____

(vv.20,27)_____

III. El término unción hoy

¿En qué sentido vemos un concepto erróneo sobre "la unción" en la iglesia de hoy? (1 Juan 2:20)._____

_____

¿Cómo podemos ver la verdadera unción de Dios en los creyentes ahora? _____

_____

Conclusión

   Debemos dejar en claro que la unción o presencia del Espíritu Santo se refleja en una vida consagrada, humilde y que refleja a Cristo en todo su actuar.

Respuesta de amor

Yaneth González (México)

Versículo para memorizar: "…y de todo lo que me dieres, el diezmo apartaré para ti" Génesis 28:22.

Propósito de la lección: Que el alumno entienda la importancia del diezmo en la vida del cristiano, lo cual es un buen indicador de su relación con Dios.

Introducción

El diezmo ha sido un tema muy predicado cuando se habla de mayordomía en la iglesia. Así como se habla de dedicar los dones, de cuidar el medio ambiente, así también el diezmo es un aspecto fundamental en la vida del cristiano. Hablar del diezmo es hablar de nuestra relación con Dios, es un acto de gratitud, de amor de nosotros hacia Dios que nos ha dado todo.

Hablar del diezmo es algo muy común, estamos familiarizados con los sobres que están en algún tablero del templo y son tan comunes y tan mencionados que llega el momento en que podemos omitirlos. Pregunte: ¿Qué significa el diezmo? ¿Qué dice la Biblia al respecto? Tengamos presente que no sólo se trata de dinero, va más allá de un simple diez por ciento.

I. Origen del diezmo

En Levítico 27:30-34, encontramos las leyes acerca del diezmo. Dios estableció leyes acerca del mismo las cuales debían cumplirse al pie de la letra. La Biblia dice en Deuteronomio 14:22-23 que se debía diezmar "Indefectiblemente diezmarás todo el producto del grano que rindiere tu campo cada año. Y comerás delante de Jehová tu Dios en el lugar que él escogiere para poner allí su nombre, el diezmo de tu grano, de tu vino y de tu aceite, y las primicias de tus manadas y de tus ganados, para que aprendas a temer a Jehová tu Dios todos los días".

Pero también la Biblia en Génesis 14:17-20 y 28:12-22 nos da ejemplos de quiénes diezmaron no por seguir la ley sino más bien por un acto de compromiso y de lealtad a Dios.

Comente las situaciones que vivieron los personajes, haga que los alumnos comparen cómo fue el diezmar en cada uno de los casos.

Abraham: Diezmó cuando regresaba de una guerra, en gratitud por la victoria obtenida (Génesis 14:17-20).

Esta es la primera mención de diezmo que encontramos en la Biblia. Abraham dio los diezmos del botín a Melquisedec, sacerdote del Dios Altísimo.

Jacob: Después de un sueño prometió diezmar como gratitud por todo lo que Dios le prometió que le daría, además erigió un altar, lo cual indica que fue un acto de agradecimiento, adoración y consagración a Dios (Génesis 28:12-22).

La enseñanza de estos dos personajes es que el motivo de su diezmo fue más allá que acatar una ley, fue un acto de devoción a Dios.

En la ley de Moisés Dios demandó al pueblo los diezmos de todo, y es interesante que se mencionan promesas de bendiciones a quienes fueran obedientes a los mandatos de Dios (Deuteronomio 28:1-13).

El profeta Malaquías condenó fuertemente al pueblo por no diezmar y los maldijo por haber robado a Dios (Malaquías 3:6-9).

Pero por otro lado le dio grandes promesas si se volvían a Dios y cumplían con éste mandato (Malaquías 3:10-12).

Los diezmos eran de Dios y abarcaban todas las áreas, tierra, sus productos y los animales del campo. Y si alguien necesitaba por alguna razón especial rescatar algo del diezmo, debía agregar la quinta parte del precio (Levítico 27:30-32).

Los israelitas debían dar los diezmos a los levitas porque eran quienes servían en el templo a Jehová (Levítico 27:30; Números 18:21). Pero los levitas debían tomar de las ofrendas y presentar los diezmos (Números 18:24-26).

Esto visto a la luz de la iglesia de hoy podemos decir que es un principio que rige para el sostén de los siervos de Dios y de su obra. El apóstol Pablo dijo muchos años después "De la misma manera, cuando nosotros les comunicamos a ustedes la buena noticia, es como si sembráramos en ustedes una semilla espiritual. Por eso, como recompensa por nuestro trabajo, tenemos derecho a que ustedes nos den lo necesario para vivir. Si otros tienen ese derecho, con más razón lo tenemos nosotros. Pero no hemos hecho valer ese derecho, sino que todo lo hemos soportado, con tal de no crear problemas al anunciar la buena noticia de Cristo. Ustedes saben que los que trabajan en el templo viven de lo que hay en el templo. Es decir, que los que trabajan en el altar del templo, comen de los animales que allí se sacrifican como ofrenda a Dios. De la misma manera, el Señor Jesús mandó que los que anuncian la buena noticia vivan de ese mismo trabajo" (I Corintios 9:11-14 TLA).

II. Jesús y el diezmo

En el Nuevo Testamento encontramos que Jesús no vino para pasar por alto la ley o cambiarla sino para cumplirla "No crean que vine a quitar la ley ni a decir que la enseñanza de los profetas ya no vale. Al contrario: vine a darles su verdadero valor" (Mateo 5:17 TLA). Siendo que el diezmo formaba parte de la ley, pregunte: ¿Cómo interpretó Jesús la ley del diezmo? Lea Mateo 23:23 "¡Qué mal les va a ir a ustedes, maestros de la Ley y fariseos! ¡Hipócritas! Se preocupan por dar como ofrenda la décima parte de la menta, del anís y del comino que cosechan en sus terrenos. Pero no obedecen las enseñanzas más importantes de la ley: ser justos con los demás, tratarlos con amor, y obedecer a Dios en todo. Hay que hacer esas tres cosas, sin dejar de obedecer los demás mandamientos" (TLA) y Lucas 11:42 "¡Qué mal les va a ir! Ustedes se preocupan por dar a Dios, como ofrenda, la décima parte de las legumbres, de la menta y de la ruda que cosechan en sus terrenos. Pero no lo aman ni son justos con los demás. Deben dar a Dios la décima parte de todo, pero sin dejar de amarlo y sin dejar de ser justos". (TLA). Luego pida a la clase que expresen lo que entienden de esos pasajes.

Cuando Jesús habló acerca del tema lo hizo en forma de acusación hacia los fariseos e intérpretes de la ley. Debemos entender que Jesús no los acusó por no dar, porque si leemos bien los fariseos no fallaban y daban más de lo que debían dar. Entonces ¿por qué Jesús los estaba acusando? Veamos el pasaje:

Podríamos decir que diezmaban hasta lo mínimo, si conocemos la ruda, la menta, el eneldo y el comino, son hortalizas muy pequeñas que no eran necesario diezmar y aún así ellos tenían el cuidado de diezmarlas.

Pregunte: ¿Pero qué había detrás de todo esto? Con la lectura nos queda en claro que la hipocresía se había apoderado de sus corazones y que habían dejado de hacer algo necesario.

Ellos habían dejado de practicar la misericordia, la justicia y el amor. El detalle de esta acusación iba en relación a la actitud del corazón de estas personas. Estaban cumpliendo muy bien con lo que la ley decía pero estaban descuidando el mandamiento más importante de "amar al prójimo como a sí mismos". Jesús les estaba enseñando que debían diezmar pero esto no era excusa para dejar de hacer el bien a los demás.

III. Diezmo: Respuesta de amor o una ley

Un día un hermano de la iglesia se acercó al pastor y le comentó una duda: Pastor -le dijo- un amigo me preguntó por qué estoy diezmando en esta iglesia, ya que como todavía no soy miembro no tengo la obligación de hacerlo.

El pastor le contestó: Es cierto usted no está obligado a hacerlo, pero algo sí le aseguro, que usted ha diezmado y Dios le ha bendecido. El hermano se quedó pensando y no pudo más que confirmar lo que el pastor le dijo. Y hasta ahora él es un fiel diezmero.

Cuando aceptamos a Cristo como nuestro Salvador declaramos que toda nuestra vida y que incluso todo lo que tenemos es de Él. Dios no necesita lo que tenemos; Él quiere nuestra fidelidad. Por otro lado a nosotros puede preocuparnos la cantidad, y lo que a Dios le importa es nuestra actitud.

Así como rendimos nuestra vida en el altar del Señor, así también todo lo que tenemos debe ser rendido a Él y el diezmo es una parte de lo que poseemos que se lo damos a Dios en adoración.

Al dar nuestro diezmo estamos declarando que Jesús es Señor de todo, incluso de lo material. También al dar al Señor estamos apoyando su obra y mostramos nuestro amor por ella.

Muchas veces los jóvenes piensan que no tienen la obligación de diezmar porque la mayoría no trabaja o no tiene ingresos fijos. Otro de los motivos para no diezmar es porque los padres tampoco lo hacen, eso crea en ellos una especie de exoneración. También hay personas adultas que se van al otro extremo y no diezman porque tienen la idea de que en la iglesia podrían darle un mal uso a esos recursos o pastores que no diezman porque ellos reciben los diezmos (Números 18:25-26). Pero aunque existan muchos grupos sectarios y amistades que quieran hacernos desistir de esta práctica, debemos defenderla basándonos en el principio del amor a Dios, quien es dueño absoluto de todo lo que poseemos.

Por otro lado no nos toca a nosotros juzgar si el dinero es bien o mal usado pues Dios nos juzgará a cada uno por nuestros actos. Si yo dí de forma sincera y con gratitud a Dios así juzgará Dios pero si quien administra los diezmos no los usa correctamente él será juzgado por su actuar. Somos independientes y cada uno tendrá que responder ante Dios por sus actos.

"¿Quién puede leer y estudiar los capítulos 8 y 9 de la segunda epístola a los corintios, sin darse cuenta que el dar generoso y abundante era parte vital de la primera generación de critianos? No se habla allí de diezmo, pero el diezmo estaba entretejido en su fe y en su ritual. En el capítulo 9 Pablo aboga por un sistema de dar deliberado y con propósito; un dar consistente y con gratitud; y por implicación, un dar generoso y abundante" (Dar es vivir. Samuel Young. CNP, EUA: 1975, p.31).

"Los dadores mezquinos se defraudan a si mismos (2 Corintios 9:6). Pablo desea que la ofrenda sea enteramente voluntaria, pues "Dios ama al dador alegre" (v.7). La palabra griega que traducimos "alegre" es la que nos da los términos hilarante e hilaridad, que, provoca la risa. Esta es la clase de generosidad que el Señor ama, y nada traerá la gloria de Dios más rápidamente a cualquier culto o reunión que una ofrenda alegre" (Explorando el Nuevo Testamento. CNP, EUA: 1978, p.354).

Conclusión

Pidámosle a Dios un corazón dispuesto y agradecido que pueda dar mucho más que el diezmo, ésta es la medida que se nos enseña en el Nuevo Testamento.

Recursos

Información complementaria

"Dios es Señor, pero no es un casero que puede ser engañado, trampeado y tratado contumazmente por astutos inquilinos. Dios no es un patrón semidormido que acepta cualquier excusa cuando venimos a desligarnos de nuestra mayordomía... Mayordomía es una palabra sólida y fuerte, tajante. Nos dice que los bienes no son nuestros, que el tiempo es la verdadera esencia de la vida y que hay responsabilidades que no podemos dejar. Tenemos algo que debemos usar. No podemos sepultarlo y no podemos huir de ello" (Dar es vivir. Samuel Young. CNP, EUA: 1975, p.49).

2 Corintios 9:6-15. "Dar es como sembrar. El hombre que siembra con una mano que escatima no puede esperar más que una cosecha escasa, pero el que lo hace con mano generosa en su momento segará abundantemente. El Nuevo Testamento es un libro extremadamente práctico y una de sus grandes características es que nunca le tiene miedo al tema de la recompensa. Nunca dice que la bondad no tiene ningún propósito, que la vida es exactamente igual para el hombre que obedece a Dios y para el que no lo hace" (El Nuevo Testamento. William Barclay. Volumen 9. CNP, Argentina: 1973, p.244).

"... Todo lo que pasa bajo la vara" (Levítico 27:32), "es un cuadro del pastor apartando su diezmo" (Comentario Bíblico Beacon. Tomo 1. CNP, EUA: 1991, p.396).

"...No he venido para abrogar, sino para cumplir" (Mateo 5:17). "En esta declaración tan significativa, Él indicaba su relación con el Antiguo Testamento. Él había de cumplir sus mandamientos y promesas, sus preceptos y profecías, sus símbolos y tipos. Lo hizo en su vida y ministerio, en su muerte y en su resurrección. "Cumplir" es "llenar por completo" –para ambos términos se emplea la misma palabra griega" (Comentario Bíblico Beacon. Tomo 6. CNP, EUA: 1991, p.75).

Definición de términos

Diezmo: "La décima parte de las entradas o ganancias netas, dedicada a Dios para fines religiosos y como expresión de adoración a Él. La práctica de diezmar es muy antigua y se conoció aun entre los pueblos no hebreos" (Nuevo Diccionario ilustrado de la Biblia. Caribe, EUA: 1998, p.283)

Actividades suplementarias

Haga dos equipos en su grupo cada uno debe discutir y llegar a una conclusión en relación de las siguientes preguntas.

¿Según Malaquías 3:8-9 en qué se convierten las personas que no diezman? Se convierten en ladrones.

¿Quiénes deben diezmar? Todos los que reciben dinero, sea poco o mucho.

¿Según Malaquías 3:10 qué promete Dios a quienes cumplan con el diezmo? Promete bendición hasta que sobreabunde.

En una hoja de papel o cartulina hagan un presupuesto del sueldo promedio de la congregación (ésto para evitar identificar una persona en particular). Comiencen estableciendo un ingreso razonable para un adulto o familia. Luego asignen cantidades para los gastos de casa, cuentas, comida, etc. Deje que los alumnos establezcan los gastos y no mencione el diezmo hasta el final, si ellos no lo hacen.

Respuesta de amor

Hoja de actividad

Versículo para memorizar: "…y de todo lo que me dieres, el diezmo apartaré para ti" Génesis 28:22.

I. Origen del diezmo

¿Qué nos enseñan los ejemplos de Abraham y Jacob respecto a la actitud correcta para diezmar?

Génesis 14:17-20 _____

_____

Génesis 28:12-22 _____

_____

¿Quiénes recibían los diezmos en el Antiguo Testamento? (Levítico 27:30; Números 18:21). _____

_____

¿Qué debían hacer los levitas? (Números 18:24-26). _____

_____

¿Qué nos enseña esto hoy a la luz de lo que escribió Pablo en I Corintios 9:11-14? _____

_____

II. Jesús y el diezmo

¿Qué dijo Jesús sobre la ley en Mateo 5:17? _____

_____

¿Cómo interpretó Jesús la ley del diezmo? (Mateo 23:23). _____

_____

¿Cómo podemos aplicar este principio a nosotros hoy? _____

_____

III. Diezmo: Respuesta de amor o una ley

¿Qué enseñó Pablo en 2 Corintios 9:6-7? _____

_____

¿Qué significa diezmar en la iglesia de hoy? _____

_____

Conclusión

Pidámosle a Dios un corazón dispuesto y agradecido que pueda dar mucho más que el diezmo, ésta es la medida que se nos enseña en el Nuevo Testamento.

Conocimiento protector

Mabel de Rodríguez (Uruguay)

Versículo para memorizar: "Antes bien, creced en la gracia y el conocimiento de nuestro Señor y Salvador Jesucristo... " 2 Pedro 3:18.

Propósito de la lección: Que el alumno se dé cuenta que el conocer a Dios a través de su Palabra, es el mayor antídoto contra cualquier desviación doctrinal.

Introducción

Durante el trimestre hemos estudiado diferentes conceptos a la luz de la Biblia. Podríamos resumir la idea básica de los temas del trimestre con la frase, mantenernos en el camino, o si ustedes quieren, siguiendo el "mapa" de ruta (la Biblia). Desde el comienzo de la iglesia cristiana, aún durante la vida de los apóstoles, la iglesia fue atacada desde afuera por los que la perseguían y desde adentro por los que torcían la doctrina. Pedro escribió su segunda carta para corregir esto.

Escogimos 2 Pedro capítulo 1, para el estudio de nuestra clase de hoy. A diferencia de su primera carta en la que la pureza y belleza del idioma griego son admirables, en esta segunda carta, Simón Pedro (como él mismo se identifica en el versículo 1), escribe en un difícil y desgarbado griego, según nos dicen los comentaristas bíblicos (Comentario Bíblico Beacon. William Barclay, Merril C. Tenney, entre otros). También la temática es diferente. El tema central de la primera carta es el consuelo frente al sufrimiento, mientras que en la segunda, es el conocimiento. En una breve epístola de tres capítulos los términos conocimiento y conocer aparecen dieciséis veces. Parece evidente que no hay mejor remedio contra las herejías, que el conocimiento de Dios a través de su Palabra.

I. El conocimiento de Jesucristo

Cuando leemos 2 Pedro 1:1-4, nos damos cuenta que muy probablemente, los destinatarios fueran gentiles, la iglesia no judía, "los que habéis alcanzado... una fe igualmente preciosa que la nuestra" (v.1). En estos primeros cuatro versículos Pedro señala algunas verdades fundamentales acerca de "nuestro Dios y Salvador Jesucristo", vamos a puntualizar tres de ellas.

A. La fe viene por medio de Jesucristo

El apóstol estaba regresando al concepto (expre-

sado frente al concilio de los líderes judíos, Hechos 4:12), de que sin Jesucristo, no hay salvación. "Pedro está señalando aquí que el cristianismo significa nada menos que un rico y creciente conocimiento personal de Dios por razón de nuestra relación con Jesucristo" (Comentario Bíblico Beacon. Tomo 10. CNP, EUA: 1992, p.334).

El conocimiento de Jesucristo del que Pedro escribe, nunca es estático ni abstracto. Él lo describe como en desarrollo constante y como una relación personal con el Señor. Desde la antigüedad y hasta nuestros días encontraremos personas que nos dicen que conocer a nuestro Señor es "entrar" en un nivel espiritual más alto, una experiencia mística. El Nuevo Testamento nos dice que el verdadero conocimiento de Dios viene sólo a través de Jesucristo (Mateo 11:25-27; Colosenses 2:9); en Juan 8:31-32 Jesús nos asegura que el conocimiento que libera viene por obedecer su Palabra, sus enseñanzas y que Él es el único camino al Padre "Dijo entonces Jesús a los judíos que habían creído en él: Si vosotros permaneciereis en mi palabra, seréis verdaderamente mis discípulos; y conoceréis la verdad, y la verdad os hará libres". También Él dijo: "Yo soy el camino, y la verdad, y la vida; nadie viene al Padre, sino por mí" (Juan 14:6).

B. Todo poder, gloria y excelencia residen en Él

Pedro expresó en 1 Pedro 1:1 "...nuestro Dios y Salvador Jesucristo", también san Pablo en Tito 2:13 dice "...aguardando la esperanza bienaventurada y la manifestación gloriosa de nuestro gran Dios y Salvador Jesucristo". Es muy importante que conozcamos que Dios Padre y Jesucristo son uno. Es por "su divino poder" (v.3) que hemos recibido la salvación que poseemos. Desde los tiempos de la iglesia primitiva una herejía que se repite es la desacreditación de la divinidad del Señor.

Si aceptamos que Él es Dios debemos entonces vivir de acuerdo al hecho de que somos del grupo del más fuerte, el Todopoderoso. Una amiga mía tomó un trabajo nuevo. En ese lugar trabajaba una médium espiritista que cuando se enteró que mi amiga era cristiana le mandó a otra empleada para decirle que tuviera mucho cuidado porque ella estaba conectada con poderes ocultos, a lo que mi amiga respondió: "La que tiene que tener mucho cuidado es ella, porque yo estoy con el más fuerte".

Si estamos siguiendo las pisadas del Maestro, no tenemos por qué temer. En este contexto las palabras de Jesús toman una nueva dimensión: "y conoceréis la verdad, y la verdad os hará libres" (Juan 8:32), libres también del temor cuando caminamos por este mundo oscuro y torcido.

C. De Él vienen las "…preciosas y grandísimas promesas"

La intención de Jesús para nosotros es la mejor. Él quiere bendecirnos. En Él las promesas de Dios se hacen realidad en nuestra vida. No tenemos un Señor mezquino, sino uno muy generoso. Me encantan los dos adjetivos que escogió el apóstol para describir las promesas que se nos aplican, son preciosas y grandísimas (2 Pedro 1:4). Si alguno de nosotros vive espiritualmente desfalleciendo, aquí nos dice que esa no es la voluntad de Dios. Tampoco debemos creer ni enseñar que si somos fieles, indudablemente disfrutaremos de riquezas materiales.

El pecado ha traído mucho desequilibrio al mundo, así como los cristianos también sufrimos alergias y asma por la contaminación ambiental, muchos buenos cristianos en el mundo sufren pobreza. Debemos señalar, por otro lado, que el conocimiento y práctica de los principios cristianos trae a nuestra vida orden y buenas decisiones que muchas veces producen mejoras en nuestra situación económica. Y como estudiamos en el libro de Deuteronomio, las promesas de Dios para nosotros son siempre condicionadas a nuestra obediencia. Su amor es incondicional, pero el poder alcanzar una relación estrecha y confiada con Él, viene solamente a través de nuestra obediencia siguiendo la "ruta" que nos marca en su Palabra, la Biblia.

II. El conocimiento de nuestro potencial

En los siguientes versículos (2 Pedro 1:5-8), encontramos la lista de virtudes que William Barclay llama "el equipo para el camino".

A. El desarrollo de estas virtudes

El desarrollo de estas virtudes es nuestra tarea y las instrucciones para alcanzarlas son "poniendo toda diligencia" (v.5).

El apóstol nos asegura que está a nuestra disposición el ser participantes de la naturaleza divina, pero que hay necesidad de una correspondencia de nuestra parte a las promesas de Dios. Debemos hacernos responsables de nuestro propio desarrollo. No dice "se les añadirá", nos da la orden, "añadid". Hay que tomar acción y ser constantes y perseverantes en ello. De poco sirven los esfuerzos esporádicos.

Según esta lista (vv.5-7), la fe es la raíz de la vida cristiana. Pedro nos instruye para equipar nuestra vida de relación con nuestro Señor y nuestro prójimo en:

Virtud. Significa excelencia, coraje, valor que desarrollamos al vivir como Dios quiere en medio de un mundo contrario.

Conocimiento. La palabra griega es gnosis. "… es conocimiento práctico; es el conocimiento de lo que hay que hacer en una situación dada; … es aquel conocimiento que capacita al hombre para decidir correctamente y para actuar honorable y eficazmente en las circunstancias y situaciones de la vida cotidiana' (El Nuevo Testamento. William Barclay. Volumen 14. CNP, Argentina: 1974, p.342).

Dominio propio. Es lo mismo que capacidad de enfrentarse con uno mismo.

Paciencia. En el idioma original significa firmeza en la fe durante la prueba.

Piedad: Nos dicen los comentaristas que, aunque es difícil de traducir del griego original, lleva la idea de adoración correcta a Dios y servicio abnegado al prójimo.

Afecto fraternal. La devoción religiosa correcta no nos aísla de nuestros hermanos.

Que la lista halle su clímax en el amor nos recuerda lo dicho por Pablo en 1 Corintios 13:13, "… pero el mayor de ellos es el amor", este debe ser nuestro estilo de vida, nuestra "marca registrada" por la que debemos ser conocidos, el amor.

B. El desarrollo de estas virtudes nos fortalecerá

En la paráfrasis La Biblia al Día, 2 Pedro 1:8 dice así: "Mientras más virtudes añadamos a la lista, más nos fortaleceremos espiritualmente, y más fructíferos y útiles seremos a nuestro Señor Jesucristo".

El comentarista William Barclay nos da la siguiente ilustración: "Supongamos que un hombre acaudalado y bondadoso elige a un muchacho pobre y le ofrece el privilegio de recibir educación universitaria. El benefactor le está concediendo así al muchacho algo que éste nunca hubiera podido alcanzar por sus propios medios, está poniendo delante de él un inmenso e inesperado privilegio. Pero el muchacho no puede disfrutar de esa extraordinaria concesión a menos que se disponga a trabajar, a estudiar y a luchar y cuanto más duro trabaje tanto más gozará del privilegio que le ha sido otorgado. La oferta gratuita y el duro trabajo personal tienen que combinarse antes de que el privilegio se haga plenamente efectivo. Así sucede con Dios y con nosotros" (El Nuevo Testamento. William Barclay. Volumen 14. CNP, Argentina: 1974, p.347).

III. El conocimiento de las Escrituras

A. Es una base segura

A 2 Pedro 1:16-21, podríamos agregar las palabras del salmista: "Lámpara es a mis pies tu palabra y lumbrera a mi camino" (Salmo 119:105).

Los cristianos evangélicos consideramos a la Biblia como "la autoridad final y suficiente en todo lo concerniente a la doctrina y vida cristiana" (Diccionario Teológico Beacon. CNP, EUA: 1995, p.91). Decimos que es base segura para nuestra fe porque no cambia. Me recuerda al sistema métrico decimal que utilizamos en muchísimos países del mundo. De la enciclopedia en línea Wikipedia, copiamos el siguiente párrafo: "El objetivo del sistema métrico decimal es la unificación y racionalización de las unidades de medición, y de sus múltiplos y submúltiplos. Las características que deben poseer dichas unidades: neutralidad, universalidad, ser prácticas y fácilmente reproducibles". Existen en París patrones de platino del metro y el kilogramo, que vendrían a ser "la medida perfecta e invariable" por las que se rigen todas las demás. Esto mismo es la Biblia para nosotros los cristianos. La declaración de 2 Pedro 1:21 de que fue inspirada por el Espíritu Santo es nuestra garantía. Tanto el Antiguo Testamento como el Nuevo contienen la revelación de Dios para nosotros los seres humanos. Constantemente leemos en el Nuevo Testamento la frase: "escrito está" referidas a las Sagradas Escrituras aceptadas hasta ese momento, que eran la ley y los profetas.

Los teólogos modernos rechazan la idea de que "inspirados por el Espíritu Santo" (v.21) signifique dictadas por Él. "Las palabras fueron escogidas por el escritor y constituyen su característica; pero ellas expresan con exactitud y adecuadamente la verdad que Dios intentó comunicar" (Diccionario Teológico Beacon. CNP, EUA: 1995, p.365).

B. Es una base que no depende de interpretaciones privadas

Las Escrituras deben ser interpretadas y entendidas mediante la ayuda del Espíritu Santo (v.20). En su primera carta a los corintios (2:14-15), Pablo escribió que las cosas espirituales tienen que ser espiritualmente discernidas. Esto demandará dejar de lado la arrogancia en nuestros puntos de vista y adoptar una actitud humilde al estudiar la Palabra.

¡Qué preciosa certeza nos produce la afirmación de 2 Pedro 1:16! No hemos basado la fe en "fábulas artificiosas", sino en verdaderas evidencias de los que participaron de la vida del Señor y antes, del mensaje de los profetas.

"Pedro subraya que la Escritura no consiste en opiniones personales sino en la revelación divina a los hombres mediante el Espíritu de Dios y que, por lo tanto, la interpretación de la Escritura no tiene que depender de ninguna opinión humana, sino que siempre debe ser guiada por el mismo Espíritu que guió a los hombres eruditos que entregaron su corazón a Cristo, Espíritu éste que hasta el día de hoy actúa especialmente en la Iglesia" (El Nuevo Testamento. William Barclay. Volumen 14. CNP, Argentina: 1974, p.355).

La hermenéutica es una ciencia, es la rama de la teología que trata con las reglas de interpretación bíblica. Esta maneja principios como que la Biblia se explica a sí misma, que no podemos tomar textos aislados para establecer doctrinas, que debemos entender las enseñanzas a la luz del contenido histórico y gramatical del texto bíblico, estas son algunas de las reglas que podemos resumir de los libros usados para estudiar la hermenéutica. En el original griego el término hermenéutica significa explicar, interpretar o traducir. "La interpretación bíblica busca descubrir significados, no decidirlos" (Diccionario Teológico Beacon. CNP, EUA: 1995, p.327).

Si deliberadamente buscamos crecer en el conocimiento de nuestro Dios y Salvador Jesucristo, los medios o virtudes nos harán "participantes de la naturaleza divina" y de la guía que se encuentra en su Palabra, además no seremos "…llevados por doquiera de todo viento de doctrina…" (Efesios 4:14).

Conclusión

Escriban entre todos una conclusión que englobe lo aprendido hasta hoy en este trimestre.

Conocimiento protector

Hoja de actividad

Versículo para memorizar: "Antes bien, creced en la gracia y el conocimiento de nuestro Señor y Salvador Jesucristo" 2 Pedro 3:18.

I. El conocimiento de Jesucristo

¿Cómo describe Pedro nuestro conocimiento de Jesucristo? (2 Pedro 1:1-4). _____

_____

¿Cómo recibimos la salvación que tenemos? (2 Pedro 1:3). _____

_____

¿Con qué dos adjetivos califica Pedro las promesas de Dios para nosotros? (2 Pedro 1:4) _____

_____

II. El conocimiento de nuestro potencial

¿Según él (2 Pedro 1:5-8), cómo debemos trabajar en el desarrollo de estas virtudes? _____

_____

¿Qué beneficio espiritual nos traerá el desarrollo de estas virtudes? (2 Pedro 1:5-8). _____

_____

III. El conocimiento de las Escrituras

¿Cuál es la autoridad final y suficiente en asuntos de doctrina para nosotros? (2 Pedro 1:16-21). _____

_____

¿En qué sentido dice Pedro que la Escritura no es de interpretación privada? (v.20) _____

_____

Conclusión

_____

_____

_____

_____

_____

_____

Y ahora, ¿qué?

Walter Rodríguez (Uruguay)

Versículo para memorizar: "¿Por qué buscáis entre los muertos al que vive?" Lucas 24:5b.

Propósito de la lección: Que el alumno tenga clara algunas de las implicaciones que la resurrección tiene en el día de hoy, en el contexto en que cada uno vive.

Introducción

Indudablemente la cruz es el símbolo central de la fe cristiana, pero debe notarse que está vacía pues Jesucristo murió y resucitó. Hay una colección de libros escritos acerca de la veracidad histórica de la resurrección, con opiniones diversas. Podríamos dedicar tiempo a explorar estas opiniones y conocer los diferentes argumentos a favor y en contra. Sin embargo, para nosotros este hecho es aceptado por fe en el contexto de todo el mensaje de la Biblia. Podemos hacer hincapié en la importancia que la resurrección del Señor Jesucristo tiene para la fe cristiana, pero la orientación de esta lección no es teológica, sino que trata de hacer una lectura práctica, que sea relevante para una comunidad de fe que se declara misionera. Entonces nos hacemos la pregunta: ¿Cuál es el significado de la resurrección para nosotros hoy, aquí y en las circunstancias en que vivimos?

La resurrrección tiene claras implicaciones para nosotros hoy. Observemos que en Juan, Jesús intercedió por sus discípulos y por los que creerían por la palabra de ellos (Juan 17:20), nosotros. El mismo capítulo que recoge la oración intercesora de Jesús dice: "Como tú me enviaste al mundo, también yo los he enviado al mundo" (Juan 17:18 RVA). Así que vamos a explorar el tema en el siguiente orden:

1. La resurrección en el texto bíblico
2. La resurrección en el contexto de la época
3. La resurrección en nuestro contexto

I. La resurrección en el texto bíblico

Los cuatro evangelistas se ocuparon del relato de la resurrección de Jesucristo (Mateo 28:1-10; Marcos 16:1-8, Lucas 24:1-12; Juan 20:1-10). Existen diferencias en algunos detalles sobre el evento, daría la impresión que cada relato está relacionado con el propósito del libro completo, y por lo tanto hay omisiones en

algunos casos y observaciones un poco diferentes en otros. Sin embargo, ninguna de las diferencias altera el significado del evento mismo.

Todos los relatos están de acuerdo en que la resurrección fue descubierta por las mujeres que fueron a terminar de preparar el cuerpo para la sepultura, y que ocurrió en la mañana del primer día de la semana, luego de la pascua judía (Mateo 28:1; Marcos 16:1; Lucas 24:1; Juan 20:1).

En los relatos se observan algunos detalles interesantes, tales como que unas pocas horas después de la crucifixión, el grupo de discípulos estaba reunido, pero Tomás no estaba con ellos (Juan 20:24). En otro relato encontramos que dos de los discípulos se alejaban del lugar rumbo a Emaús (Lucas 24:13-34). La tercera vez que Jesús resucitado se reunió con ellos, parte del grupo estaba pescando, la antigua actividad económica que tenían (Juan 21:3). Por algunos detalles del relato, da la impresión de que estaban desorientados, y aun no habían adquirido iniciativa propia para seguir con la misión del resucitado. En ese mismo relato, el de Juan (Juan 21:20-22), se observa a Pedro preocupado por tener que compartir algún privilegio o posición cercana al líder. En Juan 21:19, Jesús le dijo a Pedro "sígueme", y cuando éste se dio la vuelta y vio que Juan los seguía, le preguntó al Señor: "¿y éste, qué? La respuesta de Jesús fue directa: "Si quiero que él quede, ¿qué a ti? Sígueme tú".

Es importante observar que el núcleo de la historia es el mismo en los cuatro relatos, a saber: a. que Jesucristo fue crucificado en la víspera de la pascua judía, por lo tanto hubo que colocarlo en el sepulcro a última hora; b. que muy temprano, el primer día de la semana, un grupo de mujeres fue a la tumba y la encontró vacía; c. que uno o más mensajeros celestiales les informaron a estas mujeres que el resucitado no estaba allí; d. que, al principio, los discípulos no creyeron, pero quedaron perplejos; e. que Jesús confirmó su resurrección llegando al lugar donde la mayoría estaba reunida y habló con ellos.

II. La resurrección en el contexto de la época

Las autoridades judías se enfrentaron a un desafío extraordinario con la presencia de Jesús. Estaban en juego una serie de situaciones y privilegios que evidentemente no querían modificar ni perder. El aparato religioso al que estaban acostumbrados había funcionado hasta ese momento, y el "revisionismo" que Jesús comenzó a enseñar denunciaba los desvíos en que la religión oficial había caído. Jesús trataba de traer de regreso la fe a Dios y no a las formas, que para la época estaban increíblemente complicadas. Estos cambios implicaban pérdida de autoridad espiritual, moral y política, implicaba pérdidas económicas, de prestigio y de jerarquía.

Por otro lado, Jesús no era el tipo de Mesías que ellos esperaban (o creían necesitar), lo que dificultaba entender el proceso de liberación personal y nacional que significaba volver al centro del plan de Dios.

Para las autoridades judías era muy importante mantener al imperio tranquilo y seguir gozando de una libertad "condicionada" que no resolvía la invasión, pero le permitía a la jerarquía judía seguir disfrutando de sus privilegios, tanto con el poder romano como con el pueblo. En otras palabras el "status quo" era mejor que la verdadera libertad que tendrían como pueblo comprometido y estrechamente relacionado con Dios (como en los viejos tiempos). Aquí se entiende mejor el hecho de que el rechazo a Jesús era en realidad el rechazo a Dios mismo que lo había enviado.

La resurrección, que era la confirmación de la autoridad y poder de Jesús, no podía ser aceptada, y debía ser desacreditada inmediatamente para que el pueblo no se levantara a favor del resucitado. De ahí que se pusiera una guardia en la puerta del sepulcro, que la puerta fuera sellada y que luego se sobornara a los soldados para que mintieran sobre los hechos acontecidos (Mateo 27:62-66; 28:11-15).

La resurrección marca el cierre exitoso del ministerio terrenal del Señor Jesucristo, lo cual implica el inicio de una nueva etapa en el desarrollo del evangelio. Las buenas nuevas de la salvación y la enseñanza del estilo de vida que Jesús había enseñado, debían alcanzar a todo el mundo (Mateo 28:19-20); quedaba mucho por hacer todavía. Les tocaba a los discípulos seguir adelante. Sin embargo, parece que no estaban listos, estaban desorientados aun luego que Jesús conversara con ellos varias veces después de haber resucitado. En la tercera ocasión de éstas, Jesús encontró a los discípulos pescando (Juan 21:1-14).

Ya habían observado a Jesús modelar para ellos lo que significaba llevar adelante el ministerio del evangelio, al verlo enseñar (Mateo 5, 6 y 7), relacionarse con toda clase de gente (Lucas 19:1-8, Zaqueo), hacer diferentes milagros (Mateo 12:9-14; Marcos 8:1-10; Lucas 5:17-26; Juan 6:15-21 entre otros); argumentar con las autoridades (Lucas 20:19-26, 23:1-5); denunciar la hipocresía del sistema religioso de la época, y la falta de sinceridad de las autoridades religiosas del momento (Mateo 22:18; 23:13-29). También lo escucharon en diferentes ocasiones corregir conceptos equivocados que habían sido enseñados por las autoridades espirituales, que seguramente ellos también aceptaban (Mateo 5:21-22, 27-28, 31-32, 33-34, 38-39, 43-44 "Oisteis que fue dicho... Mas yo os digo...").

Sin embargo ellos habían vuelto a pescar.

III. La resurrección en nuestro contexto

Pero, es inequívocamente cierto que desde ese momento la proclamación y enseñanza de la fe quedaba en manos de los discípulos. Aquel grupo de hombres tal vez se preguntó: "¿Y ahora, qué?"

Como cristianos nos damos cuenta de la importancia que tiene el hecho de que Jesús resucitó, venció la muerte y vive para siempre y nosotros viviremos con Él (1 Corintios 15:20-22). Sin embargo, además de esta verdad, la resurrección de Jesús tiene implicaciones para nosotros como cuerpo de Cristo, como su iglesia. En Juan 17:18 encontramos las palabras del Señor: "Como tú me enviaste al mundo, así yo los he enviado al mundo". Esta comisión nos incluye, somos enviados al mundo para hacer discípulos a todas las naciones (Mateo 28:19). Así es que nuestra historia viene a ser parte de la historia de aquellos discípulos.

La resurrección del Señor Jesucristo marcó el inicio de la tarea de sus seguidores, de nosotros, de todos aquellos que somos verdaderos discípulos. La misión declarada de la Iglesia del Nazareno es: "Hacer discípulos a la imagen de Cristo en todo el mundo" En otras palabras, seguir desarrollando el trabajo que el Señor inició. Pero, para ser capaces de cumplir con semejante misión, es necesario que seamos discípulos discipuladores (Mateo 28:19).

Necesitamos que Jesús se transforme en nuestro modelo de vida, más que el objeto de nuestra devoción religiosa, que imitemos su manera de vivir en este mundo. Prestemos atención a lo que Él hizo, a lo que Él enseñó, a lo que Él espera de sus seguidores.

La resurrección del Señor Jesucristo puede ser estudiada como un hecho histórico o como un hecho bíblico; y hay investigaciones hechas al respecto. Esta lección hace hincapié en que tenemos el privilegio y la oportunidad de llevar adelante la tarea que Jesús comenzó. En un curso de formación cristiana como éste, la resurrección de Jesús tiene este mensaje para nosotros hoy.

Considerando que vivimos en un contexto socio-económico específico, y participamos en una cultura definida, este evento tiene una enseñanza relevante para cada uno. Pregunte: ¿Cuál sería? Llevar adelante, en la forma que sea más adecuada para su contexto, el discipulado que se nos ha encargado

Conclusión

Todos nosotros, a partir de la alegría que significa encontrarnos con Cristo, recordemos que hay una misión muy importante que debemos llevar adelante. Compartamos las buenas noticias de la vida cristiana, haciendo discípulos a la imagen de Cristo en todos los lugares que tengamos oportunidad.

Recursos

Información complementaria

Algunas páginas para consultar sobre la resurrección:
http://www.allaboutjesuschrist.org/spanish/la-resurreccion.htm
http://www.reasonablefaith.org/spanish/la-resurreccion-de-jesus
http://ulvteologiasistematica1.blogspot.com/2012/02/la-resurreccion-de-cristo-fraude-o.html

"La resurrección de Cristo es el momento esencial en la historia de la salvación durante el cual Jesús, pocos días después de haber muerto en la cruz y de haber sido puesto en el sepulcro en la tarde del Viernes Santo, fue levantado corporalmente para iniciar un nuevo orden de vida. Este tremendo acto del poder creador de Dios (Ro.4:24s.; 2 Co.4:14; Ef.1:20) no se produjo ante testigos ni es descrito en el NT... pero a lo largo de todo el NT se proclama como un hecho indubitable (Hch.1:3) o se propone como base innegable de muchas bendiciones actuales y futuras" (Diccionario Ilustrado de la Biblia. Caribe, EUA: 1982, p.550).

En el relato que Juan hace de los acontecimientos relacionados con la resurrección del Señor Jesucristo, nos cuenta cuando María estaba afuera del sepulcro llorando (Juan 20:11-18). "María estaba buscando un Cristo muerto, sin embargo, no fue ella quien acudió a Jesús, fue él quien la encontró aunque al principio no lo reconoció. Cristo viene en maneras insospechadas. La palabra traducida como "toques" (del griego hapton) significa: -apegarse a un objeto con el deseo de retenerlo para sí. María debía recordar que Jesús tenía una tarea muy importante que terminar, así que ella debía llevar un mensaje del Señor a los discípulos"

(Comentario Bíblico Beacon. Tomo 7. CNP, USA: 1979, p.236-237).

En el sistema político de la época, la autoridad máxima la ejercía el procurador romano de Judea, en este tiempo fue Poncio Pilato que gobernó desde el año 26 hasta el 36 de nuestra era; fue asignado directamente por el emperador en Roma, era un cargo de prestigio y privilegios económicos así como políticos. Los romanos tuvieron como costumbre dejar que las autoridades locales ejercieran los gobiernos locales, siempre y cuando mantuvieran su sujeción al poder imperial, y en el caso de Israel la autoridad era compartida entre el rey y el sumo sacerdote. Básicamente lo que al imperio le interesaba era que hubiera orden público y que se pagaran los tributos establecidos.

Definición de palabras

Pascua: "El nombre "pascua" viene del hebreo pesakh, "pasar por alto", "pasar sobre" o "preservar". Éxodo 12:23 relata como el ángel de destrucción pasó por alto las casas de Israel cuando la última plaga quitó la vida a todos los primogénitos egipcios. En la Biblia la celebración de la Pascua es llamada la fiesta de los panes sin levadura...el significado principal de la Pascua viene del evento histórico que celebra el éxodo de Egipto (Diccionario Teológico Beacon. CNP, EUA, 1995, p.499).

Actividad suplementaria

Recorte en papel formas de hojas de un árbol y entregue varias a cada alumno. Ellos escribirán en cada una actividades específicas que ilustren las implicaciones personales que la resurrección tiene.

Tenga preparado un tronco con ramas en su salón, e invite a los alumnos a colgar sus hojas en el mismo.

Y ahora, ¿qué?

Hoja de actividad

Versículo para memorizar: "¿Por qué buscáis entre los muertos al que vive?" Lucas 24:5b.

I. La resurrección en el texto bíblico

Todos los evangelios relatan la resurrección con algunas coincidencias, ¿cuáles son? (Mateo 28:1; Marcos 16:1; Lucas 24:1; Juan 20:1). _____

_____

¿Qué nos dicen los siguientes pasajes en cuanto a la actitud de los discípulos después de la muerte de Jesús?

Juan 20:24 _____

Lucas 24:13-34 _____

Juan 21:3 _____

II. La resurrección en el contexto de la época

En el contexto de la resurrección de Jesús, a su parecer ¿cuál era la posición de los líderes religiosos? _____

_____

En la tercera ocasión de éstas, ¿qué los encontró haciendo Jesús a sus discípulos?_____

_____

¿Por qué cree que sucedió eso? _____

_____

¿Pasa hoy igual con las personas que se convierten? _____

_____

III. La resurrección en nuestro contexto

Además de ser central en la fe cristiana, ¿qué significa la resurrección de Jesús para nosotros hoy?_____

_____

¿Cuál es la misión que la Iglesia del Nazareno tiene?_____

_____

Al tomar a Jesús como modelo, ¿a qué debemos prestar atención? _____

_____

Conclusión

   Todos nosotros, a partir de la alegría que significa encontrarnos con Cristo, recordemos que hay una misión muy importante que debemos llevar adelante. Compartamos las buenas noticias de la vida cristiana, haciendo discípulos a la imagen de Cristo en todos los lugares que tengamos oportunidad.

Acontecimiento trascendental

Débora Acuña (Chile)

Versículo para memorizar: "Y dará a luz un hijo, y llamarás su nombre JESÚS, porque él salvará a su pueblo de sus pecados" Mateo 1:21.

Propósito de la lección: Que el alumno pueda comprender que la Navidad es una fecha importante, porque es un acontecimiento que cambió el destino de la humanidad.

Introducción

Desde mucho tiempo atrás la Navidad es una de las fechas más celebradas del año, basta con salir a la calle uno de esos días y ver cómo las luces alumbran las calles, la mayoría de las personas crean el ambiente navideño, aún las diferentes instituciones decoran y preparan la celebración de la Navidad, las plazas se visten de luces, las personas parecieran ser más amables, vemos rostros más sonrientes, todo indica que ha llegado la Navidad.

Lamentablemente también existen cosas que no nos gustan mucho de estas fechas, una de ellas es el consumismo que se produce, el caos antes de la noche buena, todos comprando para regalar y para cocinar la infaltable cena navideña. Pero como es una gran celebración es imposible que no exista el consumismo. Aunque, si fuéramos al origen de esta celebración, nos daríamos cuenta que la Navidad no tiene nada que ver con un tiempo de alboroto en dónde debemos conseguir como sea un regalo o un adorno para nuestros hogares y llegaríamos a la conclusión de que la Navidad ha perdido completamente su sentido real.

I. ¿Dónde nació la Navidad?

La Navidad nació en el corazón de Dios, el significado verdadero es parte del plan de Dios para acercarse a su creación.

A. Dios está buscando al ser humano

Dios, creador del ser humano, en su amor infinito busca acercarse a su creación (la que está lejos a causa del pecado) para tener una relación. El pecado constantemente busca impedir esa relación y aunque el hombre se vuelve religioso y busca sus propias formas de acercarse a Dios reincide una y otra vez en su pecado. Lea Efesios 1:3-10.

Podemos ver que el pueblo de Israel reconocía a Dios, este pueblo fue testigo de los milagros y el poder de Dios, sin embargo se volvían a su pecado cada vez que podían. Los sacrificios se convirtieron en una costumbre para ellos, un rito sin valor, pese a sus sacrificios sus corazones estaban lejos de Dios, sólo cumplían, no entendían el propósito de Dios en cada mandamiento (Mateo 15:7–9).

B. Dios pone en marcha su plan

Los sacrificios del pueblo de Israel ya no servían para limpiar sus pecados, (Oseas 6:4-6), puesto que sus corazones no eran sinceros, su arrepentimiento no era real, se volvían constantemente a su pecado recurriendo cada semana a un nuevo sacrificio para limpiarlo.

Dios nunca quiso que el ser humano se perdiera, Él amó y ama a su creación, pero aborrece el pecado. Por esta razón era imposible una relación entre Dios y los que no vivían de acuerdo a los mandamientos. El plan de Dios para solucionar esta separación fue un sacrificio que fuera capaz de quitar el pecado del mundo entero, un plan capaz de redimir al ser humano de todos sus pecados, un cordero perfecto sin pecado, Jesús, (Juan 3:16).

C. El sacrificio que alcanzaría a toda la humanidad

Dios en su amor infinito hacia la humanidad, decidió entregar a su Hijo, su único hijo Jesucristo, como cordero de sacrificio, (Hebreos 10:10-12).

Todos aceptamos que el amor de padre o madre es algo inexplicable, y si bien en estos tiempos existen padres que no tienen ningún amor por sus hijos, aún existen buenos padres, que son capaces de entregar todo por ellos, aún de dar sus propias vidas. Esto me lleva a pensar que el amor de Dios hacia nosotros sobrepasó al amor a su Hijo, tanto nos amó que no vaciló en entregar a su Hijo en sacrificio por la vida de muchos, una decisión que debe haberle traído un dolor indescriptible, una decisión que no sólo marcaría su vida, sino la de la humanidad completa (1 Pedro 3:18).

Jesús sería el cordero que se entregaría por el pecado de todos, Él sería el sacrificio santo que nos uniría nuevamente al Creador, siendo el único intermediario entre Dios y los hombres.

II. El desafío de la Navidad

El plan de Dios fue perfecto, Jesús seguiría siendo Dios, pero al mismo tiempo sería 100% hombre y como todos nosotros, se engendraría en el vientre de una mujer para luego nacer. Juan 1:1-14, inspira nuestra reflexión.

A. El cumpleaños que celebramos en Navidad

Dios envió a su Hijo a la tierra, para lo cual escogió a José y María como sus padres. Un ángel de Dios le entregó las buenas nuevas, ya que José aún no había estado con María, el ángel les dio a conocer que había concebido del Espíritu Santo. El Salvador del mundo estaba en el vientre de María, su nombre sería Jesús (Mateo 1:18-25).

Este niño, no era un niño más, Él era el mismo Hijo de Dios, el Hijo del Creador de todo lo que existe, era el hijo del dueño de todo lo que vemos y lo que no. Pero también era santo, Dios mismo hecho carne y el creador. Aunque era el Hijo del Rey de todo, su nacimiento no fue como el de un príncipe, ni algo esperado por el mundo, sino todo lo contrario.

José y María fueron rechazados en el mesón, cuando José llevaba a su esposa María, buscando un lugar donde pasar la noche. Ellos no encontraban un lugar, todo estaba lleno, no había lugar para ellos, ni para el nacimiento de este pequeño (Lucas 2:1-7). Jesús finalmente nació en un establo, allí José y María acomodaron un pesebre para Él.

¡Qué contradictorio! El Salvador del mundo nació en un establo, Aquél que llegaba para quitar el pecado de todos los seres humanos estaba naciendo de la manera más humilde que podía existir.

El nacimiento de Jesús no era un nacimiento más, no era una celebración más, quizás hoy todos celebran el nacimiento de Jesús como un cumpleaños, algo especial, una celebración que creó otro feriado, pero ni siquiera un tercio de la todas las personas que celebran la Navidad han entendido por qué nació Jesús. Millones de personas no se han detenido a pensar ni por un minuto qué significa que Jesús haya nacido, muchos no se preguntan hoy en día ¿por qué se celebra este nacimiento en especial?, ¿por qué es feriado ese día?, no se preguntan qué pasó cuando nació Jesús, ¿qué cambios trajo su nacimiento?

B. Jesús vino a dividir la historia

El nacimiento de Jesús dividió la historia de la humanidad. Cada vez que lea un libro de historia y busque los años en que sucedieron los acontecimientos se dará cuenta que existe el a.C. (antes de Cristo) y el d.C. (después de Cristo.) Así como Jesús partió el velo que nos separaba de la presencia de Dios, así también dividió la historia en dos. Eso mismo sucede en la vida de la persona que reconoce a Jesús como su Salvador, su vida pasa a dividirse en dos, antes y después de Cristo, antes de Cristo estábamos perdidos, vivíamos de acuerdo a una mente depravada y pecaminosa, nosotros mismos gobernábamos nuestras vidas, no había esperanza de vida eterna, íbamos derecho a condenación eterna.

Antes de Cristo éramos mentirosos, engañábamos, éramos gobernados por todo lo que complacía a nuestra carne, estábamos inclinados a hacer lo malo, pero Cristo rompió eso, ahora podemos vivir bajo la gracia de Dios. El Espíritu Santo es nuestro ayudador, es nuestro guía, ahora dejamos de hacer lo que hacíamos antes, Cristo nos cambió, (2 Corintios 5:17; Efesios 4:28), ya no vamos a condenación eterna, sino a vida eterna, junto al Padre, junto a nuestro Dios y creador (Romanos 6:22-23). Nuestra vida tiene un nuevo sentido en Cristo y experimenta su verdadera paz (Juan 16:33).

La Navidad nos recuerda esa salvación. Cada uno de nosotros la vivimos al conocer a Cristo y arrepentirnos de nuestros pecados. La celebración una vez al año es el recordatorio de esta decisión de Dios de enviar a su Hijo para salvar al mundo.

Por otro lado todos los días pueden ser Navidad, todos los días Jesús puede nacer en la vida de las personas que reconozcan que Él vino a salvarles. La salvación que nos da Dios a través de la vida, muerte y resurrección de Jesús es gratuita, y todo el que desee tenerla puede hacerlo, no sólo en Navidad, sino cualquier día y a cualquier hora. Es un regalo de quién más ha amado en la historia, es el sacrificio por amor.

El arbolito es un adorno, la cena es una costumbre, el hombre de rojo que trae regalos a los niños es una linda leyenda pero no salvará la vida de nadie. Jesús es el único que debe ser recordado y alabado, enseñe a otros la verdadera historia de la Navidad.

Conclusión

A través de Jesús podemos cambiar el rumbo de nuestra vida eternamente, ese es el verdadero sentido de la Navidad. Quizás Jesús puede nacer hoy en la vida de muchos como el Salvador de sus vidas. Entonces será una feliz Navidad para ellos y para usted, porque el protagonista de la celebración estará ahí.

Recursos

Información complementaria

Jesús es el cumpleañero, y así como cuando vamos a un cumpleaños, debemos entregarle un regalo al celebrado. Es muy probable que esté pensando que no podrá hallar el regalo apropiado para llevar a esta fiesta. Quizás le puedo recomendar algo, en esta Navidad, ofrézcale como regalo al Rey de Reyes:

- Sus oídos, prométale que escuchará su voz.
- Entréguele sus ojos y dígale: ¡Señor, ya no miraré lo que hace impuros mis ojos, a partir de hoy usaré mi vista para ver y conocer todo lo referente a tu reino!
- Entréguele su lengua y dígale:¡Ya no hablaré mal de las personas, con esta lengua hablaré y proclamaré tu nombre, te alabaré día y noche!
- Entréguele a Jesucristo sus manos y exprésele: ¡Señor, aquí te traigo mis manos, a partir de hoy las extenderé al pobre, al que sufre, al necesitado!
- En esta Navidad ofrézcale de regalo sus pies diciendo, ¡Señor, úsalos para ir por todos lados a anunciar las buenas noticias de la salvación!
- Lo más importante, ofrézcale su corazón, y dígale: "Aquí está Señor mi corazón, te amo por haberme amado primero y haber entregado tu vida por mí, a partir de hoy me rindo ante ti y quiero que tú me dirijas (Adhemar Cuellar).

Definiciones de términos

Navidad: El término Navidad significa "natividad" y se refiere al nacimiento de Jesús. En inglés el vocablo equivalente es "Christmas".

Tradiciones: Las costumbres tradicionales con respecto a la Navidad tienen diferentes orígenes; por ejemplo, el jolgorio y el intercambio de regalos tienen su raíz en las festividades romanas conocidas como saturnalias (fiestas en honor a Saturno que se celebraban entre los días 17 y 23 de diciembre).

La costumbre del árbol de Navidad nació en Alemania, en la primera mitad del siglo VIII. Estando predicando el misionero británico San Bonifacio un sermón, el día de Navidad, a unos druidas alemanes para convencerles de que el roble no era ni sagrado ni inviolable, el "Apóstol de los alemanes" derribó uno. El árbol al caer fue destrozando todos los arbustos excepto un pequeño abeto. San Bonifacio interpretó la supervivencia del arbolito como un milagro, concluyendo su

sermón:"Llamémosle el árbol del Niño Dios". Los años siguientes los cristianos celebraron las Navidades plantando abetos. En el siglo XVI se decoraban los abetos en Alemania para festejar la Navidad; en España no alcanzó popularidad hasta mediados del siglo veinte.

La leyenda de Santa Claus deriva directamente de los que desde muchos años atrás han adornado la figura de San Nicolás de Bari, obispo de Myra que, según la tradición, entregó todos sus bienes a los pobres para hacerse monje y se distinguió por su generosidad con los más pequeños.

En la Edad Media, la leyenda de San Nicolás se arraigó de forma extraordinaria en Europa, especialmente en Italia, Alemania y Holanda. Cuando los holandeses colonizaron la actual isla de Manhattan, en Nueva York, erigieron una imagen de San Nicolás e hicieron todo lo posible para mantener su culto en el Nuevo Mundo.

Así como históricamente es imposible establecer con seriedad la fecha del 25 de diciembre como la del nacimiento de Cristo, es igualmente imposible hacerlo desde las Sagradas Escrituras; pues en ellas no encontramos ninguna evidencia ni siquiera cercana que nos apoye para esta celebración. Sabemos que Jesucristo NO nació el 25 de diciembre porque cuando el Hijo de Dios vino a este mundo nacido de mujer, los pastores estaban en los campos cuidando sus rebaños (Lucas 2:7-8), cosa que nunca hacían durante el mes de diciembre por lo crudo del invierno en Palestina.

¿Observó la Iglesia Primitiva alguna festividad relacionada con la Natividad de Jesús? No. En la Biblia no se menciona nada respecto del día en que nació Jesús, por lo que la iglesia primitiva nunca celebró tal acontecimiento. (http://www.wikicristiano.org)

Actividad suplementaria

Pida a cada alumno que medite en cuántas personas a su alrededor celebran la Navidad sin entender su verdadero significado. Una vez que hayan traido a sus mentes algunos amigos, vecinos o familiares; entrégueles una hoja pequeña de papel y pídales que escriban sus nombres. En una soga como para tender ropa, cuelguen las hojitas y oren por estas personas. Desafíe a sus alumnos a hablarles acerca del verdadero significado, y hágales saber la importancia de llevar la salvación a la mayor cantidad de personas posible, quizás el mundo entero no está en nuestras manos, pero sí podemos trasmitir este mensaje a quienes nos rodean.

Acontecimiento trascendental

Hoja de actividad

Versículo para memorizar: "Y dará a luz un hijo, y llamarás su nombre JESÚS, porque él salvará a su pueblo de sus pecados" Mateo 1:21.

I. ¿Dónde nació la Navidad?

En este tiempo ¿El ser humano busca a Dios de corazón? ¿Por qué? _____
_____
_____

Cuando en esta fecha la gente asiste a la iglesia, ¿qué busca? ¿Qué debería buscar? _____
_____
_____

¿Dios está buscando una solución momentánea? _____
_____
_____

¿Cómo se llevó a cabo el plan de Dios? (Juan 3:16; 1 Pedro 3:18). _____
_____
_____

¿Por qué fue necesario que Jesús muriera? (Hebreos 10:10-12). _____
_____
_____

II. El desafío de la Navidad

¿Por qué se dice que Jesús dividió la historia? _____
_____

¿En qué sentido puede decir que Jesucristo cambió el rumbo de su vida? ¿En qué sentido puede decir que Jesucristo cambió el rumbo de la humanidad? _____
_____

Conclusión:

A través de Jesús podemos cambiar el rumbo de nuestra vida eternamente, ese es el verdadero sentido de la Navidad. El arbolito es un adorno, la cena es una costumbre, el hombre de rojo que trae regalos a los niños no le salvará la vida, Jesús es el único que debe ser recordado y alabado, enseñe a otros la verdadera historia de la Navidad, quizás Jesús puede nacer hoy en la vida de muchos como el Salvador, y será una feliz Navidad para ellos y para usted, porque el protagonista de la celebración estará ahí.

Renovando el entendimiento

Fernando Mounier (Puerto Rico)

Propósito de la lección: Que el alumno comprenda que necesitamos renovar el entendimiento en nuestras vidas cada día.

Versículo para memorizar: "No os conforméis a este siglo, sino transformaos por medio de la renovación de vuestro entendimiento, para que comprobéis cuál sea la buena voluntad de Dios, agradable y perfecta" Romanos 12:2.

Introducción

Ha comenzado un nuevo año y como de costumbre estamos llenos de expectativas acerca de lo que sucederá durante el mismo. Esperamos que sea un "mejor año" que el que finalizó. Nuestra mente y nuestro corazón anhela tener mayor prosperidad espiritual y económica. Al finalizar el año hacemos un inventario acerca de las metas que logramos y las que se quedaron en el camino. Luego comenzamos a preparar una nueva lista de metas para el siguiente año. Aún más, hacemos votos de servir a Dios con todas nuestras fuerzas. Hasta cierto punto esto sucede todos los años y no percibimos un cambio. Esto nos lleva a plantearnos la siguiente pregunta: ¿ Será que necesitamos un cambio de la forma de manejar nuestra vida y la relación con Dios? Si es necesario un cambio, ¿qué es lo que debemos cambiar?

En la carta a los Romanos, Dios a través del apóstol Pablo, nos hace una invitación, un llamado a renovar nuestro entendimiento. Así que la pregunta clave que nos guiará a través de esta lección es la siguiente: ¿Por qué necesito renovar mi entendimiento? Acerquémonos con un corazón sincero y con todo nuestro ser para recibir el mensaje que nos brinda la Palabra de Dios.

I. No conformarnos a este siglo

A. La época en que vivimos

El pasaje de estudio de Romanos 12:2 comienza diciendo: "No os conforméis a este siglo". ¿Qué nos quiere decir el apóstol con esta expresión? El apóstol nos presenta un objetivo para alcanzar y el tiempo para lograrlo. El objetivo está inmerso en la palabra "no os conforméis". Las metas y objetivos que nos presenta la Biblia no ocurren en un contexto vacío. Aquí Pablo se refiere a la época, al momento presente en que se está viviendo. Cada época tiene sus circunstancias las cuales varían de acuerdo a las normas sociales y a las realidades geográficas y políticas de cada pueblo.

La versión de la Biblia Reina-Valera de 1960 es la más utilizada entre los cristianos. El versículo para memorizar, el cual es la base de esta lección, está siendo utilizado en esta versión, no obstante, en estos tiempos tenemos a nuestro alcance diferentes versiones de la Palabra de Dios cuya intención en forma general es ayudarnos a alcanzar una mayor comprensión del mensaje que Dios nos ha dado. A partir de esta premisa, veamos el pasaje de estudio en otras versiones. Observe la frase subrayada.

"No se amolden al mundo actual, sino sean transformados mediante la renovación de su mente. Así podrán comprobar cuál es la voluntad de Dios, buena, agradable y perfecta" (LBLA).

"Y no os adaptéis a este mundo, sino transformaos mediante la renovación de vuestra mente, para que verifiquéis cuál es la voluntad de Dios: lo que es bueno, aceptable y perfecto" (NVI).

"Y no vivan ya como vive todo el mundo. Al contrario, cambien de manera de ser y de pensar. Así podrán saber qué es lo que Dios quiere, es decir, todo lo que es bueno, agradable y perfecto" (TLA).

"No imiten las conductas ni las costumbres de este mundo, más bien dejen que Dios los transforme en personas nuevas al cambiarles la manera de pensar. Entonces aprenderán a conocer la voluntad de Dios para ustedes, la cual es buena, agradable y perfecta (NTV)."

Al tomar como referencia estas versiones, la expresión, "No os conforméis a este siglo" adquiere una mayor claridad. Notemos que estas palabras claves de la expresión indican amoldarse, imitar, entrar en un proceso de adaptación o de acomodarnos para aceptar las sugerencias del mundo que son contrarias a la Palabra de Dios. La versión Nueva Traducción Viviente, ya mencionada, nos lleva de una manera más precisa al objetivo que queremos lograr. Este objetivo se nos presenta como un cambio de conducta.

B. ¿Por qué no debo adaptarme o imitar a este mundo?

En el libro de Gálatas 1:4 leemos que Dios se dio a sí mismo para librarnos del presente siglo. Describe a este mundo como "malo" porque en él está "el príncipe de la potestad del aire" (Efesios 2:1-2). De modo que al entender que este mundo es malo, los cristianos no nos guiamos por sus reglas. Esto implica que hoy existe un paradigma o modelo presente que debe ser cambiado. La sensualidad, la superficialidad, la hipocresía, la falta de amor y el hedonismo son parte de este modelo o moda reinante en este mundo. Este modelo presente pretende invadir, tomar por asalto a cada uno de nosotros y por lo tanto a la iglesia de Cristo. Esto desde luego sucede de una manera sutil pero intencionada.

No obstante, del formidable ataque del que somos objeto, tenemos una promesa maravillosa: Hemos sido fortalecidos y librados del poder de las tinieblas (Colosenses 1:11-14). Teniendo a favor nuestro esta maravillosa promesa seamos personas de convicción firme en la Palabra y sirvamos a nuestro Dios.

II. Transformar y renovar el entendimiento

En la primera parte de esta lección vimos que no debemos adaptarnos a este mundo. No obstante, el desafío no concluye y nos presenta cómo podremos lograr nuestro objetivo. La respuesta está encerrada en las palabras "transformaos" y "renovación".

A. Transformaos

En este contexto la palabra transformaos implica una metamorfosis. Esta palabra hace referencia a un cambio radical que va más allá de la forma exterior. Esta transformación no es meramente ética o moral. Es un nuevo estilo de vida que se opera desde el interior por la obra del Espíritu Santo en la vida del creyente. Aquí es importante no sólo conocer la implicación de la necesidad de ser transformados, si no que esta transformación es un proceso continuo. Esto quiere decir que esta transformación es una nueva naturaleza que debe continuar moldeando la totalidad de la persona todos los días de su vida. Es un evento que sucede en un momento determinado pero que continúa como un estado presente.

Nuestro Señor Jesucristo nos transformó al llegar a nuestro corazón y el Espíritu Santo operó ese cambio en nuestro ser. En 2 Corintios 3:18 (NTV) Pablo enuncia lo siguiente: "Así que, todos nosotros, a quienes nos ha sido quitado el velo, podemos ver y reflejar la gloria del Señor. El Señor, quien es el Espíritu, nos hace más y más parecidos a él a medida que somos transformados a su gloriosa imagen." A esto llamamos la experiencia y proceso de la santificación.

B. Renovación del entendimiento

El Diccionario de sinónimos y antónimos © 2005 Espasa-Calpe nos brinda la siguiente definición de la palabra entendimiento: "Facultad humana de comprender, comparar, juzgar las cosas, o inducir y deducir otras de las que ya se conocen. Raciocinio, razón".

Al leer estas definiciones entendemos que Dios trabaja a través de nuestra mente, de nuestra capacidad de raciocinio. Esta capacidad es la que debe ser renovada. No somos robots a los cuales simplemente se nos programa una serie de comandos que obedecemos, sino que tenemos sentimientos (Marcos 12:33), podemos razonar y discernir, (Lucas 24:45.)

Notemos que la renovación del entendimiento es una acción divina. No obstante, es esencial la participación humana en el proceso de renovación. Esta participación consiste en permitir que el Espíritu Santo actúe y cambie nuestra manera de pensar. Recordemos que Dios nos dio el libre albedrío como una de nuestras cualidades inherentes y por lo tanto Él nos invita con cuerdas de amor (Oseas 11:4), pero no nos obliga.

"Pero a los que creen, Dios les regresa el poder de una visión moral correcta." "Y, puesto que el carácter de un hombre es formado por su evaluación lo que es bueno o malo, la restauración de la visión moral gradualmente cambia a todo hombre" (Comentario Bíblico Beacon. Tomo VIII. CNP, E.U.A.: 1990, p.256-258, 351-352).

III. Propósito para la vida

Hasta este punto hemos expuesto dos necesidades urgentes en el cristiano: La necesidad de no amoldarnos a este mundo y la urgencia de renovar el entendimiento. Ahora nos resta comprender cuál es el fin o propósito que Dios quiere que alcancemos para nuestras vidas.

A. Comprobar la voluntad de Dios

En este aspecto veamos nuevamente al pasaje que es objeto de nuestro estudio (Romanos 12:2) en las cuatro versiones estudiadas en la primera parte de esta lección. Observe las palabras subrayadas.

"No se amolden al mundo actual, sino sean transformados mediante la renovación de su mente. Así podrán comprobar cuál es la voluntad de Dios, buena, agradable y perfecta (LBLA)."

"Y no os adaptéis a este mundo, sino transformaos mediante la renovación de vuestra mente, para que verifiquéis cuál es la voluntad de Dios: lo que es bueno, aceptable y perfecto (NVI)."

"Y no vivan ya como vive todo el mundo. Al contrario,

cambien de manera de ser y de pensar. Así podrán saber qué es lo que Dios quiere, es decir, todo lo que es bueno, agradable y perfecto (TLA)."

"No imiten las conductas ni las costumbres de este mundo, más bien dejen que Dios los transforme en personas nuevas al cambiarles la manera de pensar. Entonces aprenderán a conocer la voluntad de Dios para ustedes, la cual es buena, agradable y perfecta (NTV)."

En este pasaje de Romanos 12:2, el apóstol se dirige a los hermanos en la fe. La audiencia está compuesta de aquellos que habían sido justificados, regenerados y hechos hijos de Dios. Esta audiencia era la invitada a comprobar, verificar, saber y a aprender a conocer la voluntad de Dios. Entonces podemos afirmar que la persona que ha sido regenerada mediante el poder del Espíritu Santo, es capaz de conocer, apreciar y discernir el significado de la voluntad de Dios. En palabras sencillas podemos afirmar que Dios ha puesto la capacidad mental en el ser humano para que la utilicemos.

Es importante entender que existe una tendencia a espiritualizar todo lo relacionado a la forma en que obtenemos el conocimiento acerca de Dios. El resultado de esta tendencia es que todo aspecto que implique el uso de las capacidades humanas es carnal y opuesto a Dios. Si bien esto es cierto en cuanto al hombre natural, cuyas capacidades están corrompidas y por tanto separadas de Dios. En contraste, el hombre espiritual puede interpretar y discernir las enseñanzas espirituales (1 Corintios 2:14-15). En síntesis, este hombre espiritual tiene la mente de Cristo (1 Corintios 2:16).

B. Una voluntad buena, agradable y perfecta

Este último aspecto enfoca y describe la calidad de esa experiencia vital que Dios quiere para el ser humano. El propósito divino para el ser humano no consiste de una fe irracional y mucho menos ciega. Es una fe en la cual la mente, que ha sido renovada, puede percibir la voluntad de Dios como buena, completa y satisfactoria para su alma.

Conclusión

El año está recién comenzando, tenemos todas las posibilidades de lograr un cambio que nos lleve a una vida fructífera y renovada en Cristo.

Recursos

Información complementaria

Un sueño: Se cuenta que hubo un hombre que tuvo un sueño en el cual vio un pequeño árbol de ceiba que crecía en la vereda frente a su casa. Al verlo le compartió a su familia acerca del peligro que representaba el árbol para su casa, pero nadie le prestó atención. Con el paso del tiempo el árbol creció y sus poderosas raíces destruyeron parte de su casa, que había construido con tanto esfuerzo. Así concluyó su sueño.

Aplicando este relato podemos decir que las modas reinantes del mundo son como las raíces del árbol de ceiba. Al nacer éstas pueden ser pequeñas e inofensivas pero al crecer se tornan poderosas y penetran hasta lo más profundo ocupando mucho espacio a su alrededor y ocasionando daño. El modelo que el mundo ofrece, al igual que el pequeño árbol de ceiba, puede parecer inofensivo, no obstante, sus raíces pueden penetrar en nuestra vida y sus poderosos efectos causar que nos alejemos de Dios. Así que ¡a cuidarnos!

Definición de términos

Hedonismo: Doctrina filosófica que identifica el bien con el placer, por lo que considera el placer como fin más importante de la vida; se originó en Grecia en el siglo IV a.C. y fue retomada en la época contemporánea.
Metamorfosis: El término metamorfosis proviene del latín metamorphosis, que a su vez deriva de un voca-blo griego que significa transformación. El sentido más preciso de la palabra, por lo tanto, hace referencia a la mutación, la evolución o el cambio de una cosa que se convierte en otra diferente.
Árbol de ceiba: Mide de 25 a 30 m de altura. Su tronco es grueso y poderoso. Sus raíces pueden extenderse por varias millas. Es un árbol que necesita un espacio amplio por su gran crecimiento.

Actividad suplementaria

Pida que hagan una lista de aquellas costumbres y/o situaciones que afectan sus determinaciones durante el año. Luego pida que la clasifiquen de acuerdo al área de su vida que éstas afectan. Al final tome nota de esas áreas y decida tomar pasos para no amoldarse a estas y así lograr los cambios que usted necesita. He aquí una tabla modelo que le puede ayudar a hacer ese ejercicio.

Costumbres/ situaciones	Área afectada		
	Devocional	Trabajo	Familia
1.			
2.			
3.			
4.			
5.			

Renovando el entendimiento

Hoja de actividad

Versículo para memorizar: "No os conforméis a este siglo, sino transformaos por medio de la renovación de vuestro entendimiento, para que comprobéis cuál sea la buena voluntad de Dios, agradable y perfecta" Romanos 12:2.

I. No conformarnos a este siglo

¿Cuándo leemos "No os conforméis" qué nos dice esto a nuestra vida personal?¿A qué cosas corremos el peligro de conformarnos? _____

_____

Frente a la poderosa influencia del mundo pecaminoso, ¿qué nos promete Colosenses 1:11-14? _____

_____

II. Transformar y renovar el entendimiento

¿Qué significan los términos "transformar" y "renovar" en el contexto de Romanos 12:2? _____

_____

¿Cómo podemos "transformar" y "renovar" nuestras vidas hoy en forma práctica?

_____

_____

III. Propósito para la vida

¿Cuál es el propósito de no amoldarnos a este mundo y renovar nuestro entendimiento? _____

_____

¿Qué cosas debemos hacer para que no nos amoldemos a este mundo?_____

_____

¿Cuál es la buena voluntad de Dios agradable y perfecta para mi vida?_____

_____

Conclusión

El año está recién comenzando tenemos todas las posibilidades de lograr un cambio que nos lleve a una vida fructífera y renovada en Cristo.

Hechos: Nace la iglesia

Inicio de la iglesia cristiana

Laura López (México)

> **Versículo para memorizar:** "Pero recibiréis poder, cuando haya venido sobre vosotros el Espíritu Santo, y me seréis testigos en Jerusalén, en toda Judea, en Samaria, y hasta lo último de la tierra" Hechos 1:8.
>
> **Propósito de la lección:** Que el alumno comprenda los elementos que estuvieron presentes en el inicio, crecimiento y edificación de la iglesia cristiana.

Introducción

Un futuro incierto trae temor y desesperanza en la vida de muchas personas. Esto dificulta que encuentren la suficiente fortaleza para enfrentar los retos que se presentan todos los días. Los cristianos del primer siglo se sintieron así después de la muerte de Cristo en la cruz: No encontraban la dirección para seguir adelante, pues el Maestro ya no estaba físicamente con ellos. ¿De qué forma Dios se manifestaría para darles a conocer su voluntad? El título del libro "Hechos de los Apóstoles" fue adoptado en el siglo segundo. Los primeros cristianos conformaron una iglesia valiente y decidida, guiada por el Espíritu Santo. En esta lección, veremos Hechos 1 y 2.

I. Presencia del Espíritu Santo

El Espíritu Santo aparece mencionado más de cincuenta veces en el libro de Hechos. Él fue el encargado de conducir la iglesia hacia su crecimiento y desarrollo, capacitándola con poder, amor y piedad.

El libro de Hechos de manera especial hace constante referencia al Espíritu Santo y su obrar sobrenatural. Esto contribuyó a la rápida propagación del mensaje de salvación en el mundo antiguo y al nacimiento de la primera generación de cristianos.

En los primeros capítulos de este libro, encontramos mencionados los nombres de los apóstoles. El libro de Hechos es el testimonio del legado de la iglesia del pasado a la iglesia del presente; el mensaje de una generación a otra. Dios provee el poder necesario para predicar su Palabra e impactar a la sociedad de cualquier época.

Los retos de la cultura, en el tiempo de la iglesia primitiva, eran parecidos a los que vivimos en nuestros días: La multiculturalidad, las supersticiones, los problemas sociales y económicos, todo lo cual hace que las personas adopten posturas pesimistas y sombrías sobre la vida. Sólo las manifestaciones del poder de Dios a través de la iglesia pueden lograr que esta generación también vuelva la cabeza para observar las señales de la presencia del Espíritu Santo.

A. La restauración del Reino

Lea Hechos 1:6-7. En la actualidad, ya no vivimos bajo monarquías absolutas, lo que hace difícil entender la relación incondicional entre el rey y sus súbditos. El primero proporcionaba sustento y protección, y los segundos, a cambio, le juraban obediencia y fidelidad. Este cuidado estaba fundamentado en la fuerza militar y política.

Por este contexto, el Reino instaurado por Jesús fue difícilmente comprendido por sus seguidores. Ellos esperaban el gobierno terrenal absoluto que conocían y buscaron posiciones de privilegio por su relación con Cristo, porque todavía no comprendían la naturaleza espiritual del Reino (Marcos 10:32-37).

Jesús los invitó a ser parte del Reino y también les indicó que debían desprenderse de lo material y temporal para integrarse a él. A los discípulos les costó trabajo entender el privilegio de ser participantes de un reinado con demandas distintas de las que ellos conocían de sus gobernantes, aunque estaban cansados de ser dominados por imperios extranjeros. También estaban atemorizados, porque no tenían los recursos suficientes para vencer a los opresores. Jesús les reiteró que era necesario aferrarse a su Reino más que a lo material (Lucas 12:32-33).

Hoy las personas viven situaciones parecidas a las descritas y buscan encontrar seguridad por diferentes medios como el trabajo, el dinero o las diversiones. Por tanto, es el tiempo de recordarle a la sociedad que lo pasajero no satisface y que el mensaje del Reino trasciende a las necesidades físicas y materiales. El Espíritu Santo llena la necesidad espiritual y nos otorga el valor para emprender lo que Dios ha puesto en nuestra mano para hacer en su obra.

B. El bautismo con el Espíritu Santo

Jesús les prometió a los discípulos que recibirían poder de lo alto para continuar con la obra que Él había iniciado (Hechos 1:5-8). Aunque fueron instruidos directamente por el Maestro y vieron los milagros de Jesús, debían quedarse en Jerusalén hasta el cumplimiento de la promesa de la venida del Consolador (Lucas 24:49).

Los seguidores de Jesús se mantuvieron expectantes, porque los acontecimientos posteriores a la muerte de Cristo trajeron un cambio en su forma de entender el mensaje de salvación y la urgencia de predicarlo extendiendo el Reino hasta los confines de la Tierra. Su comprensión no alcanzó a dimensionar los alcances del poder que les estaba siendo prometido a ellos y a las generaciones de cristianos que les sucederían.

En Hechos 1:8, fue prometido el bautismo con el Espíritu Santo para tener poder y ser testigo de Cristo en todo lugar. Por tanto, el creyente debía esperar en oración el revestimiento con el Espíritu para proclamar el evangelio (en un mundo que lo consideraba "locura") y tocar los corazones necesitados de una restauración total de su ser por el mensaje de salvación.

El que recibe el poder del Espíritu debe estar dispuesto a cumplir la tarea de predicar el evangelio con toda su vida, porque testifica sobre lo que conoce por experiencia directa: La salvación por la fe en Cristo.

El mandato fue el siguiente: Extender el mensaje de Cristo a través del tiempo y la distancia; la promesa fue esta: Dotar a la iglesia de los recursos necesarios para cumplir con la voluntad de Dios. El extender la Palabra de Dios debe ser una urgencia de nosotros, sus seguidores, ya que desde el principio de los tiempos Él hizo provisión de los recursos necesarios para completar la tarea.

C. El fuego del Espíritu

Los ciento veinte que estuvieron en el aposento alto ese día vivieron el inicio del cumplimiento de la promesa: La experiencia del derramamiento del Espíritu Santo (Hechos 2:1-4). En ese tiempo, tenían la fiesta de Pentecostés que era celebrada cincuenta días después de la Pascua para conmemorar las primicias de las cosechas.

Había en Jerusalén una gran concentración de personas de diferentes lugares del mundo que pudieron entender lo que los discípulos dijeron cuando hablaron en otras lenguas (v.4). Pero otro grupo que los escuchaba no les comprendía (por desconocer los idiomas en los que hablaban). Por esta razón, concluyeron pensando que estaban borrachos. Fueron la burla de algunos y la bendición para otros, pero nada los detuvo para seguir proclamando el mensaje de salvación.

Podemos ser malentendidos y ridiculizados cuando presentamos nuestra fe en Cristo, pero siempre habrá un corazón necesitado que responderá, porque el evangelio es lo único que puede llenar el vacío de la gente con la que tratamos todos los días.

II. Unanimidad y oración

Lea Hechos 1:12-14, 2:43-47. El ritmo agitado de nuestro siglo y la cultura de lo "instantáneo" nos han vuelto poco tolerantes a esperar indicaciones. La mayor parte de los objetos electrónicos traen manuales detallados que nos explican su uso para no dañarlos, pero son ignorados porque las personas prefieren echar a perder el artículo que tomar tiempo para familiarizarse con su correcto funcionamiento.

A una persona impaciente le cuesta trabajo dar tiempo a que Dios trate con su corazón y le muestre paso a paso su dirección. Debemos esperar, y reunidos con la iglesia orar buscando las indicaciones de Dios para nuestras vidas, para nuestras familias y congregaciones. No debemos contagiarnos por la prisa que nos impide poner atención al plan de Dios para el éxito del crecimiento de su obra.

A. Reunidos con un propósito

Cuando nos mantenemos en contacto constante con el Creador es más fácil seguir instrucciones y sentirnos animados a emprender la tarea que se nos encomienda (Hechos 1:12-14).

En los eventos de la crucifixión, los seguidores de Jesús se dispersaron temerosos por sus propias vidas. Pero después de la resurrección, tomaron el valor necesario para reunirse a esperar la dirección sobre el futuro de la iglesia y de ellos mismos.

B. El testimonio de la primera iglesia

Lea Hechos 2:43-47. La vida cristiana no se vive en solitario: Primero se vive en lo personal y después, en lo social. Las personas se sensibilizaron por el poder del testimonio de santidad de los apóstoles, y los milagros y maravillas respaldaban la veracidad del mensaje. Usaban sus recursos materiales para suplir las necesidades mutuas, estaban dispuestos a compartir. El resultado fue que la iglesia creció y tuvo el respeto del pueblo.

La Palabra de Dios fue recibida con regocijo, porque fue un mensaje que trajo aliento a los que la escuchaban. Los que comunicaban la Palabra perseveraron y mantuvieron la unidad, por eso impactaron las vidas de los que los escucharon.

La iglesia debe tomar inspiración de la unidad de los primeros cristianos para perseverar en la fe y superar las diferencias personales para atraer a las personas que están cansadas de la división y el rechazo de un mundo dividido por el pecado.

III. Predicación para conversión

La visión de Dios para su Reino no está basada únicamente en los recursos humanos, sino en el trabajo conjunto del Espíritu Santo y los creyentes (Hechos 2:14-42). Así pues, el primero otorga poder y los segundos llevan el mensaje del evangelio con valor y con la certeza de que Dios hará lo necesario para respaldarlos en la tarea a la que los envió.

El pequeño y temeroso grupo de seguidores de Cristo recibió el poder del Espíritu Santo e inmediatamente Pedro, apoyado por los once, aclaró que no estaban borrachos y predicaron con poder (vv.14-15). Ellos aprovecharon el momento en el que contaban con la atención del pueblo para inaugurar el trabajo de la iglesia bajo la guía del Espíritu Santo.

La audiencia de Pedro conocía las Escrituras (vv.16-36); así que él aprovechó la oportunidad para recordarles que la promesa del derramamiento del Espíritu Santo era para todos los que creyeran (Joel 3:1-5). Esta promesa se hace extensiva para nuestra generación de cristianos. Hoy más que nunca necesitamos el poder que Dios nos ofrece para predicar en un mundo escéptico.

El mensaje poderoso del evangelio se resume en la siguiente frase: "Y todo aquel que invocare el nombre de Jehová será salvo" (Joel 2:32a). Pedro, en su predicación, hizo referencia a las Escrituras para darle autoridad a su mensaje. Esto nos enseña que si desconocemos el contenido de la Palabra de Dios nos resultará muy difícil presentarla. La reacción inmediata de la audiencia a la predicación de Pedro no se hizo esperar: "... se compungieron de corazón" (Hechos 2:37), y le pidieron instrucciones para el cambio. Los creyentes primitivos perseveraban en cuatro cosas (vv. 37-42): En la doctrina, en la comunión, en el compartir del pan y en las oraciones. La palabra griega que se utiliza aquí para perseverancia significa esto: Seguir adelante, persistir, no darse por vencido. De repente en la iglesia primitiva, debieron surgir desacuerdos o pequeñas dificultades, pero sus miembros desarrollaron una comunidad de fe que se sobrepuso a sus diferencias privilegiando el llamado de Dios a sus vidas. Las prácticas de convivencia entre los creyentes impactaron la sociedad de la época de la primera iglesia. La unidad se mantenía, porque no estaba centrada en ellos, sino en el Espíritu Santo: Oraban, leían las Escrituras y adoraban unidos, lo que daba como resultado vidas santas y persistentes en los mandatos de Dios para sus vidas.

Conclusión

Lo que se inició en el siglo primero, en aquel pequeño grupo de creyentes el día de Pentecostés, continúa en nuestros días con el ministerio de la iglesia en todo el mundo: Llevando esperanza, paz y testificando de la salvación en todo momento.

Recursos

Información complementaria

Dispensación del Espíritu Santo: "El derramamiento del Espíritu Santo en el Pentecostés fue el cumplimiento de la profecía de Joel respecto a los "postreros" días (Hechos 2:16ss.). En una forma distintiva la venida del Espíritu fue un acontecimiento escatológico. Significó que el reino venidero de Dios ya había comenzado. La dispensación del Espíritu es singular para el tiempo conocido como los postreros días. Este período se extiende desde el Pentecostés hasta la segunda venida de Cristo" (Diccionario Teológico Beacon. CNP, E.U.A.: 1995, p.221).

Definición de términos

Pentecostés: "Pentecostés viene de pentecosté, que significa cincuenta. Era una fiesta judía que se celebraba 50 días después de la Pascua. El día de celebración fue establecido para celebrar las primicias de la cosecha de trigo (Éxodo 34:22; Números 28:26; Deuteronomio 16:9-11).

El don del Espíritu Santo fue dado 50 días después del Calvario cuando "nuestra Pascua, que es Cristo" fue sacrificado por nosotros (1 Corintios 5:7)." (Diccionario Teológico Beacon. CNP, E.U.A.: 1995, p.512).

Actividades suplementarias

¿Cuánto conocemos del libro de Hechos?

Siendo que esta es la primera clase sobre el libro de Hechos, divida los alumnos en dos grupos y pídales que escriban cinco preguntas de conocimiento general sobre Hechos. Como ejemplo puede darles esta interrogante: ¿Cuántos capítulos tiene el libro de Hechos? Después, los grupos deberán tomar turnos para preguntar y responder.

Mural

Lleve revistas viejas, tijeras, pegamento y cartulina y pida a sus alumnos que ilustren la cartulina con recortes de las revistas que grafiquen el impacto del poder del Espíritu Santo en la vida de la iglesia.

Inicio de la iglesia cristiana

Hoja de actividad

Versículo para memorizar: "Pero recibiréis poder, cuando haya venido sobre vosotros el Espíritu Santo, y me seréis testigos en Jerusalén, en toda Judea, en Samaria, y hasta lo último de la tierra" Hechos 1:8.

I. Presencia del Espíritu Santo

Según Hechos 1:8, ¿por qué era necesario que el creyente fuera bautizado con el Espíritu Santo? _____
_____

_____

¿Qué hechos importantes sucedieron en Pentecostés? (Hechos 2:1-4). _____
_____

_____

II. Unanimidad y oración

¿Qué nos enseña Hechos 1:12-14 en cuanto a la unidad? _____
_____

¿Qué hacemos hoy como iglesia antes de tomar alguna gran decisión? ¿Somos conscientes como iglesia de lo importante que es buscar dirección del Señor antes de dar cualquier paso? _____
_____

¿Cuál fue el resultado de la presencia del Espíritu Santo en la vida de las personas según Hechos 2:43-47? ___
_____

_____

III. Predicación para conversión de pecadores

¿Qué diferencias tiene nuestra audiencia con la audiencia de Pedro? ¿Cómo podemos predicar con mayor eficacia a nuestra generación? (Hechos 2:14-42). _____
_____

_____

Conclusión

Lo que se inició en el siglo primero, en aquel pequeño grupo de creyentes el día de Pentecostés, continúa en nuestros días con el ministerio de la iglesia en todo el mundo: Llevando esperanza, paz y testificando de la salvación en todo momento.

Cristianos comprometidos

Walter Rodríguez (Uruguay)

Versículos para memorizar: "… Juzgad si es justo delante de Dios obedecer a vosotros antes que a Dios; porque no podemos dejar de decir lo que hemos visto y oído" Hechos 4:19-20.

Propósito de la lección: Que el alumno comprenda que el Espíritu Santo nos capacita para la tarea que el Señor nos encomendó.

Introducción

Todo el capítulo 3 y casi todo el capítulo 4 del libro de Hechos nos cuentan actividades de Pedro y de Juan en la ciudad de Jerusalén. Notaremos que estos dos discípulos se destacaron por su osadía al predicar y representar al Señor. Ambos fueron instrumentos de Dios para que se produjera un milagro de sanidad y tuvieron oportunidad de hablar frente a las autoridades del país.

En el capítulo 4, se menciona dos veces la llenura del Espíritu Santo: El versículo 8 dice que Pedro lleno del Espíritu Santo habló frente a las autoridades, mientras que en el versículo 31 se nos dice que todos los presentes fueron llenos del Espíritu Santo.

En nuestros días, el "ser llenos del Espíritu Santo", en la mayoría de los casos se refiere a una experiencia extática, pero muy pocas veces se señala alguna de las implicaciones que la Palabra enseña sobre esta experiencia. En esta lección, no nos detendremos a definir la experiencia, sino a indicar algunas de las evidencias que se corresponden con la misma, de acuerdo al relato de estos capítulos en el libro de Hechos.

I. El Espíritu Santo nos hace compasivos

A. La sensibilidad que genera la presencia de Dios en nosotros produce la compasión que promueve la acción posible

En Lucas 9:1-6, el Señor envió a los doce y les dio autoridad para sanar enfermos (aunque Marcos no menciona esta parte del mandato, Marcos 6:13 dice que ungían con aceite a los enfermos y los sanaban). En Lucas 10:9, cuando el Señor envió de dos en dos a los setenta, les dio el mismo mandato. Es posible que Juan (Hechos 3:1) fuera mencionado aquí, porque de acuerdo a la legislación judía, eran necesarios dos testigos para corroborar un acontecimiento.

El hecho es que los discípulos siguieron desarrollando el ministerio mesiánico de Jesucristo en su nombre, atendiendo a las necesidades de la gente (Hechos 3:1-4).

Por tanto, la presencia del Espíritu Santo en el cristiano le impulsa a preguntarse qué puede hacer por tal o cual necesidad, en lugar de preguntarse si puede o no hacer algo.

B. La sensibilidad que genera la presencia de Dios en nosotros no depende de los recursos disponibles o la ausencia de ellos para actuar

Para estos discípulos la carencia de medios materiales para colaborar con las necesidades de aquel hombre cojo y menesteroso no fue un obstáculo, sino una oportunidad para la intervención divina. Así pues, hicieron por aquel necesitado algo mucho más útil que darle una limosna: Lo capacitaron para que obtuviera su propio sustento (Hechos 3:5-7). A veces las obras caritativas o compasivas yerran al crear dependencia en lugar de autonomía. Cuando existe la oportunidad, es mejor capacitar, abrir camino, que "cumplir con un deber cristiano". En este hecho, queda de manifiesto que los apóstoles practicaban la pobreza como opción y por obediencia al mandato del Señor. Es decir, no lucraban con su ministerio, pues los valores de estos siervos iban por otro camino: El de la obediencia y la consagración a la tarea. El dinero y los bienes seguían siendo "herramientas" y no un fin en sí mismos.

C. La sensibilidad que genera la presencia de Dios en nosotros no se adjudica el mérito por los resultados logrados

La honra es para Dios. El siervo de Cristo no tiene sed de protagonismo, más bien está preocupado por hacer bien su trabajo. Los apóstoles se cuidaron de no "tocar" la gloria de Dios adjudicándose algún mérito en el milagro (3:12). Algunos eruditos opinan que la mención "en el nombre de Jesucristo de Nazaret" implica una declaración de fe en el poder salvador de Cristo, que se hizo pública y notoria, y la fe como un prerrequisito para el milagro (Hechos 3:16, 4:8-12). No es tan importante el instrumento, sino el maestro que lo usa. De hecho, aquí lo relevante fue dejar claramente establecido que todo el mérito era para el poder de Dios, en el nombre de Jesucristo.

II. El Espíritu Santo nos hace sabios para predicar de manera relevante

A. La predicación relevante considera las circunstancias, la audiencia y la necesidad observada en la misma

La sanidad del cojo reunió a un público impresionado que conocía al mendigo (Hechos 3:11). Pedro aprovechó esa oportunidad para remarcar el poder de Dios en la persona de Jesucristo, y desviar la atención que ya se había enfocado en ellos. Así pues, Pedro se identificó como una persona común (v.12) e inmediatamente señaló de forma clara al autor de la maravilla (vv.13-16).

B. La predicación relevante considera la oportunidad que se presenta

En aquella ocasión, hubo una multitud confundida, y necesitada de orientación. Esto se parece mucho a la situación de hoy: Multitudes están sin punto de referencia y sin dirección para la vida (Hechos 3:17-21). Esta era la oportunidad para mostrar que la enseñanza de Jesucristo era justamente lo que necesitaban. Hay ocasiones extremadamente favorables para hablar del mensaje de Jesucristo, oportunidades que no se repetirán. Tal vez para una ocasión como esa nos ha preparado Dios, pues donde hay tinieblas, hasta la luz más pequeña resplandece.

C. La predicación relevante construye, desafía y guía

El mensaje de salvación y de una vida con dirección jamás puede ser aburrido o intrascendente. Cristo mismo nos propone una misión importantísima, pero requiere lo mejor de nosotros (vv.25-26). En realidad, el mundo no tiene otra esperanza que la enseñanza del Maestro. Cualquier otra cosa es mera palabrería, oratoria, o lo que es peor, pura improvisación sin mayor compromiso para con la misión de compartir la buena noticia de una vida diferente siguiendo la dirección que Cristo da.

III. El Espíritu Santo nos hace valientes en circunstancias hostiles

La presencia de Dios en nosotros cultiva y fortalece convicciones y valores que afirman nuestra identidad en ambientes hostiles (Hechos 4:1-22). Cuando estamos convencidos: "Es, pues, la fe la certeza de lo que se espera, la convicción de lo que no se ve" (Hebreos 11:1); cuando nuestra fe no se funda solamente en lo que sentimos, sino en lo que inteligentemente hemos

entendido y aceptado, entonces decimos con Pedro y Juan que no podemos dejar de decir lo que hemos visto y oído (Hechos 4:19-20). Es muy diferente hablar de lo que me parece, que de lo que estoy absolutamente convencido que es la verdad.

La presencia de Dios en nosotros nos ayuda a sobreponernos a los temores naturales y exponer con valor el mensaje para la ocasión (vv.8-13). A pesar de ser tímidos, si ese es el caso, no podemos aprobar, ignorar o permitir lo que está en contra de lo que somos. Cristo nos da nuestra identidad, y su presencia nos va capacitando, fortalece nuestra voluntad, y nos da sabiduría para decir lo que pensamos en una manera que le agrade a Él. No estamos para pelear por Él, sino para estar firmes en sus enseñanzas.

La presencia de Dios en nosotros da testimonio de nuestra fe mediante el compromiso que comunicamos en circunstancias adversas. Lo que es ahora parte de nuestro ser nos da la fuerza para comunicar nuestra fe con convicción, lo cual no quiere decir discutir y "defender" a Dios. Sea en una manera suave, o en forma enérgica, la convicción con que nos expresamos muestra nuestro compromiso con la fe más efectivamente que cualquier otro argumento. Aparentemente, Pedro y Juan no eran conocidos como expertos en religión (4:13); sin embargo, la seguridad con que se expresaron llamó la atención de los "maestros" de la religión oficial.

En estos capítulos, se nos muestra que el ser llenos del Espíritu Santo es algo mucho más profundo que una experiencia que se disfruta, es una realidad que se expresa en la acción necesaria según las circunstancias que estemos enfrentando. Es más bien la capacitación para actuar aun más allá de nuestras habilidades naturales. Así que se trata más bien de valor para enfrentar la adversidad con sabiduría y convicción. Valor que se nos da en la medida que sea necesario para la bendición de otros, haciéndonos capaces de reconocer la presencia de Dios, y evitando la confusión de sentirnos poderosos o privilegiados. También nos indica que es necesario buscar y amar a Dios con todo nuestro ser, en lugar de buscar con egoísmo lo que nos conviene o nos guste.

Conclusión

Pedro y Juan tuvieron claro que habían sido instrumentos oportunos para Dios, herramientas en las manos del Maestro. En una época en que muchos buscan "poder" como autoridad y poderío para llamar la atención y de paso acumular dinero, es necesario señalar claramente que el ser llenos del Espíritu Santo se refiere más bien a la convicción absoluta de que Dios está con nosotros y en nosotros, que nos capacita para no dejar de decir lo que hemos visto y oído.

Recursos

Información complementaria

La Mendicidad en tiempos bíblicos

"A pesar de que el hebreo bíblico carece de un término que designe específicamente al mendigo profesional, la mendicidad es una ocupación muy antigua. En el Salmo 109:10 se implica que la mendicidad sería una desgracia de los hijos de los malos. Los mendigos se sentaban al costado del camino, y las puertas del templo, siempre en lugares de tránsito frecuente de personas. Los mendigos profesionales eran despreciados, pues frecuentemente no eran realmente enfermos, sino que pretendían la necesidad para provocar la compasión de la gente... Los hebreos creían que la enfermedad era el resultado del pecado en el individuo a quien Dios tenía que castigar (Génesis 12:17), del pecado de los padres de la persona enferma (2 Samuel 12:15), o debido a una seducción del enemigo (Mateo 9:34; Lucas 13:16). Sin embargo, algunos pasajes bíblicos demuestran que no siempre hay una explicación fácil para la enfermedad (Job 34:19-20). Aun en tiempos del Antiguo Testamento se relacionaba la sanidad con Dios (Malaquías 4:2; Salmo 103:3)". (La vida diaria en lo tiempos bíblicos. J.I Packer, Merril C. Tenney y William White, Jr. Vida, EUA: 1985, p.92).

"La puerta del templo que se llama la Hermosa probablemente esta entrada se identifica con la puerta Nicanor que se abría desde el patio de los Gentiles al atrio de las Mujeres". (Comentario Bíblico Beacon. Tomo 7. CNP, E.U.A.: 1991, p.297).

Definición de términos

Talmud: "(heb. enseña) Tradición judaica que representa casi un milenio de actividad rabínica. Consiste en una enorme masa de interpretación bíblica, explicación de leyes, y de sabiduría práctica que originalmente se transmitía en forma oral y que a través de los siglos paulatinamente adquirió forma escrita antes de 550 d.C.". (Diccionario ilustrado de la Biblia. Wilton M. Nelson. Caribe, EUA: 1982, p.642).

Actividades suplementarias

Opiniones

Esta actividad se puede usar para iniciar la lección. Pida que los alumnos hagan una descripción verbal de las formas más comunes de mendicidad en el presente. Luego, pídales que compartan alguna anécdota personal sobre encuentros con personas que viven de la mendicidad en su comunidad. Pregunte a sus alumnos si debemos dar limosnas a los mendigos. Después, que expliquen: ¿Por qué sí y por qué no?

Trabajo grupal

Haga dos grupos y reparta la mitad de las preguntas a un grupo y la otra mitad, a otro grupo. Luego, permita que den las respuestas antes de iniciar los puntos a tratar.

- ¿Hacia dónde se dirigían Pedro y Juan?
- ¿En qué ciudad estaban?
- ¿Qué motivó a Pedro y Juan prestarle atención al cojo?
- ¿Desde cuándo estaba enfermo el cojo?
- ¿Cuánta plata le dieron Pedro y Juan al cojo?
- ¿Cómo se sanó el cojo?
- Cuando Pedro y Juan se dieron cuenta que la gente pensaba que tenían un poder extraordinario, ¿qué explicación dieron?
- Cuando Pedro le habló a la gente que se había juntado, ¿para qué aprovechó la oportunidad, y cuál fue el pedido que les hizo?
- Cuando Pedro y Juan tuvieron que dar explicaciones sobre lo que había pasado, ¿qué actitud tuvieron? ¿Se asustaron?
- Cuando les prohibieron hablar en el nombre de Jesús, ¿qué respondieron?

Para terminar, lea y comente la conclusión en voz alta, y estimule comentarios de los alumnos sobre el tema.

Cristianos comprometidos

Hoja de actividad

Versículos para memorizar: "… Juzgad si es justo delante de Dios obedecer a vosotros antes que a Dios; porque no podemos dejar de decir lo que hemos visto y oído" Hechos 4:19-20.

I. El Espíritu Santo nos hace compasivos

¿Cómo fue el actuar de los discípulos después del Pentecostés? (Hechos 3:1-12). _____

_____

_____

¿Qué genera la presencia de Dios en la vida de sus discípulos? _____

_____

_____

II. El Espíritu Santo nos hace sabios para predicar de manera relevante

¿Qué cambio evidente se observó en Pedro? ¿Qué cambios evidentes produjo el Espíritu Santo en su vida?(Hechos 3:11-26). _____

_____

_____

¿Qué resultados produce una predicación relevante? _____

_____

_____

III. El Espíritu Santo nos hace valientes en circunstancias hostiles

¿Cómo nos ayuda Dios en circunstancias difíciles? (Hechos 4:1-31). Comparta alguna experiencia personal.

_____

_____

_____

Conclusión

Pedro y Juan tuvieron claro que habían sido instrumentos oportunos para Dios, herramientas en las manos del Maestro. En una época en que muchos buscan "poder" como autoridad y poderío para llamar la atención y de paso acumular dinero, es necesario señalar claramente que el ser llenos del Espíritu Santo se refiere más bien a la convicción absoluta de que Dios está con nosotros y en nosotros, que nos capacita para no dejar de decir lo que hemos visto y oído.

La labor del Espíritu Santo

María Varela (Panamá)

Versículo para memorizar: "Y los que creían en el Señor aumentaban más, gran número así de hombres como de mujeres" Hechos 5:14.

Propósito de la lección: Que los alumnos comprendan la labor del Espíritu Santo en la vida de la iglesia para que le permitan obrar en sus vidas.

Introducción

En una ocasión, "un pintor de la corte hizo un retrato de Oliver Cromwell, que tenía muchas berrugas en la cara. Este, tratando de agradar al gran hombre, omitió aquellos detalles desagradables. Pero Cromwell, al ver el cuadro, dijo: '¡llévatelo, y píntame con verrugas y todo!' Una de las grandes virtudes de la Biblia es que retrata a sus personajes con berrugas y todo" (Comentario al Nuevo Testamento. Volumen 7. William Barclay. La Aurora, Bs.As.: 1974, p.64). Esta historia de Hechos 5:1-11 (Ananías y Safira) bien podía haberse omitido, porque demuestra que aún en la iglesia primitiva había cristianos imperfectos. Pero la Biblia rehúsa presentar un cuadro idealizado de cosa alguna. Lo cierto es que, en toda circunstancia, el Espíritu Santo estaba haciendo su obra.

I. El Espíritu Santo disciplinando la iglesia

La piedad de Bernabé y la alabanza que recibió por su generosidad sincera (Hechos 4:36–37) impresionaron a Ananías y Safira. Deseando ellos tener el mismo reconocimiento, aparentaron haber dado el total de la venta de una propiedad para distribuirlo entre los pobres (v.1).

A. Un peligro latente

El incidente enfatiza el peligro de obstaculizar a la iglesia e involucrar al Espíritu Santo en actos injustos. Aparentemente, Ananías y Safira habían afirmado que el Espíritu Santo los había inspirado a vender la propiedad y dar el total a la labor social de la iglesia. Ellos habían tratado de hacer al Espíritu Santo partícipe de su crimen. Estaban atribuyendo la obra de Satanás al Espíritu Santo. En cualquiera de los casos, el tratar de usar mal los recursos divinos es peligroso.

Aquí tenemos a dos hipócritas actuando como dos cristianos consagrados, pues guardaron para sí parte de lo que estaban dando a la iglesia. El relato bíblico (v.2) literalmente dice: "... sabiéndolo también su mujer"; o sea, "sabiéndolo ella con el esposo", entonces el pecado era más serio por ser "deliberado". Se ha comparado la hipocresía de Ananías y Safira con la de Acán, en la conquista de Canaán (Josué 7). En ambos casos, el pueblo atravesaba un momento crítico de la misión divina, y la hipocresía era una amenaza. Los dos sucesos son recordatorios gráficos de la percepción divina del pecado y muestra que el ardor de su ira, contra todo lo que no es santo, es parte esencial y eterna de su naturaleza divina. Sin embargo, esto no significa que los que no han experimentado los juicios de Acán y Ananías sean mejores que ellos; ya que sólo la gracia de Dios cambia las cosas. Estos incidentes en momentos distintos de la historia bíblica sirven para recordarnos que debemos vivir con un reverencial temor a Dios (Josué 7:26) (Biblia de Estudios de Apologética, Nashville, Tennessee: Holman Bible Publisher, 2011, p.1485).

B. La sentencia

La sentencia que se ejecutó sobre estos dos hipócritas fue sumaria y veloz. Sus muertes fueron instantáneas al escuchar la pregunta de Pedro. Las muertes de Ananías y Safira pudieron haber resultado de la impresión por haber sido descubiertos públicamente. El hecho de que ambos murieron repentinamente indica que sus muertes no pueden ser simplemente explicadas por causas naturales; sin embargo, Dios puede usar lo natural para su propósito.

Esta historia muestra tres aspectos importantes acerca de la iglesia primitiva: La expectación, la sensibilidad de la gente de aquellos días y también muestra el extraordinario respeto en el cual eran tenidos los apóstoles. Esta historia nos enseña que Dios aborrece la hipocresía. Claro está que ha habido multitud de hipócritas desde entonces y siempre los habrá; pero en aquellos días, Dios dio una solemne advertencia que sirviera como una barrera para que la gente no entrara como un torrente, sin pensarlo o por motivos indignos, en la iglesia. El propósito de este castigo era el de conservar limpia la iglesia. El Dios de toda justicia hizo ver en los comienzos de la iglesia lo que Él pensaba y piensa de los fallos morales y espirituales, al mezclarse obras satánicas con las del Espíritu Santo, que afean el testimonio de su pueblo. Este actuar de Dios hizo que viniera el temor sobre la iglesia y todos los que oyeron (v.11).

A través de este actuar de Dios se puede observar el efecto que provocó dicho acontecimiento referido en la iglesia primitiva. En Hechos 5:13-14, se indican los dos resultados del suceso acaecido: Las personas insinceras tuvieron miedo de unirse a la iglesia, pero "los que creían en el Señor aumentaban más, gran número así de hombres como de mujeres".

II. El Espíritu Santo expandiendo la iglesia

A. La continuidad del poder a través de la iglesia

Quitada de en medio la turbación que había causado el intento de Ananías y Safira, la iglesia continuó experimentando la gracia milagrosa de Dios. Las señales y milagros daban evidencia continua de que la presencia de Dios estaba con los apóstoles (5:15-16). Las manifestaciones hicieron posible la continuación del testimonio en Jerusalén, a pesar de la furia de los líderes religiosos.

B. La iglesia amenazada

La iglesia cristiana fue amenazada desde afuera, pero no se escondió. Su lugar de reunión fue al aire libre, en el pórtico de Salomón (v.12). Los cristianos primitivos se reunían en un lugar en el cual, desde todas partes, todo el mundo los podía ver; pues no tenían la menor intención de ocultar su cristianismo. Multitudes de cristianos hacían de los amplios pórticos orientales sus "capilla evangélica".

Los apóstoles eran tenidos en gran estima. La curación de los enfermos y la liberación de los malos espíritus revelaban que el poder divino no se había desvanecido. Todo esto era demostración y eficacia de la autoridad que revestía a los apóstoles durante esta brillante época de su obra.

C. La iglesia sumamente efectiva

Muchas cosas acontecían en su desarrollo y expansión. Pero la iglesia existió y existe para hacer de los hombres malos, personas salvas; además existe aún a fin de que por medio de los milagros de la gracia de Dios, veamos su poder. Las personas asisten a la iglesia y es allí uno de los lugares donde las vidas son transformadas.

"¿Qué hace al cristianismo atractivo? Es fácil sentirse atraídos a una iglesia por sus programas, buenos predicadores, comodidades o compañerismo. La iglesia primitiva atraía los creyentes por el poder y los milagros de Dios, la generosidad, la sinceridad, la honestidad, la unidad de los miembros y el carácter de los líderes" (Biblia Del Diario Vivir. Caribe, Nashville, Tennessee: 1997, p.1491).

III. La protección del Espíritu Santo

A. El arresto de los apóstoles

En Hechos 5:17-18, vemos que era inevitable que los dos poderes en Jerusalén volviesen a chocar, y que el sanedrín no realizara otro intento para imponer su autoridad. El favor del pueblo pesaba mucho, refrenando por algún tiempo la furia y el despecho de la casta sacerdotal. Pero por fin los jefes tomaron la decisión de arrestar a los apóstoles. El arresto se supone fue en la tarde, para ser presentados ante el sanedrín el día siguiente.

B. La liberación nocturna

Pero "Dios no duerme" (Hechos 5:19-20) y quiso seguir dando manifestaciones de autoridad a sus siervos, de la protección que los envolvía y de su voluntad que hizo resonar aun "la predicación del evangelio" hasta en los patios del templo. Envió un ángel (un ángel del Señor) durante la noche, y este no sólo abrió las puertas de la cárcel para sacar a los apóstoles, sino que les dio la orden de volver precisamente a los pórticos del templo para continuar el ministerio interrumpido por el arresto. Dios no habría de librar a sus siervos del sufrimiento y la vergüenza de la persecución (5:40-41), pero les hizo invulnerables en cuanto a su ministerio.

C. Un tribunal sin reos

La historia que aquí se narra (5:20-26) no necesita explicaciones. El sanedrín convocó a una reunión plenaria (v.21) sin que nadie se diera cuenta de que los reos no estaban en el calabozo. Luego, enviaron a los alguaciles para que fueran a buscar a los presos. Ellos fueron a la cárcel y encontraron todo en orden, pero no había presos dentro. Los demás reos estaban en el lugar de siempre.

Alguien dio la noticia de que estaban en el templo enseñando al pueblo. "Ya estaba por amanecer cuando los apóstoles llegaron frente al templo y empezaron a hablarle a la gente. Mientras tanto, el jefe de los sacerdotes y sus ayudantes reunieron a toda la Junta Suprema y a los líderes del pueblo. Después mandaron traer a los apóstoles" (v.21 TLA). Tenemos en estos versículos 29-32 la defensa de todo el cuerpo apostólico, pero en el versículo 29 indica que, una vez más, Pedro actuó como portavoz a favor de todos. Pedro reiteró el principio fundamental de su ministerio: La obediencia a Dios, es fundamental como ya lo había anunciado con toda claridad cuando anteriormente fue acusado ante el mismo tribunal (Hechos 4:19-20).

Gamaliel era doctor de la ley y fue también maestro de Pablo (Hechos 22:3); un líder rabínico muy importante, miembro del sanedrín y nieto de Hilel, uno de los principales intérpretes de la ley judía en la era romana. Gamaliel se refirió a que otros movimientos se habían levantado con anterioridad y habían fracasado y declaró que si esta obra (la de los apóstoles) no era de Dios, por sí sola caería; pero si lo era, nada podría detenerla, y si se empeñaban en estorbarla, estarían resistiendo a Dios (vv.34-39).

Los miembros del Sanedrín lo escucharon a Gamaliel y luego, volvieron a amenazar a los apóstoles, los azotaron y después, los dejaron ir: "así que enseguida mandaron traer a los apóstoles, y ordenaron que los azotaran en la espalda con un látigo. Luego les prohibieron hablar de Jesús, y los dejaron en libertad" (v.40 TLA). El relato concluye en los versículos 41-42 donde se menciona que salieron de la presencia del concilio gozándose de las tribulaciones, de haber sido tenidos por dignos de padecer afrenta por haber demostrado su lealtad al nombre de Jesús. Y todos los días, en el templo y por las casas, no cesaban de enseñar y predicar el evangelio. El temor, la persecución o la amenaza no pudieron impedir la labor del Espíritu Santo en los líderes de la iglesia primitiva. Al contrario, demostraron ser hombres de valor, de principios, que tenían una idea clara de su función.

Conclusión

Escriba una conclusión junto con la clase.

Recursos

Información complementaria

Ananías fue un miembro de la primitiva comunidad de Jerusalén. "Ananías del Nuevo Testamento del equivalente Hananias del Antiguo Testamento. Significa uno con quien Jehová ha sido benévolo. Pero Ananías no le correspondió a Dios. Él se guardó parte de lo que pretendía dar a la iglesia". Y Safira Esposa de Ananías "significa "hermosa"; pero en lugar de mostrarse como una piedra "zafira" (hermosa) como su nombre lo sugería, ella se yergue como un símbolo de engaño repugnante" (Comentario Bíblico Beacon. Tomo 7. CNP, USA: 1969, p.313).

La venta de propiedades y la generosa entrega del precio de ellas para el servicio de Dios en la iglesia dependían enteramente de la voluntad de cada uno. Es muy importante la pregunta que Pedro dirigió a Ananías: Quedando (sin vender la propiedad), ¿no quedaba tuya? Y vendida, ¿no estaba (el precio) en tu poder? (5:4). Nadie forzaba a Ananías a vender su finca ni a entregar el precio a los apóstoles. (Los Hechos de los Apóstoles. Trenchard, Ernesto. Portavoz: Gran Rapids, USA: 1962, p.155).

Atormentados de espíritus inmundos: En la antigüedad la gente atribuía toda enfermedad a la operación de espíritus inmundos. Los egipcios por ejemplo: Creían que el cuerpo podía ser dividido en partes y secciones separadas, y que cada parte podía ser habitada por un espíritu maligno.

El pórtico de Salomón: Los pórticos eran paseos cubiertos por un techo sostenido por columnas. Ese era uno de los grandes pórticos que circundaban la fachada oriental del templo de Salomón.

Definición de términos

Discernimiento: Probablemente Pedro recibió un discernimiento especial del Espíritu Santo, aunque el relato no excluye que haya recibido información humana en cuanto al precio de la venta. Dios tiene diferentes formas de actuar.

Actividad suplementaria

Trabajo en grupos

Divida la clase en tres grupos y dé una porción a cada grupo (pueden ser los pasajes de cada punto). Luego, pídales que lo lean y tomen diez minutos para discutir, entre los miembros del grupo, la enseñanza de ese pasaje. Después, pida que cada grupo comparta lo que descubrió y usted aporte el material del libro para completar la enseñanza. Finalmente, entre todos realicen una conclusión de cómo la labor del Espíritu Santo obra para bien en la iglesia a través de las diferentes circunstancias.

La labor del Espíritu Santo

Hoja de actividad

Versículo para memorizar: "Y los que creían en el Señor aumentaban más, gran número así de hombres como de mujeres" Hechos 5:14.

I. El Espíritu Santo disciplinando la iglesia

¿En qué consistió la naturaleza del pecado de Ananías y Safira? (Hechos 5:1-11). _____

_____

Haga algunas observaciones sobre el castigo que cayó sobre Ananías y Safira. _____

_____

¿Qué repercusiones tuvo en la iglesia y en los que lo oyeron? (Hechos 5:11,13-14). _____

_____

II. El Espíritu Santo expandiendo la iglesia

¿Dónde se anunciaba el mensaje en los primeros tiempos? (Hechos 5:20). _____

_____

¿Por qué cree que la gente seguía a los discípulos? _____

_____

¿Cuál fue la actitud de los religiosos de ese tiempo? (Hechos 5:21b,24). _____

_____

III. La protección del Espíritu Santo

¿Cuál fue el mandato del ángel al sacarlos de la cárcel? (Hechos 5:19-20)._____

_____

¿Cuál fue el testimonio de Pedro? (Hechos 5:29-32). _____

_____

¿Qué fariseo defendió la causa de los apóstoles? ¿Cuál fue su argumento? (Hechos 5:34-39)._____

_____

¿Con qué actitud salieron los apóstoles del concilio? (Hechos 5:40-42). _____

_____

Conclusión

_____

_____

Poniendo todo en orden

Aldo Genes (Paraguay)

Versículo para memorizar: "Y crecía la palabra del Señor, y el número de los discípulos se multiplicaba grandemente en Jerusalén; también muchos de los sacerdotes obedecían a la fe" Hechos 6:7.

Propósito de la lección: Que el alumno aprenda algunos principios en la organización de la iglesia y el liderazgo de hoy.

Introducción

Si quieres conocer verdaderos líderes, ve a una iglesia cristiana evangélica. ¿Cómo es que nos atrevemos a hacer una afirmación tan desafiante? ¿No es muy comprometedor enunciar algo así? Permítame presentar algunas defensas a mi primera afirmación. La mayoría de nuestras iglesias latinoamericanas tienen muy pocas personas que trabajan a sueldo. Son congregaciones que, en la mayoría de los casos, funcionan "a puro pulmón".

Además, ¿qué nos "ata" a una iglesia?, ¿no es voluntaria y libre la "adhesión" a una "membresía"? Claro que lo es. Permítame presentarle otro argumento: Las empresas y muchas instituciones funcionan, porque hay personas que perciben un salario semanal, quincenal o mensual. Aun en esos lugares "es más fácil ser líder" porque las personas están obligadas generalmente por un contrato y por el sueldo que perciben. En esos sitios, las personas hacen lo que "el jefe" dice, con gusto o disgusto; pero sin muchas opciones ya que existe el riesgo de perder el trabajo y, por tanto, dejar de percibir el salario. Pero, ¿qué les mueve a las personas que están voluntariamente en una iglesia sin percibir un salario? Primero, decimos su relación con Dios, segundo su deseo de pertenencia a un grupo y tercero porque allí están los verdaderos líderes que son capaces de mover al voluntariado y conquistar corazones por un testimonio y ejemplo de vida sometida al Señor (quien es el líder supremo o cabeza de la iglesia).

En esta lección, y basados en Hechos 6:1-7, queremos proponer alternativas para ser mejores líderes y descubrir, seleccionar y comisionar a otros buenos líderes para que cooperen con nosotros en la tarea de extensión del reino de Dios aquí en la tierra.

I. De acuerdo al don es el rol

Hechos 6:1 nos habla primeramente de crecimiento. Un aspecto que no podemos pasar por alto es que toda iglesia, que está creciendo, tiene nuevos desafíos y nuevas oportunidades de descubrir y ubicar personas idóneas conforme a sus dones espirituales para el ejercicio de dichos dones en el cuerpo de Cristo. Lo triste es cuando una iglesia está inmersa en murmuraciones y conflictos, no por fruto de su crecimiento, sino de su carnalidad.

En este versículo 1 podemos apreciar "los bandos" que se encontraban confrontados: Los "griegos" o "helenistas" y los "hebreos". Aclaramos que ambos grupos eran judíos; sólo que unos crecieron en la diáspora o la dispersión y su idioma materno era el griego, y otros eran los que tenían por lengua materna el arameo y crecieron en las comunidades judías tradicionales de Palestina.

Otro aspecto por ver (v.1) es que la murmuración que se estuvo dando no estalló en conflicto o división. Ante la menor posibilidad de fricciones, los apóstoles actuaron inmediatamente. Este principio también es muy importante para nuestras iglesias de hoy en día, ya que, muchas veces esperamos "que explote primero la bomba" y después, queremos actuar. Aprendamos de lo anterior y actuemos con la prevención y no sólo con la curación.

El versículo 1 nos habla también del grado de convivencia que había entre los primeros cristianos, pues hasta para la provisión diaria dependían de los apóstoles. También nos dice que los cristianos primitivos cumplían con las leyes del Antiguo Testamento, ya que en la ley de Moisés, las viudas, los pobres, los huérfanos y otros grupos vulnerables debían ser atendidos, esto continuó en el Nuevo Testamento (Deuteronomio 14:29, 24:19, 26:12; Isaías 1:17; etc. Véase también Santiago 1:27).

En el versículo 2, debemos clarificar que los apóstoles no estaban desmeritando la tarea de "servir a las mesas". Esto lo podemos explicar con una pregunta:

Cuando se invita a alguien a comer a su casa, ¿quién sirve la comida el anfitrión o la visita? Generalmente, lo hace el anfitrión. Esto fue lo que hizo también el Señor en la última cena (Lucas 9:16, 22:17-19, 24:30).

Lo segundo que se quiere dejar claro aquí es que la palabra griega que se utiliza para "mesa" tiene también otro significado. El primer significado de mesa es "el lugar para comer"; pero tal palabra en griego también puede significar "el lugar de los cambiadores de dinero" (Marcos 11:15; Lucas 19:23). Es lo mismo que en el castellano: Banco puede significar "el lugar donde nos sentamos" y también, "el lugar donde se hacen transacciones con dinero". Lejos de pretender concentrar todo el poder para sí, los apóstoles fueron sabios en permitir que otros cooperaran con su quehacer. Lastimosamente, en estos casos, olvidamos en primer lugar el dicho que dice: "El que mucho abarca, poco aprieta"; y en segundo lugar, los líderes perdemos muchas veces el enfoque cuando pasamos demasiado tiempo "detrás del escritorio", perdiendo contacto con la gente y con las necesidades y problemas relevantes de nuestras congregaciones. Si otros tienen el don de administrar mejor que nosotros, no dudemos en darles un espacio convirtiéndonos así en supervisores y no en hacedores de tareas que nos consuman todo el tiempo o que a veces no podamos cumplir.

II. Cargos conforme a características especiales

Un principio básico de administración es el siguiente: "Ajustar las personas a las funciones y no las funciones a las personas". Comprendamos mejor esto con la siguiente analogía: Si usted tiene un manojo con diez llaves, selecciona una y no le abre la puerta, ¿qué hace, manda cambiar la cerradura para que la llave seleccionada la abra o sigue buscando en el llavero la llave correcta? Espero que su respuesta sea que sigue buscando la llave correcta.

Nuestros fracasos o estancamientos muchas veces se deben a que ajustamos las funciones a las personas. Entonces, ponemos a la hermanita de ochenta años fiel en la oración como presidenta de jóvenes, y nos excusamos diciendo: "Es que va a orar mucho por nuestros jóvenes", o, "tiene una linda sonrisa" o, "será como una madre o abuela para todos…" y resulta que por cuestiones de salud, lluvia y otras cosas más nunca puede asistir al culto de jóvenes. Quizás este ejemplo parece exagerado, pero en mayor o menor medida muchas veces suceden cosas semejantes.

Lo primero que debemos buscar entre los miembros de la iglesia ya existentes en nuestras congregaciones son las personas idóneas o que reúnan las características que buscamos. En el caso de los apóstoles, ellos delinearon en Hechos 6:3 tres características que podrían ser directrices para nosotros hoy en la asignación de algún liderazgo. Dichas características son las siguientes:

a) Buen testimonio: Esta característica tiene que ver con el aspecto relacional. Buena relación con Dios, pero también con las personas. Los de buen testimonio son personas confiables que gozan de la confianza de sus hermanos y, por tanto, de buena reputación dentro de la congregación.

b) Llenos del Espíritu Santo: Personas que dan fruto de arrepentimiento, que muestren que son gobernados por Dios y que evidencian el fruto del Espíritu (Gálatas 5:22-25).

c) Sabiduría: Por lo general, esta palabra se usa en la Biblia para referirse a la habilidad e inteligencia necesaria para resolver los problemas de la vida diaria. "La persona sabia es la que aprende a enfrentar sus problemas y a resolverlos de manera práctica. La experiencia que va alcanzando en la solución de problemas la hacen cada día más sabia" (Biblia Traducción en lenguaje actual. Hechos 6:3. Sociedades Bíblicas Unidas, EUA: 2000, s.pp-digital).

III. Comisión de los que son llamados

Cuando hablamos de comisión debemos tener claro que es un encargo que alguien da a otra persona. Por tanto, cualquier lugar de liderazgo o llamamiento que tengamos no es de nuestra propia alucinación o fantasía de autosuperación, etc., sino que es una tarea que Dios nos confía.

En el caso del liderazgo principal, dos responsabilidades que no se pueden descuidar son la oración y la exposición de la palabra de Dios (Hechos 6:4). Por tanto, toda actividad que nos robe todo el tiempo y el espacio para estas actividades esenciales debe ser delegada.

El versículo 5 nos habla de siete hombres seleccionados. No sólo eligieron "representantes" para que se "apacigüen" los ánimos de los "disidentes", sino que se les confió el liderazgo a los que conocían bien las necesidades de su gente.

Los apóstoles no sólo otorgaron autoridad "en los papeles", sino también en la "práctica" y de manera visible (v.6). Eso es lo que nos trasmite la "imposición de manos" que se relata en dicho versículo. "El imponer manos, aunque era una costumbre conocida del A.T. (Números 27:18) es la primera vez que aparece en el N.T. con excepción de las imposiciones de manos para sanar enfermos" (Hechos de los Apóstoles. Justo González. Kairós, Argentina: 2000, p.150).

A continuación, es preciso hacer dos aclaraciones. El versículo 6 no habla necesariamente que la oración y la proclamación de la Palabra de Dios fuera exclusividad de los líderes principales ni que aquí se encuentra la instauración del ministerio del diaconado. Lo principal de Hechos 6:1-7 es la preparación del escenario para comunicarnos la expansión del evangelio por primera vez fuera del contexto de Jerusalén, pues se predicaría en Samaria y hasta lo último de la tierra (Hechos 1:8).

En Hechos 7, por ejemplo, vemos que quien estaba exponiendo la Palabra no era "uno de los doce" (apóstoles), sino "uno de los siete" (diáconos). Es más, la exposición de la Palabra en Hechos 7 y 8 estaba a cargo de dos "de los siete" (Esteban y Felipe). De este modo, decimos que la proclamación del evangelio o la exposición de la Palabra no es exclusividad de los pastores.

Por otro lado, no podemos decir que aquí "se funda" el diaconado, porque la misma palabra griega para "servir" del versículo 3 aplicado a los diáconos es la misma que los apóstoles utilizaron en el versículo 4 para "el ministerio de la Palabra".

Para cerrar esta sección, llegamos al versículo 7 y notamos el fruto de ejercer los dones; elegir colaboradores y empoderarlos para que hagan la tarea. La palabra del Señor crece, aumenta el número de los discípulos y aun las personas menos pensadas llegan a obedecer la fe por la exposición clara de la Palabra y el testimonio contundente de los cristianos.

Conclusión

¿Eres parte de los verdaderos líderes capaces de someterte primeramente al Señor y, luego, conquistar corazones por tu testimonio y ejemplo de vida? Desde este momento, no dudes en aplicar los principios aprendidos. Ahora te toca rodearte de personas que te ayuden a cumplir la misión que el Señor te ha encomendado.

Recursos

Información complementaria

Hechos 6:5. "En Hechos: tenemos otras noticias respecto a Esteban (Hch 6.8–7.60) y Felipe (Hch 8.4–13, 26–40; 21.8–9), a quien no debe confundirse con Felipe el apóstol, que era uno de los doce. Esteban, a juzgar por su discurso del cap. 7, era helenista. …Nicolás prosélito de Antioquía… capital de la provincia romana de Siria y tercera ciudad del imperio (no debe confundirse con Antioquía de Pisidia, de Hch 13.14–52). Al llegar a esta región, entraban en pleno territorio pagano (cf. Hch 1.8), aunque también había allí muchos judíos." (Biblia Reina-Valera – 1995 Edición de Estudio. Sociedades Bíblicas Unidas, EUA: 1998, s.pp-digital).

Definición de término

Prosélito: "Persona que no era judío de nacimiento pero que se convertía a la religión judía." (Biblia Reina-Valera – 1995 Edición de Estudio. Sociedades Bíblicas Unidas, EUA: 1998, s.pp-digital).
Diáspora o dispersión: "Este término aplica a la nación de Israel ahora dispersada por todo el mundo…" (Nuevo Diccionario Bíblico Ilustrado. Clie, España: 1985, p.270).

Actividad suplementaria

Quien encuentra más rápido la llave
Materiales: Disponga de una puerta que estará cerrada con llave para realizar la competencia. Luego, busque un manojo de llaves con, por lo menos, cinco llaves o más para mayor dificultad en el juego. Por supuesto, dentro del manojo debe estar la llave que abra la puerta. Sería ideal que disponga además de algún recurso que cuente con cronómetro para medir el tiempo de cada grupo.

Desarrollo: Divida la clase en dos grupos. Pida que cada grupo elija dos representantes para la tarea que se designará. Los dos representantes del primer grupo deberán salir corriendo y procurar encontrar la llave de la puerta en el menor tiempo posible. El resto debe alentar, animar y motivar a sus representantes para que lo hagan en el menor tiempo posible. Luego, repetirá la acción el otro grupo. Ganará el grupo cuyos representantes hayan hallado la llave correcta en el menor tiempo posible.

Luego, pregunte lo siguiente:
- ¿Qué pasó por su mente mientras los representantes no hallaban la llave correcta?
- ¿Qué hubiera sido más fácil si no hallaban la llave correcta?
- ¿Qué piensa del juego que hicimos con respecto a esta frase: "Ajustar las personas a las funciones y no, las funciones a las personas"?

Poniendo todo en orden

Hoja de actividad

Versículo para memorizar: "Y crecía la palabra del Señor, y el número de los discípulos se multiplicaba grandemente en Jerusalén; también muchos de los sacerdotes obedecían a la fe" Hechos 6:7.

I. De acuerdo al don es el rol

¿Qué circunstancias se dio según Hechos 6:1-2?_____

_____

¿Qué problemas similares podemos ver en nuestro contexto?_____

_____

_____

II. Cargos conforme a características especiales

Escriba las tres características que debían tener las personas que iban a servir las mesas (Hechos 6:3).____

_____

_____

¿Por qué era importante ver esas características en las personas? _____

_____

_____

III. Comisión de los que son llamados

Mencione dos ocupaciones que tendrían los discípulos (Hechos 6:4-7). _____

_____

Explique la importancia de cada una en la vida de un siervo de Dios. _____

_____

Conclusión

¿Eres parte de los verdaderos líderes capaces de someterte primeramente al Señor y, luego, conquistar corazones por tu testimonio y ejemplo de vida? Desde este momento, no dudes en aplicar los principios aprendidos. Ahora te toca rodearte de personas que te ayuden a cumplir la misión que el Señor te ha encomendado.

Convicciones cristianas

Eduardo Velázquez (Argentina)

Versículo para memorizar: "Pero Esteban, lleno del Espíritu Santo, puestos los ojos en el cielo, vio la gloria de Dios, y a Jesús que estaba a la diestra de Dios" Hechos 7:55.

Propósito de la lección: Que los alumnos adquieran convicciones profundas que les permitan encarnar una misión divina en un medio hostil o ante cualquier circunstancia.

Introducción

Todos tenemos convicciones en la vida. Estas son las que guían de alguna manera nuestra forma de pensar y de actuar, y están especialmente en estrecha relación con nuestras creencias o fe.

Así pues, las convicciones son nuestros asideros en la vida cristiana. Por ellas somos como somos y hacemos lo que hacemos, forman parte de nuestra personalidad e identidad y se extienden a todas las áreas de nuestras vidas. De acuerdo a la calidad de ellas, será también la calidad de nuestra relación con Dios y de nuestro servicio a Él.

Este es el tema que nos ocupa en esta lección: Las convicciones cristianas (Hechos 6:8-15, 7:1-60, 8:1-25).

La Palabra de Dios presenta ejemplos de creyentes que tuvieron convicciones muy arraigadas en cuanto a su vida de fe y ellas les ayudaron a mantenerse fieles a Dios frente a los momentos difíciles de la vida, frente a las tentaciones y frente a los desafíos del servicio al Señor.

I. Muerte de uno de los diáconos

A. Testigo hasta las últimas consecuencias

Esteban desempeñó algunos servicios en la iglesia en sus comienzos, fue también un buen administrador, hacedor de prodigios (Hechos 6:8) y evangelista (v.10). Su principal característica como servidor fue que todo lo hacía lleno del Espíritu Santo. Este es el requisito más importante para cualquier clase de servicio cristiano: Estar lleno de fe y del poder del Espíritu Santo. Por el poder del Espíritu Santo, usted puede ejercer los dones que Dios le dio.

Los llamados libertos (v.9) levantaron falso testimonio (blasfemia contra la ley) en contra de Esteban (v.11), causando su arresto y presentación ante el concilio judío. Los saduceos, que eran el partido dominante en el concilio judío, aceptaban y estudiaban solamente los libros de Moisés (Génesis a Deuteronomio). Entonces, para ellos, hablar blasfemia en contra de Moisés era un crimen. Sin embargo, por el mensaje de Esteban (Hechos 7), entendemos que esta acusación que le hacían era falsa. Esto lo podemos comprobar cuando Esteban basó su resumen de la historia israelita en los escritos de Moisés.

Cuando llevaron a Esteban ante el sanedrín (Hechos 6:12), el concilio de líderes religiosos judíos hizo una acusación en su contra igual que la que habían hecho contra Jesús (Mateo 26:59-61). Acusaron falsamente a Esteban de querer echar a un lado la ley de Moisés, porque sabían que los saduceos, quienes controlaban el concilio, creían sólo en ella. Los creyentes debemos tener convicciones firmes con respecto a nuestra fe y mensaje, ya que en muchas oportunidades seremos desafiados a defenderlas frente a otras creencias o cuestionamientos acerca de ellas.

B. El discurso de Esteban

Esteban realizó una extensa exposición acerca de la relación de Israel con Dios. Por medio de la historia del Antiguo Testamento, mostró que los judíos una vez tras otra rechazaron el mensaje de Dios y sus profetas, y que este concilio había negado al Mesías, el Hijo de Dios.

Presentó tres puntos principales: (1) La historia de Israel es la historia de la intervención de Dios en el mundo. (2) Los hombres adoraron a Dios mucho antes que hubiera un templo, porque Dios no vive en un templo. (3) La muerte de Jesús fue un ejemplo más de la rebelión y el rechazo a Dios por parte de su pueblo, Israel.

Esteban, más que defenderse, tomó la ofensiva, aferrándose a la oportunidad para publicar sus enseñanzas acerca de Jesús. Esteban acusó a los líderes religiosos por fallar en obedecer las leyes de Dios, las leyes que ellos con orgullo manifestaban seguir meticulosamente. Esta fue la misma acusación que Jesús elevó en contra de ellos. Esto nos enseña que, cuando testificamos de Jesús, no necesitamos estar a la defensiva, sino simplemente debemos manifestar nuestra fe y convicciones cristianas las cuales deben estar sustentadas fielmente en la Palabra de Dios, la Biblia.

Desde otro ángulo, el mensaje de Esteban señaló que Dios siempre respetó la parte que le correspondía en la promesa y su pacto con los patriarcas y el pueblo. En cambio, Israel falló una y otra vez hasta el final. A pesar de que los judíos contemporáneos de Esteban seguían adhiriéndose a la ceremonia de la circuncisión, eran negligentes en obedecer. Los corazones de la gente estaban lejos de Dios. Su desobediencia y falta de fe significaban su fracaso en guardar la parte del pacto que les correspondía.

El repaso de Esteban acerca de la historia de los judíos nos da un claro testimonio de la fidelidad y la soberanía de Dios. A pesar de las continuas fallas en su pueblo escogido y los turbulentos acontecimientos del mundo, Dios fue desarrollando su plan. Entonces, cuando atravesemos por circunstancias difíciles y confusas, debemos recordar lo siguiente: (1) Dios tiene el control, nada le sorprende ni sale de su conocimiento; (2) Dios es justo y hará justicia, dando al malvado y al fiel lo que le corresponde a cada uno; (3) Dios quiere usarnos (al igual que a José, Moisés y Esteban) para desarrollar un servicio especial en este mundo.

C. Muerte de Esteban

Después de su discurso, Esteban vio la gloria de Dios y a Jesús el Mesías a la diestra del Altísimo: "Pero como tenía el poder del Espíritu Santo, Esteban miró al cielo y vio a Dios en todo su poder. Al lado derecho de Dios estaba Jesús, de pie. Entonces Esteban dijo: Veo el cielo abierto. Y veo también a Jesús, el Hijo del hombre, de pie en el lugar de honor" (Hechos 7:55-56 TLA). La audiencia no toleró las palabras de Esteban, por eso lo sacaron de la ciudad y lo apedrearon. La pena por blasfemia, hablar con irreverencia de Dios, era morir de esta forma cruel (Levítico 24:14). Los furiosos líderes religiosos, sin juicio ni veredicto, apedrearon a Esteban. No entendían que las palabras de Esteban eran ciertas, porque ellos no buscaban la verdad. Sólo querían defender sus puntos de vista.

Tal vez la gente no nos mate por hablarles de Cristo, pero nos van a dar a entender que no quieren oír la verdad y hasta tratarán a menudo de callarnos. Siga honrando a Dios con su conducta y palabra, esto será el fiel reflejo de su fe y convicciones, como lo fue Esteban. A pesar de que muchos se pongan en contra de su mensaje, otros seguirán a Cristo. Recuerde, la muerte de este siervo de Dios provocó un profundo impacto en Saulo, quien luego se convirtió en el misionero más grande del mundo. Aun los que se le opongan ahora, más tarde podrían volverse a Cristo.

Estando cercano a la muerte, Esteban habló palabras muy similares a las palabras de Jesús en la cruz (Lucas 23:34). Esteban estuvo listo para sufrir como Jesús, aun al punto de pedir perdón por sus asesinos: "Luego cayó de rodillas y gritó con todas sus fuerzas: "Señor, no los castigues por este pecado que cometen conmigo". Y con estas palabras en sus labios, murió." (Hechos 7:60 TLA). Esta actitud perdonadora viene sólo del Espíritu Santo. El Espíritu también puede ayudarnos a actuar como Esteban lo hizo, con amor por nuestros enemigos.

II. Persecución de la iglesia

A. Pablo perseguía a la iglesia

Saulo es a quien más tarde llamaron Pablo (Hechos 13:9). Él llegó a ser el gran misionero que escribió muchas de las epístolas del Nuevo Testamento. Saulo era su nombre hebreo; Pablo, su nombre griego que usó al iniciar su ministerio a los gentiles. Cuando Lucas mencionó a Pablo en la muerte de Esteban, (Hechos 7:58), este detestaba y perseguía a los seguidores de Jesús. Es un contraste con el Pablo del que Lucas se ocupó en gran parte del resto del libro de Hechos y quien llegó a ser un consagrado seguidor de Cristo y un poderoso predicador del evangelio. Pablo tenía la autoridad única para hablar a los judíos acerca de Jesús, porque antes había perseguido a los cristianos. Fue fariseo y entendía esta oposición (Hechos 26:5; Filipenses 3:5-6). "Saulo vio cómo mataban a Esteban, y le pareció muy bien" (Hechos 8:1 TLA). Pablo es un gran ejemplo de que para Dios no hay ninguna persona imposible de alcanzar ni de cambiar.

La persecución que se desató después de la muerte de Esteban forzó a los cristianos a que salieran de Jerusalén y fueran a Judea y Samaria. De esa manera se cumplía la segunda parte del reciente mandato de Jesús (Hechos 1:8). La persecución ayudó a la difusión del evangelio. El esparcimiento de los creyentes sería aprovechado por el Señor para lograr grandes avances en su Reino.

B. El evangelio fue predicado en Samaria

En Hechos 8:5, se menciona a Felipe. Este no era el apóstol (Juan 1:43-44), sino un judío de habla griega, "lleno de fe y del Espíritu Santo", uno de los siete diáconos escogidos para ayudar en la distribución de los alimentos en la iglesia (Hechos 6:5).

Israel se dividía en tres regiones principales: Galilea en el norte, Samaria en el centro y Judea en el sur. La ciudad de Samaria (en la región del mismo nombre) fue la capital del norte del reino de Israel en los días en que este estaba dividido, antes de su conquista por Asiria en el año 722 a.C.. Durante esta guerra, el rey asirio llevó muchos cautivos, dejando sólo a los más pobres y repoblando la tierra con extranjeros. Estos contrajeron matrimonio con los judíos que quedaron, y este grupo mixto dio origen a los samaritanos.

Los judíos "puros" del reino del sur de Judá consideraban a los samaritanos como media casta y se odiaban mutuamente. Pero Jesús fue a Samaria (Juan 4) y mandó a sus seguidores que esparcieran el evangelio aun allí (Hechos 1:8).

Al igual que Jesús, durante este tiempo del ministerio Felipe fue a predicar a Samaria y muchos fueron sanados y enfrentó y echó fuera demonios. (Hechos 8:5-7) A los demonios, o espíritus malignos, los controla Satanás. Los demonios son reales y están activos, pero Jesús tiene autoridad sobre ellos y delegó su autoridad a sus seguidores. A pesar de que permite que Satanás obre en nuestro mundo, Dios tiene el control total. Su poder puede echar fuera demonios y terminar con su obra destructiva en las vidas de las personas. Al final, Satanás y sus demonios serán confinados para siempre, terminando su obra maligna en el mundo (Apocalipsis 20:10).

Nuestra fidelidad y convicciones espirituales a veces permitirán que pasemos por tiempos de adversidad. A lo mejor no deseamos esta experiencia; sin embargo, esta puede ser una de las mejores cosas para nosotros, porque Dios puede trabajar a través de nuestros sufrimientos. La próxima vez que se sienta tentado a quejarse de las adversidades o de las circunstancias dolorosas, deténgase y pregúntese si a lo mejor Dios lo está preparando para una misión especial.

Esta lección nos sitúa en la importancia de la fe y las convicciones que tenemos como cristianos. Dios siempre se ha mostrado en las vidas de los creyentes que están seguros de su confianza en Él, que están dispuestos a representarlo en este mundo y seguros que su fe está fundamentada en las Escrituras y en los valores establecidos por ellas. De igual manera, los desafíos del servicio a Dios y la extensión de su Reino en este mundo a menudo nos pondrán frente a ambientes hostiles y desafiantes, tanto como a retos que desafíen nuestras convicciones. ¿Estamos listos?

Conclusión

Dios siempre respaldará la vida y el servicio de un hombre o una mujer de sólidas convicciones cristianas, sin importar las circunstancias que les toque vivir.

Recursos

Información complementaria

"Algunos llamados Libertos…" (Hechos 6:9): Esclavos judíos a quienes se había concedido la libertad; muchos de estos, que habían regresado de otros países, eran helenistas.

El libro de los profetas (Hechos 7:42-43): Expresión que se refiere a la colección de los doce profetas llamados Menores. La cita es de Amós 5.25-27 (gr.), sólo que aquí se dice Babilonia en lugar de Damasco, recordando el cautiverio babilónico de los judíos (del reino del Sur o Judá). El texto hebreo del pasaje de Amós presenta algunas dificultades; en él, los dioses mencionados son de Babilonia o de Asiria (La Santa Biblia. Reina-Valera. Revisión 1995 de Estudio. Sociedades Bíblicas Unidas, p.1408,1410).

Definición de términos

Apedreamiento: Había que ejecutarlo fuera de la ciudad, ante el juez y en presencia del pueblo (Levítico 24:14; Números 15:36; 1 Reyes 21:10, 13). El testigo de cargo (tenía que haber por lo menos dos) debía arrojar la primera piedra (Deuteronomio. 13:s.; 17:7; Juan 8:7), la más pesada posible… El apedreamiento se imponía especialmente en casos de delitos religiosos… (Diccionario Ilustrado de la Biblia. Caribe; EUA: 1982, p.37).

Actividades suplementarias

Desarrollo: Pida a cada uno de los estudiantes que piensen en personas que hayan mostrado convicciones firmes en medio de la adversidad. Luego en un personaje bíblico que haya demostrado convicciones ante la adversidad. Finalmente, solicite que aplique la enseñanza de este personaje a su vida personal. Cada uno tendrá un minuto para comentar sobre sus conclusiones.

Convicciones cristianas

Hoja de actividad

Versículo para memorizar: "Pero Esteban, lleno del Espíritu Santo, puestos los ojos en el cielo, vio la gloria de Dios, y a Jesús que estaba a la diestra de Dios" Hechos 7:55.

I. Muerte de uno de los diáconos

¿Quién era Esteban según Hechos 6:8,10? _____

_____

_____

¿Qué hicieron los contrarios a Esteban? ¿Por qué cree que se sentían incómodos los que estaban en contra de Esteban? (Hechos 6:8-25). _____

_____

_____

¿Cómo fue la reacción de Esteban ante las acusaciones que le hicieron? (Hechos 7). _____

_____

_____

¿Cómo fue la actitud de Esteban ante la muerte? (Hechos 7:54-60). _____

_____

_____

II. Persecución de la iglesia

¿Qué sucedió después de la muerte de Esteban? (Hechos 8:1-3). _____

_____

_____

¿Cómo debe enfrentar un creyente los tiempos de adversidades y cuáles son las razones para hacerlo de esa forma? _____

_____

_____

Conclusión

Dios siempre respaldará la vida y el servicio de un hombre o una mujer de sólidas convicciones cristianas, sin importar las circunstancias que les toque vivir.

La universalidad del evangelio

Lección 32

Denis Espinoza, (Nicaragua)

Versículo para memorizar: "Y nos mandó que predicásemos al pueblo, y testificásemos que él es el que Dios ha puesto por Juez de vivos y muertos" Hechos 10:42.

Propósito de la lección: Que el alumno se sienta desafiado a desarrollar una actitud evangelizadora hacia los que son de diferentes grupos.

Introducción

El plan redentor de Dios incluyó, desde el inicio, la salvación de todos los seres humanos. Sin embargo, le costó bastante a los líderes de la iglesia primitiva comprender y poner en práctica la misión dada por Jesús de "hacer discípulos a todas las naciones". Dios tuvo que intervenir milagrosamente para conducir la proclamación del evangelio más allá de las fronteras de Jerusalén, es decir, hacia el mundo gentil. En esta lección, estudiaremos Hechos 8:26-40, 9:1-31, 10:1-48.

I. La conversión del eunuco etíope

A. Un evangelista en acción

Hechos 8:4-14 relata la fructífera labor de Felipe en Samaria. Fue una jornada impresionante de evangelismo y avivamiento masivo.

Pero Dios, quien es el dueño de la obra y el Señor de sus siervos, tenía preparada una tarea más para Felipe (Hechos 8:26-40). Esta demandaba una acción inmediata (v.26). La comisión tomaría varios días de camino para su cumplimiento, ya que había una distancia aproximada de 50 kilómetros de Samaria a Jerusalén y 80 hasta Gaza. Es impactante para nosotros la actitud y la pronta obediencia de Felipe para ir a cumplir la misión encomendada. Se trata de un hombre sumiso y sensible a la voz y guía del Espíritu de Dios (v.27).

B. Un funcionario sediento de Dios

El eunuco era un hombre muy importante y, de seguro, tenía mucha influencia en el ámbito político, económico y social de su país. Se nos dice que era el tesorero del reino de Etiopía (v.27). Su calidad de funcionario público le permitió acceder al mejor medio de transporte de aquella época.

Algo llamativo en él era su piedad religiosa, pues la Biblia dice que estaba regresando de Jerusalén a donde había llegado como peregrino para adorar a Dios, y además llevaba consigo un ejemplar de las Escrituras, pero no sólo las tenía sino que las iba leyendo (Hechos 8:28-29). Este dato refleja su sed espiritual. El texto bíblico que leía es Isaías 53:7-8, pasaje mesiánico referente al sufrimiento del Mesías por el cual salvaría a quienes confiaran en Él.

A partir de esa Escritura, Felipe le anunció el evangelio del señor Jesús. Con el mismo entusiasmo, pasión y autoridad con que había predicado a los samaritanos (Hechos 8:5-6), después compartió con el etíope en una situación personalizada. Le presentó todo el plan de salvación centrado en la persona de Jesucristo y su obra expiatoria. De seguro, todo el tiempo que duró la travesía lo utilizó muy bien transmitiéndole el mensaje completo de la salvación.

C. Resultados

El trabajo de Felipe no fue en vano. Dios quería salvar al eunuco y para ello fue que lo envió. Para Dios no hay tarea pequeña, era tan importante salvar a las multitudes como hacerlo con un solo ser humano (v.36).

Por lo visto, el evangelista, además de exponerle el plan de salvación, lo discipuló eficazmente, y ello fue lo que le hizo pedir el bautismo como testimonio de su nueva relación con Cristo (vv.37-38). A partir de allí, el gozo acompañó al etíope y Felipe siguió su camino anunciando el evangelio (vv.39-40).

II. Conversión de Saulo de Tarso

Uno de los grandes acontecimientos del Nuevo Testamento es, sin lugar a dudas, la conversión a Cristo de Saulo de Tarso (Hechos 9:1-31), el peor y más tenaz perseguidor que tuvo la iglesia primitiva. Su "celo" por Dios y por su religión lo motivó a emprender una campaña feroz contra los discípulos del Señor Jesús (Hechos 7:58, 8:1).

Hechos 8:3 narra las barbaridades que hacía este perverso hombre. Saulo había determinado la eliminación de la odiada secta. Para él la nueva herejía debía ser extirpada de manera violenta antes que se extendiera en toda la nación. La "secta" era una amenaza real a la verdadera religión por lo que debía parársele (Hechos 9:1-2). Muchos años después de su conversión, él testificó ante el rey Agripa de este pasado horrendo (Hechos 26:9-11).

A. Dramático encuentro

Con el propósito de ampliar la persecución, pidió cartas al sumo sacerdote con el fin de traer presos a Jerusalén a los hombres y mujeres que siguieran el Camino. El Camino era uno de los nombres con que se conocía a los discípulos de Jesús.

Lo que no sabía Saulo, el perseguidor, era que Dios tenía otros planes para él. Así pues, cuando se encontraba cerca de Damasco, persiguiendo a los cristianos, (Hechos 9:1-2), ocurrió un suceso milagroso en la vida de este arrogante hombre que lo marcó y lo cambió para siempre (vv.3-4).

Ante aquel encuentro, el orgulloso fariseo no tuvo más que preguntar: "¿Quién eres, Señor?". En realidad, esta pregunta era más de respeto general que de convicción acerca del señorío de Cristo, pues él desconocía de quién se trataba, pero la voz le contestó (Hechos 9:5). Saulo al perseguir a los discípulos, a quien realmente estaba persiguiendo era a Jesús. Sin saberlo, estaba contra la causa de Dios, es decir, estaba luchando contra Dios; pero Él lo venció.

Saulo, "temblando y temeroso", se rindió ante la luz que lo cegaba, (vv.3,6), y necesitó de la ayuda de otras personas para entrar en Damasco (vv.8-9). Luego, el Señor preparó a un discípulo suyo de nombre Ananías para que ayudara al recién convertido. Después de presentar sus argumentos y dudas ante el Señor, Ananías se convenció de la realidad de la conversión de Saulo y aceptó el llamado del Señor para ir a ministrarle (vv.10-16). Aquí vemos dos personas sorprendidas ante el actuar de Dios: Pablo, por un lado, ante la revelación de Jesucristo (v.5) y Ananías, ante el sorprendente milagro de la salvación de este hombre (vv.13-15), quien unos días antes si lo hubiera encontrado lo hubiera matado o metido en la cárcel. ¿Cuántas veces el Señor nos sorprende con cosas inesperadas? Por tanto, debemos estar preparados para que Él nos guíe y dirija según sus planes.

B. Resultados

Saulo experimentó una conversión radical. Su encuentro con el Señor y su consecuente transformación se mencionan tres veces en Hechos (Hechos 9:1-31, capítulos 22 y 26). Luego, él llegó a ser el testigo y misionero más fructífero de la iglesia primitiva.

De perseguidor a fogoso predicador: Saulo, a quien más adelante llamarían Pablo (Hechos 13:9), comenzó a predicar en Damasco que Jesús era el Hijo de Dios. Lo hizo con profunda convicción y valentía. Después, recorrió ciudades y aldeas en misión permanente proclamando a Cristo crucificado, lo cual trajo paz (v.31).

Pablo escribió trece de los libros del Nuevo Testamento, y si aceptáramos que él escribió la epístola a los Hebreos, serían 14. Son escritos que se convirtieron en Palabra de Dios integrando así el Canon del Nuevo Testamento.

III. Conversión de Cornelio

Abordaremos otro caso interesante de conversión (Hechos 10:1-48). Dios seguía sorprendiendo a sus seguidores y continuaba abriendo puertas para que las personas fueran salvas.

A. ¿Quién era Cornelio?

Cornelio era un militar romano (Hechos 10:1-2), un centurión, literalmente "jefe de 100". Él pertenecía a la compañía llamada la Italiana. Una compañía estaba constituida generalmente por 600 hombres. Cornelio, entonces, comandaba a 100 de esos hombres, dentro de la compañía. Era también un gentil y vivía en Cesarea.

"Piadoso. Persona que adora al verdadero Dios y no es idólatra. Temeroso de Dios. Relacionado con el Dios verdadero por sus palabras y leyes y que no se atrevería a ofender a su Hacedor y Juez. Con toda su casa. Se preocupaba por instruir a su familia en el conocimiento que él había recibido y establecer el culto a Dios en su casa. Hacía muchas limosnas. Su amor a Dios lo impulsaba a amar a los hombres, y este amor probaba su sinceridad por sus actos de beneficencia y caridad. Y oraba a Dios siempre. Siempre estaba en espíritu de oración y con frecuencia en el acto. ¡Qué carácter excelente! ¡Y sin embargo, era gentil! Era lo que los judíos llamarían común o inmundo".(Comentario de la Santa Biblia. Tomo III. Adam Clarke. CNP, EUA: 1974, p.260).

B. Dos visiones

La visión de Cornelio: De manera sobrenatural, Dios intervino para preparar las condiciones para la conversión del centurión (vv.1-6). La orientación que él recibió fue clara y específica (vv.5-6).

La visión de Pedro: Comenzó con un período de oración (vv.9-20). Dios tenía que trabajar con Pedro para derribar los prejuicios raciales; pues estos no le permitirían, por medios naturales, llevar el mensaje de Jesús a los gentiles, sino sólo por la intervención divina (vv.9-16).La intervención divina rompió los prejuicios y el trato discriminatorio hacia los demás (v.15). Dios quiso dar certidumbre y convicción acerca de su propósito. No debía quedar duda que Él intervino para guiar a su siervo a la evangelización de los gentiles (v.16).

Perplejidad del apóstol: Se quedó pensativo, perplejo (v.17), y muy cuidadoso antes de actuar seguramente, se preguntaba: ¿Qué significaba la visión? ¿Qué quería Dios? El Señor se encargó de despejar sus dudas. Mientras Pedro estaba meditabundo, llegaron a buscarlo los tres hombres enviados por Cornelio (vv.19-20). Pedro, convencido de que eso era de Dios, los recibió (vv.21-23). ¿Cuántas veces los prejuicios no nos dejan actuar y Dios tiene que empujarnos? Dejemos que Dios abra nuestra mente y nos permita, por medio de su amor, llegar a todos los que necesitan conocer su mensaje.

C. En casa de Cornelio

Pedro y el resto de personas que con él venían llegaron a casa de Cornelio. Este los estaba esperando (vv.24-48). El sediento centurión romano estaba ansioso por recibir a Pedro. Invitó a sus familiares y amigos más cercanos para que juntamente con él escucharan la Palabra de Dios. Enseguida estuvo dispuesto a compartir el mensaje que aun no había recibido, pero que su fe en Dios le daba la expectativa de que sería maravilloso y debía compartirlo.

En este punto, Pedro recordó el concepto legal judío. Todos los presentes sabían muy bien el sentir y actitud judía con relación a los gentiles; pero Dios, de manera milagrosa, cambió la persona y los conceptos de Pedro (vv.28-29). De esa manera, Pedro estaba listo para compartir con estos gentiles la gloriosa palabra del Señor.

"El sermón de Pedro en la casa de Cornelio es un magnífico ejemplo de la predicación evangelizadora de la época apostólica" (vv.34-43). "Es realmente un breve sumario histórico de la vida de Cristo... El elemento novedoso que hay en él es su universalidad: De éste dan testimonio todos los profetas, de que todos los que en él creyeren, recibirán perdón de pecados por su nombre. Hasta esta ocasión Pedro había estado predicando a los varones israelitas, los descendientes de Abraham, Isaac y Jacob, los príncipes del pueblo y ancianos de Israel (Hechos 4:8). Aquí adaptó su mensaje a un auditorio que no tenía la herencia del pacto, ni de la Ley, y les dijo que era para todo aquel que creyera" (Nuestro Nuevo Testamento. Merrill C. Tenney. Moody, 1961, p.289).

D. Repetición del Pentecostés

Mientras el apóstol Pedro predicaba, el Espíritu Santo se derramó sobre todos los oyentes de manera tan poderosa y eficaz como lo fue en el día de Pentecostés. Con esa intervención extraordinaria, Dios selló su aprobación de la incorporación de los gentiles a la iglesia y al reino de Dios (vv.44-48).

La manifestación del Consolador dejó perplejos a los fieles de la circuncisión, es decir, a las seis personas que llegaron a Cesarea desde Jope con Pedro. ¡No lo podían creer! ¡El Espíritu Santo en los gentiles! Dios había hecho nuevas todas las cosas. No quedaba más que bautizar con agua a quienes habían sido bautizados con el Espíritu Santo (v.48).

Conclusión

Las tres maravillosas conversiones que hemos estudiado en esta lección nos ilustran cómo Dios se movió, y todavía se mueve, a través de sus siervos para llevar su Palabra y la redención en Jesucristo a todas las personas sin distinción de ningún tipo.

Recursos

Información complementaria
Saulo de Tarso

"Fue educado estrictamente conforme a las buenas costumbres judías; aprendió la lengua y las escrituras hebreas, y también el oficio de hacer tiendas. Conocía el arameo, el que probablemente se hablaba en su casa y también el griego, que era la lengua dominante de Tarso.

A la edad de doce años lo mandaron a Jerusalén a estudiar con Gamaliel, y según su propio testimonio hizo buenos adelantos en sus estudios." (Nuestro Nuevo Testamento. Merrill C. Tenney. Moody, 1961, p.284).

Definición de términos

Eunuco: Encargado de los departamentos interiores de los palacios orientales.
Prosélitos: Convertidos a una religión. No judíos que aceptaban la fe judía y cumplían con los rituales para hacerse judío.

Visión: "Palabra que comúnmente traduce vocablos hebreos y griegos que se refieren a experiencias extáticas o de trances, principalmente de los profetas. La visión bíblica no es un mero trance místico, sino que va acompañada de la palabra que anuncia la voluntad de Dios, sea para las circunstancias del momento (Génesis 15:1; Hechos 7:7) o su propósito final (Isaías, Juan)". (Diccionario Bíblico Ilustrado. Wilton M. Nelson. Caribe, EUA: 1989, p.696).

Actividad suplementaria

Organice a sus alumnos en tres grupos. Asigne a cada grupo un pasaje (Hechos 8:26-40, Hechos 9:1-31 y Hechos 10:1-48), y pida que lo lean y mediten. Puede solicitar que extraigan los diálogos y los dramaticen, y luego compartan con la clase las enseñanzas para sus vidas hoy.

La universalidad del evangelio

Hoja de actividad

Versículo para memorizar: "Y nos mandó que predicásemos al pueblo, y testificásemos que él es el que Dios ha puesto por Juez de vivos y muertos" Hechos 10:42.

I. La conversión del eunuco etíope

¿Cómo se llamó el evangelista que Dios usó para salvar al eunuco? ¿Cómo se nota la piedad religiosa del eunuco? (Hechos 8:26,30-31). _____

¿Qué resultados hubo de la conversación entre Felipe y el eunuco? (Hechos 8:38). _____

_____

¿Qué enseñanza nos deja esta historia a nosotros hoy? _____

_____

II. Conversión de Saulo de Tarso

¿Qué actividades realizaba Saulo de Tarso? (Hechos 9:1-2). _____

_____

Mencione algunos resultados de la conversión de Saulo de Tarso (Hechos 9:20-22, 29,31).

1. _____   2. _____

3. _____   4. _____

5. _____

III. Conversión de Cornelio

¿Quién era Cornelio? (Hechos 10:1-2). _____

_____

¿Cuál fue el propósito de la visión que tuvo Pedro? (Hechos 10:10-48). _____

_____

¿Qué sucedió en la casa de Cornelio? (Hechos 10:34-48). _____

_____

¿Qué dice esto a nuestra vida hoy? _____

Conclusión

Las tres maravillosas conversiones que hemos estudiado en esta lección nos ilustran cómo Dios se movió, y todavía se mueve, a través de sus siervos para llevar su Palabra y la redención en Jesucristo a todas las personas sin distinción de ningún tipo.

Dios interesado en su obra

Mary de Prado (Venezuela)

Versículo para memorizar: "…Ahora entiendo verdaderamente que el Señor ha enviado su ángel, y me ha librado de la mano de Herodes, y de todo lo que el pueblo de los judíos esperaba" Hechos 12:11.

Propósito de la lección: Que los alumnos vean a un Dios interesado en su obra y en quienes la realizan.

Introducción

No hay duda alguna del interés de Dios por todo lo que atañe a su obra y su pueblo. Las vivencias de Pedro, a través de la visión que Dios le dio, sólo son una muestra de ese gran interés divino. La iglesia ha visto siempre las maravillas de su poder en medio de las aflicciones. En esta lección, estudiaremos Hechos 11 y 12.

I. Dios le dio una visión a Pedro

Muchas veces, aunque queremos servir al Señor, no tenemos claro el propósito de Dios para su obra y excluimos (a veces de manera inconsciente) a algunos del conocimiento del evangelio pensando que no son dignos de ser salvos o que nunca se van a convertir.

A pesar que Pedro ya era cristiano y estuvo junto a Jesús en su ministerio terrenal, todavía guardaba en su corazón prejuicios contra los gentiles. Estos prejuicios estaban basados en sus tradiciones judías. No tenía una plena convicción del propósito de salvación universal del evangelio. Sin embargo, el Señor quería hacerle entender el carácter inclusivo del evangelio, el cual abarca a toda la humanidad (contrario a lo que creían los de la circuncisión).

A. Una visión que enseña la gracia universal de Dios

"Y cuando Pedro subió a Jerusalén, disputaban con él los que eran de la circuncisión, diciendo: ¿Por qué has entrado en casa de hombres incircuncisos, y has comido con ellos?" (Hechos 11:2-3). El Señor ya había hecho entender a Pedro que Dios no hace acepción de personas y que por tanto, los de la circuncisión, con sus ideas y prácticas llenas de prejuicios y menosprecio, estaban en un error.

Por eso Pedro, al narrar su visión, se defendió y les hizo saber que Dios no se agrada de quienes menosprecian a otros (v.3), y que Él se preocupa por todos los seres humanos (vv.4-18). Pedro les habló sobre lo que el Espíritu le dijo de ir a casa de Cornelio "sin dudar" (v.12), es decir, sin hacer diferencias entre judíos y gentiles.

El único espíritu que nos debe mover como testigos del evangelio es el de amor y aceptación hacia todo el que no conoce al Señor, contrario al de prejuicios y menosprecios.

B. Sólo somos colaboradores, pues la obra es de Dios

"Si Dios, pues, les concedió también el mismo don que a nosotros que hemos creído en el Señor Jesucristo, ¿quién era yo que pudiese estorbar a Dios?" (Hechos 11:17). Como siervos del Señor tenemos que tener claro que la iniciativa para la salvación del ser humano es de Dios, y que sólo somos colaboradores en la realización de ella, esto a través de la predicación de su Palabra; y que sólo Dios puede juzgar sobre la salvación o condenación. Pregunte: ¿Qué actitudes, que contribuyan a la aceptación del evangelio, debemos mostrar hacia quienes no conocen al Señor?

II. Dios liberó a Pedro de la cárcel

En Hechos 12:1-17, se nos muestra que los que servimos de corazón al Señor en su obra y sin intereses egoístas, siempre podemos tener la seguridad de que Él obrará para nuestro bien: "Sabemos que Dios va preparando todo para el bien de los que le aman, es decir, de los que él ha llamado de acuerdo con su plan" (Romanos 8:28 TLA).

Dios actúa a su tiempo y nunca nos dejará desamparados en medio de las dificultades de la vida, ya sean personales o ministeriales: "Ahora entiendo verdaderamente que el Señor ha enviado su ángel, y me ha librado de la mano de Herodes, y de todo lo que el pueblo de los judíos esperaba" (Hechos 12:11).

Por otra parte, tenemos que tener plena seguridad que el Señor nunca llegará tarde. Aunque Pedro estaba para ser sacrificado al día siguiente (vv.3-5), el Señor lo libró a tiempo. El Señor siempre prevalecerá ante todos y sobre todo lo que se oponga al avance de su obra, y defenderá a sus siervos (vv.6-11). EL Señor enviará a sus ángeles a protegerlos, librarlos, consolarlos y guiarlos (Génesis 24:7; 1 Reyes 19:5; Salmos 34:7, 91:11; Daniel 6:22).

A. La oración de la iglesia rompió las cadenas

"Así que Pedro estaba custodiado en la cárcel; pero la iglesia hacía sin cesar oración a Dios por él" (Hechos 12:5). Aunque estemos afligidos, en necesidad de cualquier tipo (física, emocional o económica), el Señor escuchará la oración intercesora de su pueblo para librarnos, protegernos, sanarnos y consolarnos. No hay poder ni autoridad terrenal o espiritual que el Señor no venza. Aunque el panorama y el ambiente que rodeaba a Pedro no era nada favorable ni alentador y parecía no tener solución, el Señor lo libró como respuesta a la oración y a su fidelidad ante las circunstancias que enfrentaba.

B. La iglesia experimentó el poder de Dios

Una vez más, el Señor se hizo presente y la iglesia experimentó su inmenso poder. Había muchos hermanos orando por Pedro: "Mientras Pedro estaba en la cárcel, todos los miembros de la iglesia oraban a Dios por él en todo momento" (Hechos 12:5 TLA), a lo que el Señor respondió mostrando su gran poder al liberarlo de una cárcel romana que se caracterizaba por ser inviolable (vv.4-6,10): "Los presos romanos solían estar con un extremo de la cadena sujeto a su mano derecha, mientras que el otro extremo estaba atado a la mano izquierda del soldado... a veces se ataba al preso a dos soldados uno a cada lado (véase cap. 21:23)" (Comentario exegético y explicativo de la Biblia. Jamieson, Fausset y Brown. Tomo II. CBP, EE. UU., p.257).

El Señor es fiel y recompensa la fidelidad, valor y fe de quienes interceden y perseveran en medio de las dificultades.

III. Dios mató al rey

Como vemos en el pasaje de Hechos 12:20-25, nuestro Dios es celoso y vengador de aquellos que le aman, le sirven de corazón y le ponen a Él como prioridad, obedeciendo con fe al llamado que les hace a su obra. Él a su tiempo vengará el agravio (Deuteronomio 32:35; Romanos 12:19; Hebreos 10:30).

A. La soberbia del rey le acarreó el juicio de Dios

El Señor envió juicio sobre el hombre que no sólo procuraba matar a Pedro, sino también atribuirse la adoración creyéndose Dios. "Josefo confirma esto completamente cuando escribe: ·...e inmediatamente sus aduladores clamaban... que él era un Dios; y agregaban: ·Ten misericordia de nosotros· porque aunque hasta ahora te hemos reverenciado solamente como a un hombre, lo haremos de aquí en adelante como a un ser superior a los mortales" Josefo agrega que el rey "no hizo nada para impedirlo, ni rechazó esta impía adulación" (Comentario Bíblico Beacon. Tomo VII. CNP, E.U.A.: 2006, p.402).

Todo aquel que haga daño a sus ministros y obstaculice su obra, será finalmente quitado y recibirá el juicio de Dios. El Señor es aborrecedor de la actitud de soberbia (Proverbios 6:16-17; Daniel 4:30-32), y de quien pretenda tomar su lugar y más cuando esto afecta a su pueblo y a su obra.

Herodes fue castigado de parte de Dios de forma repentina e inesperada: "En ese momento, un ángel de Dios hizo que Herodes se pusiera muy enfermo, porque Herodes se había creído Dios. Más tarde murió, y los gusanos se lo comieron" (v.23 TLA).

Estamos en tiempos donde abundan hombres llenos de soberbia, que piensan que merecen ser honrados y glorificados; pero la Palabra de Dios nos dice cuál será su final (2 Pedro 2:1,12).

Pida a la clase que de ejemplos bíblicos o actuales donde se observe la actitud de soberbia.

B. La obra de Dios siguió adelante

La historia de la iglesia demuestra que cuanto más obstáculos y persecuciones tuvo la obra de Dios, más avanzó. Vemos un claro ejemplo de esto en Hechos 12:24-25. Nosotros, los que ministramos diariamente en la obra de Dios, no debemos acobardarnos ante aquellos que quieren tergiversar su Palabra (1 Pedro 4:16-17), ante quienes matan, ultrajan, y se burlan de los que predican la Palabra (1 Pedro 4:14).

El contexto cristiano está lleno de hombres y mujeres que el enemigo está usando para introducir en el pueblo de Dios doctrinas falsas, movimientos anticristianos, con el fin de destruir su obra. Pero el Señor Jesús prometió el triunfo de su iglesia ante los ataques de Satanás: "...y las puertas del Hades no prevalecerán contra ella" (Mateo 16:18).

Conclusión

Es necesario que la iglesia padezca y pase por

tiempos de aflicción, e inclusive que algunos de sus líderes sean martirizados; pero ninguno de ellos padecerá en vano. Finalmente, resultará en fruto para la gloria de Dios y el crecimiento de su iglesia.

Recursos

Información complementaria

Los que eran de la circuncisión: "Estos no eran de la generalidad de los judíos porque no había sino creyentes en la iglesia de Jerusalén; sino aquellos que celosos por la ´pared intermedia de separación´ que la circuncisión tenía levantada entre judíos y gentiles, eran conocidos desde entonces como ´los de la circuncisión´. El grupo probablemente incluía a apóstoles así como a otros". (Comentario exegético y explicativo de la Biblia. Jamieson, Fausset y Brown. Tomo II. CBP, EE.UU, p.255).

Hombres incircuncisos: "Para los judíos estrictos, los incircuncisos eran inmundos y al estar en contacto con ellos los contaminaban" (Comentario Bíblico Beacon. Toimo 6. CNP, EUA, 1990, p.388). "Una expresión menospreciativa… Los judíos no sólo tenían las normas mosaicas acerca de comidas limpias e inmundas, sino también había el hecho de que en una mesa gentil alguna de la comida hubiera podido ser sacrificada a los ídolos. Y el mismo Pedro tenía unos escrúpulos similares cuando le sobrevino la visión en Jope y cuando entró en casa de Cornelio en Cesarea (10:28). Pedro había sido llevado fuera del partido de la circuncisión". (Comentario al texto griego del Nuevo Testamento. A. T. Robertson. CLIE, España: 2003, p.307).

El ángel del Señor: "Todo ángel que Dios envía a ejecutar sus órdenes podría ser llamado el ángel del Señor (2 S 24:16; 1 R. 19:5,7). Pero el misterioso ser llamado el Ángel de Jehová es de un orden totalmente distinto. Es a la vez distinto y uno con Dios, siendo semejante a Él. Habla como siendo el mismo Dios y su persona parece confundirse con la de Dios (Gn 32:30)… su presencia equivale a la presencia divina (Ex 32:34) De todo ello se puede llegar a la conclusión de que el ángel de Jehová es una verdadera teofanía o aparición de Dios" (Nuevo diccionario bíblico ilustrado. Samuel Vila y Santiago Escuain. CLIE, España, 1985, pp.59-60).

Definición de términos

Visión: "Aquello que Dios muestra de forma sobrenatural al espíritu o a los ojos corporales. La Biblia no siempre distingue netamente entre visiones y sueños, pero señala la gran diferencia entre las visiones vanas (Job 20:8; Is. 29:7) y las visiones de los profetas de Jehová. Las visiones pueden distinguirse a los sentidos por mediación de un objeto externo. Moisés vio la zarza ardiente (Ex. 3:3). Pueden también presentarse a la imaginación, sin el concurso de los sentidos" (Nuevo diccionario bíblico ilustrado. Samuel Vila y Santiago Escuain. CLIE, España: 1985, p.1213).

"…No es meramente el presentimiento de que se debe hacer algo, y el desafío para levantarse y hacerlo. Es un medio por el cual Dios revela su voluntad y dirige… Estas se reciben en el contexto de la disciplina espiritual… La visión es el llamamiento y es la guía inspirada para seguir el llamamiento. Sin ella, perdemos el camino, nos alejamos de Dios y nos entregamos al capricho del razonamiento humano…" (Diccionario teológico Beacon. Richar S. Taylor, redactor. CNP, E.U.A., pp.721-722).

Circuncisión: "Este es primordialmente un rito judío que consiste en hacer una incisión en el prepucio del órgano genital masculino… Significa la relación de pacto entre Dios y su pueblo… En el Nuevo Testamento la circuncisión como rito es sustituida por la revelación de Cristo de su significado y realidad personales y espirituales… el significado espiritual de la circuncisión en la Biblia es la purificación o santificación del corazón por el poder purificador del Espíritu Santo (2 Ts. 2:13)" (Diccionario teológico Beacon. Richar S. Taylor, redactor. CNP, E.U.A., p.128).

Actividad suplementaria

Pida que tres alumnos testifiquen alguna forma en que Dios haya mostrado su amor e interés hacia ellos.

Dios interesado en su obra

Hoja de actividad

Versículo para memorizar: "…Ahora entiendo verdaderamente que el Señor ha enviado su ángel, y me ha librado de la mano de Herodes, y de todo lo que el pueblo de los judíos esperaba" Hechos 12:11.

I. Dios le dio una visión a Pedro

¿Qué enseñanza tenía la visión que Dios le dio a Pedro? (Hechos 11:4-18). _____

_____

¿Qué quiso decir Pedro según Hechos 11:17? _____

_____

¿Quiénes son los discriminados en nuestro contexto? ¿Estás respondiendo al llamado de Dios de testificar a todos sin acepción de personas? _____

_____

II. Dios libertó a Pedro de la cárcel

¿Cuál era la situación que se vivía socialmente según Hechos 12:1-5? _____

_____

¿Cuál fue un factor determinante en la práctica de la iglesia para la liberación de Pedro según el versículo 5? _

_____

¿Qué experimentó la iglesia como resultado de esta práctica? (Hechos 12:6-19). _____

_____

III. Dios mató al rey

¿Qué motivó el juicio de Dios sobre el rey Herodes? (Hechos 12:20-23). _____

_____

¿Qué demuestra la historia de la iglesia en relación a su crecimiento, a pesar de los esfuerzos de Satanás por impedir su obra? (Hechos 12:24). _____

_____

Conclusión

Es necesario que la iglesia padezca y pase por tiempos de aflicción, e inclusive que algunos de sus líderes sean martirizados; pero ninguno de ellos padecerá en vano. Finalmente, resultará en fruto para la gloria de Dios y el crecimiento de su iglesia.

Fruto en medio de la oposición

Ogdón Rico (EUA)

Lección 34

Versículo para memorizar: "…confirmando los ánimos de los discípulos, exhortándoles a que permaneciesen en la fe" Hechos 14:22a.

Propósito de la lección: Que los estudiantes comprendan que las tribulaciones son parte del ministerio cristiano y dejan fruto.

Introducción

Un serio compromiso y determinación de servir a Dios son ingredientes importantes para vencer las dificultades. Existen muchos obstáculos en el esfuerzo de buscar la voluntad y dirección de Dios. Pablo y Bernabé enfrentaron fuerte oposición; sin embargo, por su dedicación y compromiso obtuvieron con la ayuda de Dios frutos que resultaron en bendición y salvación de muchas personas. Esto lo veremos en el estudio de Hechos 13:4 al 14:23.

I. Oposición en Chipre y conversión de Sergio el procónsul

En el pasaje bíblico de Hechos 13:4-12, encontramos a Bernabé y Saulo en su primer viaje misionero. El Espíritu Santo había dirigido a la iglesia en Antioquía concediendo el privilegio de enviar a Bernabé y a Saulo. La iglesia, obedientemente, los preparó con oración y ayuno y se dispuso a enviarlos, mostrando visión y un buen ejemplo de fidelidad.

El primer lugar al que fueron Bernabé y Saulo fue Chipre de donde era originario Bernabé. Chipre era una provincia romana famosa por sus minas, además se decía que tenía un clima perfecto y muchos recursos de tal manera que ofrecía todo lo necesario para una vida feliz. Bernabé y Pablo predicaron en la capital, Pafos, famosa por el culto a Venus, la diosa del amor. El procónsul Sergio Paulo, de carácter noble, pero falto de una fe sólida, deseaba escuchar el mensaje del evangelio. Mientras Pablo predicaba tuvo la necesidad de enfrentarse y reprender al mago Elimas, quien estorbaba y no dejaba que el procónsul escuchara el mensaje. Pablo, por el poder del Espíritu Santo, reprendió al mago, reduciendo al hechicero judaico en vergüenza. Al fin de este evento, el procónsul, "viendo lo que había sucedido, creyó…" (Hechos 13:12).

Sin duda que Pablo y Bernabé se sintieron emocionados y bendecidos por el fruto del ministerio en Pafos. La resistencia fue vencida, y ahora miraban hacia su próximo encuentro convencidos de que Dios abriría las puertas, y que con su ayuda podrían enfrentar cualquier situación. Es interesante que Dios manifiesta su poder cuando nos encontramos en las circunstancias más difíciles. Descubrimos que no es el mundo que nos rodea el que determina el éxito, sino nuestra fe que está anclada en el Señor que mora en nosotros.

Desde aquella hora, Bernabé ocupó el segundo lugar y Pablo tomó su posición cómo jefe de la misión. Ya no leemos más, como antes, de Bernabé y Saulo, sino Pablo y Bernabé. Pablo, como para indicar que se había convertido en un nuevo hombre y tomado su nuevo puesto, ya no fue llamado por el nombre judaico de Saulo, que hasta entonces había llevado, sino por el nombre de Pablo, que desde entonces ha sido su nombre entre los cristianos.

II. Discurso rechazado y sanidad de un cojo de nacimiento

En Hechos 14:1-10 menciona que Pablo y Bernabé llegaron a Iconio, a unos 150 kilómetros de Antioquía. Como era de costumbre, los apóstoles llegaron a la sinagoga. Una vez más tuvieron fruto, pero los judíos celosos incitaron a la gente, y Pablo y Bernabé tuvieron que irse a otro sitio. Es importante notar que ambos estaban arriesgando sus vidas cada vez más.

En Iconio, les esperaba el peligro de un linchamiento. Ahora, Pablo y Bernabé estaban en peligro de caer en las manos de la chusma alborotada por los judíos; sin embargo, los apóstoles eran valientes. Lo que nos muestra que servir a Cristo siempre requiere de valor.

Pablo y Bernabé llegaron a Listra. En este lugar, se vieron involucrados en un extraño incidente. Pablo sanó a un hombre que estaba cojo de nacimiento (vv.1-10).

Cuando la gente vio este milagro, los tomaron por dioses. La causa de esta situación está en la tradición legendaria de Licaonia que cuenta que una vez Zeus y Hermes habían venido disfrazados a la Tierra. Según la leyenda, nadie de la ciudad abrió sus puertas para ofrecer hospitalidad.

Por fin dos campesinos los recibieron en su casa. Como consecuencia, toda la gente de esa región fue eliminada, con excepción de los dos campesinos a quienes los hicieron guardianes de un espléndido templo.

Cuando Pablo sanó al cojo, la gente estaba decidida a no cometer otra vez el antiguo error. Por lo tanto, a Bernabé, por ser un hombre de aspecto noble, le pusieron el nombre de Zeus, el rey de los dioses al que los romanos llamaban Júpiter y a Pablo, por ser el que hablaba, le pusieron el nombre de Hermes o Mercurio, este era el mensajero de los dioses.

Pablo y Bernabé, al enterarse lo que estaba sucediendo se "rasgaron las vestiduras" y se lanzaron entre la multitud gritando: "Nosotros también somos hombres semejantes a vosotros" (v.15).

En verdad, el cristiano nunca deberá doblar su rodilla para adorar a ningún hombre, ni tampoco deberá dejar que otro la doble ante él.

En este pasaje, descubrimos la manera en que Pablo predicaba a los que eran completamente paganos y que no tenían el menor conocimiento del Dios verdadero. Con dichas personas, el apóstol empezaba hablando de la naturaleza para llegar al Creador de todas las cosas. Es bueno recordar las palabras del salmista: "Los cielos cuentan la gloria de Dios, y el firmamento anuncia la obra de sus manos" (Salmo 19:1). Los apóstoles mostraron un deseo sincero y genuino como siervos de Dios de llevar adelante su misión de predicar a Cristo sin importar el costo.

Sólo aquellos que tienen un llamamiento genuino y verdadero (impulsado por el Espíritu Santo) estarán dispuestos a dar su vida, (si fuese necesario) por causa del evangelio.

III. Apedreamiento de Pablo y establecimiento de pastores

¡Qué voluble y variable fue la gente! En un momento estuvieron listos y dispuestos para rendir homenaje a Pablo y Bernabé, y el próximo día estos apedrearon a Pablo arrastrándolo fuera de la ciudad (Hechos 14:19-23). Pero el milagro de milagros fue que el que había sido apedreado y dejado como muerto, se levantó y con la ayuda de sus compañeros y hermanos volvió a predicar anunciando el mensaje del evangelio (v.20).

Lo sobresaliente de este pasaje es el valor demostrado por Pablo. Después de una experiencia tan dura

y dolorosa, lo primero que hizo Pablo (que si no estaba muerto poco debía faltarle) fue volver a entrar a la ciudad donde le habían apedreado. No pudo haber mayor testimonio para los que habían querido matarle. Ese gesto debe haber tenido más efecto que cien sermones. La actitud que el creyente muestra en las dificultades y sufrimientos de la vida es el mejor testimonio de su fe en Cristo, pero también apunta hacia la gracia y el poder incomparables de un Dios amoroso.

En este pasaje, vemos tres puntos sobresalientes de Pablo:

(1) Pablo abierta y claramente habló a los que habían decidido ser cristianos. Les habló con toda franqueza diciéndoles que tendrían que enfrentar muchas tribulaciones, para entrar en el reino de Dios, (v.22) quizás recordando las palabras de Jesús que leemos en Mateo 10:38.

(2) En este primer viaje de Pablo y Bernabé, nombraron ancianos responsables en todos los lugares donde se encontraban los nuevos cristianos (v.23). Con esto, el apóstol les mostró que el evangelio tenían que vivirlo en comunión. Desde su principio, Pablo se propuso no solamente llevar a las personas a una relación personal con Cristo, sino que también trató que estos llegaran a ser parte de la comunidad cristiana y así incorporarlos en la comunión de la iglesia.

(3) Pablo y Bernabé nunca consideraron que ellos lo habían hecho todo, sino que era Dios obrando por medio de ellos. Los apóstoles se consideraban sólo colaboradores de Dios: "Cuando Pablo y Bernabé llegaron a Antioquía, se reunieron con los miembros de la iglesia y les contaron todo lo que Dios había hecho por medio de ellos. Les contaron también cómo el Señor les había ayudado a anunciar las buenas noticias a los que no eran judíos, para que también ellos pudieran creer en Jesús" (Hechos 14:27 TLA).

Pablo y Bernabé regresaron a la iglesia que los envió, Antioquía (v.26). Los apóstoles contaron las maravillas de cómo Dios definitivamente había abierto la puerta del evangelio a todos los gentiles. Cuando los apóstoles dieron inicio a su viaje misionero, la membresía de las iglesias era mayormente formada por judíos. Pero luego, la iglesia en Asia Menor estaba compuesta casi en su totalidad de gentiles (v.27).

Es imposible poder describir las emociones no sólo de los hermanos en Antioquía al enviar los primeros misioneros; sino también de Pablo y Bernabé, para quienes de seguro fueron momentos muy especiales al pensar en el gran desafío y oportunidad. Quizá antes de comenzar pensaron en los peligros y dificultades que tendrían que enfrentar, pero para ellos era suficiente saber que había una multitud de almas de personas que perecían y que necesitaban la salvación de la que ellos eran los heraldos.

Al final de su viaje, sintieron gran satisfacción al dejar hermanos quienes mostraron su aprecio y amor. Ahora, estos nuevos creyentes continuarían el trabajo de la iglesia. Pablo y Bernabé fueron motivados por ese amor intenso de tales corazones. Este amor fue gran compensación para Pablo y Bernabé por el sufrimiento y la injusticia que habían enfrentado.

Pablo y Bernabé, cansados por el trabajo y los sufrimientos vividos, (pero llenos de gozo por el fruto de su esfuerzo) fueron recibidos por aquellos hermanos que oraron y ayunaron por ellos.

Conclusión

El compositor, Frank C. Huston, del himno Vale la pena servir a Jesús escribe:

"¡Qué bueno es servir, sí servir a Jesús!"
Qué bueno es servir a Jesús.
Aunque aquí nos parezca el camino muy cruel,
Siempre en Cristo hay paz y solaz"

Recursos

Información complementaria

Antioquía de Siria: Ubicada en el noreste de Siria. Muchos se convirtieron en esta ciudad. Los discípulos fueron llamados cristianos por primera vez. Surgió la escuela de Antioquía.

Antioquia de Pisidia: (13:14-52). Allí fue el primer sermón de Pablo registrado en los Hechos. Muchos gentiles aceptaron a Cristo. Pero los judíos celosos levantaron un tumulto y expulsaron a los misioneros. Estos sacudieron el polvo de sus pies y se fueron a Iconio.

Chipre: A solo 60 millas de la costa de Siria. Es la tercera isla del Mediterráneo, como de 50 millas de largo y 40 de ancho. Era bien conocida por campos fértiles y por los conocidos depósitos de cobre, de allí el nombre de Chipre. Era también, originalmente la casa de Bernabé.

Derbe: Un pueblo situado como a 20 millas de Listra. Lugar en donde Pablo no sufrió persecución. Residencia de Gayo compañero de Pablo.

Iconio: Muchos judíos y gentiles se convirtieron. Los apóstoles fueron perseguidos y después de un tiempo tuvieron que ir a Listra.

Listra: Sanidad de un cojo. Pablo y Bernabé fueron vistos como dioses. Los apóstoles "rasgaron sus vestiduras", una expresión típica oriental de aflicción.

Pafos: La capital de la isla de Chipre. Residencia del procónsul, Sergio Paulo. Pablo reprendió al mago Elimas por luchar contra Dios. Centro del culto a Venus, la diosa del amor.

Perge: La capital de Panfilia. Marcos se apartó de Pablo y Bernabé quizás se desanimó debido a la persecución y dificultades, o quizás por alguna enfermedad. Fue un lugar importante de comercio.

Definición de términos

Procónsul: "Título del gobernador de una provincia romana subordinada al senado. El cargo duraba un año, pero incluía toda autoridad civil y militar" (Diccionario Ilustrado de la Biblia. Caribe, EUA: 1982, p.523).

Ancianos: "Había ancianos en la primera iglesia de Jerusalén (Hechos 11:30), aunque no se nos explica cómo fueron nombrados, y éstos participaban en el concilio con los apóstoles (Hechos 15:4-6;.23; 16:4).... Pablo llama obispos a los ancianos de Éfeso (Hechos 20:28), parece que los términos anciano y obispo eran intercambiables (Diccionario Ilustrado de la Biblia. Caribe, EUA: 1982, p.31).

Actividad suplementaria

Mencione en la clase que hay países en los que la gente sigue muriendo por predicar el evangelio. Luego, pregunte: ¿Qué tipo de persecusiones tenemos nosotros en nuestro contexto?

Tomen un tiempo para orar por los países donde la gente muere por compartir el mensaje de Cristo. Y si hubiera algún tipo de persecución en su contexto, ore también por las personas que lo sufren.

Fruto en medio de la oposición

Hoja de actividad

Versículo para memorizar: "…confirmando los ánimos de los discípulos, exhortándoles a que permaneciesen en la fe" Hechos 14:22a.

I. Oposición en Chipre y conversión de Sergio el procónsul

En su opinión, ¿cuál fue la razón por la cual el Espíritu Santo escogió a Bernabé y a Pablo? (Hechos 13:4-12). _____

_____

¿Por qué cree que Marcos se apartó de Pablo y Bernabé? (Hechos 13:13). _____

_____

¿Por qué razón se cambió el nombre de Saulo a Pablo? (Hechos 13:9). _____

_____

¿Qué fue lo que impactó al procónsul según Hechos 13:12? ¿Por qué luego Pablo fue apedreaado en Listra?_

_____

II. Discurso rechazado y sanidad de un cojo de nacimiento

¿Cuál fue el significado de las palabras de Pablo cuando dijo a los hermanos: "Es necesario que a través de muchas tribulaciones entremos en el reino de Dios (14:22)"? _____

_____

¿Qué reflexión podemos hacer de Hechos 14:1-10?_____

_____

¿Por qué rasgaron sus ropas y dijeron la afirmación que se encuentra en Hechos 14:14-15? _____

_____

III. Apedreamiento de Pablo y establecimiento de pastores

¿Qué enseñanza nos deja Hechos 14:19-23?_____

_____

Conclusión

El compositor, Frank C. Huston, del himno Vale la pena servir a Jesús escribe: "¡Qué bueno es servir, sí servir a Jesús! Qué bueno es servir a Jesús. Aunque aquí nos parezca el camino muy cruel, Siempre en Cristo hay paz y solaz".

El concilio de la gracia

Lección 35

Arturo Gasca (Uruguay)

Versículo para memorizar: "Antes creemos que por la gracia del Señor Jesús seremos salvos, de igual modo que ellos" Hechos 15:11.

Propósito de la lección: Que el estudiante alcance una comprensión bíblico-teológica de los temas tratados en el concilio de Jerusalén sobre la gracia de Dios y su implicacia hoy.

Introducción

El nuevo pacto, provisto por la muerte y resurrección de Cristo, trajo consigo importantes cambios en el modo en que nos relacionamos con Dios. Sobre todo en lo que respecta al papel de la ley en dicha relación. Muchos ven al antiguo pacto como el "pacto de la ley" y al nuevo, como el "pacto de la gracia".

Cuando hablamos de "la ley", hablamos del mandamiento dado por Dios a la humanidad. Estas leyes fueron dadas para que a traves de ellas su pueblo se condujera en los diferentes aspectos de la vida diaria.

El concepto de gracia es, quizá, el más importante de toda la teología cristiana. La gracia, mal entendida, puede llevarnos al error. Pero entendida a la luz de las Escrituras, la gracia es una verdad transformadora: Nos da consuelo, alivio e impulso para afirmarnos en la libertad que Dios nos concedió.

Se puede decir que la gracia es una consecuencia natural del amor de Dios, y no depende de ningún otro factor que no sea dicho amor. La podemos definir como el acto soberano de Dios mediante el cual favorece al hombre sin que este lo merezca. Es precisamente la cuestión en torno a la cual se celebró el primer concilio, conocido como el concilio de Jerusalén (Hechos 15:1-33).

I. La circuncisión y la ley

"El concilio de Jerusalén, uno de los más importantes sucesos narrados en el libro de los Hechos, tuvo ocasión después del primer viaje misionero de Pablo, antes del segundo, probablemente hacia el 48 D.C." (Comentario bíblico Beacon. Ralph Earle. Tomo 7. CNP, EUA: 1965, p. 431). Tuvo su origen en un conflicto no pequeño entre Pablo y Bernabé por un lado, y un grupo de judíos convertidos al cristianismo por el otro, que pretendían imponer la circuncisión y la observancia de la ley mosaica a los cristianos no judíos (Hechos 15:1-5). Estos primeros versículos destacan dos sucesos:

A. La predicación a los gentiles

La narración del concilio de Jerusalén se encuentra inmediatamente después del primer viaje misionero de Pablo que, de alguna manera, representa el principio del accionar misionero y la predicación intencional del evangelio a los no judíos, por parte de la iglesia.

El concilio de Jerusalén es presentado en Hechos como la instancia que define cuál sería la postura del cristianismo naciente hacia los no judíos.

En Hechos 15:3, Pablo y Bernabé dieron testimonio a los hermanos de Fenicia y Samaria de cómo los gentiles se habían convertido a Cristo y "causaban gran gozo a todos los hermanos". Esto vislumbraba la aceptación de la predicación y la conversión de los gentiles al cristianismo.

B. La exigencia de la circuncisión

La predicación a los no judíos era una tarea revolucionaria y despertó el celo de un grupo de cristianos que habían pertenecido al judaísmo. Su visión etnocentrista en la cual Dios favorecería exclusivamente a los judíos les hacía sostener la obligatoriedad de la circuncisión y la obediencia a la ley de Moisés (el equivalente de hacerse judíos) para ser salvos (Hechos 15:1).

Si bien estos legalistas venían de Judea, la iglesia de Antioquía decidió enviar a Pablo y Bernabé a resolver el dilema en Jerusalén (v.2). Una vez allí, ellos informaron sobre la conversión de los gentiles. Las palabras de algunos fariseos que se habían convertido a Cristo fueron: "Es necesario circuncidarlos, y mandarles que guarden la ley de Moisés" (Hechos 15:5). Así comenzó un acalorado debate.

II. El discurso de Pedro: La gracia

La primera parte del concilio se celebró en forma pública hasta la discusión con los fariseos. Después, "... se reunieron los apóstoles y los ancianos para conocer de este asunto" (Hechos 15:6-12), lo que pareciera indicarnos que, a partir de entonces, la asamblea se llevaría a cabo en privado. Después de mucha discusión, el apóstol Pedro tomó la palabra y pronunció un emotivo discurso, que para su estudio, dividiremos en tres secciones:

A. El testimonio de Pedro y el testimonio del Espíritu

Pedro comenzó su discurso haciendo referencia a su propia experiencia, la cual ya había relatado cuando se le cuestionó por tener comunión con los gentiles (Hechos 11). En aquel episodio, Pedro contó cómo fue convocado por el Señor mismo, mediante una visión, a predicar el evangelio a los gentiles.

Dios transformó la mente de Pedro para abrirla a la posibilidad de alcanzar a los gentiles con el evangelio (Hechos 15:7-9). Este hecho no tardó en recibir su confirmación cuando el apóstol predicó la Palabra a los gentiles y estos creyeron. Y no sólo creyeron, sino que también recibieron el don del Espíritu Santo, que no hizo diferencia con ellos por no estar aferrados a la ley. Y si Dios mismo dio testimonio de la salvación de estos gentiles dándoles el don del Espíritu Santo… ¿Quién podía decir lo contrario? ¿Alguien podía añadir o quitar algo más?

Del testimonio de Pedro podemos extraer una de las más preciadas enseñanzas de la doctrina cristiana: La gracia no está restringida a un sector minoritario de "personas favoritas" de Dios. Por el contrario, la gracia es para toda la humanidad, pues el propósito de Dios es que toda la humanidad se salve y para esto dio su vida el Señor.

B. El peso de la ley

Después de su testimonio, Pedro añadió una excelente pregunta (Hechos 15:10). Es, por un lado, un llamado a la honestidad, y por otro, un replanteo del rol de la ley en la salvación, cuestionando su suficiencia. Reformulemos la pregunta de Pedro para entenderla mejor: "¿Acaso alguno ha guardado y cumplido toda la ley de Moisés sin quebrantar ni el más pequeño de sus mandamientos?"

A esta pregunta, la respuesta obligada es "no". Nadie puede cumplir la ley al pie de la letra sin fallar en alguno de sus mandamientos. El pecado acarreó para la humanidad la incapacidad para decidir siempre por el bien, y convirtió la transgresión en algo cotidiano.

Entonces, si no podemos cumplir la ley, la ley no nos puede salvar. Al contrario, la ley nos condena y hace manifiesta nuestra incompetencia. La ley sirvió como instrumento de denuncia y juicio. Nos muestra cuánto precisamos del Señor y cuán lejos estamos de ser

perfectos, pero no nos salva, porque no puede cambiar nuestra voluntad, ni el impulso en nosotros a hacer lo malo. Si es así, ¿por qué poner ese mismo peso sobre los hombros de los nuevos creyentes? Un peso que "ni nuestros antepasados ni nosotros hemos podido llevar".

C. Salvos por la gracia

Pedro concluyó su discurso con una afirmación tremenda (Hechos 15:11). Pedro derribó todo argumento legalista ondeando la bandera de la gracia. Si es por gracia de Dios, entonces no es por mérito alguno del hombre. La salvación es una iniciativa divina, y su precio fue pagado por el único que vivió sin pecado en esta Tierra. Es por los méritos de Jesucristo que somos salvos. En consecuencia, la salvación es gratis y se recibe mediante la fe. Ante esta gran verdad, no queda otra que callar.

III. Resolución final: La ley en el nuevo pacto

Después que Pedro, Pablo y Bernabé terminaron su informe, Jacobo (o Santiago) apareció en escena para dar punto final al debate (Hechos 15:12-21). En primer lugar, debemos señalar que este Jacobo no era el hermano mayor de Juan, pues este ya había muerto a filo de espada a manos de Herodes Agripa (Hechos 12:1-2). Quien tomó la palabra y presidió el concilio de Jerusalén fue Santiago el menor, a quien también se le conocía como "el hermano del Señor".

La autoridad de Santiago no dependía de un cargo oficial, pues no era de los doce apóstoles. Su autoridad provenía de su carácter: "Se le conocía como 'el hermano del Señor' (Gálatas 1:19). El Señor resucitado se le había aparecido una vez a él solo (1 Corintios 15:7). Era uno de los pilares de la iglesia (Gálatas 1:19). Se dice que tenía las rodillas tan encallecidas como las de un camello de pasar tanto tiempo en oración. Era un hombre tan bueno que le llamaban Santiago el Justo. Además, era un riguroso cumplidor de la ley. Si tal hombre se ponía de parte de los gentiles, todo iría bien." (Comentario al Nuevo Testamento. William Barclay. CLIE, Estados Unidos: 2008, p.529). Este hombre maravilloso fue quien dio la sentencia final.

A. Las Escrituras

Antes de decidir, Jacobo se basó en las Escrituras. En su cita, hizo una combinación de dos pasajes del Antiguo Testamento que eran considerados mesiánicos: Amós 9:11 y Jeremías 12:15.

En ellos, el Señor prometió la restauración de la casa de David y, a través de ella, reunir a su pueblo esparcido e instaurar su gobierno definitivo entre todas las naciones. Jacobo no hizo un juicio en base a los argumentos de Pablo, Bernabé y Pedro. La base de su decisión fueron las Escrituras. Con Santiago, aprendemos que la experiencia y los milagros, en sí mismos, no son un certificado de validez de ninguna enseñanza. Quien da validez a los milagros y a la experiencia es la Palabra. Teniendo esto presente nunca seremos engañados.

B. El rol de la ley

Jacobo no impuso el peso de la ley a los gentiles, ni los obligó a circuncidarse. Pero sí les dio algunas recomendaciones (Hechos 15:16-20).

1. La ley del amor: La primera primer solicitud fue la de abstenerse de comer carne sacrificada a los ídolos (vv.16-20). Podemos emparentar esta con la de no comer sangre ni ahogado. Los judíos repudiaban el consumo de carne de animales ofrecidos en sacrificio a dioses paganos, pues era como participar de aquellos rituales. También creían que la sangre era la vida y no era para consumo. Por eso, todo animal destinado a consumo debía ser desangrado.

Pero la razón de esta solicitud de Jacobo iba más allá de las tradiciones judías. En el versículo 20, dice: "Porque Moisés desde tiempos antiguos tiene en cada ciudad quien lo predique en las sinagogas, donde es leído cada día de reposo". Santiago salvaguardó el vínculo entre judíos y gentiles instándolos a ser solidarios para no convertirse en piedra de tropiezo para estos últimos. Se asemeja a la solicitud de Pablo a los romanos (Romanos 14:15).

Santiago y Pablo expresaron que había libertad, pero por amor al hermano que era más débil y consideraba estas cosas importantes, era preciso no hacerlas. El amor es la más grande de todas las leyes. El Señor enseñó que el amor es el cumplimiento de toda la ley; quien ama a Dios y a su prójimo no peca. Cristo no anuló la ley, la perfeccionó para facilitarnos cumplirla.

2. La ley moral: La segunda solicitud de Santiago a los hermanos gentiles fue la de no cometer fornicación (Hechos 15:20). En este mandamiento, se confirma el papel de la ley dentro del nuevo pacto, no como causa, sino como consecuencia de haber sido salvados.

La obra de Cristo y la llenura con el Espíritu Santo se evidencian en una vida limpia, en una vida de santidad; no en el deseo afanoso de placer. La gracia no excluye la demanda divina de una vida moralmente correcta. Para esto, en el nuevo pacto, la voluntad del ser humano es purificada y sometida a la voluntad de Dios, acto que la ley en sí misma no podía lograr. En Cristo, el hombre no sólo es salvado de la condenación, es también salvado del poder que el pecado ejercía sobre él, haciéndolo libre de hacer lo correcto, no por estar sujeto a la ley, sino por ser depósito del amor de Dios.

Una vez dictada la resolución, los apóstoles y ancianos se pusieron de acuerdo para comunicarla diligentemente a través de una carta que hicieron llegar por medio de Pablo, Bernabé, Judas y Silas, todos hombres de autoridad. La noticia fue bien recibida por los hermanos de Antioquia que encontraron en ella alivio de sus preocupaciones.

Conclusión

Cristo, por medio del Espíritu Santo hizo posible la purificación de la voluntad humana, haciendo posible que el cumplimiento de la ley emergiera como consecuencia de la relación restaurada entre Dios y el hombre y la profundización en el conocimiento de su voluntad.

Recursos

Información complementaria

Santiago o Jacobo: "Hermano de Jesús, mencionado con sus hermanos José, Simón y Judas (Marcos 6:3). A juzgar por Mateo 12:46-50; Marcos 3:31-35 y Juan 7:5, Santiago no aceptaba la autoridad de Jesús durante el ministerio de éste, pero después de que se le apareció resucitado (1Corintios 15:7), llegó a ser un guía importante de la iglesia judeocristiana de Jerusalén (Hechos 12:17; Gálatas 1:19; 2:9). Evidentemente se le considera como apóstol (Gálatas 1:19) cuyo campo misionero fueron los judíos (Gálatas 2:9), especialmente los de Jerusalén" (Diccionario Ilustrado de la Biblia, Editorial Caribe, USA: 1982, p.317).

Definición de términos

Concilio en Jerusalén: "Nombre dado a la reunión de los líderes de las iglesias en Jerusalén y Antioquía, la cual se relata en Hechos 15:2-29. Ocurrió cerca de 49-50 d.C., como consecuencia de acaloradas discusiones acerca del carácter que el cristianismo debía mantener entre los gentiles.

Actividad suplementaria

Antes de iniciar la clase, puede hacer las siguientes preguntas: ¿Es importante cumplir la ley? ¿Hasta qué punto es importante? ¿Qué es más importante: la ley o el amor? ¿Por qué?

El concilio de la gracia

Hoja de actividad

Versículo para memorizar: "Antes creemos que por la gracia del Señor Jesús seremos salvos, de igual modo que ellos" Hechos 15:11.

I. La circuncisión y la ley

¿Qué es la gracia? _____

¿Por qué fue necesario el concilio de Jerusalén? (Hechos 15:1-5). _____

_____

¿Por qué los judíos exigían la circuncisión a los no judíos para ser salvos? (Hechos 15:1,5). _____

_____

II. El discurso de Pedro: La gracia

Leer Hechos 11 para una mejor comprensión de este punto.

¿Cuál fue el argumento de los apóstoles? (Hechos 15:6-12). _____

_____

¿Para quién es la gracia de Dios hoy? _____

_____

¿Es necesario hacer méritos para ser salvos? ¿Cuánto cuesta la salvación? _____

_____

III. Resolución final: La ley en el nuevo pacto

¿Quién dio la sentencia definitiva en el concilio de Jerusalén? (Hechos 15:12-21). _____

_____

Explique con sus palabras las razones por las cuales Jacobo recomendó a los gentiles no comer carne sacrificada a los ídolos ni sangre y ahogado. _____

_____

¿Qué nos dice esta lección a nosotros como iglesia hoy? _____

_____

Conclusión

Cristo, por medio del Espíritu Santo hizo posible la purificación de la voluntad humana, haciendo posible que el cumplimiento de la ley emergiera como consecuencia de la relación restaurada entre Dios y el hombre y la profundización en el conocimiento de su voluntad.

La mujer y el cristianismo

Marta de Fernández (EUA)

Versículo para memorizar: "Ya no hay judío ni griego; no hay esclavo ni libre; no hay varón ni mujer; porque todos vosotros sois uno en Cristo Jesús" Gálatas 3:28.

Propósito de la lección: Que los alumnos conozcan el desarrollo de la mujer en el cristianismo primitivo, en la iglesia actual y que conozcan el verdadero lugar que, según la Palabra de Dios, ella tiene.

Introducción

Lea Génesis 1:26-30. Según el relato bíblico, Dios creó a varón y mujer a su imagen y semejanza; usando los verbos en plural para darles a ambos los mismos mandatos y privilegios. Sin embargo, a partir de la caída, todo se arruinó y seguidamente la igualdad existente entre ambos también se trastocó.

En la sociedad israelita la subordinación de la mujer se reflejaba en un sistema legal que no le otorgaba derechos como persona civil. El decálogo exigía igualdad en cuanto al deber de honrar a ambos padres; sin embargo, oficialmente la posición de la mujer era inferior, "una cosa", enteramente subordinada a su padre o a su marido. Su trabajo era el manejo de la producción casera, su procesamiento y la confección de ropa; su función prioritaria era la reproducción.

Yéndonos al contexto social del siglo I, donde surgió la iglesia, la condición en el trasfondo judío había inclusive empeorado ya que "el judío en su oración matutina usaba una frase en la que agradecía a Dios no haberle hecho un pagano, un esclavo o una mujer" (El Nuevo Testamento. William Barclay. Volumen 12. La Aurora, Argentina: 1974, p. 75-76).

En cuanto al divorcio, el hombre podía divorciar a su mujer sólo por haber echado demasiada sal en su comida. En la civilización griega, la mujer "no tenía existencia independiente, ni pensamiento propio. Las caracteríticas de una buena mujer eran ver, escuchar y pedir lo menos posible" (El Nuevo Testamento. William Barclay. Volumen 12. La Aurora, Argentina: 1974, p.250). Bajo las leyes romanas, la mujer tampoco tenía derechos; legalmente, era siempre una niña bajo la "patria potestad". Es decir, en ninguna esfera de estas civilizaciones antiguas, las mujeres gozaban de derecho alguno.

I. El evangelio fue presentado a las mujeres

Tanto en el templo de Jerusalén como en las sinagogas, las mujeres estaban separadas de los hombres. En las sinagogas, sólo los varones participaban en los servicios; y sólo los niños varones podían recibir enseñanza en la sinagoga, las niñas eran enseñadas en casa. Así que, la práctica de Jesús de hablar con respeto y consideración a la mujer presentaba un cuadro de abierta amistad con toda clase de mujeres, dejando asentado un ejemplo para la iglesia que nació en el Pentecostés. Ocasión en la que participaron tanto varones como mujeres.

A. Primera conversión en Europa

Durante su segundo viaje misionero, Pablo llegó a Filipos (Hechos 16:11-15), ciudad principal de Macedonia y colonia romana. Como no había sinagoga allí (se necesitaban diez hombres judíos para abrir una), Pablo y sus compañeros se dirigieron el día sábado a las orillas del río donde encontraron un grupo de mujeres y comenzaron a platicar con ellas. Entre ellas, estaba Lidia de Tiatira, "que adoraba a Dios" (v.14). Ella era una prosélito de la religión judía, como quizá las otras mujeres que se juntaban en el lugar de oración. Lidia pertenecía a una elevada esfera social, era comerciante de púrpura, un tinte costosísimo, ya que se recogía gota a gota de una concha marina. Ella estuvo atenta al mensaje de Pablo y allí recibió a Cristo como su Salvador.

En contraste con la conversión de Lidia, mujer rica y poderosa comerciante, vemos que Pablo liberó a una muchacha esclava "pitonisa", con un espíritu de adivinación y que sus amos la explotaban recibiendo grandes ganancias (16:16-19). Pablo le devolvió su salud y juicio normal. Es de notar cómo el evangelio se presentó a ese sector segregado de la sociedad greco-romana.

B. Bautismo de Lidia y sus primeros frutos

La práctica de la hospitalidad era recomendada, y era deber de los convertidos y líderes (1 Timoteo 3:2; Tito 1:8; Hebreos 13:2). Lidia, inmediatamente, exhibió su carácter cristiano invitando al misionero y a sus compañeros a hospedarse en su casa. El versículo 15 dice que "los obligó". La casa de Lidia fue para Pablo, como la de María y Marta para Jesús: Un lugar de descanso, de estímulo, y seguramente de buena comida (v.40). ¡Qué hermoso ejemplo de una recién convertida!

C. La conversión de mujeres en el mundo greco-romano

Luego, tuvieron más predicación y cosecha abundante de gentiles convertidos entre los que había un gran número de mujeres nobles y mujeres griegas de distinción (Hechos 17:1-4; 10-12).

Continuando su viaje misionero, llegó a Tesalónica y como era su costumbre, presentó a Cristo en la sinagoga, donde algunos pocos judíos creyeron. Sin embargo, tuvieron que salir por el alboroto armado por los judíos incrédulos, yéndose hasta Berea (Hechos 17:5-9). Allí, muchos creyeron, entre ellos muchas mujeres nobles (v.4), algunas de estas serían prosélitos y otras, hasta entonces, idólatras. La mención de mujeres prominentes quizá se refiría a que pertenecían a un rango más selecto.

Se ve el valor que el evangelio dio a las mujeres, que en su propio contexto fueron siempre marginadas.

II. Reconocimiento de la importancia de las mujeres

Aunque pareciera que el apóstol Pablo no tuviera en mucha estima a las mujeres, por lo que dice en algunas de sus cartas, hay que saber que algunos de esos consejos eran para tomarse local y temporalmente, ya que respondían a situaciones particulares.

Las palabras "sujetarse" y "someterse" que encontramos en la carta a los Efesios 5:21-22 no se referían a una posición más baja o de subordinación. Pablo las usó escribiendo en un contexto en que la vida familiar y el matrimonio estaban en ruinas. Entonces, él estaba llamando a una pureza y a una nueva comunidad en el matrimonio, donde la sumisión debía ser mutua y de ambos a Cristo. Pablo comparó la relación matrimonial con la de Cristo y su iglesia (Hechos 5:25-27). Cristo no llevó a la iglesia a sus pies por amenazas o por fuerza, sino por su gran solicitud y amor. Un amor que no actúa como tirano controlador, sino con amor sacrificial.

Por otro lado, vemos que en algunas de sus cartas, Pablo reconoció a mujeres que trabajaban mucho en el Señor (Romanos 16:3,6; Filipenses 4:2-3; Colosenses 4:15; 2 Timoteo 4:21; Filemón 2; etc.).

III. La mujer en la iglesia cristiana

El trato de Jesús con las mujeres (Lucas 8:2-3; Mateo 9:20-22; Juan 4:6ss, 8:3-5, 9-11, 11:2 y 12:3-7); con los publicanos (Mateo 9:9-13; Lucas 7:34); los leprosos (Marcos 1:40-45) y los pobres (Mateo 11:4-5) cuestionó las prácticas del sistema socio-religioso que los excluía. Jesús recibió a los más discriminados, y ellos fueron los que con mayor compromiso y amor lo siguieron. Las mujeres acostumbradas a ser tratadas como inferiores, desvaloradas, relegadas y reducidas a las funciones del hogar y la maternidad, pudieron sentir que "en Cristo" se establecía una nueva relación entre hombre y mujer, ya fuera como pareja, o como parte de una comunidad.

En Marcos 10:2-12, Jesús denunció una ley injusta. La formulación de la pregunta demostraba la mentalidad patriarcal de quienes la hicieron. Como la mujer era considerada y tratada como un objeto, sólo el hombre tenía derecho a divorciarla. Con su respuesta, Cristo dignificó a la mujer e introdujo una novedad en las relaciones, considerando iguales como personas y ante Dios al hombre y a la mujer.

En Mateo 23:8-11, vemos que para Jesús todos sus seguidores formaron una hermandad de iguales donde las relaciones patriarcales no tenían cabida. Ésto fue una crítica radical a la estructura que se atribuía la autoridad que sólo a Dios le pertenece.

Hay que admitir que el comportamiento patriarcal de la iglesia posterior, donde abundaron "los padres", no pudo basarse en Jesús ni en su actitud.

El sistema patriarcal de "dominio total de parte de un jefe varón superior" se fue acentuando como uno de los resultados nefastos de la caída. Los sistemas socio-religiosos en los tiempos de Jesús eran tan injustos y degradantes al punto de considerar a la mujer como una cosa; pero Jesucristo, con su trato a la mujer la elevó al nivel que Dios quiso darle al crearla como "amada y estimada compañera del hombre, no como su sierva; y los unió como un solo ser, siendo las cualidades naturales del uno el complemento de las del otro". (Diccionario de la Santa Biblia. W.W. Rand. Caribe, Costa Rica: 1899, p.437).

En Marcos 15:40-41; Lucas 8:1-3 y Mateo 27:55-56; encontramos varias mujeres protagonistas. Estas mujeres fueron definidas como discípulas, pues se utilizan los verbos típicos del discipulado: "akolouthein" y "diakonein": Seguir y servir. El protagonismo de estas no puede ser ignorado. Tristemente, bien pronto comenzó en la iglesia a favorecer el protagonismo de los varones apóstoles. Sin embargo, el protagonismo de la mujer se mantuvo en el movimiento misionero primitivo (Juan 4:39-42; Hechos 16:14-15, 17:12). Hay datos de la participación codo con codo, al mismo nivel de los hombres, como líderes de las comunidades; instructoras de los catecúmenos y otras responsabilidades dentro de la iglesia del primer siglo.

Por supuesto, sabemos que existe mucha controversia sobre este tema, y cada cual se atribuye bases bíblicas para apoyar su posición.

Dios mismo anunció por el profeta Joel que su Espíritu sería derramado por igual, sobre varones y mujeres, y menciona "siervos y siervas" (Hechos 2:17-18). Dios capacitó sin distinción de género para que le sirvieran en los diferentes ministerios con los diferentes dones. Es "el mismo Espíritu, repartiendo a cada uno en particular como él quiere" (1 Corintios 12:11). ¿Quiénes somos nosotros para desechar a alguien? En la iglesia, se debe dar libertad y oportunidad tanto a la mujer como al varón, ya que "en Cristo" somos iguales.

Conclusión

El evangelio fue presentado por igual a hombres y mujeres, y muchas mujeres no sólo se convirtieron a Cristo, sino sirvieron efectiva y ampliamente en la propagación del mensaje. Hubo y hay, en la historia del cristianismo, mujeres que establecieron iglesias, dieron sus vidas en la obra misionera, lucharon por los derechos de los más desvalidos y fueron mártires.

Recursos

Información complementaria

La lucha por los derechos femeninos. A mediados del Siglo XIX, en los Estados Unidos, mujeres formaron la Unión Femenina Cristiana de Temperancia, que fue un instrumento en la lucha por los derechos de la mujer.

Una de las características del Ejército de Salvación, fundado por William Booth y su esposa en 1865, fue su énfasis en la igualdad de los sexos, siendo conocida su obra en favor de la mujer.

A partir de los 1960's se produce lo que se denominó "movimiento feminista"..."El feminismo se puede definir como un movimiento orientado a conseguir una sociedad que rechace todas las decisiones y categorías basadas únicamente en el sexo biológico... Su objetivo es conseguir la igualdad y la humanidad de todas las personas." (¿Para qué sirve la teología? Alberto F. Roldán. Libros Desafío, EE.UU.: 2011, p.165-167).

Definición de términos

Patria potestad: Término romano para designar el poder absoluto del padre sobre su familia; ese poder era vitalicio, duraba durante toda la vida del hijo.
Pitonisa: Persona que podía dar oráculos. Pitón, nombre de Apolo, el dios griego de la adivinación.
Nefasto: Triste, funesto.

Actividades suplementarias

1. Lluvia de ideas (usarse en la introducción): Dividir la clase en dos grupos: varones y mujeres, y tener dos columnas en el pizarrón, donde cada grupo pasará a escribir su opinion del rol de la mujer en la familia y la iglesia.

2. Lectura de citas y comentario: Usarse en el punto III- C. Repartir entre los alumnos las siguientes citas de mujeres mencionadas por Pablo (tenerlas escritas de antemano):

1.	Colosenses 4:15		
2.	Filemón 1:2	6.	Romanos 16:12-13
3.	Romanos 16:1-2	7.	Romanos 16:15
4.	Romanos 16:3	8.	Filipenses 4:2-3
5.	Romanos 16:6	9.	2 Timoteo 4:21

Cada alumno debe leer el pasaje para sí y luego, mencionar a la clase el nombre/s de la mujer/es mencionada/s y qué dice de ellas, haciendo un muy breve comentario.

3. Discusión abierta:
- ¿Cómo es tratada hoy la mujer en nuestra sociedad?
- ¿Cómo es tratada hoy la mujer en la iglesia?
- ¿La mujer es de algún modo discriminada?, ¿por qué?
- Como cristianos y cristianas, seguidores de Jesucristo, ¿seguimos su ejemplo en cuanto a un trato igualitario? o ¿hay algo que mejorar?

La mujer
y el cristianismo

Hoja de actividad

Versículo para memorizar: "Ya no hay judío ni griego; no hay esclavo ni libre; no hay varón ni mujer; porque todos vosotros sois uno en Cristo Jesús" Gálatas 3:28.

I. El evangelio fue presentado a las mujeres

¿Qué diferente actitud se ve entre el relato de los pasajes en Hechos 16:11-15,40 y 16:16-20 y el trato que recibían las mujeres de esa sociedad? _____

_____

_____

¿Por qué piensa que hubo muchas mujeres que se convirtieron según Hechos 17:1-4, 10-12? _____

_____

_____

II. Reconocimiento de la importancia de las mujeres

¿Por qué la mujer fue considerada inferior al hombre?, ¿cree que ese fue el plan de Dios?_____

_____

_____

¿Cómo deberíamos interpretar Efesios 5:21-22?_____

_____

_____

III. La mujer en la iglesia cristiana

¿Qué papel tuvieron las mujeres que se mencionan en Marcos 15:40-41; Lucas 8:1-3; Mateo 27:55-56? ____

_____

_____

Conclusión

El evangelio fue presentado por igual a hombres y mujeres, y muchas mujeres no sólo se convirtieron a Cristo, sino sirvieron efectiva y ampliamente en la propagación del mensaje. Hubo y hay, en la historia del cristianismo mujeres que establecieron iglesias, dieron sus vidas en la obra misionera, lucharon por los derechos de los más desvalidos y fueron mártires.

Sembrando la semilla

Macedonio Daza (Bolivia)

Versículo para memorizar: "Al dios no conocido. Al que vosotros adoráis, pues, sin conocerle, es a quien yo os anuncio" Hechos 17:23b.

Propósito de la lección: Que los alumnos comprendan la responsabilidad de sembrar la semilla del evangelio en todo momento, lugar y tiempo.

Introducción

Relate, una breve historia sobre una experiencia que haya tenido con alguna siembra (aunque sea de una maceta) y si participó de algo mayor mejor. Motive a su clase de tal forma que puedan valorar la importancia de la siembra. Si usted no tiene una buena experiencia relacionada con la siembra puede pedir a algún miembro de la clase para que comparta sobre la experiencia de la siembra. Pregunte: ¿Qué sería, de nuestra nación o del mundo si no hubieran campesinos que se dedicaran a la producción de alimentos?, ¿Qué sería de la iglesia si no cumpliera con la tarea de la evangelización?

En esta lección veremos la siembra del evangelio en diferentes contextos basados en el libro de los Hechos de los Apóstoles, capítulos 17 y 18.

I. Sembrar el evangelio en medio de una ciudad idólatra

A. La observación, un instrumento para hacer el diagnóstico

Mientras el apóstol esperaba a Silas y Timoteo en Atenas, tuvo la oportunidad de ver el comportamiento de los habitantes de aquella ciudad (17:16-17). A través de la observación, apreciación, o mirada profunda, el apóstol tuvo el acercamiento para hacer el diagnóstico de los habitantes de la ciudad. Atenas era una ciudad famosa por ser un centro intelectual, por su literatura, filosofía, escultura y oratoria; pero Pablo observó que tenía un defecto: La idolatría.

"Se dice que había allá más imágenes que en todo el resto de Grecia. Según Jenofonte "la ciudad era un gran altar, una gran ofrenda a los ídolos" (Comentario sobre los Hechos de los Apóstoles. Roy Allison. Publicaciones el Faro, 1957, p.273).

B. La acción, seguimiento a la observación

"… Su espíritu se enardecía viendo a la ciudad entregada a la idolatría" (Hechos 17:16b). Puesto que Pablo había sido transformado por el evangelio, y había conocido al único Dios, no podía tolerar que la gente esté en ignorancia adorando a tantos dioses, habiendo un solo Dios verdadero, cuya aseveración fue expresada más tarde a los Corintos: "Sin embargo, para nosotros sólo hay un Dios, que es el Padre. Él creó todas las cosas, y nosotros vivimos para él" (1 Corintios 8:6a TLA). Por lo tanto Pablo fue movido por su espíritu y se enardeció al ver tanta idolatría e hizo las siguientes acciones:

La primera acción, fue ir a la sinagoga para discutir con los judíos, demostrándoles que Jesús era el Mesías, (ya que ellos seguían esperando al mesías prometido).

La discusión es un medio donde la gente puede razonar, para llegar a la verdad a través del conocimiento.

La segunda acción, fue salir a la plaza, el método favorito de la enseñanza en Atenas había sido la discusión, por tanto, el apóstol se reunió con la gente que no frecuentaba las sinagogas para conversar y razonar cada día, generalmente con los mercaderes de aquella ciudad.

II. Sembrando el evangelio entre los filósofos

Pablo se encontró con filósofos "…Y algunos filósofos de los epicúreos y de los estoicos disputaban con él;" (17:18-34) de dos escuelas diferentes: 1) Epicúreos, "eran en práctica materialistas y ateos. Enseñaban que el fin de la existencia es el placer; que el placer es el único bien, y el dolor el único mal… que el hombre debe descartar toda creencia en dioses y en la inmortalidad del alma; que el universo no fue creado sino que se produjo como resultado de una organización de átomos del todo casual; puesto que no hay vida futura ni juicio, "comamos y bebamos porque mañana moriremos". Sorprendería descubrir cuántos hombres y mujeres de los diferentes países han adoptado este credo preciso en la práctica, muchos quizá en forma inconsciente.

2) Estoicos. Poseían muchas cualidades admirables, pero sus creencias venían a ser las del "panteísmo" moderno. Para ellos Dios lo era todo y todo era Dios; era "el alma del universo"... Enseñaban la resignación y el dominio de las circunstancias; pero eran fatalistas..." (Hechos de los Apóstoles. Charles R. Erdman. Versión en Español T.E.L.L.: 1974, pp.154).

El primer grupo de filósofos estaban entregados al placer, lo cual, la Palabra de Dios rechaza (Isaías 22:13-14 Y 1 Corintios 15:32).

En relación al segundo grupo, la enseñanza de Jesús es clara: "lo que es nacido de carne, carne es; y lo que es nacido del Espíritu, espíritu es" (Juan 3:6).

A. Pablo en el Areópago

Areópago, así llamaban a una colina de Atenas y al tribunal que allí tenía su asiento. Pablo no fue arrestado o procesado, sino que le dieron la oportunidad de expresar el evangelio, en un lugar estratégico (v.19). Los atenienses, (según el pasaje en estudio) se ocupaban en decir y oír algo nuevo, puesto que el apóstol decía cosas nuevas, les interesó bastante el escucharlo, por eso le invitaron.

B. Contenido del discurso de Pablo

Pablo introdujo su discurso, ponderando la religiosidad de los atenienses, expresó la observación que había hecho de sus santuarios y del altar "AL DIOS NO CONOCIDO" y enganchó a sus oyentes diciendo que anunciaba a ese Dios (17:22-23).

Trató temas centrales del cristianismo:

1. Dios autor de la creación, es Espíritu y sustentador, da a todos vida y aliento y todas las cosas (vv.24-25).
2. La doctrina del hombre, "y de una sangre ha hecho todo el linaje de los hombres" (v.26) sosteniendo que toda las razas del mundo tienen un solo inicio, invalidando el racismo, de aquellos que se consideraban mejor que otros.
3. La doctrina de Cristo, en el versículo 27 "para que busquen a Dios, si en alguna manera, palpando, puedan hallarle,..." Dios a través de Jesucristo vino al alcance de la humanidad.
4. La naturaleza pecaminosa del hombre requiere arrepentimiento (v.30).
5. El día del juicio y la resurrección (v.31).

Como resultado del mensaje algunos se burlaron, otros lo desafiaron y unos pocos creyeron: Dionisio el areopagita, Dámaris y otros (vv.32-34).

III. Sembrando en medio de la oposición

A. Corinto, era una ciudad de corrupción moral

"La ciudad de Corinto era un centro político y comercial de Grecia y estaba a unos 83 kilómetros de Atenas. Estaba situada en un istmo que tenía 18 km. y medio de ancho que unía los mares Egeo y Adriático y estaba sobre la ruta más corta de Roma al Oriente. Era famosa por los juegos griegos (Olimpiadas) celebradas trianualmente y muy notoria por sus vicios y todo tipo de maldad. Decir que alguien era como los corintios equivalía a la acusación de cometer toda suerte de pecados conocidos." (Comentario Sobre los Hechos de los Apóstoles. Roy Allison. Casa de publicaciones el FARO, 1957, pp.282).

El predicar en un contexto de corrupción moral, dominado por el espíritu comercial y materialista habrá sido un gran desafío para el apóstol (Hechos 18:1-11).

B. Pablo, en un nuevo lugar de oposición

En un lugar de oposición encontramos lo siguiente en el actuar de Pablo:

1. Consiguió nuevos amigos. "Y halló a un judío llamado Aquila, natural del Ponto, recién venido de Italia con Priscila su mujer,... y como era del mismo oficio, se quedó con ellos,..." (Hechos 18:2-3). Pablo hizo nuevas amistades y por falta de recursos económicos fue necesario recurrir a su oficio de hacer tiendas y de esa manera aliviar y satisfacer las necesidades en un nuevo lugar, en ello se ocupaba durante la semana.
2. Trabajó con los religiosos. Los días de reposo, estaba en las sinagogas donde persuadía a judíos y a griegos (v.4).
3. Trabajo a tiempo completo en la predicación. "... Pablo estaba entregado por entero a la predicación..." (Hechos 18:5). Con la llegada de Silas y Timoteo, pudo trabajar con mayor dedicación, sin duda la soledad había sido superada con la compañía de sus consiervos y trabajando por el sustento para su ministerio.
4. Sembró el evangelio en medio de oposición y blasfemia (Hechos 18:6).

Uno espera apoyo y simpatía de sus compatriotas; sin embargo, lo que recibió Pablo fue oposición e injuria. La reacción del apóstol fue salir de aquel lugar, indicándoles claramente que él había cumplido con predicar el evangelio y todo el peso de responsabilidad recaía sobre ellos por rechazar las buenas nuevas, basando su declaración en Ezequiel 33:4.

Cambiar de ambiente y público cuando existe oposición es saludable, en este caso Pablo decidió dedicarse expresamente a los gentiles en la casa de uno llamado Justo. Allí hubo varias conversiones (1 Corintios 1:14, 6:11), uno de ellos fue Crispo y su familia, principal de la sinagoga (Hechos 18:8).

Es importante realizar la siembra del evangelio en todo momento y lugar, hay mucha gente que no conoce a Cristo, hay países enteros y naciones que ignoran la existencia de Dios. Debemos apropiarnos de lo que nuestro Señor prometió a Pablo: "No temas, sino habla, y no calles porque yo estoy contigo, y ninguno pondrá sobre ti la mano para hacerte mal, porque yo tengo mucho pueblo en esta ciudad" (Hechos 18:9-10). Si contamos con el respaldo de Dios la tarea será más llevadera, y la gloria será para Él.

Conclusión

A través de la vida de Pablo vemos el ejemplo y la motivación de predicar a tiempo y fuera de tiempo.

Recursos

Información complementaria

Cristo sigue diciéndonos: "No temáis, manada pequeña, porque a vuestro Padre le ha placido daros el reino" (Lucas 12:32), la demanda es que debemos seguir expandiendo el Reino de Dios. Jim Elliot, uno de los cinco misioneros mártires entre los indígenas aucas de Ecuador, quien murió en 1956, escribió que no es "tonto aquel que da lo que no puede guardar para ganar lo que no puede perder". En la actualidad misioneros aucas comparten el evangelio aún bajo el riesgo de perder su vida. Cuando todos podamos decir "la gran comisión es para mí", entonces Dios podrá sacarnos de nuestro ambiente para impulsarnos hacia las vidas de otros con el fin de cumplir su misión a través de nosotros" (La Gran Comisión es para Mi. Paul R. Orjala. CNP, EUA: 1984, pp.94).

Países menos evangelizados: "La ventana 10/40 se refiere al área de la tierra que está entre los 10 y los 40 grados al norte del Ecuador, desde África del Norte a China y Japón. Dos terceras partes de toda la población del planeta viven en esta "ventana", y casi todos los 55 países menos evangelizados se localizan ahí. La ventana 10/40 se ha convertido en un término para describir a los pueblos que todavía no han escuchado las nuevas de Cristo Jesús. Dios siempre se ha ocupado de los desamparados, "no queriendo que ninguno perezca" (2 Pedro 3:9). (Misión en el Tercer Milenio. Chuck Gailey, CNP, EUA: 2001, pp.59).

Definición de términos

Raza. Los científicos modernos creen que todo el concepto de "raza" es algo erróneo.

"Cuando científicamente medimos características tales como la forma de la nariz, estatura, color de piel y la forma de la cabeza, encontramos que todo los grupos de seres humanos tienen la misma estructura epidérmica y los mismos químicos causantes del color (el oscurecimiento es causado simplemente por la diferencia en la cantidad del mismo químico). La combinación del plasma sanguíneo de todos nosotros puede salvar la vida de cualquier otro humano.

La Biblia está en lo cierto cuando dice: "Y de una sangre ha hecho todo el linaje de los hombres para que habiten sobre toda la faz de la tierra" (Hechos 17:26a)." (Misión en el Tercer Milenio. Chuck Gailey, CNP, EUA: 2001, pp.35).

Epicúreos: "Una escuela de filosofía que derivaba su nombre de Epicuro, que había tenido su "jardín" en Atenas. Su teoría era que el objetivo de la vida humana debía ser el de experimentar emociones placenteras, y que el epítome de la felicidad era la tranquilidad apacible de la mente. Su clave era la experiencia, no la verdad. Pablo intentó hacer volver el pensamiento de los atenienses de sus filosofías inventadas, y de sus ídolos hechos de manos, al Dios único y verdadero (Hechos 17:18)"(Nuevo Diccionario Bíblico Ilustrado. CLIE, España: 1985, pp.313).

Estoicos. "Una secta de filósofos de Grecia, fundada por Zeno de Citium (Chipre). El nombre "estoicos" viene de Stoa, el porche en Atenas donde el filósofo se reunía con sus discípulos. Enseñaba que había un Ser Supremo, pero que había muchos dioses subordinados, y que el hombre tenía facultades similares a los dioses. Debían conducirse por el intelecto, y no se tenía que dar consideración ni a los placeres, ni a los sufrimientos corporales. Las características fundamentales de los estoicos eran el panteísmo, el fatalismo, y el orgullo. Había algunos de ellos en la audiencia a la que se dirigió Pablo en Atenas." (Nuevo Diccionario Bíblico Ilustrado. CLIE, España: 1985, pp.343).

Actividad suplementaria

Preguntas de reflexión:
- ¿Estamos cumpliendo en llevar el evangelio?
- ¿Cuáles son los resultados que estamos logrando en el evangelismo?

Desafíe a la clase a hacer una lista donde mencionen a los familiares y amigos que no conocen a Cristo y a orar por ellos en la semana aprovechando cualquier oportunidad para compartirles el evangelio.

Sembrando la semilla

Hoja de actividad

Versículo para memorizar: "Al dios no conocido. Al que vosotros adoráis, pues, sin conocerle, es a quien yo os anuncio" Hechos 17:23b.

I. Sembrar el evangelio en medio de una ciudad idólatra

¿Qué hizo Pablo al pasar por Anfípolis y Apolonia según Hechos 17:1-3 y cuáles fueron los resultados (v.4)?

_____

_____

¿Qué sucedió mientras Pablo esperaba a Silas y Timoteo (vv.16-17)?_____

_____

_____

II. Sembrando el evangelio entre los filósofos

¿Qué sucedió en el Areópago según Hechos 17:19-21? _____

_____

_____

¿Puedes mencionar algunos temas centrales que trató, Pablo en su discurso (vv.22-32)? _____

_____

_____

III. Sembrando el evangelio en medio de gente blasfema y opositora

¿Cómo encaró Pablo, su tarea en medio de la oposición según Hechos 18:1-11? _____

_____

_____

¿En qué ámbito podemos sentir oposición nosotros? ¿Qué hacemos cuando se presenta? _____

_____

_____

Conclusión

A través de la vida de Pablo vemos el ejemplo y la motivación de predicar a tiempo y fuera de tiempo.

El juicio de Pablo

Joel Castro (España)

Versículo para memorizar: "Pues si anuncio el evangelio, no tengo por qué gloriarme; porque me es impuesta necesidad; y ¡ay de mí si no anunciare el evangelio!" I Corintios 9:16.

Propósito de la lección: Que los alumnos aprendan sobre el poder del testimonio personal y el respaldo divino frente a la oposición.

Introducción

Entre los discípulos de Jesús, Pablo es un gran ejemplo y modelo de cristiano enfrentando las adversidades. Pablo tuvo que soportar cinco juicios y lo sufrió todo por defender el evangelio transformador evidenciado en su propia vida.

En los últimos capítulos de los Evangelios encontramos a Jesús enfrentando la oposición religiosa y lo mismo estaba haciendo Pablo en los últimos capítulos del libro de los Hechos. Jesús lo hizo con el propósito de salvarnos, Pablo lo hizo para enseñarnos que debemos usar todos los estados de nuestra vida para testificar de la salvación que Cristo nos dio. Veamos más de cerca cada defensa en Hechos 21-28.

I. Defensa de Pablo en Jerusalén

Pablo tenía resuelto ir hacia Jerusalén, según leemos en Hechos 21:13-23:11; su propósito fue predicar de Cristo. Él entendía que Jesús había venido a los judíos y ellos no lo habían recibido (Juan 1:11). Sin embargo, los hermanos que le tenían mucho afecto le animaban que no se fuera a la capital judía, tres veces encontramos esta acción en Hechos 21:4,11,12 pero finalmente aceptaron (21:14).

Entendemos el cariño de los compañeros de Pablo, ejemplo y modelo de un trabajo en unidad y compañerismo. Sin embargo, Pablo estaba dispuesto a sacar provecho espiritual de su estadía en Jerusalén aunque le costase su misma vida (21:13). Esta actitud nos enseña que un discípulo debe estar dispuesto a sacrificar su propia vida si ese es el costo de ganar a otros para Cristo.

A. Pablo fue acusado en el templo

Los hermanos de Jerusalén recibieron con gozo al apóstol (Hechos 21:17). Pero luego de un tiempo de diálogo donde el apóstol contó las maravillas que Dios había hecho entre los gentiles (v.19), los hermanos de Jerusalén le comentaron la oposición de los judaizantes ante el ministerio del apóstol. Pablo en su afán de unir lazos de confraternidad tomó con solicitud la advertencia y el plan de la mayoría para no ser un problema; después de todo Pablo lo único que quería era hablar de Cristo por eso trataba de amoldarse a cualquier estrategia para llegar a ese fin.

El plan de los hermanos de Jerusalén fracasó. Para Pablo los problemas acababan de empezar. Como en toda obra misionera, el diablo también juega su papel. No hay nada más fuerte en las manos de Satanás que el instrumento de la religión. En toda la historia del cristianismo la gran mayoría de los cristianos murieron en manos de la religión por causa de predicar el evangelio. Jesús mismo fue crucificado por la religión.

Hoy en día sirvo en un país que se autodenomina un 96% católico. Sólo la ciudad de Zaragoza (España) con casi un millón de habitantes cuenta con casi doscientas catedrales. La religión aquí controla todo. Recuerdo una vez, predicando en un anfiteatro al aire libre, llovían piedras sobre el escenario, era de personas que pensaban que les molestamos con el evangelio.

Pablo pasó una experiencia difícil en manos de los judíos radicales. Le acusaron (21:27-28), se agolparon contra él (v.30) y le arrastraron fuera del templo para matarle (v.31). Gracias a la pronta reacción de las autoridades, Pablo fue conducido al cuartel.

B. Pablo se defendió ante el pueblo

Mientras la oposición se acrecentaba Pablo no cesaba en beneficiarse de la oportunidad para testificar de Cristo. Después de calmarse los ánimos de violencia de parte de los judíos, Pablo pidió permiso a las autoridades para dirigirse al pueblo (22:1-21). Él quería que entendieran a través de su defensa su transformación espiritual que constó de tres partes:

Pablo relató su vida pasada (22:3-5) y se identificó como judío porque su propósito era llegar a ellos, por lo tanto, tendió un puente de identidad para que le oyeran. Usó frases como: "Hermanos y padres" "Soy judío" "Instruido a los pies de Gamaliel" "Celoso… como lo sois todos vosotros". Con esto Pablo quería ganarse la confianza de sus oyentes para luego hablarles de Cristo. Él no buscó autoexaltación con su pasado; sino que lo dijo para ganar la atención de sus oyentes. Pablo relató su conversión en Hechos 22:6-16 en primera persona. Luego en Hechos 9 fue narrado por Lucas. Él contó que su conversión fue precedida por una "luz del cielo" y "una voz" que le reveló a Cristo como su salvador (vv.6-8).

Pablo relató el propósito de su encuentro con Jesús (22:17-21). El haber conocido a Cristo implicaba haber ganado una responsabilidad, ésta radicaba en dar a conocer el amor del Salvador. Aunque no era fácil por su pasado anticristiano, él fue exhortado por el Señor a ser un testigo fiel. Sin embargo, cuando nombró a los gentiles (v.21) como parte de su misión la multitud otra vez se enfureció; porque los judíos eran muy egocéntricos. Mientras el centurión le alistaba para castigarle, Pablo hizo valer sus derechos con el fin de seguir cumpliendo con la predicación del mensaje de salvación (22:22-29). Cuán importante es conocer nuestros derechos.

C. Pablo fue acusado ante el concilio

Anteriormente estuvo delante del pueblo, ahora se encontraba ante los altos funcionarios del sanedrín judío (Hechos 22:30-23:11). Una vez más empezó cordialmente diciendo "varones hermanos" (23:1). Sin embargo, ni bien se presentó fue abofeteado por orden del sumo sacerdote (v.2). Pero aun así no fue minimizado para hablar sobre la resurrección de Cristo.

Aunque algunos analistas creen que Pablo usó una estrategia para desequilibrar a los líderes religiosos; lo más claro que vemos es que él tocó el tema de la resurrección porque esa es la base del evangelio de salvación (23:6). Testificar de Cristo a otros tiene que centrarse en el hecho de que Cristo venció al pecado y la muerte con su resurrección. Este tema trajo división entre los fariseos y saduceos.

En medio de la trifulca; el ministerio de Pablo en Jerusalén recibió el respaldo de Cristo (v.11). Él le animó a seguir testificando. Pablo amaba su llamado (1 Corintios 9:16). Cualquier creyente que no renuncia a su propio interés, no es apto para ser un testigo de Cristo. Hagamos de testificar de Cristo, un estilo de vida.

II. Defensa de Pablo en Cesarea

Ante el radicalismo judío Dios usó a los gobernantes de turno para que custodiasen al apóstol de cualquier intento de asesinato (Hechos 23:12-26:32). Cuando hacemos la obra de Dios, Él se encarga de protegernos de cualquier mal. Dios usó la cárcel para proteger a Pablo. El complot hizo que Pablo fuera trasladado a Cesarea; en este viaje fue conducido bajo protección, como de un hombre importante (23:23). Así es, para Dios somos sus hijos, y Él usa cualquier medio para cuidarnos con el fin de que sigamos haciendo su voluntad.

A. Defensa de Pablo ante Félix

Hasta aquí el apóstol predicó al pueblo, luego a los líderes religiosos; ahora estaba ante Félix, gobernador romano (Hechos 24). Veamos tres secuencias:

La acusación de Tértulo representa la oposición que el diablo hace para que el evangelio no sea predicado (24:1-9). Las mentiras de Tértulo, abogado de los judíos, en contra de Pablo se resume en los siguientes calificativos: "es una plaga", "promotor de sediciones", "cabecilla de la secta los nazarenos" y "profanó el templo" (v.5-6). Así el diablo querrá acusarnos para amedrentarnos; pero sigamos firmes como lo hizo Pablo. Jesús nos anima con las palabras de Mateo 5:11.

La defensa de Pablo (24:10-21) fue "con buen ánimo" (v.10). Pablo afirmó que las acusaciones de Tértulo no se podían probar (v.13). Por otro lado, Pablo se refirió a la ley como base argumentativa de su fe en Cristo (v.14). Esto es importante en el evangelismo, hoy en día debemos hacer puentes entre los temas sociales con el mensaje de salvación. El apóstol en su apología, afirmó que si seguía a Cristo era porque Él transformó su vida, y lo que más procuraba era "tener una conciencia sin ofensa ante Dios y ante los hombres" (v.16). Esto es la base de todo testigo de Cristo. Una vida en santidad. Si queremos que nuestro mensaje tenga firmeza y autoridad debemos vivir según esta regla.

En la entrevista de Pablo con Félix (24:24-25) la defensa de Pablo inspiró respeto ante Félix quien decidió escucharlo personalmente. Pablo aprovechó para hablarle de su fe cristiana haciéndole reflexionar sobre la justicia, el dominio propio y el juicio venidero. Pablo no buscó congraciarse con Félix, más bien le exhortó a renunciar a sus apetitos carnales. Esto es un ejemplo para cuando estamos frente a un gobernante civil; que, en vez de buscar intereses personales, le hablemos de un cambio sincero en Cristo. Pablo fue tentado aun con sobornos (24:26); pero su santidad le llevó a permanecer entre rejas. La iglesia pierde su fuerza misionera cuando acepta las condiciones inmorales de cualquier gobierno.

B. Defensa de Pablo ante Festo

En este juicio ante Festo, (Hechos 25:1-12) Pablo pidió apelar ante César, petición que fue concedida confirmándose así la promesa de Dios (23:11). Las promesas de Dios son para sus hijos que andan en obediencia a su llamado.

C. Defensa de Pablo ante Agripa

Antes de llevarle a Roma; Dios permitió que Pablo también le testificara al rey Agripa quien estaba de visita en Cesarea (Hechos 26). Así, Pablo logró lo que se profetizó de su ministerio en Hechos 9:15. Para testificar de Cristo no necesitamos cátedras teológicas, simplemente contar lo que hemos experimentado. Esto es lo que le dijo Jesús al ex gadareno, "vete a tu casa, a los tuyos, y cuéntales cuán grandes cosas el Señor ha hecho contigo" (Marcos 5:19). Pablo nos enseña que la forma más sencilla de anunciar las buenas nuevas es contando nuestro encuentro con Cristo.

Un testimonio personal evangelístico trata de tres puntos principales: 1) Mi vida pasada (26:4-11); 2) Mi encuentro con Cristo (26:12-18); 3) Mi vida con Cristo (26:19-23). Tanto fue la elocuencia y convicción con la que contaba su testimonio que hubo algunas reacciones: Festo se vio anonadado por los razonamientos de Pablo, el cual aseveró que Pablo era un loco (26:24). Muchos nos tildarán así, pero no nos callemos. El rey Agripa se vio técnicamente convencido aunque éste lo desmintió con su afirmación (26:28); razón porque la persuasión espiritual demanda una acción de fe. Los argumentos de Pablo le habían gustado pero no puso en acción su fe.

III. Privilegios de Pablo en Roma

Tal como Dios le había dicho (23:11); ahora Pablo ya se encontraba en Roma (Hechos 28:17-31). No era fácil tener ciertos privilegios como prisionero en Roma; pero Dios que es soberano le permitió ciertos privilegios con el fin de que Pablo fuera su mensajero.

Primero, por su buen comportamiento tuvo la libertad del César. Esto le ayudó para tener el acceso de convocar a sus paisanos judíos para explicarles su situación y a la vez predicarles de Cristo.

Segundo; Pablo pudo rentar una casa con el fin de usarla como una célula de evangelización. Como vemos, el privilegio más grande de Pablo fue tener la oportunidad de hablar del amor de Cristo abiertamente y sin impedimento (28:31)

Conclusión

A Pablo (28:29) no le importó (28:20), no le importó pasar por diferentes juicios con tal de dar a conocer a Cristo como su salvador. Lo mismo nosotros debemos ser instrumentos en las manos de Dios para la salvación de nuestra nación o lugar donde vivimos y ministramos, y no nos debe amedrentar nada con el fin de predicar del amor de Cristo. Esta dispuesto a ser instrumento de Dios para que su familia, ciudad o nación tenga esperanza de salvación en Cristo?

Recursos

Información complementaria

Más sobre Pablo y los judíos

"No hay duda de que Lucas consideraba importante la interacción entre Pablo y el pueblo judío, porque escribe al respecto muchas veces en Hechos. En esta sección, aunque el apóstol estaba principalmente llamado a evangelizar a los gentiles, nunca dejó de procurar ministrar a los judíos y de construir puentes entre el judaísmo y el cristianismo. En esta ocasión, sus esfuerzos acabaron mal, pero siguió intentando ganarles para Cristo. De hecho, el último capítulo de Hechos dedica bastante espacio a los esfuerzos de Pablo por evangelizar a los judíos de Roma. También allí obtuvo la misma respuesta, y la mayoría de los judíos rechazaron lo que decía, de modo que volvió a concentrarse en los gentiles (28:28). Pero nunca renunció a ganar a los judíos." (Comentario Bíblico con Aplicación NVI: Hechos de los Apóstoles. Ajith Fernando. Vida, EUA: 2012, p.600).

Definición de términos

Festo: "Porcio Festo, sucesor de Félix, fue procurador de Judea, probablemente del año 60 d.C. hasta su muerte en el 62 d.C." (Biblia de Estudio Dios Habla Hoy, p.1549).

Agripa: Herodes Agripa II, hijo de Herodes Agripa I (véase Hechos 12:1); había recibido del emperador el título de rey sobre algunos territorios al norte de Palestina, y autoridad para nombrar al sumo sacerdote judío. (Biblia de Estudio Dios Habla Hoy, p.1550).

Actividad suplementaria

Este estudio se presta para que los alumnos tengan la oportunidad de redactar su testimonio en tres pasos sencillos: 1) Vida pasada; 2) Encuentro con Cristo; 3) Vida con Cristo. Dele unos minutos para plasmarlo en un papel.

El juicio de Pablo

Hoja de actividad

Versículo para memorizar: "Pues si anuncio el evangelio, no tengo por qué gloriarme; porque me es impuesta necesidad; y ¡ay de mí si no anunciare el evangelio!" I Corintios 9:16.

I. Defensa de Pablo en Jerusalén

¿Cómo definió Pablo su total entrega por ganar a otros para Cristo? (Hechos 21:13). _____

_____

¿Por qué Pablo siguió el consejo de los hermanos de Jerusalén? (Hechos 21:21-24) _____

_____

¿Cuáles son los puntos sobresalientes para usted en el relato del testimonio de Pablo en Hechos 22:1-16?

1. _____

2. _____

3. _____

II. Defensa de Pablo en Cesarea

¿Qué consiguió Pablo en su defensa ante Félix? y ¿cuál fue el mensaje de Pablo a Félix según Hechos 24:23-25?

_____

_____

¿Qué entiende de Hechos 26:28? _____

_____

III. Privilegios de Pablo en Roma

¿Qué privilegios tuvo Pablo en Roma según Hechos 28:17? _____

_____

¿Qué resultó de su reunión con los judíos Hechos 28:24-25? _____

_____

¿Qué desafío dejó esta lección a su vida? _____

_____

Conclusión

   Con el fin de brindar oportunidad de esperanza a Israel, a Pablo no le importó pasar por diferentes juicios con tal de dar a conocer a Cristo como su salvador. Lo mismo nosotros debemos ser la esperanza de nuestra nación o lugar donde vivimos y ministramos, y no nos debe amedrentar nada con el fin de predicar del amor de Cristo. ¿Estás dispuesto a ser la esperanza de tu familia, ciudad o nación?

Hasta lo último de la tierra

Mabel de Rodríguez (Uruguay)

Versículo para memorizar: "Y perseveraban en la doctrina de los apóstoles, en la comunión unos con otros, en el partimiento del pan y en las oraciones" Hechos 2:42.

Propósito de la lección: Que el alumno repase lo estudiado en el trimestre e identifique el extendimiento del evangelio de Jesucristo desde Jerusalén hasta Roma.

Introducción

Treinta años solamente, o sea una generación es el tiempo que demoraron los cristianos de la iglesia primitiva en cumplir el último mandamiento del Señor (Hechos 1:8).

Si creemos que la fecha "de escrito el libro de los Hechos fue en el año 62 d.C." (Comentario Bíblico Beacon. Tomo 7. CNP, E.U.A.: 1990, p.260), entonces podemos asegurar que en alrededor de 30 años el evangelio se extendió en todas las direcciones del mundo conocido (Colosenses 1:23). "Sin embargo el N.T. se limita al relato de su expansión a través de Palestina, hacia el norte hasta Antioquía, y luego al occidente a través de Asia Menor y Grecia a Roma, abarcando así la región que constituía la médula del Imperio Romano" (Compendio Manual de la Biblia. Henry H. Halley. Moody, p.498). Hechos es el nexo de unión entre el período abarcado por los cuatro evangelios y las epístolas.

Como quien arma un rompecabezas gigante, hoy pondremos las 12 lecciones anteriores "sobre la mesa" para intentar ver toda la figura de la fundación de la iglesia cristiana y sus progresos, partiendo de Jerusalén, a toda Judea y Samaria, y hasta lo último de la tierra.

I. En Jerusalén

En los primeros cinco temas estudiamos los acontecimientos de la iglesia en Jerusalén desde sus inicios con la llegada del Espíritu Santo en los capítulos 1 y 2, hasta el martirio de Esteban en el capítulo 7. Desde el principio remarcamos que fue el poder del Espíritu Santo en las vidas de los discípulos lo que impactó la sociedad multicultural de aquella época. Pregunte: ¿Alguien recuerda cuántas veces se menciona al Espíritu Santo en el libro de los Hechos? Podemos contar más de 50 veces.

La lección 2 nos llevó, a través de la curación de un hombre cojo de nacimiento, a discutir sobre cómo al ser llenos del Espíritu Santo somos más sensibles y comprometidos con nuestra realidad (Hechos 3-4).

Después nos admiramos al comprobar una vez más la honestidad del relato bíblico que admite que aún en la iglesia primitiva había cristianos imperfectos, como el caso de Ananías y Safira (Hechos 5).

En la cuarta lección (Hechos 6), extrajimos algunos principios de organización para la iglesia. Debemos atender los conflictos en la iglesia cuando aparecen, sin dejarlos crecer; es importante aprender a delegar en otros el trabajo y la autoridad; es mejor ajustar las personas a las funciones y no al contrario y como último principio de organización vimos que es imprescindible tener claro que la labor que hacemos en la iglesia es "encomendada" y la autoridad final depende del que nos encomendó (Dios).

En la siguiente clase, leyendo sobre la defensa y muerte de Esteban (Hechos 7), nos conmovimos al ver que Dios siempre respalda la vida y el servicio de aquellos que mantienen sólidas convicciones cristianas, "... recibiréis poder, cuando haya venido sobre vosotros el Espíritu Santo, y me seréis testigos en Jerusalén..." (1:8). La recién nacida iglesia, con el Espíritu Santo continuó lo que "Jesús comenzó a hacer y a enseñar" (1:1), había sido fiel de cumplir con la primera parte del mandato: Jerusalén. Después tuvieron que seguir adelante. Por fin comenzaron aquella grande y maravillosa obra entre las naciones, aún a pesar de sus propios pre-conceptos y deseos.

II. En Judea y Samaria

La persecución que explotó contra los cristianos luego de la muerte de Esteban los obligó a esparcirse (8:1). Tal vez estaban sintiéndose demasiado cómodos en Jerusalén, "alabando a Dios, y teniendo favor con todo el pueblo. El Señor añadía cada día a la iglesia los que habían de ser salvos" (2:47) y este sacudón los empujó a salir con el mensaje del evangelio más allá de las murallas de Jerusalén. Las lecciones 6 y 7 nos llevaron junto con los discípulos a comprobar que el plan redentor de Dios incluyó desde el principio la salvación de "todo aquel que en él cree" (Juan 3:16). De esta manera la fe en Dios pasó de ser estrictamente de los judíos para ser universal. En la lección 6, tres individuos representantes de grupos muy diferentes, fueron alcanzados por la gracia de Dios y se unieron a los discípulos de Jesucristo: El ministro de economía de Etiopía, un enfervorizado fariseo, perseguidor de la iglesia y un influyente soldado romano (Hechos 8-10). En la lección 7 vimos el mismo apóstol Pedro que presentó defensa del actuar de Dios ante los gentiles frente a la iglesia de Jerusalén (Hechos 11). Pedro, a quien Dios había sometido a un tratamiento intensivo con la visión del lienzo que descendía del cielo. No hay nada mejor que escucharse uno mismo analizando una situación nueva, para terminar de comprenderla.

Muchas veces llegamos a pensar que luego que Dios nos habla sobre algo y lo aceptamos, ya está. La realidad es que cambiar una manera de pensar puede llevar años, demanda todo un proceso. Y esto no debe hacernos pensar de nosotros mismos o de otros como menos espirituales. "La importancia que Lucas daba a este incidente (el de Cornelio) está demostrada por la cantidad de espacio que le dedicó. En los tiempos antiguos un escritor no contaba con un espacio ilimitado… (Lucas) encontró que este incidente de Pedro era de una importancia tal que lo relata totalmente dos veces. Lucas estaba en lo cierto. Generalmente no nos damos cuenta de que el cristianismo estuvo muy cerca de convertirse en otro tipo de judaísmo. Todos los primeros cristianos eran judíos y la tradición y las perspectivas judías los hubieran llevado a guardar estas nuevas maravillas para sí mismos y creer que no era posible que Dios quisiera que llegaran a los despreciados gentiles… Lucas ve (aquí) un notable hito en el camino por el cual la Iglesia buscaba a tientas la concepción de un mundo para Cristo" (Hechos de los Apóstoles. Tomo 7. William Barclay. La Aurora, Buenos Aires: 1974, pp.95-96).

"Nótese que esto (la visión de Pedro) ocurrió en Jope. Era el mismo lugar en donde, 800 años antes, Dios había tenido que emplear alguna persuasión especial para inducir a Jonás a que fuera a una nación gentil" (Compendio Manual de la Biblia. Henry H. Halley. Moody, p.508).

Sobre la muerte de Santiago en manos de Herodes "En aquel tiempo Herodes Agripa gobernaba a los judíos, y empezó a maltratar a algunos miembros de la iglesia. Además, mandó que mataran a Santiago, el hermano de Juan." (12:1-2 TLA), el Compendio Manual de la Biblia en la página 509 nos dice: "Fue el primero de los doce, en morir; en el año 44 d.C., cuando la iglesia ya tenía unos doce años de existencia. Santiago era uno de los tres del círculo más íntimo de Jesús. Este Herodes era hijo del que mató a Juan el Bautista".

Del encarcelamiento de Pedro (Hechos 12), aprendimos que el Señor nunca nos dejará desamparados en medio de las dificultades de la vida y el ministerio, Dios nunca llega tarde.

III. Hasta lo último de la tierra

Las últimas 5 lecciones del trimestre las dedicamos a estudiar una nueva era en la expansión del cristianismo. En los capítulos 13 y 14 (lección 8), encontramos a Pablo y Bernabé en su primer viaje misionero. (Sería bueno repasar en un mapa con su clase, el recorrido del primer viaje). En esta lección descubrimos que no es el mundo que nos rodea que determina el éxito, sino nuestra fe que está anclada en el Señor que mora en nosotros. De los extraordinarios acontecimientos de Chipre, Antioquía de Pisidia, Iconio y Listra, resaltamos el valor de los apóstoles y el hecho de que organizaron a los nuevos creyentes en comunidades cristianas, con sus respectivos líderes a cargo. No alcanza con compartir el evangelio y llevar a las personas a una decisión por Cristo, es necesario discipularlos. ¡Qué refrescante fue la lección 9: "El concilio de la gracia" (Hechos 15)! De ésta resaltamos que la gracia es para toda la humanidad, pues el propósito de Dios es que toda la humanidad se salve y para esto dio su vida el Señor. Es por gracia que somos salvos, no por cumplir la ley de Moisés "Más bien, nosotros creemos que somos salvos gracias a que Jesús nos amó mucho, y también ellos lo creen." (15:11 TLA). Y la decisión final de cualquier asunto doctrinal en la iglesia debe estar basada en las Escrituras.

En la lección 10 apuntamos a alcanzar un mayor conocimiento del desarrollo de la mujer en el cristianismo y en la iglesia actual. ¿Nos quedó claro que las primeras convertidas en Europa (durante el segundo viaje misionero) fueron mujeres? (16:11-15). Vimos en esta lección cómo el evangelio fue presentado por igual a hombres y mujeres, y cómo muchas mujeres no sólo se convirtieron a Cristo, sino sirvieron efectiva y ampliamente en la propagación del mensaje.

En la lección 11 vimos la siembra del evangelio en diferentes contextos basados en Hechos 17 y 18. La promesa del Señor a Pablo (18:9-10) debe reforzar nuestra determinación de ser testigos a todos y en todo lugar. Terminamos la clase pasada con el juicio o juicios de Pablo. Fue juzgado y presentó defensa en Jerusalén, en Cesarea y en Roma. Creo no equivocarme al señalar que la médula de la enseñanza de la lección

12 (Hechos 21-28) fue la autoridad que reside en el testimonio personal.

Un testimonio personal evangelístico, según el apóstol trata de tres puntos principales:
1) Mi vida pasada (26:4-11).
2) Mi encuentro con Cristo (26:12-18).
3) Mi vida con Cristo (26:19-23).

Del libro "El Mensaje de la Biblia" de Merrill f. Unger, extractamos la siguiente cronología del encarcelamiento y muerte de Pablo:
- Arresto en Jerusalén (Hechos 21:27-36), 58 d.C.
- Preso en Cesarea (Hechos 23:23-26:32), 58-60 d.C.
- Viaje a Roma (Hechos 27), 60 d.C.
- Llegada a Roma (Hechos 28:16), 61 d.C.
- Su primer encarcelamiento, 61-63 d.C. (Las epístolas que escribió desde la cárcel fueron: Filemón, Colosenses, Efesios, Filipenses).
- Su liberación, 64-67 d.C. (tradición) (Escribió 1 Timoteo y Tito)
- España y Creta (Tito 1:5)
- Asia (2 Timoteo 4:13)
- Grecia (2 Timoteo 4:20)
- Segundo arresto 67 d.C. (la tradición dice que parece que desde allí escribió 2 Timoteo).
- Martirio, 68 d.C.

(El Mensaje de la Biblia. Merrill F. Unger. Moody, E.U.A.: 1976, p.618). El libro de los Hechos es uno de los más importantes del Nuevo Testamento. Esta obra constituye la única historia que tenemos del origen de la iglesia.

Conclusión

Hemos encontrado durante el estudio del trimestre una iglesia que nació, vive, crece y se extiende por el poder del Espíritu Santo y la fidelidad de los discípulos. También vimos las actividades y medios que Dios usó para derribar todos los prejuicios, fronteras y límites.

Testigos hasta lo último de la tierra

Hoja de actividad

Versículo para memorizar: "Y perseveraban en la doctrina de los apóstoles, en la comunión unos con otros, en el partimiento del pan y en las oraciones" Hechos 2:42.

I. En Jerusalén

De las primeras 5 lecciones de este estudio, (Hechos 1 al 7) ¿cuáles son las enseñanzas para su vida y su iglesia que quiere destacar? (Discuta en un pequeño grupo y luego regístrelo en esta hoja para recordarlo luego). _

_____

_____

II. En Judea y en Samaria

¿Quiénes son los tres individuos que se convirtieron en los capítulos 8, 9 y 10 de los Hechos? ¿Por qué son importantes? _____

_____

_____

¿Qué aprendemos del encarcelamiento de Pedro en Hechos 12?_____

_____

_____

III. Y hasta lo último de la tierra

¿Cuál debe ser la base y autoridad para cualquier asunto doctrinal en la iglesia? (Hechos 15:1-18). _____

_____

_____

Escribe el nombre del primer convertido en Europa (Hechos 16: 13-15). _____

_____

_____

Conclusión

Hemos encontrado durante el estudio del trimestre una iglesia que nació, vive, crece y se extiende por el poder del Espíritu Santo y la fidelidad de los discípulos. También vimos las actividades y medios que Dios usó para derribar todos los prejuicios, fronteras y límites.

Tiempo de regresar y poner la casa en orden

Cuarto trimestre

Decreto de Ciro

¡Manos a la obra!

Nuevo líder

Intercesión y una triste despedida

Regreso de Nehemías a Jerusalén

Comienza el trabajo de reconstrucción

Oposición interna y externa

Un pueblo restructurado

Dedicación del muro y reformas

Una joven espesial

Una joven intercesora

Fiesta del Purim

Un Dios de segundas oportunidades

Decreto de Ciro

Elvin Heredia (Puerto Rico)

Versículo para memorizar: "y te daré los tesoros escondidos, y los secretos muy guarda-dos, para que sepas que yo soy Jehová, el Dios de Israel, que te pongo nombre" Isaías 45:3.
Propósito de la lección: Que el alumno reconozca que Dios tiene un plan perfecto para su vida y que está dispuesto a cumplirlo, como lo hizo con el pueblo de Israel.

Introducción

Transcurrieron cuarenta y ocho años desde que Nabucodonosor derrotó al reino de Judá, destruyó a Jerusalén y llevó cautivos a los judíos a Babilonia (2 Crónicas 36).

Poco antes de la muerte de Nabucodonosor, el rey Ciro de Persia ya había comenzado su crecimiento imperial al consolidar bajo un solo gobierno a los medos y los persas. Tras la muerte de Nabucodonosor, y ante la debilidad y decadencia del reinado de Belsasar, Ciro se apoderó de Babilonia. Es en este punto histórico donde concluye el libro de 2 Crónicas e inmediatamente comienza el libro de Esdras.

En esta lección, estudiaremos Esdras 1 y 2. El libro de Esdras comienza con la proclamación del decreto de Ciro que permitía a los judíos de su reino regresar a Jerusalén después de aproximadamente setenta años de cautiverio. Asimismo, este libro puede dividirse en cuatro partes: El decreto de Ciro y el retorno de los cautivos a Jerusalén (1:1-2:67); la reconstrucción del templo (2:68-6:22); la llegada de Esdras a Jerusalén (7:1-8:36); y la implementación de las reformas de Esdras (9:1-10:44).

La historia de Esdras nos presenta interesantes aplicaciones prácticas para nuestra vida.

I. Dios tiene un plan con los gobernantes

Lea Esdras 1:1-2,7-8; 2 Crónicas 36:22-23 e Isaías 44:28. El profeta Jeremías había declarado una palabra profética acerca de estos tiempos del retorno de Judá a sus tierras. En aquellos días, Jeremías fue menospreciado por el pueblo, pero años más tarde la figura del profeta sería reivindicada ante el evidente cumplimiento de la profecía que había declarado.

Se consideran en este punto de la narración de la historia dos asuntos importantes: 1) Dios movió el espíritu de Ciro (Esdras 1:1). Esto demuestra que Dios ha intervenido en la historia del hombre a favor de los suyos, y que Dios mismo es quien inquieta a los gobernantes a tomar las decisiones justas y de beneficio para los pueblos, y: 2) La importancia de que respondamos de manera correspondiente a la inquietud del Espíritu.

El rey Ciro reconoció que todo el éxito de su gestión y el progreso de su imperio le había sido dado por Dios (v.2). Tal vez le fue declarada por medio de Daniel la profecía de Isaías 45 (escrita alrededor de un siglo antes), y por medio de quien fue testigo de un poderoso milagro de Dios, al salvarle la vida a Daniel en el foso de los leones (Daniel 6).

De todas maneras, es notable la respuesta de Ciro a la inquietud del Espíritu, lo que nos enseña que cuando Dios inquieta nuestros corazones debemos responder con la actitud correcta.

Los gobernantes deberían asumir su responsabilidad con el Dios que los llamó a ejercer el ministerio de regir los destinos de los pueblos y actuar conforme a su Palabra y su consejo divino. Quienes así lo han hecho, como el caso del rey Ciro, se convirtieron en instrumento de bendición para su nación y son recordados por la historia como reyes aprobados, prósperos y diligentes.

II. Dios tiene un plan con las familias

La base bíblica para este segundo punto se encuentra en Esdras 1:3,5; 2:1-65; 10 y Nehemías 7:5.

El rey Ciro fue un rey condescendiente y misericordioso con los habitantes de los territorios que conquistaba (Esdras 1:3). Esta parecía ser una costumbre practicada por los reyes medos y persas y durante el imperio babilónico. En este último, algunos de los judíos que habían sido llevados cautivos tuvieron el privilegio de asumir posiciones importantes en el gobierno (Daniel, Ester, Mardoqueo). En el caso del rey Ciro, su decreto especial no sólo permitió que el grupo de judíos cautivos en Babilonia regresara a sus tierras, sino que lo aplicó igualmente a las tribus dispersas en las regiones apartadas de Media y Asiria, después de la caída de Samaria y el cautiverio de Israel en 2 Reyes 17.

Resulta interesante observar la manera en la que un decreto, como el de Ciro, fue capaz de alcanzar a todas las familias de Israel. Lo mismo ocurrió en la figura de Jesucristo, quien fue el cumplimiento de la bendición prometida a todas las familias de la Tierra. Promesa que le fuera hecha primeramente a Abraham en Génesis 12.

El alcance del plan de Dios se extiende igualmente a todos aquellos que confían en Él y confiesan a Jesucristo como su salvador. La promesa de Dios y el plan de bendición no es de carácter individual o para una nación, por el contrario, Dios desea que en Cristo sean benditas todas las familias de la Tierra y que en Él "se reconcilien todas las cosas" (Colosenses 1:20).

Dios tiene un plan para las familias, puesto que la familia es el contexto social principal de los seres humanos. En la medida que la familia experimente la buena voluntad de Dios, cada individuo podrá gozar de sus beneficios. Conviene, entonces, que así como los gobernantes deben someterse al plan de Dios para las naciones, de igual manera las familias deben someterse al plan que Dios ellas.

En el caso del pueblo de Israel, resulta interesante notar que de primera intención (ante el decreto de Ciro) no todo el pueblo se levantó para regresar a Jerusalén. Esto implica que algunos (al menos en la primera expedición de regreso a Jerusalén) prefirieron permanecer en Babilonia, tal vez porque ya estaban establecidos en aquel lugar, o por algunos asuntos de logística particular, como las condiciones del viaje, la expectativa de ruina que encontrarían en Jerusalén, los enemigos de los alrededores o porque para ellos Judá representaba un lugar extraño.

Con el mensaje del evangelio sucede muchas veces lo que ocurrió con el decreto de Ciro. El evangelio trae "libertad a los cautivos" (Lucas 4:18); sin embargo, son muchos los que prefieren permanecer en su condición de esclavos. Son muchos los que piensan que no hay para ellos otra condición mejor que la que conocen en su cautiverio de pecado y permanecen en él condenando a sus familias a la misma cautividad.

En aquel tiempo, Dios utilizó al rey Ciro para proclamar libertad y restauración. Hoy utiliza a la iglesia de Jesucristo para llevar el mismo decreto a los cautivos por el pecado. Hoy nosotros, los creyentes en Cristo, somos constituidos representantes del Reino para promulgar entre los cautivos que por medio de Jesús, "el camino, la verdad y la vida" (Juan 14:6), podemos ser libres del pecado y restaurar nuestra vida.

III. Dios tiene un plan con las finanzas

En Esdras 1:3-4,6-11, 2:64-69, podemos observar de varias maneras el plan de Dios con las finanzas:

A. La provisión material como muestra visible

De alguna manera, la provisión de recursos nos presenta el cuidado providencial de Dios, quien tiene presente en la planificación de sus promesas que "los que buscan a Jehová no tendrán falta de ningún bien" (Salmo 34:10). A esto el apóstol Pablo añadió siglos después: "Mi Dios, pues, suplirá todo lo que os falta conforme a sus riquezas en gloria en Cristo Jesús" (Filipenses 4:19). Los planes de Dios siempre contarán con la provisión de recursos para que llevemos a cabo la tarea.

B. La generosidad como parte de nuestro compromiso

Desde otra perspectiva, nuestro compromiso de fidelidad y obediencia con el Dios todopoderoso que nos bendice por medio de sus promesas, también implica que debemos cooperar con el mismo espíritu desprendido y generoso con la obra de Dios. Es una manera perfecta para demostrar con buenas obras la fe que decimos tener en las promesas de nuestro Dios. De otra forma, dicha fe no tiene obras dignas en sí misma, y viene a ser una fe muerta (Santiago 2:14-26).

C. Todos podemos ser parte del milagro de Dios

El rey Ciro dio instrucciones en su decreto de que los habitantes vecinos colaboraran en esta misión con toda clase de recursos y ayuda que les fuera necesaria a los judíos. De alguna manera, esta contribución generosa les permitió ser parte del plan de bendición que Dios había trazado.

El comentario Bíblico de Matthew Henry afirma la realidad de que todos podemos ser parte del milagro de Dios y de los efectos de bendición que produce en nuestras vidas.

"Después que Ciro dio orden de que los vecinos ayudaran a los desterrados, ellos lo hicieron así (v.6), como lo habían hecho los egipcios cuando los israelitas salieron de Egipto. Les ayudaron con dinero, con ganado y cosas preciosas y con muchas otras ofrendas voluntarias. Así como el tabernáculo se hizo con los despojos de Egipto, y el primer templo se construyó con el trabajo de extranjeros, así también el segundo templo se construyó con las contribuciones de los caldeos, todo lo cual insinuaba y prefiguraba la admisión de los gentiles en la Iglesia a su debido tiempo". (Comentario Bíblico de Matthew Henry. CLIE, Estados Unidos: 1999, p.473).

Ser parte del milagro de Dios bien vale la pena. La recompensa de Dios habrá de ser generosa y abundante.

D. Lo del templo es del templo

Ciro demostró sinceridad en sus palabras con toda

clase de acciones correspondientes. En ese sentido, el asunto del templo no estaría excluido. Cuando Nabucodonosor invadió Judá y destruyó Jerusalén, saqueó el templo, llevando consigo todos los utensilios destinados a las ceremonias y muchos objetos valiosos. El rey Ciro, entonces, dio una muestra de buena fe para con el pueblo devolviendo todos los artículos que pertenecían a la casa de Dios (Esdras 1:7-11). Los mismos fueron encomendados a Sesbasar, nombre babilónico para Zorobabel, quien siendo judío servía como capitán de la guardia personal del rey.

Nosotros también debemos demostrar nuestra fe en el Dios de la iglesia teniendo la misma actitud con la iglesia de Dios. ¿Estamos ofreciendo a Dios todo lo que le corresponde a su casa? ¿Mostramos igualmente sinceridad con nuestras palabras? ¿Mostramos sinceridad en la forma en la que aportamos a la obra de Dios, con la disposición que mostramos para servirle con nuestros talentos y en la manera que respondemos a su llamado?

El decreto de Ciro y el regreso del pueblo a Jerusalén nos ofrece las siguientes enseñanzas:

- Dios protege a sus hijos y hace provisión para sus necesidades.
- Dios siempre cumple sus promesas.
- Dios también demuestra su amor hacia sus hijos cuando los corrige.
- Los gobernantes son piezas clave en el plan de Dios para bendecir las naciones.
- Somos instrumentos de bendición para nuestras familias cuando somos obedientes a los mandamientos de Dios.
- Nuestra obediencia es una manera propicia para corresponder al inmenso amor de Dios.

Conclusión

Es necesario que demostremos con nuestras obras y con nuestra generosidad nuestro agradecimiento a Dios, que estemos siempre dispuestos a servirle gozosamente y que le entreguemos todo lo que somos y todo lo que tenemos.

Recursos

Información complementaria

"Ciro fue rey de Persia entre los años 559 a 530 a.C. Esta es una referencia al 538 a.C., el primer año de su reinado sobre Babilonia. Para que se cumpliese la palabra de Jehová, es lo que explica lo que estaba detrás de los acontecimientos históricos de aquella época. Por boca de Jeremías es probablemente una referencia a la mención que hace el profeta de los 70 años de cautividad babilónica. Si se toma el 538 a.C. como el año inaugural de la primera deportación (que se prolongó durante 70 años), la fecha del año 538 a.C. representaría el año 67 del exilio. Esto indicaría que o los 70 años de Jeremías no deben ser tomados literalmente, o que Dios en su misericordia redujo la cautividad en tres años.

El libro de Esdras se inicia en el 538 a.C., 48 años después que Nabucodonosor destruyera Jerusalén, derrotara al reino del sur de Judá y llevara cautivos a los judíos a Babilonia (2 Reyes 25; 2 Crónicas 36). Nabucodonosor murió en el 562 y debido a que su sucesor no fue fuerte, Babilonia fue destruida por Persia en 539, antes de los sucesos registrados en este libro." (http://bendicionescristianaspr.com/antiguo-testamento/esdras-1-el-decreto-de-ciro/).

Definición de término

Sesbasar: Príncipe de Judá; Ciro lo hizo gobernador y le entregó los vasos sagrados que Nabucodonosor había sacado de Jerusalén. Sesbasar volvió a Jerusalén, y echó los cimientos del Templo al iniciar su reconstrucción (Esdras 1:8, 11; 5:14, 16). Sesbasar podría ser el nombre babilonio de Zorobabel, de la misma manera que el de Daniel era Beltsasar. (http://www.fraganciadecristo.com/diccionario/palabra-2573-Sesbasar.html).

Actividad suplementaria

Averigüe sobre posibles iglesias cercanas o misiones donde pudieran colaborar con la clase. Organice un día en que puedan ir juntos a colaborar y aportar algo. Puede ser con materiales para decoración, capacitación, ayuda en construcción, limpieza, etc. Arregle con la clase y vean qué podrían aportar y qué fecha sería la más conveniente. Luego, consulte con el lugar donde desean ir y vea qué es lo más conveniente. Tome en consideración las necesidades particulares de aquellos a quienes irán a servir y de los que irán a la misión, y los recursos que necesitarán.

Después, pida al grupo que aporte de los recursos que tengan para hacer esa obra, y mencionen cuáles otros recursos serán necesarios y quiénes fuera del grupo de la clase pudieran contribuir.

Motívelos a comprometerse sabiendo que al regreso no serán los mismos y serán muy bendecidos.

Decreto de Ciro

Hoja de actividad

Versículo para memorizar: "y te daré los tesoros escondidos, y los secretos muy guardados, para que sepas que yo soy Jehová, el Dios de Israel, que te pongo nombre" Isaías 45:3.

I. Dios tiene un plan con los gobernantes

¿Qué asuntos importantes se consideran en este punto de la narración? (Esdras 1:1-2). _____

_____

_____

¿Qué nos enseña la actitud del rey Ciro en cuanto a la inquietud del Espíritu? (Esdras 1:1b)._____

_____

_____

II. Dios tiene un plan con las familias

¿Cuál era el alcance del decreto de Ciro para las familias del pueblo judío? (Esdras 1:3-4). _____

_____

¿Cómo compara el decreto de Ciro con la proclamación del evangelio? _____

_____

¿Qué cambios trajo en su familia la libertad que les dio Cristo? _____

_____

III. Dios tiene un plan con las finanzas

¿De qué maneras podemos observar el plan de Dios para las finanzas en esta historia? (Esdras 1:3-4,6-11). _

_____

_____

¿Siente que la libertad financiera en el dar es una realidad en su familia?_____

_____

_____

Conclusión

Es necesario que demostremos con nuestras obras y con nuestra generosidad nuestro agradecimiento a Dios, que estemos siempre dispuestos a servirle gozosamente y que le entreguemos todo lo que somos y todo lo que tenemos.

¡Manos a la obra!

Sara Cammarano (EUA)

Versículo para memorizar: "Y cantaban, alabando y dando gracias a Jehová, y diciendo: Porque él es bueno, porque para siempre es su misricordia sobre Israel..." Esdras 3:11.
Propósito de la lección: Que el alumno comprenda la importancia de la adoración a Jehová y las oposiciones que se pueden presentar.

Introducción

Aunque no haya sido quizá nuestra experiencia personal, probablemente todos conocemos el caso de algún amigo o incluso un miembro de nuestra familia que, por diferentes circunstancias, está o ha estado alejado del medio donde creció o donde vivió la mayoría de sus años.

Esto podría deberse a razones de salud física o mental (en instituciones especializadas); a cuestiones políticas o sociales (en otros países) o por delitos cometidos (en un centro penal) que los mantienen separados de su domicilio y familia. Todos tienen en común que están alejados de sus familiares o personas cercanas.

En cada caso, está presente la necesidad de restauración interior y exterior (con su consiguiente aceptación y readaptación) al medio original, aunque en el proceso haya que confrontar oposición y rechazo.

Veamos cómo el Señor nos da un ejemplo en Esdras 3:1-13, 4:1-14, 5:1-6:22 (a través del trato con su pueblo liberado del cautiverio) de cómo llevar exitosamente a cabo este proceso.

I. Restauración interior y exterior

En Esdras 3:1-13, vemos que los judíos exiliados en Babilonia comprendieron que sus antepasados habían irritado al Dios del cielo y Él los había entregado cautivos al cruel imperio caldeo, al poderosísimo rey Nabucodonosor (Esdras 5:12), quien también destruyó su templo en Jerusalén (2 Crónicas 36:19).

"La política de los reyes babilónicos había sido deportar a los pueblos que conquistaban. Pero Babilonia ha caído ahora ante Persia (como los profetas predijeron) y una de las acciones de Ciro es repatriar a los pueblos exiliados y permitirles retornar a sus dioses nacionales. Entre los que se benefician del cambio de política están los judíos. Notable profecía de Isaías 44:26-28; 45:1-13" (Manual Bíblico Ilustrado. Caribe, EUA: 1976, p.306).

Vemos que el proyecto de restauración pudo ponerse en marcha debido a que el rey de Persia, (a diferencia del rey de Egipto en la primera cautividad) obedeció el mandato de Jehová y permitió al pueblo volver a su tierra (Esdras 1:2-4).

A. Restauración interior

Todavía en Persia, en el siglo VII a.C. el cautivo pueblo de Dios suspiraba por la llegada del momento cuando (según las escrituras proféticas) se cumpliera el tiempo de su penitencia en tierras lejanas. Su espíritu comenzaba a despertar, como de un mal sueño a la esperanza.

Esdras, sacerdote y maestro, tenía el firme propósito de estudiar y de poner en practica la ley del Señor, y enseñar a los israelitas sus leyes y decretos (Esdras 7:10-11). Además, podía interpretar las profecías escritas en hebreo, (idioma que sólo los más ancianos recordaban), a un pueblo que había adquirido el idioma de la tierra en la cual vivían, el arameo. Aquellas profecías apuntaban a un tiempo cuando ya podrían volver a Judea, a las ciudades que antes habitaban.

Después de tantos años en cautiverio, los judíos eran conscientes de que si hubieran escuchado y actuado de acuerdo a la profecía que Jeremías, entre otros profetas (Jeremías 25:9,12), les había comunicado de parte de Jehová (advirtiéndoles del castigo que les esperaba si no abandonaban la adoración de los dioses de la Tierra y se disponían en cambio a obedecer a Jehová de corazón), cuántos dolores y tristezas se hubieran evitado.

Los jóvenes vieron cómo sus padres y abuelos se lamentaban por las glorias perdidas; la grandeza y solemnidad del templo que conocieron; y la imposibilidad de acercarse a su Dios, según lo establecía la ley mosaica, en el templo donde Jehová habitaba (Levítico 1:7).

Estaban espiritualmente desconectados, perdiendo identidad y sin motivo de alegría, como lo expresaban en sus poemas:"Juntos a los ríos de Babilonia, Allí nos sentábamos, y aun llorábamos, acordándonos de Sión…" (Salmo 137:1).

Por todo eso, en cuanto se les presentó la oportunidad, muchos respondieron al llamado de regresar y reedificar el templo del Señor, los de corazón dispuesto que habían sido animados por Dios (Esdras 1:5). Los que se quedaron, probablemente ya cómodos y prósperos en su tierra adoptiva y que no aceptaron el desafío de una tarea en tierra hostil y arruinada con sus consiguientes durezas físicas y económicas, los ayudaron con grandes dádivas y diferentes recursos económicos y ofrendas voluntarias (v.6).

La propia urgencia en construir "…el altar del Dios de Israel para ofrecer sobre él holocaustos, como está escrito en la ley de Moisés…" (Esdras 3:2), denota la restauración interna de la confianza en la protección de su Dios, porque "tenían miedo de los pueblos de las tierras" (v.3). Sabían que sin sacrificio por el pecado, no era posible la adoración aceptable a Dios (Hebreos 9:22). Este principio, que fue ilustrado simbólicamente en el antiguo pacto y correspondido con el sacrificio completado por Cristo en la cruz como nuevo pacto (Hebreos 9:14), los llevaría a reconectarse con su Dios protector.

Luego, pusieron su fe en acción más allá de lo requerido por la ley, y se preocuparon de proveer la parte material del proyecto (v.7), agradeciendo y alabando al Señor con extrema emoción cuando al segundo mes se pusieron los cimientos del templo (v.11).

B. Restauración exterior

Todos los factores ya vistos aportaron espiritualmente al pueblo, de modo que los judíos ya estaban listos para el trabajo físico que los desafiaba.

Soportando extremas dificultades, los pioneros que respondieron, alrededor de cincuenta mil incluyendo mujeres y niños, llegaron a Jerusalén. Edificaron primeramente el altar de holocaustos y sacrificios para poder reanudar el culto al Dios del cielo, con la consiguiente celebración de las fiestas solemnes, holocaustos y sacrificios diarios (Esdras 3:4-6).

Después de un tiempo, pusieron los cimientos del templo (v.8), y lo hicieron con grandes muestras de mezcladas emociones. Algunos recordaban la gloria pasada del templo de Salomón y de la propia ciudad. Al contemplar los cimientos echados en una tierra ruinosa y abandonada, los ancianos lloraban a gritos por lo perdido, mientras otros veían en esto todo un nuevo comienzo para la nación y lo celebraban con gran alegría (Esdras 3:11-13).

El proyecto de restauración propuesto por los líderes Zorobabel y Josué el sacerdote, entre otros, se

pudo llevar a cabo por varios factores:

1. Obediencia al llamado a movilizarse con prontitud (Esdras 1:5).
2. Obtención de recursos materiales de parte de los israelitas que se quedaron (v.6); devolución de los objetos del templo por parte de Ciro (Esdras 1:7, 6:5); y de provisión de comida y maderas del Líbano para construir (Esdras 3:7).
3. Organización de las funciones de los grupos de trabajadores (3:2,7), de los sacerdotes y levitas en sus responsabilidades de culto (vv.3-6) y de los levitas que dirigirían la obra (v.8).

Estos eventos nos enseñan que una genuina y efectiva restauración de vida se inicia en el altar del Señor solicitando su perdón. Esta es la única forma de ofrecer adoración aceptable a Dios, contrayendo además compromiso de obediencia y cultivando la confianza en nuestro Dios.

II. La oposición presente

Lea Esdras 4:1-24. Los grupos importados por Asiria que reemplazaron a los judíos cuando fueron transportados a Babilonia, y que habitaban en sus tierras cuando regresaron, se dispusieron a evitar que la reposeyeran y restauraran el culto al Dios del cielo, de quien vagamente esta gente tenía conocimiento (vv.2,10). Después de la gran alegría que el pueblo judío experimentó al ver puestos los cimientos del templo, los líderes se enfrentaron a gran oposición de parte de ellos. Primeramente, en la forma de una invitación sutil a mezclarse otra vez con las religiones paganas de los samaritanos (vv.1-2). Además, usaron tácticas de intimidación, soborno, falsas acusaciones, adulación a las autoridades persas y menoscabo de reputación (vv.12-16) para disuadirlos.

La estrategia de los oponentes fue convincente, violenta y exitosa, (vv.19-24), y logró su cometido: El trabajo de reconstrucción se suspendió hasta el segundo año del reinado de Darío I rey de Persia, en el año 520 a.C.

Pregunte: A la luz de estos eventos, ¿es de esperar que se presente oposición cuando se actúa en obediencia a Dios? La oposición puede producir temor que paraliza (v.24) o una afirmación a la confianza del cristiano del cuidado y provisión de Dios. Pregunte: ¿Podemos inferir que ceder a la oposición es fe incompleta?

La ayuda por medio de la Palabra de Dios dada a sus siervos para aconsejar y alentar, se hizo evidente en cómo los obreros trabajaban aprisa y avanzaban rápidamente (Esdras 5:8; Filipenses 1:6), a pesar de que la oposición no desapareció.

III. La reedificación continúa

Dios usó el fracaso aparente de la suspensión de los trabajos de reconstrucción para su gloria (Esdras 5:1 - 6:22). Debido al desaliento de su pueblo, Dios levantó dos profetas: Hageo y Zacarías, para ayudarlos y animarlos.

Motivados por los mensajes que estos profetas les comunicaron de parte de Jehová, los líderes y los constructores reanudaron su misión.

Los pueblos de la tierra otra vez trataron de detenerlos (Esdras 5:3-4), pero Dios protegía a los dirigentes judíos (v.5) y eso hacía una tremenda diferencia. La obra continuó; no lograron interrumpirla hasta recibir respuesta al informe enviado por los oponentes en una carta al rey de Persia (vv.8-17).

"Esta vez el intento de conseguir que el nuevo rey, Darío, la detuviera, tuvo el efecto opuesto. En cuatro años se completa el templo y el pueblo puede celebrar la Pascua. Para una nación recientemente liberada de una segunda "esclavitud", esto debe haber tenido un significado especial" (Manual Bíblico Ilustrado. Caribe, EUA: 1976, p.307).

¡Qué tremenda diferencia vemos en los acontecimientos cuando Dios interviene a favor de su pueblo!

Darío en respuesta confirmó el permiso dado por Ciro para que se realizaran las obras; dio orden que los oponentes se retiraran de Jerusalén (Esdras 6:6-7); que los judíos recibieran de los impuestos del reino el pago por los gastos para que no se interrumpieran los trabajos (v.8); que les fuera dado ganado para los holocaustos y ofrendas para los sacrificios agradables (vv.9-10); e invocó personalmente la protección de Dios al mismo templo, una orden remarcable proviniendo de un rey pagano (v.12).

Los líderes, los sacerdotes, los profetas y el remanente judío que retornó, trabajaron entusiasmados en equipo (por la tremenda inspiración de parte de Dios a través de los profetas) y en el 515 a.C. terminaron el templo que el Señor les mandó que hicieran (v.15). Esta vez no hubo tristezas en la dedicación (v.16), y asimismo, la primera fiesta (la Pascua) fue celebrada con alegría (vv.19-22).

¡Otra vez el Señor los había librado del cautiverio! La Pascua adquirió seguramente un significado más profundo para los participantes.

Conclusión

Todos estamos llamados a reconstruir, ya sea diferentes áreas de nuestra vida o a asistir en la restauración de otros. En ciertos casos, se trata de que los dirijamos a la cruz, y en otros, que los apoyemos cuando tratan de rehacer sus vidas.

Este estudio nos alienta a ser fieles a Dios y a los demás, equipándonos para el momento de acción.

Recursos

Información complementaria

"Isaías menciona en su profecía a Ciro, de quien Dios dice: "Es mi pastor, y cumplirá todo lo que yo quiero, al decir a Jerusalén: Serás edificada; y al templo: Serás fundado" (44:28). Prosigue diciéndole "su ungido", y le describe cómo lo engrandecerá y usará "...aunque tú no me conociste" (45:1-7). ¿Habrá influido en sus decisiones el conocimiento de esta profecía, escrita 100 años antes que él naciera? ¿Se la habrá dado a conocer Daniel, ya anciano en Babilonia cuando ésta cae ante Persia en el comienzo de su reinado (Daniel 1:21; 10:1)?" (Manual Bíblico Ilustrado. Caribe, EUA: 1976, p.306).

Esta porción le puede servir para completar el punto III: a) Descrita en Zacarías 4:6-7, visión y promesa de Dios para alentar a Zorobabel: La oposición era como una montaña interponiéndose al progreso. Zacarías profetizó que esa montaña sería nivelada. Así como Zorobabel había empezado la construcción del templo, el Espíritu de Dios iba a darle poder para terminarlo.

b) Hageo anima al pueblo con la profecía de que este templo, aunque en ese momento no podía compararse al de Salomón con toda su magnificencia (Hageo 2:3), llegaría a ser más hermoso que el primero, y que Dios traería la paz al lugar. En el momento, los judíos no fueron capaces de ver la tremenda importancia que adquiriría: Herodes el Grande lo embellecerá siglos después; pero esta gloria, más allá que en la apariencia, radicará en que el mismo Mesías enseñará en él (Mateo 26:55; Lucas 22:53), y Él mismo es el príncipe de Paz (Isaías 9:6).

Definición de términos

Unción: "Desde tiempos muy antiguos se usó la unción con significado espiritual. En Israel esta costumbre se distinguía por el uso de un aceite especial prohibido para otras aplicaciones (Ex 30:25)". (Nuevo Diccionario Ilustrado de la Biblia. Editor General W. M. Nelson. Caribe, EUA: 1998 pp.1167-191).

Actividad suplementaria

Para complementar el punto II, conversar con los alumnos si es común en su experiencia que alguien se rinda a la oposición después de alguna victoria con el Señor, y a qué se debe esto, según su criterio.

¿Puede la crítica humana hacer cesar el trabajo?

¿Buscamos afirmación a través de la oración cuando se presentan los obstáculos, confiando en que Dios tiene la última palabra?

¡Manos a la obra!

Hoja de actividad

Versículo para memorizar: "Y cantaban, alabando y dando gracias a Jehová, y diciendo: Porque él es bueno, porque para siempre es su misricordia sobre Israel..." Esdras 3:11.

I. Restauración interior y exterior

¿Por dónde comenzó el pueblo la restauración de Jerusalén? (Esdras 3:1-2). _____

_____

_____

A la luz de lo que vimos en este punto, ¿cómo podemos iniciar la restauración de una vida?_____

_____

_____

II. La oposición presente

¿De parte de quién surgió la oposición? (Esdras 4:1-6). _____

_____

_____

Haga una lista de las diferentes formas de oposición con las que el cristiano se confronta hoy cuando responde a lo que Dios le pide que haga. _____

_____

_____

III. La reedificación continúa

¿Qué efecto tuvo la carta de los enemigos (Esdras 5:7-17) enviada al rey Dario? (Esdras 6:1-12). _____

_____

_____

¿Qué hizo la diferencia? _____

_____

Conclusión

Todos estamos llamados a reconstruir, ya sea diferentes áreas de nuestra vida o a asistir en la restauración de otros. En ciertos casos, se trata de que los dirijamos a la cruz, y en otros, que los apoyemos cuando tratan de rehacer su vida.

Nuevo líder

María Varela (Panamá)

Versículo para memorizar: "Porque Esdras había preparado su corazón para inquirir la ley de Jehová y para cumplirla, y para enseñar en Israel sus estatutos y decretos" Esdras 7:10.
Objetivo de la lección: Que el alumno comprenda que la mano de Dios está con los que le aman y hacen su voluntad.

Introducción

En el capítulo 7 vemos a Esdras en acción. Zorobabel y Jesúa o (Josué) eran ya demasiado viejos o probablemente ya habían muerto. Tampoco volvemos a leer nada acerca de Hageo, ni de Zacarías. ¿Qué sería de la causa de Dios en Israel ahora que estos útiles instrumentos del Señor ya no estaban en función o ya se habían ido? Confiamos en que Dios, siempre puede levantar, por su Espíritu, otros que ocupen el lugar de los primeros. Esdras aquí y Nehemías en el próximo libro, fueron tan útiles en su tiempo como aquellos lo fueron en el suyo.

I. La mano de Dios estaba sobre Esdras

A. Su ascendencia sacerdotal se prueba con datos concretos Esta genealogía de Esdras no pretende ser completa (7:1-5; 2 Reyes 25:18; 1 Crónicas 6:7-15). Su objetivo era relacionar con Aarón y Sadoc, legitimando así su condición de sacerdote y su derecho a introducir reformas en la comunidad judía. Únicamente cumpliendo con este requisito podía ejercer Esdras su función sacerdotal en el templo (Esdras 2:62). "Como descendiente de Aarón, Dios le escogió para ser instrumento de bien para Israel, de honrar el ministerio sacerdotal, cuya gloria se había eclipsado mucho a causa de la deportación. Su bisabuelo era Serarías, el sumo sacerdote del que leemos (Seraya) en 2 Reyes 25:18-21, a quien el rey de Babilonia dio muerte cuando zaqueó Jerusalén" (Comentario Bíblico de Matthew Henry. Vol. 1. Clie, España: 1999, p.477).

B. Una figura importante en el judaísmo rabínico

El carácter de Esdras era de gran erudición (7:6). Escriba diligente en la ley de Moisés, es decir versado en la ley y conocedor del léxico y el estilo. Esto lo hacía apto para ser un secretario de la corte persa. La tradición judía dice que Esdras recogió cuantas copias de la ley pudo hallar, y publicó una edición esmerada del Antiguo Testamento. Es visto como el compilador y editor de todo el Antiguo Testamento. También se lo reconoce como fundador de la gran sinagoga, (Sanedrín) que históricamente se inició en el período del judaísmo rabínico. El término "escriba" se refería a alguien que sabía leer y escribir y que había sido entrenado en un área en particular, aquí se refería a la literatura hebrea del Antiguo Testamento y su interpretación (Esdras 7:11). Los escribas son clasificados entre los sacerdotes y los ancianos.

"Se dice que ellos se sientan en la cátedra de Moisés y que lo que enseñan ha de ser observado; sin embargo, no deben imitarse sus obras (Mt.7:29; 23:2,13-33). Se proclaman muchos ayes en contra de ellos. Así, que aquellos hombres, que debían ser un ejemplo para los demás, fueron públicamente denunciados porque con sus acciones negaban lo que enseñaban con sus palabras. No constituían una secta separada en la época del N.T. Un escriba podía ser fariseo o saduceo. Hch.23.9" (Nuevo Diccionario Bíblico Ilustrado. Villa, Escuain. Clie, España: 1985, p.321).

C. La mano de Jehová estaba con él

No son los logros ni los distintivos lo que importa, (sacerdote, escriba, estadista, reformador religioso, Esdras 7:6,10). Estos solamente son ejemplos de lo que Dios puede hacer por medio de la vida de alguien. Lo importante es el compromiso personal de vivir para Dios. Esdras estaba firme, decidido, comprometido a contestar el llamado de Dios y activamente permitió que Dios preparara su corazón para inquirir, cumplir y enseñar a otros (v.10) cumpliendo con los requisitos de un buen maestro. El conocimiento produce compromiso (Lucas 12:48) con Dios, con nosotros mismos y con otros.

Esdras logró grandes cosas. Hizo un impacto, debido a que su vida y sus acciones tuvieron el punto de partida correcto. Estudió la Palabra de Dios con seriedad y la aplicó con fidelidad, enseñó a otros lo que aprendió. Es, por tanto, un gran modelo para cualquiera que quiera vivir para Dios y que desee que la mano de Dios esté sobre él.

II. El dinero es de Dios

Dios estaba con Esdras, quien era un hombre ejemplar y fiel a Dios por eso pudo ganarse la estima de sus superiores y súbditos. La conducta ejemplar de Esdras y la presencia de Dios en él hicieron que el rey le concediera sus deseos (Esdras 7:6b). Dios había recompensado la conducta intachable de su siervo haciendo que encontrara gracia ante los ojos del rey.

El rey Artajerjes no sólo le concedió que el pueblo de Israel, sacerdotes y levitas le acompañaran, sino que le entregó una carta o decreto donde le otorgaba poderes (Esdras 7:11-22). También le fueron abiertos los tesoros de rey, toda la plata y el oro que había en Babilonia, con las ofrendas voluntarias del pueblo y los sacerdotes que voluntariamente ofrecieran para la casa de Dios (v.16). Con el dinero podía comprar becerros, carneros y corderos y podían disponer del dinero conforme la voluntad del Señor.

Aun del otro lado del río les fue ordenado a los tesoreros que le facilitaran todo lo que solicitara el sacerdote Esdras:"Yo, el rey Artajerjes, ordeno a todos los tesoreros de la provincia al oeste del río Éufrates lo siguiente: Si Esdras, sacerdote y maestro conocedor de la ley del Dios todopoderoso, les pide algo, se lo entregarán sin falta. Le está permitido pedir hasta tres mil trescientos kilos de plata, diez mil kilos de trigo, dos mil doscientos litros de vino, dos mil doscientos litros de aceite y toda la sal que necesite."(vv. 21-22 TLA).

La generosidad de los reyes paganos para apoyar la adoración a Dios (vv.11-26). "Fue un reproche para la conducta de muchos reyes de Judá, y se levantará en juicio contra la codicia de los ricos cristianos profesantes que no promueven la causa de Dios. Cuan honorablemente habla de Dios (Esdras 7:23) le había llamado antes el Dios de Jerusalén pero aquí, para que no se entienda que habla de una deidad local, le llama el Dios del Cielo. Cuan estrictamente manda que se haga conforme es mandado por el Dios del Cielo. Es posible que Artajerjes haya leído y admirado la ley de Dios" (Comentario Bíblico de Matthew Henry. Vol. 1. Clie, España: 1999, p.477).

III. Ayuno y bendición

A. Una sabia decisión

Esdras iba acompañado de los líderes religiosos y gente del pueblo y llevaba todo lo dado por el rey pero ¿de qué serviría eso a menos que tuviera a Dios con él?

Quienes buscan a Dios están a salvo bajo la sombra de sus alas (Salmos 91:4), aun en sus mayores peligros; pero los que lo abandonan, están siempre expuestos.

Esdras al encontrarse con todas las posesiones dadas por el rey pero sin personas para que la custodiasen decidió encomendarse a Dios (Esdras 8:21-23). Luego tomó cuidado dando parte de las riquezas a un grupo de sacerdotes, (vv. 24-27). Es interesante notar que no se le dio simplemente, sino que se registró perfectamente lo que se les estaba entregando, mostrando un orden, cuidado y buena administración en las riquezas dadas para la reconstrucción de Israel.

Cuando estamos en peligro y estamos en paz con Dios, entonces nada podrá dañarnos realmente. Todas nuestras preocupaciones por nosotros mismos, nuestra familia y nuestras pertenencias, es sabiduría y deber nuestro encomendarlas a Dios en oración y dejar que Él las cuide. No saldremos perdiendo si nos aventuramos, sufrimos o cedemos por amor al Señor. Sus oraciones fueron contestadas y los hechos lo testifican. Los que han buscado fervientemente a Dios, descubrieron que nunca lo buscaron en vano. Apartar un tiempo para orar en secreto o públicamente, en momentos difíciles y peligrosos, es el mejor método que podemos adoptar para recibir alivio.

B. Esdras bendijo a Dios

Esdras bendijo a Dios por dos cosas: (1). Por su comisión (7:27), "Bendito Jehová Dios de nuestros padres, que puso tal cosa en el corazón del rey". Dios puede poner en el corazón y la cabeza de los hombres cosas que a ellos no se les habrían ocurrido. Si algo bueno aparece en nuestro corazón o en el corazón del prójimo tenemos que reconocer que Dios lo puso y bendecirle; Él es quien obra en nosotros así el querer como el hacer lo bueno. (2) Por el ánimo que le había dado para cumplir esta comisión "inclinó hacia mí su misericordia delante del rey… Y yo, fortalecido por la mano de mi Dios sobre mí…" (v.28).

Esdras era un hombre valiente, pero esto lo atribuía, no a su corazón, sino a la mano de Dios. Si Dios nos da su mano somos osados y alegres; si la retira, somos débiles como el agua. Dios debe tener toda la gloria en cualquier cosa que seamos facultados para hacer por Él y para quienes nos rodean.

Esperemos que Dios cuide por su providencia de lo que nos ha dado (8:24-30) y por su gracia, nos deje cuidar lo que pertenece a Él. Que la honra y las cosas de Dios sean nuestra preocupación; entonces podemos esperar que nuestra vida y consuelo sean su preocupación.

Después de descansar tres días (v.32) y constatar que todo llegó correctamente (vv.33-34) el pueblo ofreció sacrificios (v.35). ¿Qué rendiremos cuando el Señor nos haya llevado a salvo por el peregrinaje de la vida, a través del sombrío valle de la muerte, fuera del alcance de todos nuestros enemigos, a la felicidad eterna?

Las expresiones aquí usadas nos llevan a pensar en la liberación de los pecadores de la esclavitud espiritual y en su peregrinaje hacia la Jerusalén celestial bajo el cuidado y protección de su Dios y Salvador.

Conclusión

Los enemigos y el peligro estaban al acecho de los judíos por todo el camino, pero Dios los protegió. Los peligros comunes de los viajes nos llaman a partir con ayuno y oración y luego regresar con alabanzas y acciones de gracias.

Recursos

Información complementaria

"Junto con Ezequiel, a Esdras se le considera el padre del judaísmo posexílico. De todos los calificativos que se le han dado a Esdras como escriba (Esdras 7:12), sacerdote (7:1-5), erudito y estadista quizás el que mejor lo define sea el de "reformador religioso". Paso la mayor parte de su vida en Babilonia, donde seguramente sirvió en el gobierno persa como ministro encargado en asuntos judíos. Así alcanzó el título de "erudito en la ley del Dios del cielo (Esd.7:12)" (Diccionario ilustrado de la Biblia. Caribe, U.S.A., p.205).

Cuatro fuentes de ingresos

Se pueden ver cuatro fuentes de ingresos que le fueron dadas a Esdras para reconstruir Jerusalén (Esdras 7:15-21) "(1) ofrendas voluntarias de cualquiera, (2) ofrendas voluntarias de las judíos v.16, (3) objetos de oro y plata (no las vasijas del templo) v.19, (4) el resto de las provisiones llegaron del tesoro real de la provincia del otro lado del río (vv. 20-24). (Serie de comentarios Estudio-guía del A.T. Vol.8 BLI: Marshall. Texas: 2006, p.62).

Ubicación geográfica

La caravana partió de Babilonia el primero del mes de Nisán (Marzo-Abril) y llegaron el día primero del mes de Ab (Julio- Agosto). El recorrido desde Babilonia hasta Jerusalén alrededor de 1400 Kilómetros y tardó aproximadamente cuatro meses.

Definición de términos

Artajerjes: "aquel cuyo señorío es la ley"; también "gran jefe"
Nombre de varios reyes de la dinastía persa. Los principales son:
(a) Artajerjes I Longímano (465-424). Subió al trono mediante la eliminación violenta de su antecesor. Este Artajerjes se cree, que gobernaba cuando Esdras y Nehemías llegaron a Jerusalén, (Esdras 4:7; 6:14; 7:1; 8:1; Nehemías 2:1; 5:14; 13:6).
(b) Artajerjes II Mnemón (404-358). Hijo de Darío II
(c) Artajerjes III Ocos (358-337). Tipo enérgico y cruel que eliminó a toda su familia; así nos lo presentan los historiadores.

Artajerjes rey de reyes: (Esdras 7:12) Este es un superlativo semítico que regularmente describe a los reyes mesopotámicos Nabucodonosor en (Daniel 2:37; Ezequiel 26;7). Artajerjes se llama a si mismo, título demasiado elevado para un mortal, era rey de algunos reyes, pero pretender ser el rey de todos los reyes era una usurpación de la prerrogativa exclusiva del que tiene todo poder en el cielo y en la tierra. Los judíos lo tomaron y lo usaron para su venidero y ungido rey davídico (Zacarías 14:9; 1 Timoteo 6:15; Apocalipsis 17:14; 19:16).
Esdras: su nombre significa "ayuda" y puede ser una forma acortada de Azarías, que significa "YHWH ha ayudado". Era un varón de gran piedad y santo celo (v.10). Regresó a Jerusalén con el propósito de restaurar la adoración y es estado judío. (Diccionario de Escribas: (escribano) Estudiantes: CNP, 2008).

Esdras subió de Babilonia: Para los judíos siempre se hablaba de ir a Jerusalén como subir, Nehemías salió de la ciudad de Susa, Esdras salió de la ciudad de Babilonia.
Escribas: (escribano) En el A.T. se aplica esta palabra al funcionario que estaba encargado de la correspondencia de un rey, el escriba redactaba, preparaba documentos legales, y a veces de dinero (Esdras 7:12). En algunos casos ocupaba puestos de importancia en el gobierno. Lo que hoy recibe el nombre de secretario o ministro. (2 Samuel 8:17; Ester 3:12; Isaías 36:3). Se aplicaba también a los que copiaban y explicaban las Escrituras.
Diligente: este término significa "rápido", que es una metáfora de destreza o entusiasmo (Salmo 45:1). Esdras era "Escriba diligente de la ley", escriba versado en los mandamientos de Jehová, aunque era también sacerdote (Esd. 7:6-11; Neh. 8:1-13).

Actividad suplementaria

Antes de iniciar la clase haga lo siguiente pregunte a la clase lo siguiente: ¿Si tuvieran que emprender un viaje que cosas harían o prepararían antes de salir? Deje que enumeren lo que harían y escríbalo en la pizarra o en un papel y déjelo en un costado. Al llegar el punto III de la lección lea la lista y mencione que según lo que aprendemos en Esdras después de conseguir todo lo necesario para su viaje algo muy importante que hizo fue encomendar todo al Señor por medio de ayuno y oración.

Nuevo líder

Lección 42

Hoja de actividad

Versículo para memorizar: "Porque Esdras había preparado su corazón para inquirir la ley de Jehová y para cumplirla, y para enseñar en Israel sus estatutos y decretos" Esdras 7:10.

I. La mano de Dios estaba sobre Esdras

¿Qué funciones ministeriales y administrativas desempeñó Esdras en el imperio persa? Según los versos (Esdras 7:1-6). _____

_____

¿Qué características espirituales resaltan la persona de Esdras como siervo de Dios? (Esdras 7:6-10). _____

_____

¿Qué hacía diferente a Esdras según Esdras 7:6b? _____

_____

II. El dinero es de Dios

El afecto que el rey Artajerjes sentía por Esdras lo impulsó a proveerle los siguientes recursos para el regreso a Jerusalén (Esdras 7:11-28). Escriba algunos:

1 _____

2 _____

3 _____

4 _____

III. Ayuno y bendición

¿A cuáles dos armas espirituales recurrió Esdras para pedir la protección de Dios durante el viaje de regreso? (Esdras 8:21-23). _____

_____

¿Qué tanto acudimos a ellas hoy? ¿Cómo estas armas pueden ser de ayuda para nosotros hoy?_____

_____

Conclusión

Los enemigos y el peligro estaban al acecho de los judíos por todo el camino, pero Dios los protegió. Los peligros comunes de los viajes nos llaman a partir con ayuno y oración y luego regresar con alabanzas y acciones de gracias.

Intercesión y una triste despedida

Lección 43

Alberto Guang (EUA)

Objetivo: Que el alumno entienda la importancia de la intercesión y el dolor que produce el pecado cuando las personas se apartan de los decretos de Dios.
Versículo para memorizar: "Porque siervos somos; mas en nuestra servidumbre no nos ha desamparado nuestro Dios" Esdras 9:9a.

Introducción

Para lograr un mejor entendimiento del objetivo de esta lección (Esdras 9,10), así como para evitar problemas muy comunes en el ámbito evangélico (respecto del estudio de la Biblia y en la predicación) es necesario que puntualicemos dos reglas de interpretación bíblica antes de seguir adelante.

1) La Biblia hay que interpretarla primero a la luz de la misma Biblia. Esto implica que no debemos sacar conclusiones doctrinales, y menos aplicarlas directamente desde el Antiguo Testamento a nuestros receptores, sin pasar antes por las enseñanzas, en nuestro caso, del Nuevo Testamento. 2) Un entendimiento básico del contexto social, político y religioso del profeta Esdras es indispensable para poder entender su intencionalidad espiritual.

I. No se puede servir a dos señores

El pasaje bíblico de Esdras 9:1-2 dice que la expectativa para el pueblo judío era que al regresar a su tierra se pusiera en práctica el judaísmo: Una especie de reconversión a la fe y vida de sus padres. Pero esto no sucedió: "Cuando terminaron de hacer todo esto, vinieron los jefes y me dijeron: «Esdras, queremos informarte que nuestro pueblo no se ha mantenido apartado de la gente que vive aquí. Todos ellos imitan las horribles costumbres de los pueblos que habitan en Canaán y Egipto. Los judíos se han casado con mujeres de esos pueblos, así que el pueblo de Dios se ha mezclado con esa gente. Los primeros en pecar de esta manera han sido los jefes, los gobernantes, los sacerdotes y sus ayudantes" (TLA). Estos en lugar de guiar al pueblo al cumplimiento de la ley por el contrario, continuaron haciendo "conforme a sus abominaciones" (v.1). De esta manera, pretendían complacer a Jehová Dios y al mismo tiempo complacer y vivir como los pueblos paganos con quienes convivían. Era

obvio que este estilo de vida no podía agradar a Dios, aquí podríamos usar la expresión de Jesús: "Ninguno puede servir a dos señores…" (Mateo 6:24).

Esdras era muy celoso por el cumplimiento de la ley, y al conocer su afán de verla obedecida por el pueblo, los príncipes de Jerusalén vinieron a informarle algo que estaba sucediendo (Esdras 9:1-2). El pueblo de Israel no había cumplido el mandato de la ley de Dios respecto de mantenerse separado de los vecinos que adoraban a otros dioses. Por el contrario, los israelitas y sus hijos habían contraído matrimonio con jóvenes de las naciones vecinas. Y lo peor era que entre esas personas estaban algunos que eran considerados líderes: "y la mano de los príncipes y de los gobernadores ha sido la primera en cometer este pecado" (v.2). Al enterarse de esta situación, Esdras mostró su angustia y dolor siguiendo una bien conocida costumbre oriental de desgarrarse las ropas hasta llegar al punto de arrancarse cabellos de la cabeza y de la barba.

"Para la mente occidental, esta descripción de Esdras parece muy exagerada; pero sirve para subrayar la naturaleza grave del pecado y el horror con que debe contemplarlo el verdadero hijo de Dios. Esdras era para el pueblo un representante de la ley de Dios y era muy apropiado que manifestara su horror ante tan general desobediencia de parte de ellos" (Comentario Bíblico Beacon. Tomo 2. CNP, Kansas City: 1981, p.603).

Según los evangelistas Mateo (Mateo 6:24) y Lucas (Lucas 16:13), Jesús citó esta frase: "Ninguno puede servir a dos señores…". En este caso y según el contexto, es obvio que para Jesús el otro señor era el amor a las riquezas.

Para el pueblo cristiano es claro que el único Señor es Jesucristo, y que Él demanda el primer lugar en nuestras vidas. Pero la dureza del corazón del hombre de hoy, (como el de los tiempos de Esdras) permite que

185

se levanten otros componentes que se erigen como dios e ídolo en su vida. Así pues, además del excesivo amor a los bienes materiales, puede ser el amor a la fama, familia, un ídolo, o una virgen.

II. El pueblo necesita intercesores

La toma de conciencia de la situación espiritual del pueblo movió a Esdras a la oración (Esdras 9:3-11); la cual le produjo un profundo sentimiento de arrepentimiento e intercesión expresado al arrodillarse, gemir, clamar, llorar y otras expresiones corporales.

Aunque el pasaje bíblico y su contexto contienen otros componentes como el estudio de la ley, el título de este capítulo sugiere el énfasis en el ministerio y la necesidad de intercesores.

Pregunta: ¿Por qué debemos interceder? En el contexto cristiano, interceder se podría definir de esta manera: La oración perseverante mediante la cual alguien le suplica a Dios por otro, u otros que necesitan la intervención de Dios. Los siguientes son ejemplos por los cuales uno puede interceder:

• Para pedir por cosas materiales o físicas.
• Pedir por la salvación de las almas de personas conocidas que están sin Cristo y sin esperanza.
• Rogar al Señor de la mies que envíe obreros.
• Por quienes necesiten ayuda espiritual, o por los líderes de la iglesia o de un país, etc.

Nehemías 1:5-7 es un buen ejemplo de intercesión: "Dios grande y poderoso; ante ti todo el mundo tiembla de miedo. Tú cumples tus promesas a los que te aman y te obedecen. Escúchame y atiende mi oración, pues soy tu servidor. Día y noche te he rogado por los israelitas, que también son tus servidores. Reconozco que todos hemos pecado contra ti. He pecado yo, y también mis antepasados. Hemos actuado muy mal y no hemos obedecido los mandamientos que nos diste por medio de Moisés." (TLA). Según Ezequiel 22:29-31, hay necesidad urgente de interceder: "Los ricos son injustos; roban y asaltan a los pobres, maltratan a los necesitados y se aprovechan de los extranjeros refugiados. Yo he buscado entre ellos a alguien que los defienda; alguien que se ponga entre ellos y yo, y que los proteja como una muralla; alguien que me ruegue por ellos para que no los destruya. Pero no he encontrado a nadie. Por eso voy a descargar sobre ellos mi enojo; voy a consumirlos por completo con el fuego de mi ira. ¡Me las pagarán por todo el mal que han hecho! Les juro que así será." (TLA).

En la Biblia, tenemos una gran cantidad de ejemplos de intercesión: Abraham, por Sodoma y Gomorra (Génesis 18:16-33); Moisés, muchas veces intercedió por su pueblo, a quien Dios quiso destruir en más de una ocasión en el desierto; sin embargo, Moisés estuvo allí para rogar ellos (Éxodo 32:31-32; Números 14:11-20, 16:20-22, 44-48); Isaías 59:14-16 intercedió por el pueblo de Israel. ¿No es maravilloso cómo el hombre puede colaborar con Dios, y cómo su voz y su acción son importantes para Dios?

Pregunta: ¿Qué podemos decir de la intercesión de Daniel a favor del pueblo (Daniel 9:1-19)? ¿Qué podemos decir de Jesús nuestro modelo supremo de intercesión (Juan 17)?

Me parece oportuno que mencionemos algunos puntos importantes para los cristianos respecto de este tema, tales como los siguientes:

1. El sacerdocio universal de los creyentes. Porque una de las tareas sacerdotales es precisamente la intercesión, debemos interceder unos por otros.
2. Jesús dejó el modelo de intercesión.
3. El mundo y la iglesia necesitan de verdaderos intercesores.

Pregunta: ¿Qué pasa cuando intercedemos? ¿Quiénes tienen el don de la intercesión y cuál es su ministerio? ¿Es todo cristiano un intercesor? ¿Cómo implementar un ministerio de intercesión en nuestra iglesia? Jesús, nuestro modelo supremo de intercesión, está sentado a la diestra de Dios el Padre intercediendo por cada uno de nosotros.

III. El pecado es pérdida

Quizá este pasaje de Esdras 10 sea el más difícil de entender y del cual sacar algunos principios que podrían desarrollarse a la luz de lo que puntualizamos, en la introducción. Tanto el pasaje como su contexto nos indican el sobre énfasis en el hecho que hayan tomado mujeres paganas por esposas. Esdras 10:2 dice: "Entonces Secanías hijo de Jehiel, que era descendiente de Elam, le dijo a Esdras: «Nosotros hemos desobedecido a nuestro Dios al casarnos con mujeres de países que adoran a otros dioses. Pero todavía hay esperanza para nuestro pueblo Israel" (TLA).

Secanías mencionó como una solución el expulsar a las mujeres extranjeras con sus hijos: "Vamos a prometerle a nuestro Dios que nos separaremos de todas esas mujeres y sus respectivos hijos. Haremos todo lo que tú y los que respetan el mandamiento de Dios nos indiquen... Obedeceremos la ley de Dios... Todos estos se habían casado con mujeres extranjeras, pero se separaron de ellas y de sus hijos", (Esdras 10:3,44 TLA). Aunque algunos se opusieron a esta medida (v.15), de todas maneras por lo menos 114 varones expulsaron a sus mujeres. No sabemos cuántas mujeres ni cuántos niños fueron expulsados, creando así un problema social mucho más serio, y mucho más cuando no se hace mención de la responsabilidad de los varones quienes tomaron la decisión de casarse con ellas.

Estamos de acuerdo que el pecado trae pérdida; en este caso, la desintegración familiar, a pesar de las diferencias religiosas.

Para enriquecer la lección, y dando un salto exegético, quisiera puntualizar un par de temas concomitantes:

1. La enseñanza de Pablo se podría aplicar aquí, y se ha aplicado también a matrimonios mixtos: "No os unáis en yugo desigual con los incrédulos…" (2 Corintios 6:14).

2. Pero también Pablo enseña que en el caso de matrimonios mixtos, por el matrimonio o por la conversión de uno de los conyugues, el lado cristiano no tiene la prerrogativa de separación, sino más bien el de ganarlo para Cristo (1 Corintios 7:10-13).

3. La urgencia de una pastoral preventiva y curativa en este tema.

4. Por último, el consejo de Proverbios 28:13-14 sería muy apropiado aquí "El que encubre sus pecados no prosperará, Mas el que los confiesa y se aparta alcanzará misericordia. Bienaventurado el hombre que siempre teme a Dios; Mas el que endurece su corazón caerá en el mal".

Conclusión

El cristiano genuino no puede dividir su lealtad. Sólo Jesucristo es el Señor. Hoy, al igual que ayer, necesitamos urgentemente un ejército de intercesores precisamente para que el pecado no produzca dolor y pérdida.

Recursos

Información complementaria

"Esdras congregó a una nueva generación de exiliados para que lo acompañaran y realizó el peligroso viaje sin escolta (8:1-36). Pero casi de inmediato se ve confrontado con el problema provocado por el casamiento entre judíos y paganos, y después de mucha oración y confesión, pudo granjearse el apoyo de la mayoría del pueblo mediante un profundo examen de este escándalo, inspirando a la gente que hicieran un nuevo pacto con el Señor (9:1-10:44), y es precisamente allí donde se ubica nuestra base bíblica para la lección. Este libro demuestra de qué manera emplea Dios a los gobernantes paganos para cumplir sus fines, y proporciona ánimo y a la vez advertencia al pueblo de Dios. Pueden estar atemorizados por la oposición, cuando Dios quiere que avancen, o quizás pueden estar contentos con los niveles de vida del mundo pagano, donde se necesita nuevamente la fe de Esdras y de los profetas."(Biblia. Vida, Miami: 1984, p.481).

"Una cosa es clara, Dios tuvo que disciplinar a su pueblo por su rebelión moral y espiritual y su rechazo de las advertencias de los profetas. La represión debe llevar al arrepentimiento y el arrepentimiento a la restauración. Los mismos profetas que declararon la condenación de Dios, también anunciaron la consolación de Dios. Pero aun después del escarmiento del cautiverio, muchos de los judíos repatriados se enredaron otra vez en los negocios del mundo y se olvidaron de su relación con Dios. Para algunos, el problema era la religiosidad externa sin una realidad interna; para otros, el problema era que estaban más bajo la influencia de las costumbres que de las Escrituras. Pero Dios siempre ha trabajado con una minoría fiel que lo ama lo suficiente como para ir contra la marea del sistema de este mundo" (Biblia. Grupo Nelson, Nashville: 2006, p.1465).

Definición de términos

Intercesión: El diccionario define la palabra Interceder como: "Pedir por otro para obtener una cosa. Rogar a favor de otro" (Enciclopedia Ilustrada de la lengua castellana. Sopena, Argentina: 1956, p.512).

Actividad suplementaria

Usando su creatividad, invite a sus alumnos a buscar otros componentes que se imponen como competitivos con la lealtad del cristiano a su Señor y se erigen como un segundo señor que lleva a dividir esa lealtad única que debemos tener a nuestro Señor Jesucristo. A la luz de nuestro primer punto: "No se puede servir a dos señores", elabore una lista de cinco otros posibles falsos señores:

1. _____

_____

2. _____

_____

3. _____

_____

4. _____

_____

5. _____

_____

Intercesión y una triste despedida

Hoja de actividad

Versículo para memorizar: "Porque siervos somos; mas en nuestra servidumbre no nos ha desamparado nuestro Dios" Esdras 9:9a.

I. No se puede servir a dos señores

¿Cuál era la situación que menciona Esdras 9:1-2? _____

_____

¿Cómo se aplican los siguientes pasajes a la situación que se daba según Esdras 9:1-2? _____

_____

Proverbios 28:13-14 _____

Mateo 6:24 _____

II. El pueblo necesita intercesores

¿Qué hizo Esdras ante esta situación según Esdras 9:3-11? _____

_____

_____

Haga una breve lista personal sobre por qué debe usted interceder hoy.

1. _____

2. _____

3. _____

4. _____

5. _____

III. El pecado es pérdida

¿Qué sucedió según Esdras 10:1-12? ¿Cómo resolvieron la situación pecaminosa que había en el pueblo? ____

_____

Escriba un breve testimonio sobre que le habló Dios en esta lección, o qué fue lo que más le impactó de esta lección.

Conclusión

El cristiano genuino no puede dividir su lealtad, sólo Jesucristo es el Señor. Hoy, al igual que ayer, necesitamos urgentemente un ejército de intercesores precisamente para que el pecado no produzca dolor y pérdida.

Regreso de Nehemías a Jerusalén

Raúl Soto (Chile)

Versículo para memorizar: "Pero si os volviereis a mí, y guardareis mis mandamientos, y los pusiereis por obra, aunque vuestra dispersión fuere hasta el extremo de los cielos, de allí os recogeré, y os traeré al lugar que escogí para hacer habitar allí mi nombre" Nehemías 1:9.
Propósito de la lección: Que el alumno sea desafiado a orar buscando la voluntad de Dios y no, el beneficio propio.

Introducción

Desde el año 605 a.C., Nabucodonosor sometió primero a Joacim y a Judá (el reino del sur) bajo el control babilónico hasta alrededor del 538–536 a.C que fue el primer año de Ciro, rey de Persia (como soberano sobre Babilonia). Se completaron así setenta años de exilio. Este número era algo simbólico, relacionado con la idea de un tiempo completo.

El pasaje que nos ocupa hoy comprende desde Nehemías 1:1 al 2:10. El pueblo de Israel se encontraba bajo el gobierno de los sirios. Estaba bajo el reinado de Ciro, quien reconocía la bendición de Dios. Ya había sido enviado Esdras a tratar de reconstruir la vida espiritual de Jerusalén. No obstante, era necesario que Dios levantara a otros para complementar la obra. Así pues, Dios llamó a Nehemías de una manera particular. El primer grupo que había ido a tratar de reconstruir Jerusalén vio que las cosas no estaban muy buenas, por ello, aquellas personas regresaron a dar informe. En ese momento, los interceptó Nehemías y les preguntó cómo estaba el pueblo; pero la respuesta fue desastrosa. Esto provocó en el corazón de Nehemías algo muy fuerte.

I. Reacción de Nehemías

A. Análisis de un problema

El panorama era desastroso (v.3), pues todo se encontraba en ruinas. Tanto la vida espiritual como lo material. Incluso la identidad del pueblo y su capacidad de hacer algo por lo suyo propio. Podríamos decir que el pueblo se encontraba en depresión, quizá cada uno preocupado por sus propios problemas, deprimidos por el exilio, deprimidos por el despojo.

Miraban su decadencia, miraban a sus enemigos, miraban los muros caídos y solamente se quedaban en el dolor y la frustración. Había un grupo que había quedado del exilio, pero no fue capaz de superar ni cambiar las puertas que habían sido quemadas en el tiempo de la conquista. Vemos un fiel reflejo de la actitud humana frente a la decadencia, frente a la frustración, frente a la vida que no ha sido la que esperaban. El informe decía que los que quedaban estaban en afrenta y gran mal, con los muros derribados y las puertas quemadas.

Creo que lo de los muros y las puertas era lo menos complicado; pero la decadencia y la afrenta son cosas que afectan el corazón, afectan la actitud frente a la vida, nos hacen miedosos y nos dicen que somos incapaces de lograr algo mayor a lo que estamos viviendo, nos coloca en el fondo de un pozo donde vemos la salida tan lejos que preferimos morir en el pozo.

Nehemías sintió este dolor, pero tomó una actitud diferente a la de los que quedaron en Jerusalén. Quizá los del pueblo pudieron decir: "Sí, pero Nehemías no sufre al ver los muros, las puertas, la afrenta, pues no vive el gran mal".

Pero qué del exilio, qué de enfrentar el dolor. Recordemos que no habían pasado muchos años desde que el pueblo estaba viviendo la restauración. Antes había estado bajo los caldeos, un pueblo totalmente cruel. Por lo que si alguien conocía del dolor era Nehemías. A pesar de esto, él tomó una actitud diferente.

B. Actitud frente a un problema

El dolor se apoderó de Nehemías; la tristeza y el llanto fueron la reacción inmediata. Y es que era su pueblo, su tierra, el pueblo de sus padres, el lugar donde había recibido muchas bendiciones.

Hizo duelo por algunos días (v.4), pasando un proceso de dolor natural en el ser humano, pasando un momento de recordar; pero también de dejar atrás algo que ya no es. Cuando hacemos duelo, estamos tratando de aceptar que aquello ya no está, aquello ya no es, que se nos fue quitado, que nos lo han arrebatado. Pero el duelo sólo es un tiempo, es un proceso, no es toda la vida. No podemos pasar el tiempo llorando y recordando lo que perdimos.

"Ayuné y oré delante del Dios de los cielos…" (v.4). He aquí que lo que comenzaba a germinar era un llamado de Dios en el corazón de Nehemías. Él tuvo la actitud de ir delante del único que podía hacer algo que los hombres no habían podido hacer hasta ese entonces.

En Mateo 17:20-21, dice: "Jesús les dijo: Por vuestra poca fe; porque de cierto os digo, que si tuviereis fe como un grano de mostaza, diréis a este monte: Pásate de aquí allá, y se pasará; y nada os será imposible. Pero este género no sale sino con oración y ayuno".

Nehemías lo tenía tan claro que fue a buscar en el lugar indicado. Él, él no se quedó en el lamento y en el duelo, sino que se levantó en oración, ayuno y búsqueda de Dios.

II. Oración de Nehemías

A. Reconocimiento de quién es Dios

Nehemías comenzó su oración (Nehemías 1:6-8) reconociendo quién era Dios para él, y qué representaba para él este Dios al cual estaba orando.

Esto demuestra el lugar que tenía Dios en la vida de Nehemías. Muchas personas buscan de Dios, pero el lugar que Él tiene en sus vidas no es el correcto. Necesitamos dar a Dios el lugar correcto para que todo lo que busquemos en Él pueda ser contestado de alguna manera.

Las palabras de Nehemías fueron: "Oh Jehová, Dios de los cielos, fuerte, grande y temible, que guarda el pacto y la misericordia a los que le aman y guardan sus mandamientos" (v.5).

Cada una de estas palabras representa la grandeza de Dios, su excelencia y su soberanía que lo hacen incomparable. Él es el principio y el fin.

Para que nuestras oraciones sean contestadas, debemos exaltar el nombre de Dios, debemos poner la mirada en Él, tener muy presente delante de quién estamos, a qué Dios le estamos pidiendo. Muchos oran como si tuvieran un Dios muy pequeño o incapaz de hacer milagros. Nehemías conocía a su Dios, por eso pidió con fe.

B. Reconocimiento del origen del problema y arrepentimiento

Pecados del pueblo: El pueblo había olvidado una vez más la fidelidad a Dios y había dejado que el pecado tomara el control de sus vidas. Este pecado no solamente estaba en ellos, sino venía desde sus padres, por lo que estaban viviendo la consecuencia de una serie de pecados cometidos por varias generaciones.

Corrupción contra Dios: Por lo general, los exilios estaban antecedidos por una idolatría extrema del pueblo. Se habían mezclado con pueblos enemigos, permitiendo así que otros dioses entraran en sus vidas.

No guardaron los mandamientos: Si existía pecado y corrupción, entonces había desobediencia. El pecado lleva a no cumplir con los estatutos de Dios. El pueblo ya no respetaba a Dios, vivía en la desobediencia, esta es la base del pecado. Recordemos que el pecado en el jardín del Edén fue la desobediencia de Adán y Eva. Esto los llevó a que Dios los expulsara del jardín. El pueblo de Israel había desobedecido en extremo por lo que su consecuencia fue la dispersión. El pueblo había recibido varias advertencias, por lo que era responsable directo del exilio que estaba viviendo.

C. Nehemías buscó una oportunidad

Nehemías quería una oportunidad para compartir su visión con el rey. Sabía que sólo una intervención divina le daría una oportunidad así (Nehemías 1:11). Recordemos que aun cuando él era alguien cercano al rey, no cualquiera podía llegar y plantear un tema como el que Nehemías tenía que plantear.

Nehemías siempre mantenía la mirada en el cumplimiento del llamado que Dios le había hecho. Lo que él está pidiendo en su oración no sólo era perdón por los pecados, era también éxito y gracia para cumplir el llamado. Pero el éxito que solicitaba no era personal, sino que estaba enfocado en el cumplimiento de los propósitos de Dios.

Muchas veces pedimos; sin embargo, (como el apóstol Santiago enseñó), pedimos mal, porque pedimos para nuestros deleites (Santiago 4:3). Nehemías le dio el enfoque correcto a las peticiones delante de Dios. Muchos pedimos milagros, pero es mucho más sensato pedir oportunidades. Muchas veces necesitamos una puerta abierta más que una obra sobrenatural.

Es interesante notar que Nehemías nunca oró para que Dios reconstruyera los muros. Lo que le pidió era una oportunidad para que él mismo pudiera ir a reconstruir los muros. Se puso a disposición para ser parte de la respuesta.

III. Respuesta a la oración

Lea Nehemías 2:1-10. Nehemías comenzó a orar en el mes de Quisleu (Nehemías 1:1), y habló con el rey en el mes de Nisán (Nehemías 2:1). Por lo tanto, Nehemías tuvo que esperar aproximadamente cuatro meses para ver la respuesta de Dios.

Esto nos enseña que no siempre la respuesta de Dios va a ser en nuestro tiempo cronológico. Dios tiene su tiempo para responder y debemos aceptarlo, porque Él sabe cómo hacer las cosas grandes y perfectas.

Al rey le llamó la atención la tristeza de Nehemías. La frase "yo no había estado antes triste en su presencia" (v.1) nos muestra a Nehemías como un hombre siempre sonriente, de carácter alegre y feliz de servir. Después de tantos años, jamás lo vieron amargado, quejoso o triste, pero cuando su preocupación se exteriorizó, hasta el rey se dio cuenta de su estado de ánimo. Probablemente fue su alegría, buen humor y disposición al trabajo que lo llevó a una posición tan alta. Esto nos muestra que las más grandes posibilidades de ascender las tendremos si adoptamos, en todo lo que hacemos, un carácter alegre y de buen ánimo.

Es evidente que Nehemías no oró en voz alta ni se arrodilló ni juntó sus manos en señal de oración o súplica, sino que oró con su pensamiento. Esta forma de orar se denomina también orar en el corazón o en el espíritu.

Nos enseña que Nehemías estaba preparado para responder. Cuando el rey le preguntó: "¿Qué cosa pides?" (Nehemías 2:4), él no dijo: "Déjeme pensarlo y luego le respondo". Él tenía todo planificado (vv.5-8), incluso la duración del viaje, todos los salvoconductos y el pedido de materiales. Nehemías no desperdició la oportunidad que Dios le había dado, predisponiendo favorablemente al rey Artajerjes para que le diera todo lo que pidiera.

Esto nos muestra que cuando pedimos a Dios una oportunidad debemos estar listos para responder a ella, porque en cualquier momento Dios nos dará esa oportunidad y debemos aprovecharla.

Lo que sintió Sanbalat fue "envidia" (v.10). Se define la envidia como "tristeza o pesar por el bien ajeno". Y precisamente eso sintieron Sanbalat y Tobías, porque "les disgustó en extremo que viniese alguno para procurar el bien de los hijos de Israel" y no, el bien de ellos.

Aquí notamos que las cosas nunca van a ser tan fáciles. Siempre se levantarán personas contrarias a lo que estamos haciendo, pero como Nehemías, debemos mantener la mirada puesta en Dios.

Conclusión

Nehemías nos presenta un modelo de oración. Lo primero que él hizo fue reconocer quién era Dios. Luego, reconoció el pecado del pueblo, de su casa, personal y después pidió perdón. Nehemías nos ejemplifica la motivación correcta de la oración, la cual tocó el corazón de Dios y provocó que tuviera éxito.

Recursos

Información complementaria

El mes de Quisleu: Era el noveno mes, y corresponde a la última quincena de noviembre y la primera quincena de diciembre.

El mes de Nisán: Entre marzo y abril, que en su calendario es el primer mes, cuando los judíos celebraban la Pascua.

Definición de términos

Copero: Era el hombre que probaba el vino antes que bebiera el rey. Era una medida de prevención por si alguien le colocaba veneno al vino para matar al rey. Era un hombre de confianza del rey.

Susa: Era la capital de Elam, un territorio que se extendía al oeste de Babilonia. Los babilonios la conquistaron y estuvo bajo su dominio hasta que Ciro II, el persa, la conquistó.

Nehemías: Significa "Dios consuela". Fue un hombre de confianza del rey Artajerjes I en Persia, porque servía en su corte como copero (465-424 a.C).

Actividades suplementarias

Si conoce alguien en la clase que tenga un testimonio que sea buen ejemplo de oración contestada, pídale que lo cuente. Si no es así, pregunte en la clase si tienen testimonios de oraciones contestadas, entendiendo que las respuestas de Dios no siempre son lo que yo quiero. Ponga énfasis en la actitud correcta al orar. No utilice más de cinco minutos para esta actividad.

Identificando la necesidad de otros

Antes de iniciar la clase, puede pedir a los alumnos que reflexionen y piensen cuánto saben de la necesidad de otros, sobre todo de sus compañeros de clase. Llévelos a pensar en la necesidad de ponernos en el lugar de otros para poder entender su dolor. Nehemías se puso en el lugar del pueblo y sintió el dolor y lo demostró estando de duelo por unos días y orando por el pueblo.

Reconociendo a Dios

Una muy buena forma de comenzar la clase sería llevando a los alumnos a nombrar las características de Dios según ellos. Nehemías comenzó su oración reconociendo quién era Dios para él. Esto ayudará a que los alumnos entiendan que las cosas no suceden sólo por pedirlas, sino que vienen del conocimiento que tenemos acerca de Dios. Muchas veces oramos sin saber a quién estamos orando. Esta actividad ayudará a que ellos desarrollen conceptos sobre Dios que más tarde usarán en sus propias oraciones y vidas.

Regreso de Nehemías a Jerusalén

Hoja de actividad

Versículo para memorizar: "Pero si os volviereis a mí, y guardareis mis mandamientos, y los pusiereis por obra, aunque vuestra dispersión fuere hasta el extremo de los cielos, de allí os recogeré, y os traeré al lugar que escogí para hacer habitar allí mi nombre" Nehemías 1:9.

I. Reacción de Nehemías

¿Qué oficio tenía Nehemías cuando fue llamado por Dios? (Nehemías 1:11) _____

_____

_____

¿Cuáles son las dos etapas que puede reconocer en la reacción de Nehemías al enterarse de la situación de Jerusalén? (Nehemías 1:1-5). _____

_____

¿Cuáles son los aspectos principales de la oración de Nehemías según Esdras 1:5-11? _____

_____

_____

II. Oración de Nehemías

¿Con qué palabras describió Nehemías a Dios? (Nehemías 1:5). _____

_____

¿Qué hizo Nehemías antes de presentar su petición? (Nehemías 1:5-10). _____

_____

III. Respuesta a la oración

¿Cómo se mostró Nehemías al presentar la situación al rey? (Nehemías 2:1-10). _____

_____

Según el ejemplo de Nehemías, ¿cómo debe ser nuestra oración ante un pedido al Señor? _____

_____

_____

Conclusión

Nehemías nos presenta un modelo de oración. Lo primero que él hizo fue reconocer quién era Dios. Luego, reconoció el pecado del pueblo, de su casa, personal y después pidió perdón. Nehemías nos ejemplifica la motivación correcta de la oración, la cual tocó el corazón de Dios y provocó que tuviera éxito.

Comienza el trabajo de reconstrucción

Sara Patetta (EUA)

Versículo para memorizar: "Porque nosotros somos colaboradores de Dios…" I Corintios 3:9a.

Propósito de la lección: Que el alumno comprenda y reconozca al liderazgo, y tenga una actitud de servicio y disposición al trabajo en equipo.

Introducción

Un componente esencial en la calidad de vida de cualquier individuo normal es la contribución a la realización de proyectos con propósito de afectar positivamente situaciones que trasciendan la esfera de lo puramente personal, sería la respuesta altruista frente a crisis o necesidades emergentes, aun a costa de sacrificar comodidad, recursos o conveniencias propias.

El trabajo en cooperación surge como una forma eficiente y conductiva al éxito de un proyecto altruista. Este enciende el entusiasmo y la motivación de diferentes personas expuestas al llamado de beneficiar a otros y proyectarse a un logro satisfactorio común.

En este pasaje bíblico de Nehemías 2:11-3:32, vislumbramos la reacción y resolución de un gran hombre movido por el celo y la indignación. Esto sucedió al reconocer un noble emprendimiento suspendido e inconcluso por razones inaceptables (para un hombre de fe) y que afectaba nada menos que al mismo pueblo del Señor.

I. Nehemías realiza un diagnóstico de Jerusalén

A. Evaluación del problema

Este líder se preparó para la tarea al hacer una evaluación personal de la situación (Nehemías 2:11-16). Así pues, salió de noche a examinar los muros en ruinas y no compartió con nadie esta parte del proyecto. Probablemente Nehemías no quería acotaciones preenjuiciadas de la gente desanimada y temerosa; sino formar su propia opinión de la estrategia a desarrollar. Nehemías tenía a Dios como consejero y sometió sus planes en oración y no los compartió a nadie hasta estar seguro en lo personal.

Esto lo podemos notar en Nehemías 2:16: "Y no sabían los oficiales a dónde yo había ido…"

"No hizo a nadie confidente de sus designios, a fin de poder ocultarlos todo el tiempo que fuera posible a sus enemigos, hasta que tuviera listas todas las cosas, para que no fueran a tomar medidas para impedir la obra" (Comentario de la Santa Biblia. Adam Clarke, tomo I. CNP, EUA: 1974, p.520).

Nehemías estaba seguro de lo que Dios estaba pidiéndole, y no quería que nadie presentara objeciones. Y Nehemías no llevaría a cabo esto por su talento, sino porque estaba convencido que la mano de Dios estaba sobre él (Nehemías 2:8b).

Siendo como él era, íntegro y temeroso de Dios, podía confiar en su dirección para llegar a conclusiones acertadas y realistas.

B. Seguridad del llamado

"… lo que Dios había puesto en mi corazón que hiciese en Jerusalén…" (v.12). Solamente cuando estamos totalmente convencidos que Dios nos llama a un trabajo en particular, habiendo investigado la situación y considerado el costo (Lucas 14:28), es que estamos prontos para emprenderlo y llevarlo a cabo triunfalmente.

Evidentemente, Nehemías tenía una rutina o método de trabajo. Como cuando sintió el llamado de Dios a participar en la reconstrucción de su nación en el capítulo 1, cuando oró y planeó cuidadosamente por cuatro meses. Aquí también se tomó el tiempo necesario y buscó la forma: "…después de estar allí tres días, me levanté de noche…y observé…" (Nehemías 2:11-13). ¡Qué importante es no apresurarse y ser sabios en la ejecución de la voluntad de Dios!

¿Estás abierto a reconocer una necesidad o ruina espiritual en tu vida, hogar, iglesia o comunidad, o estás inmerso en ti mismo no dándote cuenta del verdadero estado de tu corazón frente a Dios? ¿Te importaría esto lo suficiente como para hacerte llorar, ayunar y orar, sabiendo que Dios contesta y quiere usarte para restaurar esas situaciones?

El pueblo de Dios debe servir en todo ámbito con esmero, llevando a cabo los planes de Dios y distinguiéndose por su integridad, consistencia y valores no comprometidos con cosas que a Dios no le agradan.

II. Nehemías compromete a la gente a ser parte de la restauración

A. Trabajo de equipo

En cuanto Nehemías estuvo totalmente seguro de lo que Dios estaba pidiéndole, llamó a otros para que se unieran en el proyecto (vv.17-20). Nehemías admitió que no consiguió el favor del rey por su persuasión y elocuencia, sino que dijo lo siguiente: "Yo había sido un siervo fiel del rey durante mucho tiempo, y él, en recompensa a mi fidelidad dispuso conceder mi solicitud" (Comentario de la Santa Biblia, Adam Clarke, tomo 1. CNP, EUA: 1974, p. 520). Así Nehemías le dio la gloria al poder de su Dios. Este es otro atributo que define a un buen líder, sumándose a esto una vida consistente de oración, confianza y dependencia del Señor.

Pregunte: ¿Cómo es nuestro testimonio en donde trabajamos? ¿Somos reconocidos por nuestra excelencia y fidelidad en todo lo que hacemos?

"El estado lamentable de Jerusalén es consecuencia directa del decreto de Artajerjes de que debía detenerse la construcción (Esdras 4:7-23). En consecuencia, Nehemías toma sobre sí la responsabilidad de patrocinar una ciudad que había sido presentada al rey como cuna de rebeliones" (Manual Bíblico Ilustrado, Editorial Caribe, EUA, 1976, p. 309).

Los israelitas sabían lo mal que estaba Jerusalén. Esta ciudad estaba desierta y sus puertas quemadas, por ello, Nehemías los enlistó para la acción: "... Venid y edifiquemos el muro de Jerusalén, y no estemos más en oprobio" (Nehemías 2:17). Este líder les aseguró que el Señor tenía su mano sobre él, al relatarles bajo qué circunstancias adversas el rey le había otorgado permiso para ir y reconstruir, lo cual corroboraba su intervención.

B. La respuesta

La prueba final de la guía de Dios en este proyecto se materializó cuando la gente respondió al desafío y eligió hacer lo que era su responsabilidad. Es que el pueblo vio claramente la humilde autoridad con la que Dios mismo invistió a Nehemías (Nehemías 2:20, 5:14-15); que fue evidente cuando expuso sus razones que probaban que Dios estaba en el proyecto. Siglos después se diría de los discípulos: "...les reconocían que habían estado con Jesús (Hechos 4:13)". Tenía tanta capacidad para inspirar al pueblo que se enlistara a colaborar, así también como para organizarlos y delegar tareas. Todo esto sin cometer abuso sobre estas personas

que ya habían sido obligadas a pagar los excesos de gobernadores anteriores (Nehemías 5:18).

Cuando los opositores trataron de disuadirlos, burlándose y despreciando al pueblo, Nehemías no tomó el insulto personalmente, sino que aclaró que la causa era del Señor: "...Él nos prosperará, y nosotros sus siervos nos levantaremos y edificaremos" (Nehemías 2:20).

Y sin responder con insultos, pero sí firmemente les declaró que los que no respetaban a Dios no tenían parte ni derecho en la obra. Y así debe ser en el trabajo del Reino de Dios hoy también. No en vano vemos esta situación claramente ejemplificada en la Palabra.

III. Asignación del trabajo de reedificación

A. Nehemías planea el trabajo de Dios con mucho cuidado

Lea (Nehemías 3:1-32). El proyecto de reconstrucción involucraba gente de todos los niveles sociales que se debía unir en esta labor de reconstrucción. La lista menciona a sacerdotes y perfumadores, orfebres y mercaderes, gobernantes, y mujeres. "Algunos trabajaban en una doble sección. Nehemías, astuto como siempre, pone a la gente a trabajar en secciones cerca de sus propias casas, por las cuales tienen una preocupación especial. Los líderes en general son ciudadanos de prestigio; no se mencionan ni Esdras ni los hombres de sus grupo" (Manual Bíblico Ilustrado. Unilit, Miami: 1985, p. 309).

A pesar de ser el líder encargado de la obra, Nehemías reconstruyó la parte que le correspondía (Nehemías 5:16). Probablemente, decidió alentar con su ejemplo al pueblo haciéndose uno de ellos. Con esto, él demostró que no asumió el liderazgo de este emprendimiento para su gloria personal (lo que hubiera conducido al desencanto y hubiera puesto en tela de juicio su motivación). Nehemías demostró sin lugar a dudas, su convicción de que era un trabajo en obediencia al Señor.

Todos trabajaban juntos como uno, codo con codo y con continuidad, así fueran personas comunes o un "...gobernador de la mitad de la región de Jerusalén, él con sus hijas." (Nehemías 3:12).

B. Ejemplo de obrero

Es digno de notar que por su decisión de obedecer a Dios y actuar, Nehemías calificó para la categoría de los grandes héroes de la fe. Al igual que la descripción de Moisés cuando decidió obedecer, quien por la fe escogió "...antes ser maltratado con el pueblo de Dios, que gozar de los deleites temporales... teniendo por mayores riquezas el vituperio de Cristo que los tesoros de los egipcios; porque tenía puesta la mirada en el galardón. Por la fe dejó a Egipto, no temiendo la ira del rey, porque se sostuvo como viendo al Invisible",(Hebreos 11:25-27).

¿Qué clase de obrero eres? En el Nuevo Testamento, Pablo se dirigió a la iglesia en Roma rogando que se presentarán en "sacrificio vivo, santo y agradable a Dios", que se consagraran al Señor y les motivó a que no pensaran cada uno de sí mismo como superior a los demás (Romanos 12:1,3). Pablo solicitó que hicieran su trabajo en el lugar adjudicado, usando sus dones en la esfera de servicio a Dios (Romanos 12:4-5), no con pereza y descuido, sino diligentemente y en simplicidad sirviendo al Señor y no al ojo humano (Romanos 12:6-12). El nuestro es un trabajo glorioso para el Señor, por ello, debemos hacerlo con humildad y entrega.

Conclusión

Sea el llamado personal a liderar en servicio a Dios y a la comunidad, o a contribuir con talentos, recursos y esfuerzo en equipo como respuesta a una necesidad identificada, el resultado será de beneficio a los demás y de crecimiento para la propia vida del cristiano.

Recursos

Información complementaria

Los incidentes narrados en el estudio que nos concierne hoy toman lugar en el período que sigue a los años de inactividad del remanente judío que volvió a Jerusalén a reconstruir el altar y el templo del Señor. Completada esta gran empresa bajo el liderazgo de Zorobabel y Josué el sacerdote, y alentados por los profetas Hageo y Zacarías a resistir la oposición de los pueblos de esa tierra que se presentó en varios períodos, la etapa siguiente de reconstrucción no llega a materializarse, ya que los oponentes lograron persuadir al rey de Babilonia, Artajerjes, que suspendiera por decreto los trabajos en Judea y Jerusalén (Esdras 4:7-23). El pueblo de Dios se ve reducido a la inactividad y a la desmoralización que esto provoca, aunque todavía la adoración a Dios continuaba en el templo. Unos doce años antes, Esdras el sacerdote y cronista había llegado con un segundo grupo de exiliados, y se había encontrado con un pueblo mezclado en matrimonio con la gente pagana de los alrededores, abandonando sus mujeres hebreas, suceso que podría haber resultado en la pérdida de identidad como nación del pueblo escogido y en la frustración de los planes divinos de revelarse a través de ellos al resto del mundo. En el último capítulo de Esdras, vemos como este manejó tal situación.

Llamamiento de Dios. Primeramente, hay que entender que no se puede identificar exhaustivamente el "método" que usa Dios para llamar a las personas. No siempre usará una zarza ardiendo como cuando llamó a Moisés; una voz audible como la que Samuel oyó; una luz cegadora o una voz destinada a ser escuchada solamente por el destinatario, como oyó Pablo; o un ángel como el que se presentó a Gedeón; por nombrar algunos ejemplos bíblicos bien conocidos.

Nehemías entendió que era llamado a una acción definida en una manera especial y diferente.

En este caso en particular, Dios inquietó a Nehemías quien era un prestigioso hombre, bien educado en las disciplinas del palacio del rey más poderoso en el mundo de ese tiempo. La de él era una posición honorable y codiciada: Era el copero del rey Artajerjes (hijo o hijastro de Ester) ocupación que le daba la ventaja de intimidad y confianza con el rey, además de gran influencia ya que debía estar constantemente en contacto con él.

Definición de términos

"La puerta del Valle" (Nehemías 2:13): En las murallas de la época antigua, las puertas eran puntos vitales. En Jerusalén, había muchas, flanqueadas por poderosas torres (Nehemías 3:27).

"Puerta del Muladar": Muladar significa estiercol, según el Diccionario ilustrado de la Biblia. Para otros, "de los montones de ceniza" (Comentario Arqueológico de la Biblia. Gonzalo Báez-Camargo. Caribe, EUA: 1979, p.156).

Actividad suplementaria

Para dialogar en clase: ¿Has experimentado alguna vez una llamada telefónica inesperada; una noticia inquietante concerniente a alguien de la familia; o una situación política en un lugar que afecta conocidos o amigos, que interrumpió tu normalidad o la dirección de tus metas inmediatas o a largo plazo? ¿Has visto la necesidad de invertir inmediatamente en planear y entrar en acción con el fin de "reconstruir"? Hagan una lista de personajes de la Biblia (Antiguo y Nuevo Testamento) o con ejemplos vivenciales propios que cambiaron sus planes o rutinas para ayudar a otros.

Comienza el trabajo de reconstrucción

Hoja de actividad

Versículo para memorizar: "Porque nosotros somos colaboradores de Dios…" I Corintios 3:9a.

I. Nehemías realiza un diagnóstico de Jerusalén

¿Por qué crees que Nehemías no compartió con nadie el proyecto hasta ver por sí mismo el muro de Jerusalén? (Nehemías 2:11-16)._____

_____

¿Con qué elementos identifica si el llamado a reconstruir es genuinamente de Dios o de su propio parecer?_

_____

_____

II. Nehemías compromete a la gente a ser parte de la restauración

¿Cuáles son las ventajas de trabajar en equipo? (Nehemías 2:17-20). _____

_____

_____

¿Reconoce un desafío, y contesta con responsabilidad, haciendo su parte cuando un líder busca enlistar sus esfuerzos? _____

_____

_____

III. Asignación del trabajo de reedificación

¿Quiénes participaron en la reconstrucción y dónde los puso Nehemías? (Nehemías 3:1-32). _____

_____

_____

¿Que tipo de ruinas son identificables en la vida de la gente, sus hogares, iglesia, etc., y a las cuales estaríamos llamados a restaurar?_____

_____

_____

Conclusión

Sea el llamado personal a liderar en servicio a Dios y a la comunidad, o a contribuir con talentos, recursos y esfuerzo en equipo como respuesta a una necesidad identificada, el resultado será de beneficio a los demás y a la calidad de la propia vida del cristiano dispuesto.

Oposición interna y externa

Yanet Ortiz (España)

Versículo para memorizar: "Acuérdate de mí para bien, Dios mío, y de todo lo que hice por este pueblo" Nehemías 5:19.
Propósito de la lección: Que el alumno comprenda que toda oposición se desvanece cuando Dios es nuestro escudo.

Introducción

Dios busca a un hombre o una mujer que sepa conocer su voz, diferenciarla entre tantas voces y empezar a soñar como Él sueña, amar como Él ama, trabajar como Él trabaja.

Dios encontró en Nehemías a un hombre que tenía un corazón sensible y obediente. Nehemías recibió el sueño de Dios y lo hizo suyo. Dios quería levantar y edificar los muros que estaban en ruinas. Dios quería que su pueblo supiera que Él no se había olvidado de ellos, y esperaba que ellos se volvieran a Él de todo corazón.

Nehemías no luchó por sus propios sueños sino que buscó cumplir los sueños de Dios. Él hizo el sueño de Dios tan real en su vida que empezó a buscar los recursos materiales que necesitaba. Al ser este el sueño de Dios sembrado en el corazón de Nehemías, Dios mismo trajo la provisión material y apoyo humano. Nehemías sabía que él no podía hacerlo solo, por ello pidió a sus hermanos todo el apoyo que necesitaba para hacer el sueño de Dios una realidad a favor de su pueblo: Reedificar lo destruido.

En la lección de hoy, aparece en escena el enemigo de nuestras almas para intentar interponerse; y en esta ocasión, lo hizo a través de hombres corrientes, pero que no deseaban el bien del pueblo de Dios. Sin embargo, el sueño de Dios a favor de su pueblo inminentemente se cumpliría aun en medio de la 'oposición interna y externa'. Esto lo veremos en Nehemías 4:1-6:1.

I. El desprecio del mundo trae fortaleza al pueblo de Dios

Lea el pasaje de Nehemías 4:1-23.

A. Un enemigo que desanima

Lean Nehemías 4:1-5. Los planes para desanimar al pueblo salían de hombres que tenían el corazón lleno de enojo, envidia, ira, sarcasmo, burla, menosprecio, porque eran enemigos de Dios y de todo lo bueno y nuevo que empezaba a suceder a partir de ese momento.

Somos conscientes que tenemos un enemigo en común que intenta desanimarnos, destruirnos y que anda viendo la forma de hacernos volver atrás. "Estén siempre atentos y listos para lo que venga, pues su enemigo el diablo anda buscando a quien destruir, como si fuera un león rugiente" (1 Pedro 5:8 TLA). Por ello, urge revestirnos todos los días con toda la armadura de Dios. "Finalmente, dejen que el gran poder de Cristo les dé las fuerzas necesarias. Protéjanse con la armadura que Dios les ha dado, y así podrán resistir los ataques del diablo. Porque no luchamos contra gente como nosotros, sino contra espíritus malvados que actúan en el cielo. Ellos imponen su autoridad y su poder en el mundo actual. Por lo tanto, ¡protéjanse con la armadura completa! Así, cuando llegue el día malo, podrán resistir los ataques del enemigo. Y cuando hayan peleado hasta el fin, seguirán estando firmes" (Efesios 6:10-20 TLA).

B. Razones para animarlos

1. La visión estaba en el corazón de Dios. En Nehemías 1:8-10, vemos que estaba en los planes de Dios perdonar a su pueblo si este se volvía a Él con corazón sincero y arrepentido. Dios tiene buenos pensamientos y planes para nosotros. Así pues, la Biblia dice: "Porque yo sé los pensamientos que tengo acerca de vosotros, dice Jehová, pensamientos de paz, y no de mal, para daros el fin que esperáis." (Jeremías 29:11).

2. La visión en el corazón del líder. En Nehemías 4:9,14, leemos que Nehemías conocía también el plan de Dios. Es de suma importancia que el líder esté conectado con los planes del Señor para poder así guiar al pueblo.

Luego de leer Nehemías 4:9-23, pregunte: ¿Qué pidió Nehemías al Pueblo?

- Orar a Dios (v.9).
- Ser valientes (v.14).
- Seguir el plan (v.15).
- Confiar en Dios (v.20).
- Ser vigilantes (vv.22-23).

3. La visión en el corazón del pueblo (Nehemías 4:6,15). Después del líder, la visión debe pasar al pueblo para que este tenga en claro en dónde están y hacia dónde se dirigen.

Dios permite que escuchemos lo que Él quiere hacer en medio de la destrucción, en medio del dolor. El sueño de Dios se hace tan real y queda sellado en nuestro corazón. Hay convicción de lo que Dios hará, trayéndonos ilusión, pasión por lo que hacemos.

II. Están entre nosotros, pero no son de nosotros

El segundo punto de nuestra lección está basado en el capítulo 5, versículos 1 al 19. Nuestro Señor Jesucristo dijo: "...pero confiad, yo he vencido al mundo"(Juan 16:33).

A. La familia que sufre

Según Nehemías 5:1-4, la situación familiar era desesperante. No había comida para alimentar a toda la familia, porque se encontraban sumamente endeudados y llegaron a pagar la deuda con sus bienes e hijos. Se respiraba una situación crítica y lamentable. Por esta razón, se levantó un gran clamor por parte del pueblo.

La causa del sufrimiento la encontramos en Nehemías 5:5,15. Algunos habían entregado sus hijos e hijas a servidumbre y no tenían cómo recuperarlos, porque aun sus tierras eran de otros. Ante esto, Nehemías se enojó con los jefes y gobernantes (vv.6-7) y dijo: "Nosotros hemos estado haciendo todo lo posible por rescatar a nuestros compatriotas que fueron vendidos como esclavos a otras naciones. Ahora ustedes los están obligando a venderse de nuevo, y después nosotros tendremos que volver a rescatarlos", (v.8 TLA).

La explotación entre judíos ricos y judíos pobres era tan desesperante que seguir viviendo así era insostenible (Nehemías 5:5,15). Los ricos estaban sacando provecho de quienes no tenían dinero para pagar lo que se habían endeudado, y los menos favorecidos llegaron al límite de pagar con el trabajo y la libertad de sus propios hijos e hijas.

Los judíos que estaban en mejor posición económica estaban desobedeciendo lo que dice el libro de Levítico 25:35-38: "Cuando algún israelita se quede en la miseria, deberán ayudarlo como si se tratara de un refugiado en el país. Si le hacen un préstamo, no deben cobrarle intereses; si le dan de comer, no deben hacerlo por negocio. Muestren respeto por mí, y déjenlo vivir entre ustedes. Yo los saqué de Egipto para darles el país de Canaán y para ser el Dios de ustedes. Yo soy el Dios de Israel", (TLA).

B. La reflexión y el arrepentimiento sincero

En Nehemías 5:6-12, leemos que Nehemías meditó y actuó con prontitud. Él habló francamente con los nobles y oficiales explicándoles claramente lo mal que habían actuado y llamándolos al cambio, a devolver a sus hermanos sus propiedades (v.11). Es interesante ver que estas personas entendieron y decidieron hacer lo que se les pedía (v.12). Pero aún más interesante es ver que Nehemías no se quedó con la promesa de ellos, sino que les hizo jurar ante los sacerdotes que harían lo que prometieron (v.12b).

Las características de la vida de Nehemías nos inspiran y nos hacen querer imitarlo. Fue un hombre justo y obediente a la voz de Dios; buscó la armonía y unidad entre los judíos; y no pidió para él, sino para su prójimo.

La Palabra de Dios confronta nuestras vidas, nuestras decisiones y aun lo que estamos acostumbrados a hacer. Es un espejo que refleja dónde podemos estar sinceramente equivocados. Y obedecerla es lo que trae cambios y éxito en nuestra vida diaria. Esto es lo que hizo Nehemías: Confrontó a los nobles y oficiales con la Palabra de Dios y los llamó a deponer su actitud.

Cuando Dios nos corrige, si lo aceptamos, todo cambia a nuestro favor, a partir de hoy lo podemos comprobar. Dios está atento a lo que hacemos, como lo describe el salmista: "Dios mío, tú me conoces muy bien; ¡sabes todo acerca de mí! Sabes cuándo me siento y cuándo me levanto; ¡aunque esté lejos de ti, me lees los pensamientos!", (Salmo 139:1-2 TLA). Por esta razón el salmista se humilló y buscó de Dios: "Dios mío, mira en el fondo de mi corazón, y pon a prueba mis pensamientos. Dime si mi conducta no te agrada, y enséñame a vivir como quieres que yo viva" (Salmo 139:23-24 TLA). Siempre debemos estar dispuestos a escuchar la corrección de otro. Dios nos habla en muchas ocasiones por medio de hermanos que están viendo la situación desde afuera, pero reconocen que algo no está bien. Dios desea corregirnos, no rechacemos su corrección. En Proverbios 3:11-12 dice al respecto: "Querido jovencito, no rechaces la instrucción de Dios ni te enojes cuando te reprenda. Porque Dios corrige a quienes ama, como corrige un padre a sus hijos", (TLA).

III. Cuando se edifica con Dios, nada queda inconcluso

El capítulo 6 es la última parte de nuestro estudio para hoy.

A. Dios llamó a un hombre valiente y obediente

Nehemías fue un líder que supo que tenía que aprovechar bien el tiempo y no permitió que nadie lo distrajera de lo que él sabía que tenía que hacer (Nehemías 6:1-5). Fue valiente aun cuando respiraba amenazas de muerte. Esta valentía animó al pueblo a seguir construyendo y acabar la obra.

B. Dios cumplió sus propósitos

"Fue terminado, pues, el muro, el veinticinco del mes de Elul, en cincuenta y dos días. Y cuando lo oyeron todos nuestros enemigos, temieron todas las naciones que estaban alrededor de nosotros, y se sintieron humillados, y conocieron que por nuestro Dios había sido hecha esta obra" (Nehemías 6:15-16).

Así como nuestras pruebas y luchas tienen fecha de caducidad, también los desafíos, retos o sueños de Dios tienen que llegar a concluirse. Dios estaba del lado de Nehemías y de su pueblo, y cuidó cada detalle para que se cumpliera todo a favor de sus hijos. ¡Qué bueno es Dios, porque ve acabado su plan en nuestras vidas! Dios mismo se encargó de luchar contra sus enemigos y darle la victoria a su pueblo. Lo hizo Él por el gran amor que tiene a sus hijos, y lo seguirá haciendo en nuestras vidas, porque nos ama.

Conclusión

Cuando Dios trae su visión al corazón de sus hijos, Él tiene el momento, las circunstancias y los recursos para hacerla realidad. Si Dios te da la visión, también te dará la provisión. También tengamos presente que nuestra fe será probada mediante la oposición de los que nos rodean y debemos resistirla.

Recursos

Información complementaria

"Había demasiadas bocas que alimentar y no había comida suficiente para todos. Tenían inflación, precios elevados y escasez de alimentos…" "Nehemías no estaba enojado por algún daño o injusticia hacia su persona. No estaba devolviendo el golpe porque le habían herido su ego. Él no estaba motivado por una revancha. Esa ira habría sido de la clase incorrecta. Su ira era una indignación justificada. Estaba enojado por el egoísmo y la explotación por parte de aquellos ricos. Estaba furioso al ver que su egoísmo y su codicia podrían llegar a detener todo el proyecto de reconstrucción de los muros. ¿Para qué sirven unos muros, si los que viven dentro de ellos se están haciendo trampas unos a otros?, pensaba. Como pueblo de Dios, necesitamos enojarnos con el pecado" (Liderazgo con propósito. Rick Warren. Volumen I. VIDA, 2005, pp.139-143).

Definiciones de términos

Baldón (Nehemías 4:4): "Oprobio, injuria o palabra afrentosa" (Diccionario de la Lengua española. Espasa-Calpe, España: 1970).

Mes de Elul (Nehemías 6:15): "El duodécimo décimo del año civil, y el sexto del año litúrgico… Corresponde a los meses de agosto y setiembre. Durante esta época del año se cosechaban los dátiles y los higos de verano" (Diccionario ilustrado de la Biblia. Caribe, EUA: 1982, p.195).

Actividad suplementaria

Antes de iniciar la lección, pregunte si alguno vivió una situación de alejamiento de Dios y cómo Dios lo trajo de nuevo a sus caminos.

Luego, pregunte si en alguna ocasión fueron parte de la restauración de una persona que vivía lejos de Dios, después de haber conocido a Dios y haber vivido en sus caminos.

Por último, pregunte qué harían si supieran de una persona en esa condición. ¿Qué pasos tomarían?

Oposición interna y externa

Hoja de actividad

Versículo para memorizar: "Acuérdate de mí para bien, Dios mío, y de todo lo que hice por este pueblo" Nehemías 5:19.

I. El desprecio del mundo trae fortaleza al pueblo de Dios

1. A la luz de Nehemías 4:1-9, 5:6, defina brevemente lo que entiende por cada una de las siguientes palabras y en quiénes del relato se observa esta conducta:

Ira _____   Burla _____

Valentía _____   Enojo _____

2. ¿Podría compartir cuándo fue la última vez que se desanimó en seguir a Cristo, y qué causas le llevaron a esa situación? _____

II. Están entre nosotros, pero no son de nosotros

Describa a los nobles, oficiales y primeros gobernadores respecto de su relación hacia el pueblo, según Nehemías 5:1-5.

A. _____   B. _____

C. _____   D. _____

En su opinión, ¿cuál de los dos grupos de personas antes mencionados hicieron más mal al pueblo de Israel y por qué? (Nehemías 4:1-4, 5:1-5). _____

¿Algunos de estos dos modelos de personas los encontramos hoy a nuestro alrededor? ¿Quiénes son y dónde se encuentran? _____

III. Cuando se edifica con Dios, nada queda inconcluso (Nehemías 6:1-19)

1. Enumere todas las características que recuerde de Nehemías, y con cuál o cuáles de ellas se identifica o le gustaría hacerlo. _____

¿En qué área de trabajo de la iglesia se encuentra ahora mismo trabajando? ¿Está disfrutando de ese servicio? ¿Por qué? _____

¿Qué entiende de estas dos frases? _____

1. "Entonces oramos a nuestro Dios..." (Nehemías 4:9a). _____

2. "...Y conocieron que por nuestro Dios había sido hecho esta obra " (Nehemías 6:16 b). _____

Conclusión

Cuando Dios trae su visión al corazón de sus hijos, Él tiene el momento, las circunstancias y los recursos para hacerla realidad. Si Dios te da la visión, también te dará la provisión. También tengamos presente que nuestra fe será probada mediante la oposición de los que nos rodean y debemos resistirla.

cnp **El Sendero de la Verdad**

Un pueblo reestructurado

Lección 47

Joel Castro (España)

Versículo para memorizar: "…Y todo el pueblo respondió: ¡Amén! ¡Amén! alzando sus manos; y se humillaron y adoraron a Jehová inclinados a tierra" Nehemías 8:6b.

Propósito de la lección: Que el alumno comprenda la importancia de confesar los pecados y guardar la Palabra de Dios.

Introducción

El término "reestructurar" demanda mucho de quien está llamado a actuar según su significado. No es nada fácil, porque tiene que cambiar una vieja, anticuada, deteriorada y estropeada estructura u orden. Y ese era el trabajo del responsable Nehemías; pues su llamado no sólo se ciñó a la reedificación de los muros de Jerusalén; también tuvo que ver con la remodelación administrativa y sobre todo espiritual de una nación que estaba alicaída en su llamado a reconocer a Dios en sus vidas.

En esta lección, analizaremos tres pasos que puso en planteamiento el reformador Nehemías para llevar a cabo su objetivo, según Nehemías 7:1-10:39.

I. Ubicarnos y ordenarnos donde Dios nos quiere

El primer paso lo encontramos en el capítulo 7 de Nehemías (vv.1-73). Después de reedificar los muros de Jerusalén (v.1), Nehemías ordenó las familias que habían vuelto del exilio. Designó distintos cargos ubicando a cada quien en su respectivo puesto como dirigente.

En la siguiente lista, vemos las designaciones que hizo Nehemías: Levitas (v.43), cantores (v.44), porteros (v.45), sirvientes del templo (v.46) y sacerdotes (vv.39,63,73).

Quiero resaltar el versículo 5 de nuestro estudio, pues nos dice que Nehemías fue impulsado por el Señor de manera especial para poner orden dentro del pueblo israelita. Aquí vemos la voluntad de Dios dirigiendo a su pueblo a través de sus líderes. De la misma manera, Dios dirige a su iglesia, a través de sus líderes. Estos ubican a los diferentes miembros en lugares especiales de servicio de acuerdo a sus dones, talentos y capacidades. He aquí tres puntos decisivos para ser organizados según la voluntad divina:

1. No es donde nosotros queremos, sino es el lugar donde Dios desea tenernos.
2. No es lo que queremos hacer, sino es lo que Dios quiere que hagamos, pues el Espíritu Santo nos capacita para el servicio mediante sus dones, (1 Corintios 12:7-11).
3. No es cómo quiero hacerlo, sino cómo Él desea que lo hagamos. Asimismo, Dios siempre nos pone bajo un liderazgo para que nos sujetemos.

Todo el pueblo sabía la capacidad de Nehemías, por eso estuvo de acuerdo, se sometió, y hasta fue generoso para ayudar en la obra (vv.70-73). El líder debe ser dirigido por Dios si anhela que el pueblo lo siga.

II. Conocimiento pleno de la Palabra

En este punto veremos el segundo paso para la reforma espiritual según Nehemías 8.

El pueblo de Israel se rebeló y como consecuencia fue llevado cautivo hacia Babilonia. Ya estando allá, perdió el apetito de alimentarse de la Palabra, porque se vio invadido por otra cultura, religión y costumbres paganas. Sin embargo, cuando volvió a su tierra en la deportación, también tuvo que volver a poner su confianza en la Palabra de Dios. Por eso, cuando el pueblo escuchó la Palabra leída por el sacerdote y escriba Esdras (Nehemías 8:1-18), dice la lectura del capítulo 8 de nuestro estudio que hubo mucha expectación, lamentación y preocupación. El pueblo primeramente debió escuchar la Palabra y luego hacer la voluntad divina cumpliendo lo que ella manda.

A continuación veamos algunas enseñanzas que nos da este capítulo 8 de Nehemías:

1. "Y leyó en el libro delante de la plaza" (v.3a). Con esta actitud, Esdras nos recuerda que la Palabra de Dios debe ser pública. En el siglo III del cristianismo, la Biblia fue prohibida para el pueblo, pero en el siglo XVI el reformador Martín Lutero rescató para el pueblo la libertad de tener la Palabra de Dios. Hoy, nosotros debemos seguir publicándola sin ninguna vergüenza, sino con valor.

2. "… el libro… está delante… desde el alba hasta el mediodía, en presencia de hombres y mujeres" (v.3b). El pueblo quería alimentarse y no escatimó el tiempo para darle interés a la lectura. Lo mismo, si queremos ser administrados por el consejo de Dios, debemos leer con mucho apetito la Palabra de Dios. Dios nos dice: "Nunca se apartará de tu boca este libro de la ley, sino que de día y de noche meditarás en él…" (Josué 1:8a).

3. "…y los oídos de todo el pueblo estaban atentos al libro de la ley" (Nehemías 8:3c). Esta es la actitud correcta ante la Palabra de Dios. El término "atención" se repite a través de este capítulo: "... todo el pueblo estuvo atento" (v.5b); "…y el pueblo estaba atento en su lugar" (v.7); "Y leían en el libro de la ley de Dios claramente, y ponían el sentido, de modo que entendiesen la lectura" (v.8).

Leer con atención la Palabra de Dios trae entendimiento del mensaje para vivir según las demandas de Dios. Además, podemos glorificar al Creador, porque le reconoceremos como el Autor supremo.

Como ya vimos antes, Dios usa a sus líderes para darnos entendimiento. Así hicieron Nehemías y Esdras (v.9) para con el pueblo.

4. "…Y todo el pueblo respondió: ¡Amén! ¡Amén!…" (v.6a). El pueblo había sido tocado por la Palabra, por eso "…alzando sus manos (señal de reconocimiento); y se humillaron y adoraron a Jehová inclinados a tierra" (v.6b) con mucho lamento y lágrimas (v.9c). Ellos estaban dispuestos a obedecer a Dios, por ello, según los versículos 14 al 18, restauraron la Fiesta de los Tabernáculos. Nuestro amén también debe significar la práctica de los mandatos del Señor en sumisión.

Sin duda, la Biblia debe ser un paso decisivo diario en nuestras vidas. Con la Palabra de Dios, tendremos su guía; pero sin ella, estaremos a oscuras.

III. Confesión, perdón y aceptación de la ley

El tercer paso para una reforma espiritual consta de tres actitudes sinceras (Nehemías 9:1-38, 10:39):

A. Confesión

"Confesar es reconocer la verdad abiertamente en cualquier cosa, como en la existencia y la autoridad de Dios o los pecados de los cuales uno es culpable" (Diccionario Bíblico Mundo Hispano. EMH, EUA: 2003, p.314).

Para encontrar la comunión con Dios, el pueblo reconoció sus pecados: "…y estando en pie, confesaron sus pecados, y las iniquidades de sus padres" (Nehemías 9:2b). Tanto hombres como mujeres y niños (como dice Esdras compañero de Nehemías) lloraban amargamente diciendo: "Nosotros hemos pecado contra nuestro Dios, pues tomamos mujeres extranjeras de los pueblos de la tierra" (Esdras 10:2b). Ellos sabían cuál era su pecado.

La confesión tiene dos características: Debe ser sincera y debe ser puntual. Las confesiones falsas también existen; por ejemplo, la del faraón (Éxodo 9:27-30) ante Moisés. Dios conoce los corazones sinceros. Además, nuestra confesión debe ser específica; para esto tenemos que decirle a Dios el pecado en forma concreta y en oración; así como lo fue la confesión del pueblo en la que dijeron que habían tomado mujeres extranjeras.

Nehemías estaba seguro que si confesaban su pecado y buscaban el perdón de Dios, ellos encontrarían la restauración espiritual.

B. Perdón

La confesión es el relato del mal que hemos hecho. Pedir perdón es la acción de reconocer que hemos actuado mal. Pedir perdón sigue a la confesión. Ambas se hacen con el objetivo de alcanzar la comunión con Dios. Todo esto es por medio de la fe.

En todo el capítulo 9, Nehemías declara la fidelidad de Dios y la rebeldía de su pueblo; asimismo, enaltece la misericordia de Dios.

Se cuenta la historia de un niño que jugaba con su resortera en casa de sus abuelos y accidentalmente mató a uno de los patos de la granja. En su pánico, escondió el pato muerto entre una pila de madera, pero no se percató que de lejos le estaba viendo su hermana Sally. En los tres siguientes días, Sally le estuvo chantajeando con los trabajos de la casa a su hermano con el fin de que no le contara lo sucedido a su abuela. Cansado de todo esto el niño Jhony le confesó todo a su abuela y le pidió perdón. La abuela le dio un abrazo y le dijo que ella había sido testigo de lo sucedido. Y también se preguntaba por qué dejaba que Sally le hiciera su esclavo mientras no le confesaba su mal; pero luego le dijo que igual le perdonaba, porque lo amaba mucho.

El diablo es muy astuto. Así como jugó con la confesión de Judas, (quien no pidió perdón) lo mismo puede hacer contigo haciéndote ver un evangelio mecanizado sin la realidad de la salvación por fe. Si no queremos ser más esclavos de nuestro pasado pecaminoso, vengamos con corazones sinceros delante del Señor y recibamos su perdón.

C. Aceptación de la ley

Para que el arrepentimiento contribuya a un cambio total en la persona, debe haber un camino nuevo que tomar. De allí que el arrepentimiento, figurativamente, viene a ser un giro de 180°. Debemos dejar nuestra pasada manera de vivir y aceptar las demandas de Dios para agradarle.

Nehemías 9:38 dice: "Entonces el pueblo respondió:

en vista de todo esto, hacemos una promesa y la ponemos por escrito" (NTV). Con esta declaración, el pueblo estuvo dispuesto a aceptar las demandaba de la ley de Dios. En el capítulo 10, los firmantes prometieron delante de Dios lo siguiente: No casarse con extranjeros: "Y que no daríamos nuestras hijas a los pueblos de la tierra, ni tomaríamos sus hijas para nuestros hijos" (Nehemías 10:30); respetar el día de reposo: "Asimismo, que si los pueblos de la tierra trajesen a vender mercaderías y comestibles en día de reposo, nada tomaríamos de ellos en ese día ni en otro día santificado; y que el año séptimo dejaríamos descansar la tierra y remitiríamos toda deuda" (v.31) y contribuir con sus ofrendas, primicias y sus diezmos (vv.32-39). Esta actitud manifestó la renovación del pacto (Nehemías 10:29).

Ningún cristiano puede pretender andar según su voluntad si realmente ha confesado sus pecados al Señor y ha recibido el perdón. Si ya es salvo entonces, tiene que tomar el rumbo bíblico como un estilo de vida.

Conclusión

Dios no sólo quiso que las murallas físicas de Jerusalén fueran reconstruidas; sino que también capacitó a Nehemías y Esdras para que propusieran una reforma en la vida interior del pueblo. Lo mismo, Él desea que nuestra vida interior y espiritual sea reconstruida totalmente con cada paso que hemos estudiado.

Recursos

Información complementaria

Una vez que el muro estuvo acabado. Nehemías hizo planes inmediatos para poblar la ciudad con judíos con una ascendencia clara. El registro de todos aquellos que volvieron con Zorobabel viene a ser su base para determinar la autenticidad de la genealogía. Excepto 7:70-72, el registro es idéntico al de Esdras 2:1-70.

El primer día del mes séptimo (Nehemías 8:2). Era la Fiesta de las Trompetas, que en 444 a.C. caía el 27 de septiembre. El muro había acabado de construirse solamente una semana antes (6:15). La fiesta de las Trompetas era la más sagrada de las lunas nuevas, y daba inicio al mes último de festividades religiosas (Levítico 23:23-25; Números 29:1-6).

Desde el alba hasta el mediodía (Nehemías 8:3). Hubieran sido unas seis horas, alternando la lectura de la ley por Esdras con discursos de instrucción acerca de la ley por los levitas (vv.7,9).

Y el escriba Esdras estaba sobre un púlpito de madera (Nehemías 8:4). Esta es la primera mención de un púlpito en la Biblia.

Y leían en el libro de la ley de Dios claramente (Nehemías 8:8). La palabra claramente (heb. meporosh) sugiere no solamente una exposición de la ley, sino también, posiblemente, una traducción de ella al arameo (Esdras 4:18).

Día santo es a Jehová nuestro Dios; no os entristezcáis ni lloréis (Nehemías 8:9). La clara exposición de la Palabra de Dios (probablemente secciones de Deuteronomio) trajo una poderosa convicción de pecado al pueblo, y provocó lágrimas de arrepentimiento. Pero el único día del año que Dios había dispuesto específicamente para el llanto y la tristeza era el Día de la Expiación (el décimo día del mes séptimo). Por ello, su verdadera fuerza se hallaba en el gozo de Jehová (v.10).

Poco después de la Fiesta de los Tabernáculos, el pueblo se reunió a oír otra vez la Palabra de Dios, y a confesar sus pecados a Dios en una ceremonia pública solemne dirigida por unos ciertos levitas. (Comentario Bíblico Moody, Antiguo Testamento. Charles F. Pfeiffer. CBP. EE.UU. pp.436-437).

Definicies de términos

Levita: El nombre se da a los descendientes de Levi, hijo de Jacob.
Cantor: Un vocalista profesional o entrenado. La música hebrea fue fundamentalmente vocal.
Portero: También traducido como guarda o guardia de la puerta. El portero se ubicaba en la puerta de la ciudad, y entre los pastores era responsable por el cuidado de las puertas del corral. En tiempos de David, el número de los porteros o guardias del templo ascendía a 4.000 (1 Crónicas 23:5).
(Diccionario Bíblico Mundo Hispano. Mundo Hispano, 2003).

Actividad suplementaria

La dinámica siguiente se llama "presidente por un día". Entregue a cada participante una hoja en blanco y que anoten cinco propuestas de gobierno para efectuar dentro de un país sumido en una crisis total. En la aplicación, hable sobre los pasos que Nehemías hizo para sacar adelante al pueblo de Israel.

Un pueblo reestructurado

Hoja de actividad

Versículo para Memorizar: "…Y todo el pueblo respondió: ¡Amén! ¡Amén! alzando sus manos; y se humillaron y adoraron a Jehová inclinados a tierra" Nehemías 8:6b.

I. Ubicarnos y ordenarnos donde Dios nos quiere

Escriba una lista de oficios que Nehemías designó (Nehemías 7:73) _____

_____

¿Qué nos ha dado Dios para servirle? _____

¿Cuáles son los tres puntos decisivos para ser organizados según la voluntad divina? (Nehemías 7:1-73).

1. _____

2. _____

3. _____

II. Conocimiento pleno de la Palabra de Dios

¿Cuál es la enseñanza que se extrae de Nehemías 8:1-18? _____

_____

III. Confesión, perdón y aceptación de la ley

¿Cuáles son las dos características de la confesión? (Nehemías 10:30,31,32-39). _____

_____

¿Cuál cree que es el beneficio del perdón divino? _____

_____

¿Qué prometió el pueblo de Israel después de haber sido perdonado? _____

_____

¿Qué cree que le demanda hoy el Señor a través de este estudio? _____

_____

Conclusión

Dios no sólo quiso que las murallas físicas de Jerusalén sean reconstruidas; sino que también capacitó a Nehemías y Esdras para que reformaran la vida interior del pueblo. Lo mismo, Él desea que nuestra vida interior y espiritual sea reconstruida totalmente con cada paso que hemos estudiado.

Dedicación del muro y reformas

Esther Bernal (México)

Versículo para memorizar: "...Ciertamente el obedecer es mejor que los sacrificios, y el prestar atención que la grosura de los carneros" 1 Samuel 15:22b.

Propósito de la lección: Que el alumno comprenda la importancia de servir y obedecer a Dios.

Introducción

Un vistazo al liderazgo de Nehemías nos muestra que sólo se necesita un hombre dispuesto para lograr grandes cosas. Recordemos a Noé, obediente en medio de la incertidumbre; a Abraham, decidido para construir una gran nación; a Moisés, valiente para emprender el viaje a la tierra prometida.

Cuando Jerusalén fue saqueada y destruida, el pueblo fue llevado cautivo y así estuvo por setenta años. Un hombre servidor del rey de Babilonia fue inspirado por Dios a regresar a su pueblo y reconstruirlo, después de ser ampliamente informado de la condición de Jerusalén. Ese hombre emprendió el camino con ánimo, con recursos conseguidos por él mismo, con la visión de reconstruir el muro y la ciudad de Jerusalén. Aquel hombre fue Nehemías.

Los tres últimos capítulos del libro de Nehemías nos informan ampliamente sus acciones para consolidar la visión y lograr su objetivo. Este fue no sólo la reconstrucción del muro, que representaba la seguridad; sino también la reestructuración y repoblación, ya que hacía falta gente para darle vida a la ciudad.

Nehemías fue un buen líder con visión, determinación y acción. Lo vemos con capacidad no sólo para reconstruir un muro o repoblar una ciudad; sino también para emprender reformas espirituales y morales.

I. El pueblo se unió

La porción de la historia para este punto está en los capítulos 11 y 12 de Nehemías.

A. Características de la ciudad de Jerusalén

Cuando Nehemías llegó a Jerusalén, se encontró con una situación muy difícil. Esta ciudad ya no era lo que había sido. Nehemías al llegar encontró el siguiente panorama:

1. Una ciudad semivacía: Se necesitaba gente para vivir en la ciudad santa. ¿Quién podía habitar en ella? ¿Por qué asegurar con un gran muro una ciudad semivacía? La mayoría de los que regresaron de Babilonia poblaron sus ciudades alrededor en la periferia. Así pues, Jerusalén, a la llegada de Nehemías, era un montón de escombros, eso evidenciaba que se requería mucho esfuerzo para habitar en ella. Había que comenzar limpiándola.

2. Una ciudad odiada por sus vecinos.

3. Una ciudad con demandas: La ciudad santa requería moradores acordes a ella. Esto demandaría una conducta firme en las convicciones de los líderes, para tener moradores santos en la ciudad santa.

B. La ciudad fue repoblada y reorganizada

Lea Nehemías 11:1-32. Al ser repoblada se formaron varios grupos.

El primer grupo: Los jefes del pueblo tenían la obligación de estar ahí, puesto que recibían una paga. (Salmos 122:5).

El segundo grupo: Los designados al azar. Al regresar de la cautividad, muchos del pueblo habían optado por vivir en las aldeas de alrededor. Entonces, Nehemías recurrió a una práctica conocida y aceptada por la población: La suerte. Se necesitaba un hombre de cada diez para repoblar la ciudad, así se trasladaron a Jerusalén los asignados.

El tercer grupo: Los voluntarios (Nehemías 11:2).

Estos probablemente pensaron en servir a su pueblo; ser útiles a su país renunciando a su comodidad, seguridad, estabilidad; y ofrecieron voluntariamente su vida para sacar los escombros, reconstruir, embellecer, asegurar la ciudad, darle vida y así participar en regresarle a Jerusalén la gloria que había tenido.

C. Todos tenían una tarea que cumplir

1. Guerreros valientes (11:6-14).

La ciudad de Jerusalén estaba continuamente amenazada

por enemigos, por ello, necesitaba de gente capacitada y esforzada para la defensa. (vv.6,14).

2. Los levitas y sacerdotes para el servicio del templo (vv.11-22).

La ciudad estaba siendo reconstruida, necesitaban restaurar la casa de Dios para la adoración.

Charles R. Swindoll, en el libro "Pásame otro ladrillo" de Editorial Caribe, dice que él lo hacía de rodillas. Un líder que nos dirige a la presencia de Dios en alabanza, acción de gracias, oración para adorar a nuestro Dios, es grande; aunque como en el caso de Matanías, su nombre no sea conocido.

3. Los sirvientes del templo

Sus funciones se describen bastante bien en otros pasajes. En este versículo la importancia de ellos es que estaban bajo autoridad: "Pero los servidores del templo de Dios, cuyos jefes eran Sihá y Guispá, se quedaron en Ófel." (Nehemías 11:21 DHH). Servir bajo autoridad es indispensable para el buen funcionamiento de una empresa. De esta manera, servir al Señor también lo es. Así pues, cada uno de nosotros en la función en la que nos encontramos, independientemente de nuestros logros académicos, económicos o de otra índole, hemos de servir bajo autoridad. Los logros espirituales se hacen evidentes a través de la humildad y la obediencia.

4. Los cantores (Nehemías 11:22-23)

¡Qué privilegio cantar a Jehová! Uzi dirigía el gran contingente de los levitas voluntarios dedicados al canto, con buenas voces, disciplinados, apartados para ese servicio, y el cual era reconocido aun por el rey.

II. Dedicación del muro

El llamado a la gran celebración convocó a todo el pueblo. Aquel era un tiempo para celebrar (Nehemías 12:27-47):

1. **Acción de gracias por la reconstrucción;** el cuidado bondadoso de Dios y el triunfo sobre los enemigos. Ahora al caminar sobre el muro, el pueblo se daba cuenta que haber trabajado juntos, estando y haciendo como familia lo que les correspondía, bajo el liderazgo de Nehemías, les dio este resultado. Podían pisar con seguridad sobre lo que ellos mismos construyeron.

2. **Adoración y exaltación a Dios.** Al poblarse la ciudad de Jerusalén, se reorganizó el sistema de alabanza. Ahora, el gran coro constituido en dos grupos con sus vestidos de gala y llevando instrumentos musicales; marchaba sobre el muro y llegaba así al templo.

Allí, se congregaron los levitas, sacerdotes, líderes, todo el pueblo incluyendo mujeres y niños. Todos ellos provocaron una gran celebración (v.43).

Esta enorme celebración fue muy ruidosa y oída desde lejos. Trabajar juntos, obedecer al liderazgo, dejar de pensar en nosotros no es fácil; pero trae resultados. No solamente fue la alegría lo que logró el pueblo de Israel; sino que también cambió de actitud. Los israelitas se dieron cuenta que no estaban siendo justos con los levitas y sacerdotes. Por ello, tomaron la decisión de recoger sistemáticamente en los pueblos lo siguiente: Ofrendas, primicias y diezmos para darles lo que era justo (v.44).

La obediencia y el servicio unidos nos preparan para grandes cambios de actitud y de trato a los demás.

III. Obediencia a la Palabra de Dios

Nehemías tuvo que ir a Persia, pues fue llamado por el rey Artajerjes. Después de un tiempo en Persia, Nehemías regresó a Jerusalén y encontró aspectos importantes que debía resolver (Nehemías 13:1-7).

A. No se tolera la contaminación

El sacerdote Eliasib, encargado de la casa de Dios, permitió que un amonita, Tobías, viviera en una cámara de la casa de Dios (Nehemías 13:4-7). ¡Qué tragedia sucede cuando nosotros vamos cediendo el espacio al enemigo, hasta que sin sentirlo está dentro, cerca de nosotros. Parece uno de nosotros! Pero la ley decía que los Moabitas y Amonitas no debían entrar jamás en la congregación de Dios (v.1).

"...me dolió en gran manera..." (v.8). Se espera que los líderes y todos los que conocen a Dios actúen debidamente. ¿Qué le pasó al sacerdote Eliasib? ¿Fue ignorancia? Pero la lectura del libro había sido escuchada por todos. Más bien la actitud de Eliasib fue condescendencia equívoca, y esto causó dolor a Nehemías. ¿Qué pasaba con este líder? ¿Qué dirección le estaba dando al pueblo?

Ante esta situación, Nehemías no lo toleró y reaccionó en forma rápida y enérgica (vv.8-9).

Nehemías, sin contemplaciones, sacó todos aquellos muebles que indebidamente estaban en la casa de Dios. ¿A quién le recuerda esta actitud? Exacto, cuando Jesús llegó al templo, tiró todo aquello que estaba contaminando los atrios (Lucas 19:45-46).

No sólo es importante sacar lo que contamina, hay que limpiar a fondo. Sin duda que si hubiera sido este tiempo, se hubiese utilizado agua, jabón, desinfectante. Y para concluir se hubiese fumigado para que no quede ni olor de lo que allí había.

"...e hice volver allí, los utensilios de la casa de Dios, las ofrendas y el incienso." (Nehemías 13:9). Nehemías restauró con un carácter decidido la ética y la moral del pueblo. La obediencia a la Palabra de Dios los libró de transigir cediendo terreno al enemigo.

B. Obediencia a lo que Dios manda

Nehemías encontró un asunto más por resolver. Él no fue un líder que sólo daba órdenes. Él solía caminar por la ciudad, observar a la gente, ver qué hacían, cómo vivían.

Al andar entre la gente, Nehemías vio y dijo: "En aquellos días vi que en Judá había quienes en sábado pisaban uvas para hacer vino, acarreaban manojos de trigo, cargaban los asnos con vino y racimos de uvas, higos y toda clase de carga, y que también en sábado lo llevaban a Jerusalén. Entonces los reprendí por vender sus mercancías en ese día. Además, algunos de la ciudad de Tiro que vivían allí, llevaban pescado y toda clase de mercancías, y se lo vendían en sábado a los judíos de Jerusalén." (Nehemías 13:15-16 DHH).

Ante esta situación, Nehemías tomó las siguientes medidas:
- Declaró a los líderes de Judá la profanación del día de reposo (v.17).
- Les recordó el resultado que tales acciones les provocaron en el pasado (v.18).
- Ordenó que las puertas de la ciudad fueran cerradas para no permitir que se introdujeran cargas ni mercaderes (vv.19-20).
- Amonestó a los mercaderes que se quedaban en el muro. Finalmente, su estrategia dio resultado: "...Desde entonces no vinieron en día de reposo" (v.21b). Al no haber trabajo, no había mercado. De esta manera, el pueblo quedó en inactividad, y la gente quedó desocupada. Nehemías deseaba esto para que se guardara el día de reposo. "Y dije a los levitas que se purificasen y viniesen a guardar las puertas, para santificar el día de reposo." (v.22). El llamado de Nehemías a santificar el día de reposo le proveyó al pueblo tiempo para adorar, meditar en el Señor y también descanso a su cuerpo y mente.

Separar, dedicar o santificar tiempo para Dios nos permite desligarnos de los aspectos seculares de nuestra vida diaria para ofrecerle a nuestro Creador nuestra vida completa en adoración.

Este tiempo en la presencia de Dios trae descanso y paz, y las fuerzas físicas son renovadas. Cuando nuestro tiempo esté más saturado de compromisos, separemos con mayor dedicación el tiempo del Señor.

"Cierta noche, cuando era niña, dormía en la casa de unas misioneras, y durante la madrugada me despertaron unos sollozos. No sabía qué pasaba. Otra misionera me llevó a la ventana, y pude ver una persona arrodillada junto al pozo de agua. Entonces, la misionera me dijo señalándola: "Ella tendrá un día difícil, necesita orar más". Allí yo entendí cómo mi maestra ganaba sus batallas.

También tomó medidas drásticas contra las mijeres extranjeras que influían trayendo su religión y el idioma(vv. 23-31).

Conclusión

Cuando nos hayamos equivocado, debemos volver a obedecer la Palabra de Dios, vivir como ciudadanos del Reino sirviéndole y adorándole. Esto restablecerá nuestra relación con Dios y veremos resultados positivos.

Recursos

Información complementaria

La reconstrucción del muro y la repoblación de la ciudad santa necesitaban pobladores que vivieran acorde a la ciudad. Todos estuvieron dispuestos a pagar el precio, y juntos le devolvieron la gloria a Jerusalén, ciudad del gran Rey.

No se permitieron costumbres e idolatrías extranjeras en esta ciudad. El líder observador a tiempo desvanecería cualquier intento de contaminación del pueblo.

La obediencia del pueblo para dedicar el día de reposo les proveyó momentos de descanso y refrigerio espiritual.

Actividades suplementarias

Enseñanzas de Nehemías
1. Defina el carácter de Nehemías.
2. ¿A qué atribuye la decisión de Nehemías para hacer la reforma?
3. ¿Qué aspectos del liderazgo de Nehemías nos ayudan como padres, líderes, trabajadores, etc.?

Practicando la lección

Al observar el lugar donde se reúnen, decidan personalmente o en forma grupal hacer un campamento de trabajo para limpiar, pintar o construir un área de necesidad. Si Dios ayudó a Nehemías y al pueblo de Israel, también lo hará con nosotros.

Dedicación del muro y reformas

Hoja de actividad

Versículo para memorizar: "...Ciertamente el obedecer es mejor que los sacrificios, y el prestar atención que la grosura de los carneros" 1 Samuel 15:22b.

I.   El pueblo se unió en el servicio para Dios

¿Cuáles fueron las medidas tomadas por Nehemías en su regreso? (Nehemías 11:1-32). _____

_____

¿Por qué cree que hizo esto? _____

_____

¿Cuál es la medida que tomó Nehemías que llama más su atención? _____

_____

II. Dedicación del muro

¿Qué se hizo para dedicar el templo? (Nehemías 12:27-47). _____

_____

¿Qué resalta más de esta celebración? _____

_____

III. Obediencia a la Palabra de Dios

¿Cuál fue la actitud de Nehemías ante la actitud de Eliasib? (Nehemías 13:4-8). _____

_____

¿Actuaríamos igual ante una situación similar hoy? _____

_____

¿Qué sucedía con el día de reposo? ¿Cuál fue la acción de Nehemías? (Nehemías 13:17-21). _____

_____

¿Actuamos igual hoy cuando la gente se niega a cumplir los mandatos de Dios? _____

_____

Conclusión

Cuando nos hayamos equivocado, debemos volver a obedecer la Palabra de Dios, vivir como ciudadanos del Reino sirviéndole y adorándole. Esto restablecerá nuestra relación con Dios y veremos resultados positivos.

Una joven especial

Macario Balcázar (Perú)

Versículo para memorizar: "El temor de Jehová es el principio de la sabiduría, y el conocimiento del Santísimo es la inteligencia" Proverbios 9:10.
Propósito de la lección: Que el alumno reconozca que nuestros actos siempre tienen consecuencias.

Introducción

A todos nos gusta estar en una celebración. ¿Ha estado alguna vez en una fiesta de ciento ochenta días, o por lo menos, en una fiesta de sólo siete días? Pienso que ninguno de nosotros hemos estado en fiestas que duren tanto.

En fiestas así, siempre hay excesos y estos afectan los sentimientos de personas muy cercanas o de quienes menos se piensa. En esta ocasión, vamos a estudiar Ester 1:1-2:23 donde se narra de dos mujeres extraordinarias, ambas relacionadas con una doble fiesta que duró 187 días.

I. Desobediencia de Vasti y sus consecuencias

Vasti, cuyo nombre significa 'bienamada' aparece sólo en el libro de Ester, capítulos 1 y 2 (cinco veces en el capítulo 1 y tres veces en el capítulo 2). Esta mujer fue la esposa del rey Asuero, por lo tanto, era reina del imperio persa.

A. Las fiestas de Asuero y de Vasti

Asuero ofreció dos fiestas únicas (Ester 1:3-9). La primera abarcó ciento ochenta días de jolgorio persa, al puro estilo oriental, con bailes, abundancia de comida y licores de toda especie. Asuero brindó esta fiesta a los funcionarios de sus 127 provincias (v.3), y tenía un propósito exhibicionista: Mostrar sus innumerables riquezas y su poder como soberano del imperio más poderoso de esos tiempos. Estas fiestas las ofreció en el tercer año de su reinado.

Por otro lado, la reina Vasti, esposa de Asuero, también ofreció su propia fiesta para las mujeres en la casa real (siete días). Esta fiesta fue paralela a la fiesta ofrecida por el rey (v.9). El hecho de que ambas fiestas fueran paralelas revela que había recato y las distancias prudentes necesarias en la distinción y relación de hombres y mujeres.

B. La borrachera de Asuero y su imprudencia

Ni bien terminó la primera fiesta, Asuero ofreció otra: Un banquete por siete días, donde los mejores manjares persas y los vinos corrieron como avalanchas y ríos de Susa. El séptimo día, Asuero estaba ya muy borracho y alegre; pero su alegría no era racional, sino afectada por la borrachera (Ester 1:10-11). La embriaguez, tan común a los seres humanos, siempre produce situaciones no deseadas. Dicho de otro modo, la borrachera es un estado en el cual el sujeto pierde el control racional de sí mismo. Ve, pero como tuerto; oye, pero sólo escucha lo que le afirma en su condición de ser irracional. Sus sus sentidos se embotan y quiere satisfacciones inmediatas; no mide si maltrata o afecta a las otras personas.

Fue en un estado como el descrito que dicho rey quiso mostrar la belleza de su esposa, la reina Vasti, a todos sus convidados. Pregunte: ¿Qué mal había en que la reina mostrara su belleza, con simplemente aparecer vestida y mostrarse así ante los convidados del rey?

C. Vasti desobedeció y fue castigada

Se dice que la verdadera hermosura es la interior y no, la exterior. Vasti era bella por fuera y por dentro, y el relato demuestra que tenía convicciones dignas de una dama (1:12-22). El negarse a mostrar su belleza ante el rey y sus convidados, nos hace ver que lo que el rey quería era mostrarla desnuda o semidesnuda. Una mujer sin recato y sin convicciones firmes en cuanto a su dignidad habría visto aquello como una oportunidad de hacerse famosa y, después de todo, era la reina ¿no? Entonces, podía hacer lo que quisiera, y mucho más si era a pedido de su marido. Pero Vasti era aparentemente mujer con firmes convicciones, dispuesta aun a perder todos sus privilegios y oportunidades como reina, por no caer en la impudicia a la que su propio marido quiso llevarla. Una mujerzuela habría dicho: "Bueno, aunque todos me vean y me deseen, pues que sea así; ya que el rey lo ordena. Pero eso sí, yo no pierdo mi reino, mis riquezas y todas mis oportunidades por negarme a un momento de irracionalidad del que después de unos días nadie se acordará".

La desobediencia de Vasti enfureció al rey quien buscó desahogar su ira; pero quienes mejor se aprovecharon de esta situación fueron sus siete príncipes, a quienes el rey consultó sobre qué hacer con Vasti. Como dice el dicho: "A río revuelto, ganancia de pescadores". Se aprovecharon de este enojo irracional del rey para hacer que diera una ley que les permitía tener a sus esposas sujetas más allá de lo racional, y Vasti fue destituida de su privilegio de esposa y reina (vv.19-20).

II. Elección de Ester como reina

Vimos en el punto anterior cómo Vasti fue quitada de su privilegiada posición por negarse a presentarse ante los funcionarios del rey. El rey necesitaba una reina, y como antes había acudido al consejo de sus príncipes para saber qué hacer con ella, ahora acudió al consejo de sus criados y cortesanos para encontrar su reemplazante (Ester 2:1-18).

A   Antecedentes de Ester

Ester era descendiente de la tribu de Benjamín; y su nombre significa 'estrella'. Las tribus de Judá y Benjamín habían constituido el reino del sur o reino de Judá después de la división que provocó Roboam, hijo de Salomón. Al producirse el cautiverio babilónico, los descendientes de estas tribus fueron llevados por Nabucodonosor a Babilonia, de donde se esparcieron por otros lugares. A la caída del imperio babilónico, los persas ocuparon su lugar y los judíos se establecieron en las ciudades persas. Una de estas ciudades fue Susa, capital del reino. Allí vivía Mardoqueo, un benjamita sobreviviente de los que fueron llevados cautivos. Él había criado a Ester, su prima huérfana que se llamaba Hadasa (que significa 'mirto'), su nombre en hebreo (vv.5-7).

Ester recibió una buena educación de su primo, que era mucho mayor que ella. Él le enseñó a amar al Dios único y verdadero, el Dios Yavéh, el Señor Dios de su pueblo, que aunque había permitido el cautiverio como castigo a la nación judía por su desobediencia, estaba junto a ella, la amaba y quería que ella le amara también. Ester aprendió a amar a Dios, aprendió la ley de Moisés, aprendió las costumbres de su pueblo y sobre todo a obedecer. Ella obedecía a su primo mayor como si fuese su propio padre, y era hermosa en todo sentido, por fuera y sobre todo por dentro.

B. El proceso de selección y preparación para el reinado

El consejo que sus criados y cortesanos le dieron a Asuero comprendió lo siguiente (vv.1-4):

1. Pon en todas las provincias personas especialmente escogidas.
2. Estas escogerán las doncellas más hermosas (vírgenes) y las llevarán a Susa.
3. En Susa, estarán al cuidado del eunuco principal del rey, el que cuida a las mujeres.
4. Les darán sus atavíos (adornos). Dicho de otro modo, serán preparadas para presentarse al rey. Esta preparación duraba un año completo.
5. La doncella que agrade más al rey, esa será hecha reina en lugar de Vasti.

Ese fue el proceso que siguió Ester, salvo que ella vivía en Susa y su viaje hasta el palacio del rey no fue tan largo. Allí quedó al cuidado del eunuco Hegai, guarda de las mujeres del harén del rey (v.8).

Hegai quedó admirado de su belleza, conducta y personalidad, por lo que no demoró en darle todas las cosas necesarias para que se preparara para su encuentro con el rey Asuero: Adornos, alimento, siete doncellas y la mejor habitación de la casa de las mujeres (v.9).

Siguiendo el consejo de Mardoqueo, Ester no hizo ningún comentario sobre su linaje (v.10) ni su nacionalidad. Y en cuanto a pedir ayudas para presentarse al rey, sólo pidió lo que el mismo Hegai le recomendó (v.15); así se ganó el aprecio de todos los que la veían. Agregamos como principio de conducta para el día de hoy, que usar el buen juicio, ser moderado, es siempre un agregado para todas las relaciones.

Finalmente, Ester fue llevada a la presencia del rey en el mes décimo (Tebet) del año séptimo de su reinado, o sea cuatro años después de que Vasti fuera destronada (v.16).

C. Ester llegó a ser reina

Ester no fue la primera de las doncellas en ser llevada al rey. Muchas otras habían sido llevadas y desechadas; pero cuando ella llegó al rey, este la amó más que a cualquiera de las otras vírgenes con las que había estado (vv.16-18). El escritor bíblico dice que halló gracia y benevolencia, esto es, fue aceptada y recibió todas las atenciones que merecía una esposa y, por eso, Asuero colocó sobre su cabeza la corona haciéndola reina en lugar de Vasti.

La alegría del rey, por haber encontrado en Ester la reina que deseaba, hizo que celebrara un gran banquete para sus funcionarios, llamándolo "El banquete de Ester", disminuyendo tributos a sus provincias y haciendo gestos de generosidad a muchos (v.18). De esta manera, una muchacha judía huérfana, hija de cautivos, llegó a ser reina de la nación más poderosa de la tierra en ese tiempo. Dios la iba a usar para proteger a su pueblo de una odiosa persecución.

III. Ester guardó un secreto

Guardar secretos tiene su valor. Se dice que las mujeres son las mejores en eso. Ester, la prima menor de Mardoqueo, supo guardar sus secretos. El pasaje para este punto es Ester 2:19-20.

A. Un secreto bien guardado

Mardoqueo le había mandado (ordenado) a Ester que no declarara que era judía (v.10). Pregunte: ¿Por qué haría tal cosa? Porque ser judío, ha sido en todo tiempo una situación especial, no siempre comprendida para bien por los que no lo son. Es similar a ser cristiano. Ser cristiano no siempre es bien comprendido por los que no lo son. Ester tenía que ser muy prudente, y de hecho lo fue, porque había aprendido a obedecer, tal como testifica la Biblia: "...Ester hacía lo que decía Mardoqueo, como cuando él la educaba." (v. 20). Este hecho habla muy bien de la actitud de vida de esta joven, era respetuosa y humilde. Su belleza personal y las atenciones de los demás no la habían hecho perder la cabeza.

B. El complot que descubrió Mardoqueo

La narración del libro de Ester nos muestra que el palacio del rey Asuero era accesible en gran medida, al menos el patio, lugar a donde Mardoqueo se acercaba siempre. Por eso es que pudo escuchar la conspiración de los eunucos Bigtán y Teres, quienes planeaban matar al rey (vv.21-23). Mardoqueo se lo dijo a Ester (que en ese momento ya era reina) y ella lo dijo al rey, pero en nombre de Mardoqueo. Luego de hacerse la investigación, se comprobó la verdad de la denuncia, por lo que se ejecutó a los eunucos y se escribió el asunto en las crónicas reales (v.23), sin dar ninguna recompensa al que denunció el complot.

C. Otro secreto que guardó Ester

Ya dijimos que Ester sabía guardar secretos. El de ahora, era su parentezco con Mardoqueo. No sabemos que Mardoqueo desempeñara ningún servicio en el palacio. La Biblia nos dice que él solamente se paseaba afuera del edificio de la casa de las mujeres (v.11). El amor por su hija adoptiva lo hacía estar pendiente de lo que a ella le sucedía. Este debe haber sido un año muy difícil para Mardoqueo (mientras Ester pasaba por el proceso de preparación).

Conclusión

La acción de Dios en la vida de los seres humanos es casi siempre un enigma maravilloso. Los sucesos que ocurrieron a raíz de la borrachera de Asuero llevaron al encumbramiento de Ester en la posición más alta que cualquier mujer hubiera deseado. Su primo Mardoqueo supo educarla. ¡Cuántos beneficios trae la buena educación!

Recursos

Información complementaria

1. El imperio persa sucedió al imperio babilónico. Fue el cuarto poder mundial de la antigüedad. Primero fue Egipto, luego Asiria, después Babilonia y a este le siguió el imperio persa.
2. El imperio persa tuvo una duración de dos siglos (536 a. C. a 333 a. C.). Su composición inicial fueron los medos y los persas, pero con el tiempo, se generalizó su denominación simplemente como el imperio persa. Para surgir, derrotó a los babilonios, y dos siglos después, cayó ante los macedonios y griegos dirigidos por Alejandro el Grande (Magno).
3. Los persas, aunque politeístas, no fueron idólatras, pues sus dioses eran seres espirituales que se diferenciaban de la naturaleza. Eran dos: Aura Mazda, el dios del bien; y Arhimán, el dios del mal.

Definición de términos

Eunuco. Palabra griega que significa 'guardián de los lechos'. En el oriente, una persona castrada para que cuidara el harén del rey. Pero también había eunucos que servían de oficiales de los reyes como coperos, panaderos, tesoreros (Hechos 8:27) y otras funciones a favor de la realeza.

Harén. En la antigüedad, el conjunto de mujeres que tenía un rey, un príncipe o un hombre pudiente. En la actualidad, es la habitación de las mujeres entre los musulmanes, o el conjunto de mujeres que viven bajo la dependencia de un jefe de familia entre los musulmanes.

Asuero. Nombre que la Biblia da al rey que los griegos llamaron Jerjes. Después de Ciro y Darío I, fue el rey más famoso de los persas. El relato bíblico nos dice que Mardoqueo descubrió un complot de dos eunucos (Bigtán y Teres) para asesinarlo. Gracias al descubrimiento de Mardoqueo, esa vez no fue asesinado; pero al final, otros eunucos lo asesinaron en un complot similar.

Actividad suplementaria

Como esta es la primera clase sobre el libro de Ester, prepare una hoja con los nombres de los personajes principales de la historia (puede ser en la pizarra para todo el grupo u hojas individuales). Que antes de comenzar el estudio, los alumnos escriban una frase breve de lo que saben de cada uno.

Una joven especial

Hoja de actividad

Versículo para memorizar: "El temor de Jehová es el principio de la sabiduría, y el conocimiento del Santísimo es la inteligencia" Proverbios 9:10.

I. Desobediencia de Vasti y sus consecuencias

¿Cuántas fiestas organizaron Asuero y Vasti? (Ester 1:3-5)._____

_____

_____

¿Qué pretendió Asuero que hiciera la reina Vasti? (Ester 1:10-11). _____

_____

¿Cuál fue la consecuencia de que Vasti rehusara obedecer al rey? (Ester 1:12-22). ____

_____

II. Elección de Ester como reina

Resuma en cuatro líneas la historia de Ester antes de ser reina, según (Ester 2:5-8). ____

_____

Enumere dos requisitos que establecieron para las candidatas a ser reina (Ester 2:3). ____

_____

¿Cuál fue la actitud de reacción de Asuero con Ester? (Ester 2:18). _____

_____

III. Ester guardó un secreto

¿Qué secreto guardó Ester mientras esperaba su turno para llegar al rey Asuero? (Ester 2:20). _____

_____

¿Qué descubrió Mardoqueo? (Ester 2:21-23). _____

_____

¿Qué enseñanza me deja esta historia a nivel personal? _____

_____

Conclusión

La acción de Dios en la vida de los seres humanos es casi siempre un enigma maravilloso. Los sucesos que ocurrieron a raíz de la borrachera de Asuero llevaron al encumbramiento de Ester en la posición más alta que cualquier mujer hubiera deseado. Su primo Mardoqueo supo educarla. ¡Cuántos beneficios trae la buena educación!

Una joven intercesora

Denis Espinoza (Nicaragua)

Versículo para memorizar: "Porque si callas absolutamente en este tiempo, respiro y liberación vendrá de alguna otra parte para los judíos; mas tú y la casa de tu padre pereceréis. ¿Y quién sabe si para esta hora has llegado al reino?" Ester 4:14.

Propósito de la lección: Que el alumno comprenda que Dios tiene un propósito para nuestras vidas y debemos estar atentos para cumplirlo.

Introducción

En el libro de Ester, tenemos ante nosotros una impresionante narración de una situación de crisis y liberación que le tocó vivir al pueblo judío en el Antiguo Testamento. Ante la trama y amenaza de muerte procedente de un poderoso e influyente político del reino persa en el siglo V antes de Cristo, vemos la providencial intervención divina para salvar y proteger a su pueblo (Ester 2:9-5:14).

A pesar de que en los diez capítulos del libro de Ester no se menciona a Dios directamente (es el único libro de la Biblia que no lo hace), sí se hacen evidentes sus obras y acciones con las cuales Él intervino y bendijo a su pueblo.

I. Conspiración contra el pueblo de Dios

Ha habido momentos en la historia del pueblo de Dios, sea Israel en el Antiguo Testamento o la iglesia en el Nuevo Testamento, en los cuales este ha tenido que enfrentar a férreos enemigos. De una ocasión de estas leemos en Ester 3:1-15.

A. Exaltación del enemigo

Muchos años después de ser nombrada Ester como la mujer que ocuparía el trono real, fue elevado a la "posición de primer ministro o gran visir un hombre llamado Amán, descrito como agagueo, tal vez por ser descendiente del rey amalecita Agag. Esta posición le dio el rango más elevado entre los príncipes de la corte de Persia, con un poder inferior sólo al del rey. Por mandato real, la costumbre en los antiguos reinos orientales era que todos los príncipes y nobles, así como el pueblo común, se inclinaban ante el gran visir cuando entraba y salía del palacio y andaba por las calles de Susa". (Comentario Bíblico Beacon. Tomo I. Segunda edición. CNP, USA: 1990, p.656).

En ocasiones, el pueblo de Dios ha observado, (impotente) cómo sus conspiradores se consolidaban y gozaban de poder para perjudicarlo. La Biblia señala que el rey Asuero puso a un hombre llamado Amán en un lugar especial: "Después de estas cosas el rey Asuero engrandeció a Amán hijo de Hamedata agagueo, y lo honró, y puso su silla sobre todos los príncipes que estaban con él. Y todos los siervos del rey que estaban a la puerta del rey se arrodillaban y se inclinan ante Amán" (Ester 3:1-2).

"Al nombrarlo para ese elevado puesto, el rey no hizo una buena elección. Es cierto que Amán pudo haber sido un hombre hábil, pero también era orgulloso, cruel y despiadado". (Las Bellas Historias de la Biblia. Arturo S. Maxwell. Tomo VI. Publicaciones Interamericanas, 1966, p.139).

B. La convicción de un rebelde

La cuasi divina reverencia demandada por Amán era algo que el buen judío Mardoqueo no estaba dispuesto a rendir. Es probable que él interpretara que la demanda de respeto por el segundo hombre del reino traspasara los límites de lo que la corte permitía, y de ser así, un judío con identidad como él no se podía inclinar delante de nadie de esa manera, porque constituiría idolatría. Un judío, así como un cristiano fiel, nunca se arrodilla ante nada ni nadie que ejerza el poder o exija más de lo que le corresponde, lo hará sólo delante de Dios.

La firmeza con que actuaba Mardoqueo le atrajo el cuestionamiento de los siervos del rey y al final, estos lo acusaron delante de Amán, quien al enterarse de la "rebeldía" del judío se llenó de ira contra él (Ester 3:3-5).

C. La trama

La ira de Amán no se limitó a Mardoqueo, sino que se extendió a todo su pueblo (Ester 3:6-8). Intencionalmente, Amán investigó y se dio cuenta que Mardoqueo era judío, y entonces planeó la macabra idea de destruir a todos los judíos que habitaban en todo el reino.

En una reunión con el rey Asuero, Amán aprovechó su influencia para poner en marcha el plan y lograr que el rey le diera el visto bueno para actuar contra los judíos.

Así pues, Amán dijo que había un pueblo que estaba esparcido y distribuido por todo el reino. Dijo además que este era un pueblo diferente que tenía leyes diferentes; es decir, no cumplía con las leyes del reino. Añadió también que era un pueblo que no le traía ningún provecho al reino. Por ello, tal pueblo debía ser destruido, por lo cual le ofrecía al rey una jugosa compensación económica para los tesoros reales (v.8). Aquella suma ascendía a diez mil talentos de plata, equivalente hoy a unos 18 millones de dólares.

D. Enemigo triunfante

Amán se estaba saliendo con la suya, pues logró obtener la autorización del rey (vv.10-11). Ahora él podía hacer lo que quisiera con el pueblo judío, y como señal de autoridad se le dio el sello del rey.

Todo lo que Amán había planeado resultó a su gusto. Todos los del reino le ayudarían a cumplir el terrible plan: Sátrapas, capitanes, príncipes debían anunciarlo a cada pueblo y provincia según su escritura y lengua, en nombre del rey y sellado con su sello. La orden fue la siguiente: "...destruir, matar y exterminar a todos los judíos, jóvenes y ancianos, niños y mujeres, en un mismo día, en el día trece del mes duodécimo, que es el mes de Adar y... apoderarse de sus bienes"(v.13).

E. Contraste

De toda la trama de Amán, al final, hallamos un contraste. Por un lado, el rey Asuero y Amán se sentaron a beber, digamos a celebrar; en tanto que en la ciudad de Susa, en la población judía, había gran consternación, luto, llanto, tristeza y mucho dolor (v.15).

II. Intercesión y protección de Dios

La noticia corrió rápidamente. El decreto real era firme y ya era de conocimiento público. La muerte y el despojo acechaban al pueblo judío (Ester 4:1-5:14).

A. El duelo de un patriota

Sí, por supuesto, el patriota judío, Mardoqueo estaba de duelo. La Biblia dice que "...rasgó sus vestidos, se vistió de cilicio y de ceniza, y se fue por la ciudad clamando con grande y amargo clamor" (v.1).

Esta acción de Mardoqueo se enmarca en una antigua costumbre judía a través de la cual las personas expresaban su aflicción o dolor por una determinada situación grave. En este caso, se dolía porque la situación de su pueblo estaba en su estado más crítico.

B. Impotencia humana del pueblo escogido

Por todo el imperio persa, hubo tristeza, angustia, dolor e impotencia ante la gravedad de dicha situación. Al igual que Mardoqueo, los judíos estaban en aprietos y desesperados. La Biblia nos dice que en cada provincia y lugar donde el mandamiento del rey y su decreto llegaba "...tenían los judíos gran luto, ayuno, lloro y lamentación; cilicio y ceniza era la cama de muchos" (v.3). ¿Quién podría ayudar y salvar a ese pueblo de una muerte segura?

C. Riesgosa decisión

Por lo que leemos en los versículos 4 y 5 del capítulo 4, Ester desconocía la situación por la que atravesaba su pueblo. A través de un siervo de confianza, ella mandó a averiguar para saber lo que pasaba. Mardoqueo informó todo a Ester, e incluso le envió copia del edicto y la desafió a que hablara con el rey para que revocara el decreto (vv.6-8).

La primera reacción de la reina fue titubeante. Su indecisión era razonable, porque la ley de Persia era estricta. Toda desobediencia se castigaba con la muerte: "...cualquier hombre o mujer que entra en el patio interior para ver al rey, sin ser llamado, una sola ley hay respecto a él: ha de morir; salvo aquel a quien el rey extendiere el cetro de oro, el cual vivirá; y yo no he sido llamada para ver al rey en estos treinta días" (v.11). Era peligroso ver al rey sin ser llamado.

El enérgico Mardoqueo le dio una advertencia:"... No pienses que escaparás en la casa del rey más que cualquier otro judío...". Pero a la vez le dio también una palabra de fe y confianza en Dios:. "...si callas absolutamente en este tiempo, respiro y liberación vendrá de alguna otra parte para los judíos..."(vv.13-14). Mardoqueo no dudó en hablar fuertemente con Ester a quien amaba como a una hija. No había mucho tiempo, y ella debía reaccionar y entender que si ella no hacía algo, Dios tendría que usar alguna otra estrategia, pero traería la paz al fin.

Mardoqueo insistió. Estaban en juego las vidas de todos los judíos, incluso la de la propia reina, porque ella era judía también. "...¿Y quién sabe si para esta hora has llegado al reino?" -dijo Mardoqueo (v.14). Él mismo la ayudó a llegar al lugar donde estaba y entendía que todo tenía un propósito. Pregunte: ¿Qué hubiera hecho en su lugar? ¿Hubiera insistido para que su hija intercediera o le hubiera dicho que callara para salvar su vida?¿Se ha encontrado en una situación similar? Muchas veces los padres sobreprotegemos a los hijos y no permitimos que ellos maduren y pongan su confianza en Dios sin importar las circunstancias que tengan que atravesar. Tenemos que saber que si amamos a nuestros hijos, Dios los ama aún más. Si Él dirije sus vidas y las nuestras estaremos en sus manos y sin importar lo que pase cumpliremos su voluntad.

Como resultado de las urgentes instancias de su primo, Ester determinó arriesgar su vida, si fuera necesario, entrevistando al rey. En su decisión de llegar al rey, respondiendo a Mardoqueo, pidió que los judíos que vivían en Susa ayunaran con ella tres días antes de aventurarse a presentarse al rey y afirmó "...y si perezco, que perezca" (v.16).

D. Estrategia para conseguir el favor del rey

Cuando pasaron los tres días de ayuno observados por Ester y los judíos, ella estaba lista para cumplir su promesa de interceder delante del rey por el pueblo. Esa fue su estrategia antes de llegar ante el rey.

Fue un momento tenso y lleno de incertidumbre, pero Ester se puso su ropa real y entró en el patio interior de la casa real donde el rey la pudiera ver. Estaba linda y deslumbrante.

El rey la vio, y no se pudo resistir ante tanta belleza. La reina "obtuvo gracia ante sus ojos"; y el rey, "le extendió el cetro de oro" como muestra de aceptación (Ester 5:1-2).

Cuando ella se acercó, el rey preguntó: "...¿Qué tienes reina Ester, y cuál es tu petición? Hasta la mitad del reino se te dará" (v.3).

Sorprendentemente, la reina no pidió nada que se pudiese considerar relevante para el rey: "...Si place al rey, vengan hoy el rey y Amán al banquete que he preparado para el rey" (v.4).

Esta invitación la hizo por dos veces antes de interceder directamente por su pueblo y pedir la revocación del decreto. Ester es un maravilloso libro que nos narra la poderosa intervención de Dios para salvar a su pueblo de la trama de su enemigo, y para lo cual usó a una joven huérfana elevada a reina.

Conclusión

Dios tiene un propósito para nuestras vidas y debemos estar atentos para cumplirlo.

Recursos

Información complementaria

Ester. "El libro de Ester lleva el nombre de su personaje principal, una joven judía de nombre Hadasa("mirto"), fue rebautizada Ester("una estrella"), nombre que probablemente se le dio por su belleza, después que fue hecha reina" (Comentario Bíblico Beacon. Tomo II. CNP, Segunda Edición, USA: 1990, p.647).

"Ester narra la historia de una trama para exterminar a toda la nación judía en tiempos del rey persa Asuero (Jerjes), y cómo fue desbaratada. También explica el origen de la fiesta judía de Purim… Se desconoce el autor, pero su nacionalismo y conocimiento preciso de la vida persa hace probable que fuera un judío que vivió en Persia antes de que el imperio cayera frente a los griegos.

Aunque el libro no menciona a Dios por nombre, habla claramente de su dirección en los asuntos de los hombres, y de su cuidado indefectible por su pueblo"(Manual Bíblico Ilustrado. David Alexander y Pat Alexander. Caribe, Miami Florida, E.U.A.: 1976, p.313).

Definición de términos

Trama: Confabulación, intriga (Diccionario consultor Espasa. Espasa Galpes S.A, Madrid: 1998, p.371).

Cetro: Bastón de mando, insignia del poder supremo (Diccionario Codesa. Tomo I. Engolado, Ediciones CREDIMAR, SL, España).

Decreto: Resolución del Poder Ejecutivo que va firmada por el rey en las monarquías constitucionales, o por el presidente en las repúblicas (Diccionario de Ciencias Jurídicas y Políticas y Sociales. M. Ossorio. Editorial Heliasta, S.R.L 1997, p. 282).

Edicto: Mandato, decreto publicado con autoridad del príncipe o del magistrado (Diccionario de Ciencias Jurídicas y Políticas y Sociales, M.Ossorio, Editorial Heliasta, S.R.L 1997, p.371).

Judíos: El término "judío" proviene del hebreo "Yehudit" que se aplicaba originalmente a los miembros de la tribu de Judá. Más tarde se les llamaba así a los habitantes del territorio que constituyó el reino de Judá (Nuevo Diccionario de la Biblia. A.Lockward, Editor General. Primera edición UNILIT, Miami, Florida: 1999, p.616).

Actividad suplementaria

Busque la película "Una noche con el rey" en DVD o conectándose a la Internet (youtube.com, "La historia de Ester"). Escoja diferentes tramos de aproximadamente cinco minutos que le pueden ayudar a graficar la historia y muéstrelo a su clase.

Lección 50 — Una joven intercesora

Hoja de actividad

Versículo para memorizar: "Porque si callas absolutamente en este tiempo, respiro y liberación vendrá de alguna otra parte para los judíos; mas tú y la casa de tu padre pereceréis. ¿Y quién sabe si para esta hora has llegado al reino?" Ester 4:14.

I. Conspiración contra el pueblo de Dios

¿Por qué Amán odiaba tanto a Mardoqueo? (Ester 3:1-5). _____
_____
_____

¿De qué manera planeó Amán su venganza contra Mardoqueo? (Ester 3:6-15). _____
_____
_____

II. Intercesión y protección de Dios

¿De qué manera mostró Mardoqueo y el pueblo judío su duelo y patriotismo? (Ester 4:1-3). _____
_____
_____

¿En qué consistió la riesgosa decisión de Ester? (Ester 4:4-17). _____
_____
_____

¿Qué enseñanza deja a su vida Ester 4:13-14? _____
_____
_____

¿Cuál fue la petición de Ester ante el rey Asuero? (Ester 5:1-8). _____
_____
_____

Conclusión

Dios tiene un propósito para nuestras vidas y debemos estar atentos para cumplirlo.

Fiesta del Purim

Eduardo Velázquez (Argentina)

Versículo para memorizar: "Y sabemos que a los que aman a Dios, todas las cosas les ayudan a bien, esto es, a los que conforme a su propósito son llamados" Romanos 8:28.
Propósito de la lección: Que el alumno comprenda que Dios no abandona a los que confían en Él.

Introducción

La confianza en Dios en tiempos de peligro es vital en nuestra vida cristiana. De hecho, la famosa oración enseñada por Jesús en el Padrenuestro nos anima a rogar a Dios que "nos libre del mal". Los creyentes atravesamos tiempos de dificultades que ponen en riesgo diferentes aspectos de nuestras vidas como en lo espiritual, en lo familiar, en el servicio a Dios, en lo laboral, etc. El mundo y la sociedad en donde vivimos nos confrontan diariamente ante situaciones que desafían nuestra fe y fidelidad al Señor.

El libro de Ester, junto con muchos otros pasajes de la Biblia (Mateo 10:26-33, por ejemplo), nos ubica en la realidad de un Dios que vela por nuestra seguridad. Él nos acoge en su gracia y poder frente a los diferentes desafíos que nos toca enfrentar. Cuando nos mantenemos fieles, confiados y esperamos en Dios, sabemos que todo obrará para bien si de verdad le amamos. Aunque esto no quita que a veces tengamos que pasar por pérdidas y sufrimientos.

I. Victoria sobre los enemigos

En esta sección, veremos cómo Dios intervino, (aunque no se lo menciona explícitamente) en los asuntos de su pueblo que se mantuvo fiel y esperó en su gracia.

A. La honra de Mardoqueo

En la noche, el rey Asuero al no poder dormir pidió que le leyeran el libro de las memorias. Así pues, la Biblia señala lo siguiente: "Aquella misma noche se le fue el sueño al rey, y dijo que le trajesen el libro de las memorias y crónicas, y que las leyeran en su presencia" (Ester 6:1). De esta manera, el rey escuchó atentamente la lectura de lo que se había escrito sobre la denuncia de Mardoqueo en relación con el plan para asesinarlo (v.2).

Es maravilloso ver cómo Dios movía los hilos detrás de la escena. Y se dio que el rey oyó un acontecimiento relacionado a Mardoqueo y su fidelidad en delatar el complot que hubo contra él. Vemos aquí, una vez más, que no debemos preocuparnos por la búsqueda del agradecimiento, reconocimiento o de la justicia, porque Dios mismo se encarga de ello.

La historia dio un gran giro inmediatamente por la obligación que el rey sintió de dar una recompensa digna al que le había salvado la vida (v.3).

El rey mandó a llamar a Amán (v.4) para buscar solución a esta deuda que mantenía con Mardoqueo, pero no fue muy explícito al pedirle una sugerencia respecto a que debía hacer para agradecer a Mardoqueo.

La presentación de Amán en forma entusiasta describe su propia ambición. Deseaba recibir el prestigio y alabanza que le pertenecían a un hombre que iba a ser honrado por su rey. El monarca ignoraba las intenciones ocultas de Amán y la situación amarga que existía entre este y Mardoqueo.

En el afán y búsqueda de Amán de terminar con Mardoqueo, Dios dio vuelta las cosas y Amán fue el encargado de honrarlo en lugar de colgarlo (Ester 6:10-11).

Al regresar a su casa humillado y compartir lo sucedido a su esposa y amigos, es interesante ver la respuesta de Zeres su mujer: "...Si de la descendencia de los judíos es ese Mardoqueo delante de quien has comenzado a caer, no lo vencerás, sino que caerás por cierto delante de él. Aún estaban ellos hablando con él, cuando los eunucos del rey llegaron apresurados para llevar a Amán al banquete que Ester había dispuesto" (vv.13-14). Es interesante que ni su esposa ni sus amigos motivaron a Amán a arrepentirse, pues ellos veían el destino inevitable que venía sobre Amán. Éste había comenzado a caer por un descendiente de judíos; por el contrario, indirectamente estaban reconociendo al Dios de los judíos.

Lo más vergonzoso para Amán fue la pérdida de su prestigio ante el pueblo, ya que todos sus amigos sabían de la horca que se había construido y que se podía ver en lo alto de la plataforma. Además se sabía que el complot de Amán era en contra de Mardoqueo. Mardoqueo en vez de ser ahorcado, regresó a la puerta del rey desconociendo los eventos; pero sin duda fascinado por el cambio súbito de su enemigo (6:11-12).

Es pertinente reflexionar que Dios no olvida nuestras buenas obras. A veces sentimos que Él no las ve o que no las aprecia, y nos sentimos desalentados con mucha facilidad. Debemos tener paciencia al recordar lo que nos aseguran las Escrituras, que Dios no es injusto para olvidar todo lo que hacemos sinceramente para su Reino. Dios retribuirá cuando lo crea pertinente, pues para Él no hay actos anónimos.

B. El castigo de Amán

Las peticiones de Ester con relación a ella misma y a los judíos eran sorprendentes en sus implicaciones, y garantizaban la atención total del rey. Evitando nombrar a Amán en ese momento, Ester hizo referencia a la inmensa cantidad de dinero por la que se había vendido a los judíos para su destrucción (Ester 7:1-10). Luego, llegado el momento, Ester habló y no calló. Ella contó cómo realmente había sido la situación. Indudablemente, la dirección de Dios la estaba guiando a ser sabia y actuar de manera prudente y con la verdad.

El terrible odio de Amán y sus planes malvados se le volvieron en contra a este hombre cuando el rey descubrió sus verdaderas intenciones. Así pues, Amán fue colgado en la horca que él mismo había construido para otro. A Amán le aconteció lo que refiere Proverbios 26:27 cuando afirma que el hombre que arma una trampa para su prójimo caerá en ella: "El que cava foso caerá en él; y al que revuelve la piedra, sobre él le volverá". Lo que le sucedió a Amán muestra los resultados inevitables que a menudo surgen cuando se tienen intenciones dañinas para otra persona. Y si no se ve el castigo en esta vida, tengamos por seguro que se tendrá que enfrentar la justicia de Dios al final: "No os engañéis; Dios no puede ser burlado: pues todo lo que el hombre sembrare, eso también segará." (Gálatas 6:7).

II. Dios exalta a los que confían en Él

A. Ester y Mardoqueo son recompensados

En el antiguo Cercano Oriente, la propiedad de los criminales condenados volvía al rey. De aquí la facilidad con que el rey Asuero pudo otorgar las posesiones de Amán a la reina Ester. El rey llamó también a Mardoqueo ante su presencia con la idea de honrarlo debidamente por los servicios que había prestado. De esta manera, este judío fue puesto a cargo de los asuntos del Estado: "El mismo día, el rey Asuero dio a la reina Ester la casa de Amán enemigo de los judíos; y Mardoqueo vino delante del rey, porque Ester le declaró lo que él era respecto de ella. Y se quitó el rey el anillo que recogió de Amán, y lo dio a Mardoqueo, Y Ester puso a Mardoqueo sobre la casa de Amán" (Ester 8:1-2).

Si bien no debemos esperar recompensas terrenales por ser fieles a Dios, a menudo Dios las envía. Ester y Mardoqueo fueron fieles hasta el punto de arriesgar sus propias vidas para salvar a otros. Cuando tuvieron la disposición de dejarlo todo, Dios los recompensó en proporción a su compromiso para con Él y su pueblo.

B. Mardoqueo fue exaltado

El libro de Ester termina con Mardoqueo levantado a una posición estratégica para representar a su pueblo, y asegurar su seguridad e intereses, lo opuesto a lo que sucedía al comienzo del reinado del rey Asuero cuando se vieron a merced del tirano que los hubiera exterminado (Ester 10:2). Gracias a Mardoqueo, el imperio gozaba una vez más de una vida normal, y los judíos se sentían seguros aun cuando estaban sujetos a un gobierno extraño. Mardoqueo disfrutó de buena reputación entre los judíos debido a que continuó siendo su amigo cuando subió a una posición de poder: "Porque Mardoqueo el judío fue el segundo después del rey Asuero, y grande entre los judíos, y estimado por la multitud de sus hermanos, porque procuró el bienestar de su pueblo y habló paz para todo su linaje." (v.3). Los que están en el poder frecuentemente se caracterizan por ser corruptos y abusar de su autoridad. No obstante, el poder utilizado para levantar a los caídos y aligerar las cargas de los oprimidos es un poder bien utilizado. Las personas que Dios coloca en posiciones de poder o de influencia política no deben dar la espalda a aquellos que tienen necesidad.

III. Debemos recordar las obras de Dios y celebrar su poder

Amán había decretado que el día 13 del mes 12 cualquier persona podía matar a los judíos y tomar sus propiedades. El decreto de Mardoqueo no anulaba el de Amán, ya que no podía ser apelada ninguna ley firmada por el rey. En cambio, Mardoqueo hizo que el rey firmara una nueva ley dando a los judíos el derecho de defenderse. Cuando llegó el día temido, hubo una gran lucha; sin embargo, los judíos mataron sólo a aquellos que quisieron matarlos, y no tomaron las posesiones de sus enemigos aun cuando podían hacerlo (Ester 8:11, 9:10-16). No se registraron disturbios adicionales después de los dos días de matanza, por lo que fue evidente que el egoísmo y la venganza no fueron los motivos principales de los judíos. El pueblo simplemente se defendió de quienes querían matarlos a ellos y a sus familias; es decir, de quienes los odiaban.

Pregunte: ¿Cuál es nuestra reacción frente a los peligros de la vida? Podemos confiar plenamente en el cuidado y protección de Dios en esos momentos difíciles. El libro de Ester nos desafía a realizar siempre lo que es correcto y agradable a Dios en tiempos de prueba, porque Dios tiene en alta estima a aquellos que se humillan bajo su poderosa mano, ya que su exaltación vendrá a su debido tiempo.

Mardoqueo escribió estos hechos y alentó al pueblo a la celebración de una fiesta anual que conmemorara el histórico día de Purim (Ester 9:19-22). La alegría, las fiestas, y la celebración son formas importantes para recordar los hechos específicos de Dios. Los creyentes en Jesucristo todavía celebramos algunas fiestas (colectivas o personales) que nos recuerdan las victoriosas obras de Dios. Disfrutémoslas valorando y agradeciendo al Señor siempre el significado de cada una de estas.

Conclusión

En tiempos malos debemos fortalecernos en el poder del Espíritu de Dios para batallar contra las fuerzas del mal; recordando cómo lo hizo Ester. Debemos usar las armas espirituales (oración, ayuno, las Escrituras, fe y santidad de vida) para lograr la victoria segura.

Recursos

Información complementaria

Libro de las memorias y crónicas (Ester 6:1): "En las cortes orientales, hay escribas u oficiales, cuyo deber es el llevar un diario, o registro, de todos los acontecimientos dignos de notarse. Un libro de esta clase, con abundantes anécdotas, está lleno de cosas interesantes, y ha sido costumbre de los reyes orientales de todos los tiempos, hacer que frecuentemente se les lean los anales del reino" (Comentario Exegético y Explicativo de La Biblia. Tomo I: El Antiguo Testamento. Roberto Jamieson. Casa Bautista de Publicaciones, EUA, p.450).

"Le cubrieron el rostro a Amán" (Ester 7:8). "Debido a que los reyes persas no miraban el rostro de una persona condenada, se le cubría la cara con un velo" (Biblia del Diario Vivir. Caribe, p.695).

Definición de términos

Fiesta del Purim (Ester 9:26): La palabra pur, derivada de la lengua acádica, significa 'suerte' y quizá signifique también "porción" (9:19). La fiesta se conoce generalmente como "fiesta de Purim" (La Santa Biblia. Reina Valera, Revisión 1995 de Estudio. Sociedades Bíblicas Unidas. p.617).

Actividades suplementarias

Título: Realeza por un día
Materiales: Tres sillas especiales; papeles y cinta para pegar (dibujar coronas en tres de los papeles y pegarlos debajo de tres sillas cualquiera donde se sientan los alumnos;, tres premios (ver las tres preguntas que aparecen abajo).
Objetivo: Reflexionar sobre la forma en que hacemos uso de nuestros privilegios.
Desarrollo: Pegar papelitos debajo de cada una de las sillas. En en tres de ellas, coloque los papelitos que tengan dibujadas las coronas.

Una vez que los alumnos se sienten, dígales que busquen los papelitos pegados debajo de sus sillas. Indique que las personas que tengan corona en sus papelitos serán de la realeza. Pida que estas tres personas pasen al frente del salón y se sienten en los tronos (puede colocar sillas especiales decoradas). Inmediatamente, sírvales algo para comer y jugo (sólo a ellos) e invítelos a comer.

Deje un tiempo para ver qué sucede. Si alguno quiere compartir lo que tiene con alguno de la clase déjelo que lo haga. Cuando finalicen de comer (sea que lo hayan comido solo o con quienes lo hayan compartido), interrogue a la realeza frente al grupo formulando las siguientes preguntas:

- ¿Cómo se sintió cuando le pusieron en esa posición? ¿Le gustó el
sentimiento? ¿Por qué sí? ¿Por qué no?

- ¿Por qué eligió de la manera que lo hizo? ¿Fue una decisión difícil o una decisión fácil? ¿Por qué? Al principio los miembros de nuestra realeza parecieron ser los más afortunados en el salón. Pero luego, tuvieron que hacer una elección difícil. Tuvieron que decidir entre quedarse con lo que les había sido dado o usarlo para el bien de otros. Ester enfrentó la misma elección.

Fiesta del Purim

Hoja de actividad

Versículo para memorizar: "Y sabemos que a los que aman a Dios, todas las cosas les ayudan a bien, esto es, a los que conforme a su propósito son llamados" Romanos 8:28.

I. Victoria sobre los enemigos

¿Qué enseñanzas podemos encontrar en Ester 6:1-14? _____

_____

¿Cómo enfrenta usted los momentos de peligros y dificultades en su vida, cuáles son sus reacciones? _____

_____

Escriba tres cosas que hizo la reina Ester frente a los peligros que enfrentó (Ester 4:15-17, 5:4-8, 7:7-6).

1. _____

2. _____

3. _____

¿Qué piensa de la actitud de Ester? ¿Con qué situación actual podríamos compararla? _____

_____

II. Dios exalta a los que confían en Él

Escriba un breve testimonio de alguna experiencia que haya vivido y experimentado acerca del cuidado y la

protección de Dios. _____

_____

¿Cuál fue la recompensa para Mardoqueo y Ester según Ester 8:1-2?_____

_____

¿Cuál fue la actitud de Mardoqueo al ser exaltado con relación a su pueblo? (Ester 10:3). _____

_____

III. Debemos recordar las obras de Dios y celebrar su poder

Mencione una fiesta cristiana. _____

Y escriba brevemente el significado de esta para su vida: _____

Conclusión

En tiempos malos debemos fortalecernos en el poder del Espíritu de Dios para batallar contra las fuerzas del mal; recordando cómo lo hizo Ester. Debemos usar las armas espirituales (oración, ayuno, las Escrituras, fe y santidad de vida) para lograr la victoria segura.

Un Dios de segundas oportunidades

Mabel de Rodríguez (Uruguay)

Versículo para memorizar: "Y tendré de vosotros misericordia, y él tendrá misericordia de vosotros y os hará regresar a vuestra tierra" Jeremías 42:12.

Propósito de la lección: Que el alumno compruebe la fidelidad y misericordia de Dios al restaurar y proteger al pueblo judío y aplique estas verdades a su propia vida.

Introducción

En el año 539 a.C., el imperio persa derrotó a los caldeos. Esto dio oportunidad a que todos los exiliados (incluidos los judíos) tuvieran permiso de volver a sus países. El nuevo emperador era de parecer contrario a los crueles métodos caldeos (o babilonios) que imitaban a sus antecesores, los asirios. Así que el rey persa Ciro prefirió entrar pacíficamente a Babilonia y dar libertad a todos los grupos étnicos conquistados, para que volvieran a sus países de origen y adoraran a sus dioses. Alrededor de dos años más tarde, un número de 49,897 personas regresaron a Jerusalén (Esdras 2:64-65). Este primer regreso fue liderado por Zorobabel y Jesúa, un descendiente de la casa de David y el sumo sacerdote respectivamente.

Estos libros de Esdras, Nehemías y Ester comprenden alrededor de 100 años y contienen casi todo lo que se sabe de la historia de los judíos en este período. De allí su gran importancia dentro del canon bíblico. Los profetas Hageo, Zacarías y Malaquías dieron sus mensajes de la restauración judía en esta época. "Las fuentes bíblicas tratan en primer lugar con los exiliados que retornaron a su hogar patrio. Las memorias de Esdras y Nehemías, aunque breves y selectivas, presentan los hechos esenciales que conciernen al bienestar del restaurado estado judío en Jerusalén. Ester, el único libro del Antiguo Testamento dedicado en exclusividad a los que no volvieron, también pertenece a este período" (Habla el Antiguo Testamento. Samuel J. Schultz. Portavoz Evangélico, España: 1976, p.247).

I. Esdras, el fin del exilio obligado

El duro castigo del destierro se había completado.

A. Los primeros años

Recordemos que hemos estudiado el libro de Esdras en las primeras cuatro lecciones de este trimestre.

El protagonista y quien da nombre al libro citado no aparece mencionado en los primeros seis capítulos. Así que quien haya escrito este libro (asunto bastante discutido) registró las actividades de reedificación del templo y la oposición que el primer grupo de repatriados enfrentó con anterioridad al arribo de Esdras.

Durante las clases siguientes, hablamos sobre el decreto de Ciro, la restauración del culto en Jerusalén y la férrea oposición de los pueblos de alrededor de Judea que interfirieron especialmente en la reconstrucción del templo (Esdras 4:6-23). Asimismo, nos llama la atención la generosa ofrenda que los "jefes judíos" dieron para las obras del templo (Esdras 2:68-70). Seguramente, esto se debió al hecho de que ellos eran el grupo más comprometido con el proyecto y que habían acumulado grandes riquezas en Babilonia. En el capítulo 6 del mismo libro, encontramos otro rey en el imperio persa: Darío, que reinó entre el 521 y el 485 a.C. (según los datos que nos da el Compendio Manual de la Biblia de Henry H. Halley en la página 213). Darío ratificó el decreto de Ciro para que terminaran la reconstrucción del templo.

B. Esdras, el reformador

En el capítulo 7, se nos presenta a Esdras. Luego de trazar con precisión su ascendencia directa hasta Aarón, se menciona lo que realmente lo capacitaba para la tarea: "Era escriba diligente en la ley de Moisés… (y) había preparado su corazón para inquirir la ley de Jehová y para cumplirla, y para enseñar en Israel sus estatutos y decretos (Esdras 7:6,10). ¡Qué importantes los pasos señalados: Inquirir, cumplir, enseñar! El sacerdote y escriba Esdras no llega a Jerusalén hasta por lo menos 58 años más tarde que el primer grupo con Zorobabel.

Esdras trajo consigo unos 1,500 hombres (Esdras 8:2-14), y probablemente, como 5,000 personas más si contamos las familias y sirvientes. Esdras y su grupo tuvieron que recorrer como 1,500 kilómetros y el viaje les llevó alrededor de cuatro meses, según los escritores del Comentario Bíblico Beacon.

Se ha llamado a Esdras el "Padre del Judaísmo Postexílico" y tiene un papel fundamental en la restauración de la nación. Desde el comienzo, el propósito de su viaje era enseñar al pueblo la ley de Jehová. A las reformas que Esdras dirigió, las cuales encontramos en los capítulos 9 y 10, hay que agregarle todo lo que se menciona en Nehemías 8 y 9. Si desea mencionar la medida de expulsión de los paganos de en medio de ellos, repase la lección 43: "Intercesión y una triste despedida".

II. Nehemías, fortalecimiento y desarrollo de la nación

Las lecciones del 5 al 9 las dedicamos a estudiar el libro de Nehemías.

A. Reconstrucción del muro

Nehemías también fue un hombre extraordinario. Nacido probablemente en el exilio y altamente educado, como para frecuentar el círculo íntimo del rey: "Te ruego, oh Jehová, esté ahora atento tu oído a la oración de tu siervo, y a la oración de tus siervos, quienes desean reverenciar tu nombre; concede ahora buen éxito a tu siervo, y dale gracia delante de aquel varón. Porque yo servía de copero al rey." (Nehemías 1:11). Sin embargo, no tuvo en poco identificarse con su pueblo. Era un hombre que conocía a Dios y estaba acostumbrado a comunicarse con Él (vv.5-11).

Durante el trimestre, aprendimos que Nehemías además de confiar en Dios, sabía hacer planes y llevarlos adelante (capítulo 2). Mostró en todo momento una actitud de servicio y fue ejemplo del trabajo en equipo. ¡Qué reconfortante fue aprender en la lección 7 que toda oposición se desvanece cuando Dios es nuestro escudo! (Nehemías 4:1-6:19). Nehemías también enfrentó problemas internos, tales como el abuso de los ricos sobre sus hermanos judíos pobres (Nehemías 5:1-19). "Las palabras de Nehemías en esta ocasión parecían llevar en sí la autoridad de Dios mismo, pues recibieron una pronta respuesta de parte de los nobles judíos" (v.12). (Comentario Bíblico Beacon. Tomo 2. CNP, EUA: 1990, p.622). Con oración, fe y perseverancia para el trabajo, el muro fue terminado: "Fue terminado, pues, el muro, el veinticinco del mes de Elul, en cincuenta y dos días." (Nehemías 6:15).

B. Restructuración administrativa, social y espiritual

Como señalamos antes, Esdras cumplió también un papel importantísimo (Nehemías 8:1-10:39). Para los que caemos en el error de querer abarcar todas las áreas de ministerio, esta es una buena enseñanza: Nehemías, para organizar y empujar el trabajo; Esdras, para enseñar la ley de Dios. No parece que Nehemías haya tenido problema en compartir protagonismo con el líder anterior. Ni surge que se considerara "menos espiritual" el trabajo de construcción y administración.

Los seres humanos somos un todo de espíritu, cuerpo y mente dentro de un contexto político-social que nos afecta. La Palabra de Dios tiene algo para decirnos en todas esas áreas a la iglesia cristiana. Todo cambio administrativo y social, para que sea permanente, debe tener base en un despertar espiritual. La obra de Dios es para todos y debemos ubicar nuestra función dentro del "Reino". No es lo que queremos hacer, sino es lo que Dios quiere que hagamos; porque Él nos capacita para eso mediante sus dones, y no es cómo quiero hacerlo, sino cómo Él desea que lo haga, y nos pone siempre bajo un liderazgo para que nos supervise (lección 47 de este trimestre).

Concluimos el estudio sobre Nehemías haciendo énfasis en la importancia de apartarnos del mal y fortalecer nuestra adoración a Dios. Con mucha severidad, Nehemías limpió el templo y llamó a los líderes a dar cuenta de sus acciones (capítulo 13). Es importante la explicación que les dio del porqué no casarse con extranjeros. No era porque fueran de diferente nacionalidad (ya que estaba provista la calidad de "prosélitos", Éxodo 12:48; Levítico 19:33,34), sino que los extranjeros que insistían en seguir las prácticas religiosas paganas los iban a arrastrar lejos de Jehová Dios.

III. Ester, los judíos en el exilio

Mientras que los que retornaron a Judea vivían los acontecimientos mencionados; en Babilonia, los judíos que no volvieron también experimentaron la protección de Dios.

A. La reina Ester

El imperio persa se extendía desde la India hasta Etiopía: "Aconteció en los días de Asuero, el Asuero que reinó desde la India hasta Etiopía sobre ciento veintisiete provincias" (Ester 1:1). Y Jerjes (Asuero) era el monarca.

Comienza la historia señalando la convocatoria del rey a todos los gobernadores y oficiales del imperio a Susa, la capital. El crítico enfrentamiento del rey y la reina al final de los festejos del encuentro, dio pie a la búsqueda y coronación de una nueva primera dama.

Por documentos antiguos, se sabe que esta gran demostración de riquezas de Jerjes sucedió justo antes de la muy conocida expedición de los persas contra Grecia en la famosa batalla de Salamina, en el 480 a.C., de donde volvieron vencidos. Hadasa (nombre judío que significa 'mirto') recibió el nombre arameo de Ester, o sea "estrella", y fue elegida reina del imperio. Asuero se casó con Ester después de la derrota contra los griegos. Esto es, cuatro años después de destituir a Vasti (Ester 1:3, 2:16).

"Una judía había llegado al trono del reino más poderoso de la época. Por medio de ella, Dios habría de operar una maravillosa liberación de su pueblo de los malos designios de sus enemigos" (Comentario Bíblico Beacon. Tomo 2. CNP, EUA: 1990, p.654). En este último grupo de lecciones, vimos a Ester dentro del plan de Dios: "Porque si callas absolutamente en este tiempo, respiro y liberación vendrá de alguna otra parte para los judíos; mas tú y la casa de tu padre pereceréis. ¿Y quién sabe si para esta hora has llegado al reino? (Ester 4:14). Entonces, no hay casualidades cuando seguimos el camino de Dios.

B. El instrumento de liberación

En la lección 50, nos gozamos al reforzar la verdad que ya sabíamos que Dios no abandona a los que confían en Él. En esta historia, hubo otra persona que tuvo también un papel muy importante, Mardoqueo. Él nos dejó la enseñanza del poder que tiene una crianza con principios correctos fuertes. Mardoqueo fue el primo y padre adoptivo de Ester. Al igual que todo buen padre cristiano, siguió cerca de ella, incluso luego de su traslado al palacio y coronación (Ester 2:11,19). Ester era hermosa y prudente; pero como joven dudó frente al riesgo de su propia vida. Entonces, allí estuvo su tutor para recordarle el compromiso que ella tenía con su pueblo y la verdad del poder de Dios a su favor si era

valiente (Ester 4:8; Josué 1:9). "Esta hermosa mujer judía, del linaje de Benjamín (2:7), es colocada como heroína de su pueblo en una hora de crisis (4:14ss.)" (Diccionario Ilustrado de la Biblia. Editorial Caribe, EUA: 1982). Ester reconoció que necesitaba del respaldo divino y pidió un ayuno de intercesión. Este debe ser siempre nuestro primer y más importante recurso, Dios. Además de tener fe, ser hermosa y valiente, Ester fue también muy astuta o prudente en su actuar (Ester 5:4,8). Esto nos lleva a recordar lo que el mismo Señor Jesús les mandó a sus discípulos: "He aquí, yo os envío como a ovejas en medio de lobos; sed, pues, prudentes como serpientes, y sencillos como palomas." (Mateo 10:16).

Es bueno planear y buscar las mejores formas de hacer un trabajo para nuestro Dios. La improvisación, si es fruto de la pereza, no será respaldada por el Señor.

Lo último que queremos señalar del libro de Ester es el beneficio o importancia que tiene recordar (pasar otra vez por el corazón) las obras de Dios a nuestro favor. A partir de la liberación en los días de Ester, los judíos comenzaron a celebrar (y lo hacen hasta hoy) las fiestas del Purim (Ester 10:19-23).

Conclusión

Tres libros de la Biblia y muchas enseñanzas que podemos resumir así: Estudiemos la Biblia de forma inteligente e intencional; seamos conocidos por nuestro estudio diligente de las Escrituras; consultemos con Dios nuestros planes; trabajemos perseverantemente hasta alcanzar la meta; y mostremos nuestra fe con una conducta prudente.

Un Dios de segundas oportunidades

Hoja de actividad

Versículo para memorizar: "Y tendré de vosotros misericordia, y él tendrá misericordia de vosotros y os hará regresar a vuestra tierra" Jeremías 42:12.

I. Esdras, el fin del exilio obligado

¿De qué hablan los primeros seis capítulos del libro de Esdras?_____

_____

¿Cuál fue el aporte fundamental de Esdras en la restauración de la nación judía?_____

_____

II. Nehemías, fortalecimiento y desarrollo de la nación

Escribe tres características de Nehemías que te gustarían imitar._____

_____

¿Por qué no debían los judíos casarse con gente de otras creencias? (Nehemías 13:26). _____

_____

III. Ester, los judíos en el exilio

¿Quién era Ester? (Ester 2:5-7) _____

_____

¿Por qué agradó Ester al eunuco jefe de la casa de las mujeres, y qué privilegios le dio él? (Ester 2:8-15) ____

_____

¿Cómo mostró Ester su prudencia y valor? (Ester 4:15, 16; 5:4,8)_____

_____

Conclusión

Tres libros de la Biblia y muchas enseñanzas que podemos resumir así: Estudiemos la Biblia de forma inteligente e intencional; seamos conocidos por nuestro estudio diligente de las Escrituras; consultemos con Dios nuestros planes; trabajemos perseverantemente hasta alcanzar la meta; y mostremos nuestra fe con una conducta prudente.

Encuesta

El Sendero de la Verdad

Libro 6

Le rogamos tomar unos minutos para darnos sus apreciaciones y comentarios sobre esta edición de El Sendero de la Verdad.

	Debe mejorar	Bueno	Muy bueno
1. Presentación			
2. Formato de un solo libro			
3. Temas			
4. Desarrollo de la lección			
5. Información complementaria			
6. Definición de términos			
7. Actividad suplementaria			
8. Hoja de actividad			
9. Precio			

Si en algún ítems repondió "Debe mejorar", por favor: Sea lo más claro y específico posible.

Debe mejorar en: _____

_____

_____

_____

Otra observación: _____

_____

_____

_____

Cada una de sus apreciaciones y comentarios serán analizadas y tomadas en cuenta para mejorar las futuras ediciones. Deseamos desarrollar materiales que le ayuden en su tarea de enseñar la verdad bíblica a los discípulos del Señor.

---- OPCIONAL ----

Nombre: _____ Pastor(a): _____ Maestro(a): _____

País: _____ E-mail: _____

Por favor, envíela hoy mismo, por alguno de los siguientes medios:

1. CORREO ELECTRÓNICO: informacion@editorialcnp.com
2. CORREO POSTAL: Patricia Picavea
  Casilla de Correos 154
  1629 Pilar, Buenos Aires, Argentina.

cnp

Casa Nazarena de Publicaciones

CPSIA information can be obtained at www.ICGtesting.com
Printed in the USA
BVOW09s2005091016

464319BV00032B/121/P